内容简介

本书归纳和梳理了国内外供应链金融的新近研究成果和发展前沿，在充分吸收国内外实践经验的基础上，以中国市场环境下多样化的供应链金融实践为基础，从基础概念、运作管理、风险管控三个方面，分11章系统介绍了供应链金融的产生、内涵、模式以及未来发展等基础知识、基本理论和方法。

本书充分贯彻“大思政”理念，选取大量中国企业真实案例，突出中国情境、中国案例、中国故事、中国成就，培养学生掌握系统的专业知识与专业技能，提高分析问题与解决问题的能力。同时，本书配套完善的教辅资源与材料，既便于教师讲授，又有利于学生学习。

本书可用于供应链管理、物流管理、工商管理、管理科学等专业本科生的课堂教学，也可作为工商管理硕士以及相关管理人员的培训用书。

作者简介

卢　强　中国人民大学管理学博士，北京工商大学物流管理系主任、教授、博士生导师，中国物流学会理事、中国优选法统筹法与经济数学研究会高等教育管理分会副秘书长、中国金属学会冶金物流分会委员。研究兴趣主要集中在供应链金融、战略管理与数字化供应链、供应链韧性等领域，在国内外核心期刊发表论文50余篇，出版著作1部，主持和参与国家级、省部级课题14项，主讲供应链金融、供应链管理、管理理论与实证研究方法等本科与研究生课程，获北京市教育教学成果奖（高等教育）一等奖、宁夏第十五届哲学社会科学优秀成果奖二等奖等。

新编21世纪工商管理系列教材

供应链金融

卢 强 编著

Supply
Chain Finance

中国人民大学出版社
· 北京 ·

前言

近年来，供应链金融作为产融结合的重要方式得到实业界和学术界的高度关注。党的二十大报告提出，“我们要坚持以推动高质量发展为主题……着力提升产业链供应链韧性和安全水平”。产业链供应链是经济运行的重要基础，供应链金融对于产业链供应链稳定的支持作用在我国的多项政策中均已明确。党的二十大报告同时提出，“坚持把发展经济的着力点放在实体经济上”。金融是实体经济的血脉，供应链金融是产业链与金融的高度融合。供应链金融从实体经济产业链整体出发，在真实贸易背景下构建供应链中核心企业与上下游企业一体化的系统性金融解决方案，以实现快速响应产业链上的结算、融资等需求。与此同时，根据国家市场监督管理总局的统计数据，中小企业占我国各类经济主体总数的99%以上，已经成为推动国民经济发展的重要力量。然而，全球经济增长乏力、信贷短缺以及高借贷成本为中小企业获得无风险信贷支持日常业务运营制造了障碍。在这样的背景下，供应链金融这一横跨产业供应链和金融活动的创新日益成为推动金融服务实体经济发展，尤其是解决中小企业融资难、融资贵问题的重要战略途径。

著书立说为“传道、授业、解惑”之用。目前，众多学者和实业界人士围绕供应链金融进行了相关研究，并出版了一系列学术成果。然而，大多数研究成果以学术专著和论文为主，内容更多是相关的研究发现或者实践案例，缺少适合课堂系统教学的理论教材。因此，本书的编写目的为，在吸收近年来国内外学者在供应链金融领域前沿研究成果的基础上，系统地介绍供应链金融的产生、内涵、模式以及未来发展等基础知识、基本理论和方法，使读者能够更好地了解在新经济环境下如何基于“供应链＋金融”的新思维和新商业模式，通过供应链金融创新来增强企业的竞争力。

本书的主要特点如下：

（1）系统的知识框架与理论体系。本书力图归纳梳理国内外供应链金融的研究成果和发展前沿，在充分吸收国内外实践经验和全新成果的同时，主要以中国市场环境下多样化的供应链金融实践为基础，从基础概念、运作管理以及风险管控三个方面对供应链金融知识进行系统介绍。因此，本书系统专业的知识框架与理论体系非常适合课堂教学。

（2）丰富的教辅资源与配套资料。本书以培养学生获得系统的专业知识、专业技能为主线，重视培养和提高学生分析问题与解决问题的能力。通过配套更加完善的教辅资源与资料，如教学大纲、PPT、MOOC、教学案例、教育部高等学校物流管理与工程类专业优秀课程思政教学案例等，本书为教师使用和学生学习提供全方位的服务，既便于教师讲授参考，又有利于学生独立学习，提高自学能力。

（3）密切联系实践与贯彻思政理念。为了更好地引导学生进行独立思考，并使教材的内容贴近实际，本书从实践中选取了大量真实案例将其改编为复习与思考题和案例分析。而且，本书贯彻“大思政”教育观，书中的案例素材基本来自中国企业，突出了中国情境下的案例教学，通过中国案例、中国故事、中国成就让学生了解供应链金融的总体发展。

本书适用于供应链管理、物流管理、工商管理、管理科学等管理类专业的本科生教学，也可以作为 MBA 学员以及相关管理人员的培训教材。

本书由北京工商大学卢强教授编著。感谢北京工商大学“供应链金融”课程组的周永圣副教授、罗丰博士为本书的写作提出的建设性意见，感谢北京工商大学会计系杨雨东博士对第 8 章的校对，感谢本书编写过程中参与基础资料整理工作的学生邓扬、贾欣展、李佳丽、刘钌睿、张君腾、张怡珩。同时，还要特别感谢为本书的出版付出辛苦劳动的中国人民大学出版社的编辑老师和工作人员们。

由于作者水平有限，加之供应链金融还在进一步发展，对它的认识和研究都在继续深入，因此书中疏漏和不当之处在所难免，敬请各位读者不吝指教。

卢 强

目录

第1篇 基础概念篇

第 2 篇　运作管理篇

第 3 篇　风险管控篇

第 1 篇

基础概念篇

第1章

供应链金融的产生与发展

学习目标

- 理解互联网金融的概念。
- 了解互联网金融的典型模式。
- 了解新经济下的供应链管理。
- 掌握供应链金融产生的基础。
- 了解供应链金融的发展。

第1节 互联网金融的产生

自20世纪末互联网信息技术高速发展以来，互联网在方方面面改变了人们的生活，对传统行业的渗透程度也在不断加深，金融行业也不例外。越来越多的先进互联网技术，如大数据、社交网络、云计算等为金融行业的业务发展提供了有力支持，金融行业不断将业务从线下转到线上，大大提升了工作效率，解放了生产力。互联网金融是借助互联网技术、移动通信技术实现资金融通、支付和信息中介等业务的新兴金融模式。互联网金融正以其独特的经营模式和价值创造方式，影响着传统金融业务，逐步成为整个金融生态体系中不可忽视的新兴业态。

一、金融的基本认识

金融是一个国家经济发展的命脉，是现代经济的核心。什么是金融？“金融”由“金”和“融”组成，“金”可以理解为资金，“融”即融通，“金融”即社会资金融通的总称。资金主要以货币形式存在，而银行则是资金融通的重要渠道。货币和银行就是金融学研究的主体。

（一）金融及金融学的概念

金融是一个多维度、多层次的立体系统，是指资金的筹集、分配、融通、运用及其管理。可以说，凡是有关资金的筹集、分配、融通、运用及其管理的种种活动，都是金融活动，它存在于整个社会的经济活动之中。金融活动如果不能真正服务于产业，促进产业和金融的协同发展，哪怕冠以再绚丽的辞藻，也不过是昙花一现的泡沫，终究会危害企业、危害产业、危害社会。

金融学是一门研究人们在不确定环境下如何进行资源跨期配置的学科，简单来说，金融学研究的核心问题就是资本和资产的配置效率。根据不同的研究主体，金融学可分为宏观金融学及微观金融学。

宏观金融学研究在一个以货币为交换媒介的交换经济中如何获得高就业、低通货膨胀、国际收支平衡和增长，可以认为宏观金融学是宏观经济学的货币版本。它以金融市场为中心，从宏观角度研究货币和资金的运动规律、金融结构和经济结构的辩证关系、金融安全和金融政策的选择等。

微观金融学主要考虑金融现象的微观基础，本质上，它同微观经济学一样也是一种价格理论，它研究如何在不确定情况下，通过金融市场对资源进行跨期最优配置。它的研究对象是市场均衡和合理的金融产品价格体系。具体来说，包括资源的跨期优化配置、资产定价、风险管理、融资理论等。

（二）金融体系

金融体系是有关资金的集中、流动、分配和再分配的一个系统。它由资金流出方和资金流入方，连接这两者的金融中介机构和金融市场，以及对这一系统进行管理的中央银行和其他金融监管机构共同构成。

1. 资金融通方式

在任何经济体中，都会存在资金盈余单位和资金短缺单位，它们可以是个人、企业或者政府机构。现金流是企业的生命线，对于企业来说，当资金出现短缺，通过借入及时的资金来保证生产运营至关重要。许多时候，企业之间的竞争其实就是资金实力的竞争，在商业竞争中，谁能借入资金，便能扩大再生产，掌握投资良机。而对于资金盈余单位，如果不把闲置资金放出去，而是放在自己的手中，那么这些闲置资金就不可能带来任何收益，反之，如果将闲置资金贷给资金短缺单位，那么不会产生收益的资金就变成了可以产生收益的资产。

显然，资金盈余单位和资金短缺单位之间存在着合作的可能，资金融通就是资金由资金盈余单位流向资金短缺单位的过程，这种流动过程有两种方式：一种是直接金融，即资金短缺单位直接在金融市场发行某种凭证（金融工具），例如债券或者股票，资金盈余单位直接从金融市场购买这些凭证的过程；另一种是间接金融，即资金盈余单位将资金存入银行等金融中介机构，资金短缺单位再向金融中介机构借入资金的过程。资金融通方式可以用图 1-1 表示。

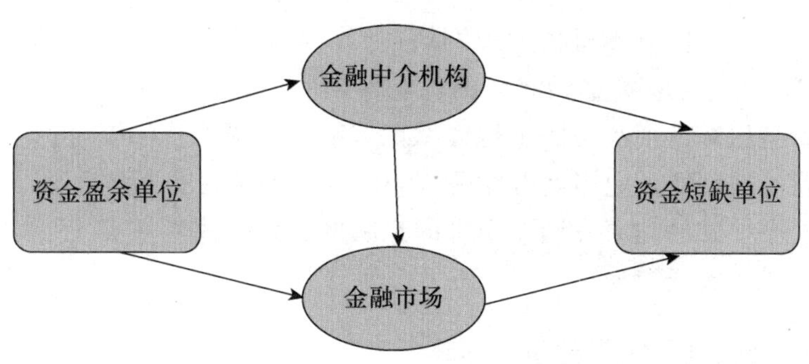

图 1-1　资金融通方式

2. 金融中介机构

从资金融通方式可知，金融中介机构是间接融资渠道的重要组成单位。金融中介机构大致可以分为三类：

存款机构：接受个人和机构存款并发放贷款的金融中介机构，主要包括商业银行、储蓄贷款协会、互助储蓄银行和信用社。

投资性金融机构：主要包括金融公司、共同基金和货币市场共同基金。

合约性储蓄机构：主要包括各种保险公司和养老基金。

3. 金融工具及其市场

资金短缺单位为获得资金直接发行的各种书面凭证称为金融工具。交易各种金融工具的场所就是我们通常说的金融市场。根据金融工具的期限，我们把一年以内的金融工具称为货币市场工具，把一年以上的金融工具称为资本市场工具。这种划分是针对股票、债券等基本的融资票证而言，在这些金融工具的基础上，产生了各种不同的买卖合约，这些合约就是常说的衍生金融工具，买卖衍生金融工具的场所称为衍生金融工具市场。下面，我们来简单介绍一下这些金融工具。

货币市场工具：主要包括短期国债、可转让定期存单、商业票据、回购协议、银行承兑汇票等。

资本市场工具：主要包括股票、债券、抵押贷款等。

衍生金融工具：主要包括远期合约、期货合约、期权合约、认股权证、互换协议及可转换债券等。

4. 金融监管机构

金融监管机构是根据法律法规对金融体系进行监督管理的机构，其职责包括：对金融市场实现统一监督管理，维护金融市场合法、稳健运行；对金融业改革开放和监管有效性开展系统性研究；依据审慎监管和金融消费者保护制度，制定金融行业监管规则等。目前，我国的金融监管体系为“一委一行两会”，即国务院金融稳定发展委员会、中国人民银行、中国银保监会和中国证监会。

二、互联网金融的基本认识

互联网金融起源于 20 世纪 90 年代，美国三家银行和一家计算机公司联合在互联网上成立全球第一家无任何分支机构的纯网络银行，即安全第一网络银行（Security First Network Bank），成为互联网金融诞生的标志性事件。在我国互联网金融的发展中，有学者认为互联网金融冲击了我国的金融体系，威胁了我国经济的安全，也有学者认为互联网金融是金融实践创新，应当大力发展。2014 年，政府工作报告强调要促进互联网金融这种新型的金融模式的健康发展，中国的互联网金融正式迎来了发展的契机，这种新型金融业务逐渐进入大众视野。

（一）互联网金融产生的背景

随着互联网技术的不断发展与普及，互联网对许多不需要物流的行业都产生了影响，金融业也不例外。对于传统金融市场，各个主体的运营成本、融资费用、信息不对称风险、时间消耗等众多成本的存在不断推动着金融创新，而互联网和手机的普及，大数据和云计算等技术的发展，更是为互联网和金融业的融合提供了土壤。我国金融体系中的一些低效率或扭曲因素让大量消费信贷需求不能从正规金融企业得到满足，而一些实体经济积累了大量的数据和风险管理工具，可以用于金融活动。互联网金融业务模式便是在多方面共同作用下孕育而生，短时间内已经形成与传统金融并列共生的金融格局，颠覆了传统金融机构的垄断地位。

（二）互联网金融的相关概念

1. 互联网金融概念

互联网金融（internet finance）一词最早由谢平等学者在 2012 年提出。目前，学术界对互联网金融的定义还未有明确的共识，以谢平为代表的学者认为以互联网为代表的现代信息科技，特别是移动支付、社交网络、搜索引擎和云计算等，将对金融模式产生颠覆性影响，可能出现既不同于商业银行间接融资，也不同于资本市场直接融资的第三种金融融资模式。互联网金融是一种以互联网为核心、独立于传统金融之外的新型金融模式。也有学者认为互联网金融不能称作新金融，其本质上与传统资本市场和商业银行并无区别，只是传统金融运作渠道的有效补充。

本书倾向于前者，认为互联网金融是一个谱系概念，涵盖因为互联网技术和互联网精神的影响，从传统银行、证券、保险等金融中介和市场，到瓦尔拉斯一般均衡对应的无金融中介或市场情形（见图 1－2）的所有金融交易和组织形式。互联网金融泛指以计算机或电子设备终端为基础，以网络通信为媒介，借助云计算、大数据、移动互联等现代信息技术，秉承“开放、平等、协作、分享”的互联网精神，实现资金融通、支付清算、信息处理等金融功能的新兴金融服务模式。互联网金融既包括金融机构通过互联网开展的金融业务（金融互联网），也包括非金融机构利用互联网技术所从事的金融业务（互联网金融）。

2. 互联网金融的特点

互联网金融能够降低交易成本。一方面表现为避免开设营业网点过程中投入的资金成本，例如人力成本、时间成本、监督成本、谈判成本、信息搜集成本等。互联网金融使客户通过互联网金融平台可以在任意时间任意地点享受金融服务，为用户的生活带来

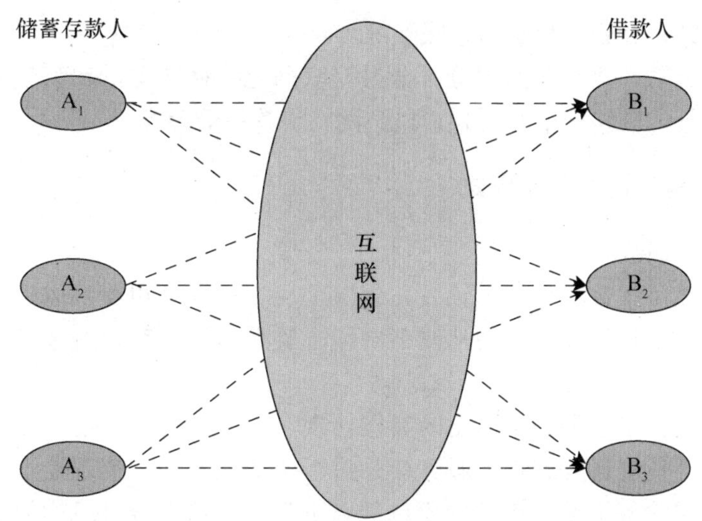

图 1-2　无金融中介或市场情形

很大的便利。另一方面表现为降低用户信用质量评估所产生的成本。传统金融机构评估企业信用往往需要耗费大量的人力物力，而互联网金融是基于大数据、云计算、社交网络等现代化互联网技术发展起来的，可以运用大数据挖掘个人或机构的相关信用信息，评估个人信用等级，分析财产状况和消费习惯等。

在互联网金融模式下，支付便捷，超级集中支付系统和个体移动支付的统一信息处理和风险评估通过网络化方式进行，市场信息不对称程度非常低；资金供需双方在资金期限匹配、风险分担上的成本非常低，可以直接交易；银行、券商和交易所等金融中介都不起作用，贷款、股票、债券等的发行和交易以及券款支付直接在网上进行。市场充分有效，接近一般均衡定理描述的无金融中介状态，可以达到与现在资本市场直接融资和银行间接融资一样的资源配置效率，在促进经济增长的同时，还能大幅减少交易成本。

更为重要的是，在互联网金融模式下，金融业的分工和专业化被大大淡化了，被互联网及其相关软件技术替代了，人们可以通过互联网进行各种金融交易，风险定价、期限匹配等复杂交易都大大简化、易于操作，市场参与者更为大众化，互联网金融市场交易所带来的巨大收益更加普惠于民。这也是一种更为民主化，而不是少数专业精英控制的金融模式。

（三）互联网金融的种类

按照不同的划分标准，互联网金融可以划分为不同种类。

按照发起主体划分：金融机构开展的互联网金融（金融互联网），例如商业银行互联网银行端；非金融机构（尤其是互联网企业）开展的互联网金融，例如余额宝、理财通等。

按照互联网金融的功能划分：网络支付（网络银行支付系统和第三方支付）；网络货币（电子钱包、电子信用卡、电子支票等）；网络融资（网络银行贷款、P2P 等）；网络理财（网络保险、余额宝等）；网络信息服务。

按照业务模式划分：传统金融的互联网化；基于互联网平台开展的金融业务；全新

的互联网金融模式；互联网金融信息服务等。

按照互联网金融的典型业态划分：金融互联网化；移动支付和第三方支付；互联网货币；基于大数据的网络征信和贷款；P2P 网络贷款；众筹等。

（四）互联网金融的典型模式

1. 金融互联网化

金融互联网化是指金融机构（银行、保险公司、证券公司等）运用计算机、互联网和现代通信技术，通过将金融活动从线下向线上转移，满足客户对金融服务高效便捷需求的金融发展模式。

信息化金融机构是金融互联网化的具体体现，主要是指广泛运用以互联网为代表的现代信息技术，对传统运营流程、服务产品进行改造或重构，实现经营管理全面信息化的银行、证券和保险等金融机构。主要包括以下类型：传统金融机构的电子化模式，例如网络银行、网络证券、网络保险等；基于互联网的创新型金融服务模式，例如余额宝等互联网基金模式；金融电商模式，例如工商银行的“融 e 购”、中国银行的“中银易购”等。

2. 第三方支付

第三方支付是指合法授权的非银行机构，借助计算机通信和信息安全技术，通过与各大银行签约设立相关结算系统关联的接口和通道，在用户与银行支付结算系统之间建立连接的电子支付模式（见图 1－3），具有独立性、安全性、便捷性、开放性。支付宝、微信支付、Apple Pay 等均属于第三方支付。

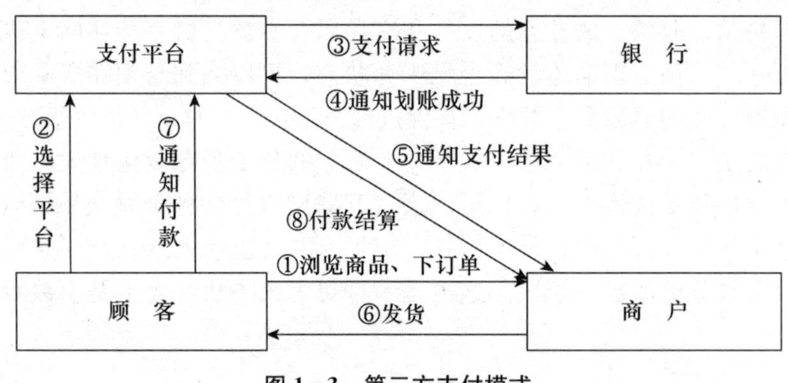

图 1－3 第三方支付模式

3. 互联网货币

根据货币形式不同，互联网金融下的货币可分为以下两类：

数字货币（digital currency）：也称互联网货币，是指以互联网为基础，以计算机技术和通信技术为手段，以数字化形式（二进制数据）存储在网络或有关电子设备中，并通过网络系统（包括智能卡）以数据传输方式实现流通和支付功能的网络一般等价物，具有货币最为基本的交易、流通等职能。

货币数字化：通过数字设备实现货币支付与资金转移的行为，例如借记卡、信用卡等手段。

4. 基于大数据的网络征信和贷款

基于大数据的网络征信和贷款是指互联网企业通过旗下电子商务平台客户的财务状况、行为特征、行业环境、信用记录对客户的还款能力和还款意愿进行评估，确定贷款的利率和期限，由其控股的贷款公司为电商平台客户提供信用贷款。

基于大数据的网络征信和贷款的一个代表就是阿里小贷。阿里小贷的成功归结为交易数据相对完整、客户需求零散、支付宝扣款及存货处理等风控措施完善。阿里小贷依托自身在阿里巴巴体系内的巨大客户数据优势，将交易数据、客户满意度数据、货运数据、口碑评价、认证信息等结合外部数据进行量化处理，设定风险控制参数，建立中小企业贷款的数据库模型；放弃单体分析，通过标准批量筛选，用大数定律控制违约风险。这种量化放贷方式大幅提升了放贷效率（如表 1-1 所示）。

表 1-1 基于大数据的网络征信

系统		阿里巴巴征信系统	中国人民银行征信中心
商户数/人数	企业征信	600 多万家（仅淘宝）	1 000 多万家
	个人征信	1.45 亿人（仅淘宝）	6 亿人
征信内容	企业征信	卖家的身份信息，商品交易量，商铺活跃度，用户满意度，库存、现金流、水电费缴纳等所有与店铺运营有关的数据	企业的身份信息、信贷信息、环保信息、缴纳各类社会保险费用和住房公积金的信息、质检信息、拖欠工资信息，以及缴纳通信费信息等
	个人征信	买家身份信息、网购支出、生活缴费、社交活跃度等	个人的银行信贷信息、身份信息、缴纳各类社会保险费用和住房公积金的信息等
数据来源		系统自动记录	商业银行和政府部门

5. P2P 网络贷款

P2P 网络贷款（peer-to-peer lending）即点对点借贷，是指借款人与投资人通过独立的第三方网络平台进行的借贷活动，即由 P2P 网络贷款机构作为中介平台，借款人在平台发放借款标，投资人进行竞标向借款人放贷的行为。P2P 网络贷款流程如图 1-4 所示。

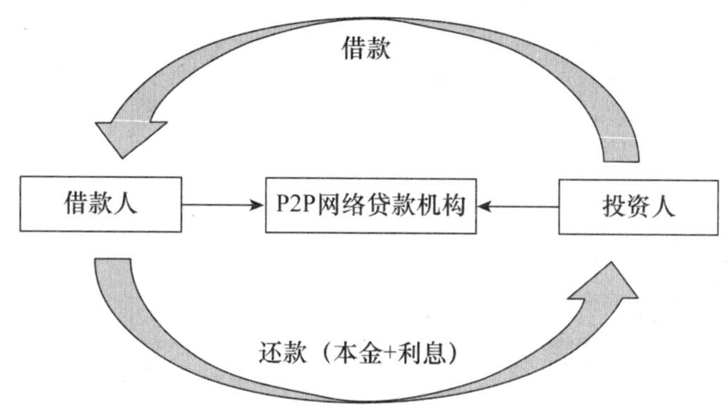

图 1-4 P2P 网络贷款流程

相较于传统贷款，P2P 网络贷款凭借直接融资、灵活方便、操作简单、参与广泛、公开透明和开拓创新等特点在国内发展迅速。不过 P2P 网络贷款本质上属于民间小额借贷，利率较高，风险较大。

6. 众筹

众筹（crowd funding）是一种人们可以通过在线门户（众筹平台）为了自己的活动或企业进行融资的方式。也可以表述为：为了实现某一具体的项目或者为某个企业融资，通过互联网从大量出资人中筹集小额资金的直接融资方式。众筹模式从商业和资金流动的角度来看，其实是一种团购的形式，和非法集资有本质上的差别，所有的项目不能够以资金等作为回报，项目发起人更不能向支持者许诺任何资金上的收益，必须是以实物、服务或者媒体内容等作为回报。对一个项目的支持属于购买行为。众筹简单交易流程如图 1-5 所示。

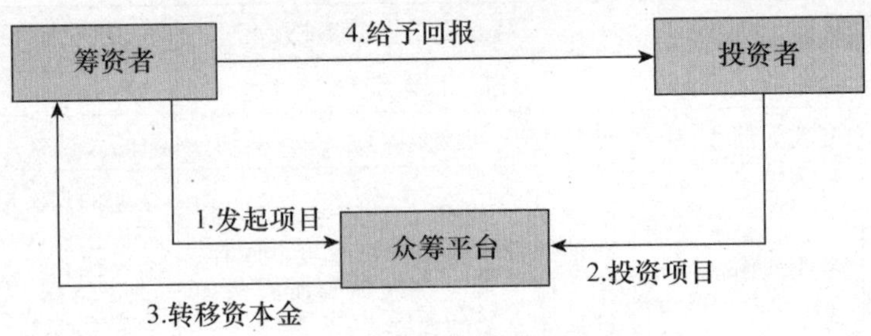

图 1-5　众筹简单交易流程

按运作的行业领域不同，众筹可分为房地产众筹、农业众筹、科技众筹、影视众筹、音乐众筹、体育众筹。

按投资者获取投资回报不同，众筹又可以分成如表 1-2 所示的种类。

表 1-2　按投资者获取投资回报划分的众筹类型

项目	回报型众筹	捐赠型众筹	债券型众筹	股权型众筹
众筹发起人	初创企业或个人	非营利组织	企业	初创企业
投资者	社会大众	社会大众	主要为投资者	主要为投资者
融资金额	较小	较小	较大	较大
回报	与投资金额价值相对应的实物产品或虚拟服务	无回报或象征性回报（如感谢信、明信片等）	还款及信息	股东权利
风险	较低	低	较高	高

三、我国互联网金融的发展现状与问题

我国互联网金融主要经历了三个阶段的发展演变。第一个阶段是 2005 年以前，属于萌芽阶段，这时候的互联网金融还没有被人们发觉，这一阶段的互联网金融主要表现在

传统机构把业务从线下搬到线上，仅仅停留在技术领域，还没有深入到业务领域。第二个阶段是 2005—2011 年，这一阶段是我国互联网金融的成长阶段，以阿里巴巴为代表的电子商务公司逐渐进入金融业，2011 年中国人民银行开始发放第三方支付营业牌照，第三方支付领域步入正轨。此后，网络贷款开始出现，此时互联网金融不再停留在技术领域，开始向业务领域进军。第三个阶段是 2012 年以来，这一阶段我国互联网金融蓬勃发展，此时互联网金融实践创新呈爆炸式增长。

虽然互联网金融有助于降低交易成本，提高资金的流动性，扩大交易边界，提高资源配置效率，但伴随的各种风险也严重威胁着金融市场的稳定。首先，我国互联网金融法律法规缺位，监管体系不健全。近年来国务院相继出台了一些法律法规，但是现存的法律法规还存在许多不足和漏洞，同时法律的滞后性影响着法律的制约效果。这就造成了许多打着“互联网金融”旗号的不法分子借机进行非法融资、套利套汇等金融犯罪。其次是存在互联网金融技术风险。因为互联网金融是完全依托计算机网络展开的，计算机网络与互联网金融能否有序运行有非常密切的关系。例如，互联网金融系统的密钥管理和加密技术的不完善，可能诱发数据信息被篡改，严重威胁投资者的个人信息与财产安全。

第 2 节　新经济下的供应链管理

一、供应链管理介绍

随着经济全球化的到来，全球市场竞争越来越激烈，新产品的生命周期越来越短，产品的品种数目飞速增加，下游企业对交货期的要求越来越高，顾客对服务和质量的期望越来越高，这些因素都促使企业开始关注并投资它们的供应链。英国供应链管理专家马丁·克里斯多夫指出，21 世纪的竞争不是企业与企业之间的竞争，而是其供应链与供应链之间的竞争。

（一）供应链的概念

供应链是一种新的组织结构模式，它将企业的生产活动进行了前伸和后延。供应链是围绕核心企业，通过对信息流、物流、资金流的控制，从采购原材料开始，到制成中间产品以及最终产品，最后由销售网络把产品送到消费者手中，将供应商、制造商、分销商、零售商直到最终用户连成一个整体的功能网链结构（见图 1-6）。

（二）供应链管理的概念

任何管理模式的诞生都有它的现实背景，供应链管理模式也不例外。供应链管理的产生主要来自以下方面。

1. “纵向一体化”的弊端

在传统管理模式的指导下，企业出于管理和控制的目的，对为其提供原材料、半成

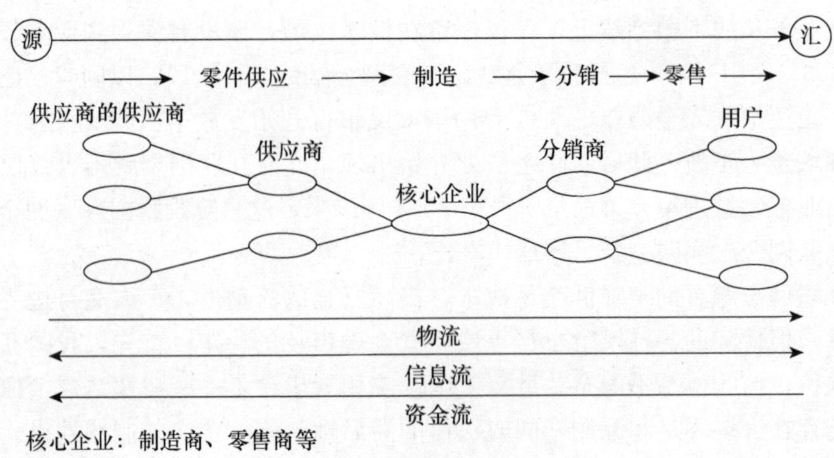

图 1-6　供应链结构

品或零部件的其他企业一直采取投资自建、投资控股或兼并的“纵向一体化”管理模式，即某核心企业与其他企业是一种所有权关系。在市场环境相对稳定的条件下，采用“纵向一体化”战略是有效的，但是在市场不断放开、竞争日益激烈的今天，“纵向一体化”暴露了种种弊端：

（1）增加企业投资负担。无论是自建、控股还是兼并，企业都必须付出巨额的投资，而日益频繁的经济波动使企业难以承受过量的投资和过长的建设周期带来的风险。

（2）迫使企业从事不擅长的业务，使企业有限的资源消耗在众多的经营领域中，企业难以形成突出的核心优势。

（3）对于复杂多变的市场需求，庞大的企业组织无法做出敏捷的响应，丧失市场时机。

（4）增大企业的行业风险。如果整个行业不景气，采用“纵向一体化”模式的企业不仅会在最终用户市场遭受损失，而且会在各个纵向发展的市场遭受损失，因此“纵向一体化”战略已难以在当今的市场竞争条件下获得所期望的利润。

2. 传统管理模式对市场巨变的响应迟缓、被动

传统管理模式下的市场相对稳定，企业中各组织、各部门之间的协调相对比较容易，但是市场全球化的今天，技术进步和需求的多样化使得产品生命周期不断缩短，顾客对产品和服务的期望越来越高，企业所面临的市场环境发生了巨变。从过去以供应商为主导的、静态的、简单的卖方市场环境变成了以顾客为主导的、动态的、复杂的买方市场环境。传统管理思想指导的企业往往在这类市场竞争中处于不利地位，因此必须考虑新的管理模式来增强企业的敏捷性和响应性。

有鉴于“纵向一体化”管理模式的种种弊端，国际上越来越多的企业放弃了这种经营模式，随之而来的是“横向一体化”思想的兴起，即把原来由企业自己生产的零部件外包出去，充分利用外部资源，于是这些企业形成了一种水平关系。“横向一体化”形成了一条从供应商到制造商再到分销商的贯穿所有企业的“链”。由于这一庞大网络上的相邻节点（企业）都是一种供应与需求的关系，因此称之为供应链。为了使加盟供应链的企业都能受益，并且使每个企业都有比竞争对手更强的竞争实力，就必须加强对供应链的构成及运作的研究，由此形成了供应链管理这一新的经营与运作模式。

供应链管理模式便是在这个大背景下产生的。供应链管理旨在使供应链运作达到最优化，以最少的成本，让供应链从采购开始到满足最终顾客的所有过程，包括工作流（work flow）、实物流（physical flow）、资金流（funds flow）和信息流（information flow）等均能高效率地操作，把合适的产品以合理的价格，及时、准确地送到消费者手上。根据美国供应链管理专业协会于 1997 年提出的供应链运作参考模型——SCOR，供应链管理涉及五个领域：计划、采购、生产、配送、回流。图 1－7 显示了供应链管理涉及的内容。

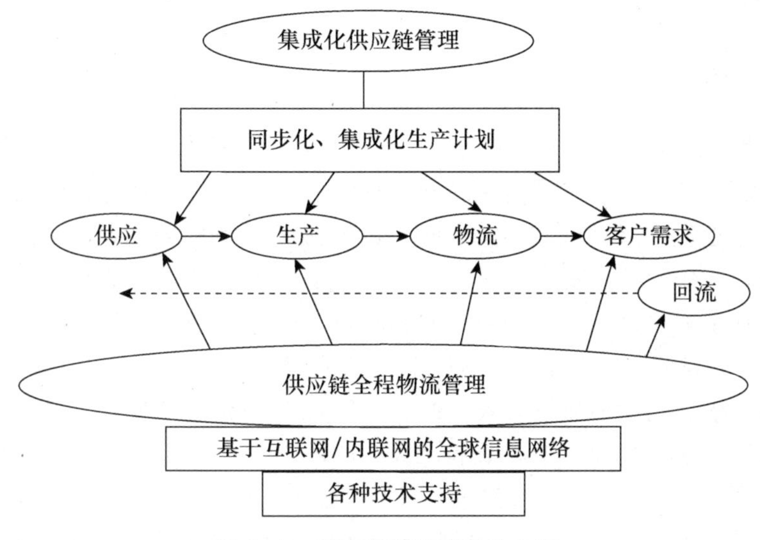

图 1－7　供应链管理涉及的内容

供应链管理把所有节点合作企业看作一个整体，涵盖从供应商到最终用户的采购、制造、分销、零售等领域的过程。供应链管理强调和依赖战略管理，“供应”是整个供应链中节点企业之间事实上共享的一个概念，这影响或决定了整个供应链的成本和市场占有份额。供应链管理采用集成的思想和方法，而不仅仅是节点企业“各自为政”，技术方法等资源的简单连接。供应链管理通过与合作企业建立战略合作伙伴关系实现高水平的客户服务，而不是通过传统的业务合同实现企业之间的往来。

二、供应链物流成本

我国是目前全球最有经济活力的地区之一和最大的消费市场，许多跨国公司已将制造中心或采购中心转移到我国，直接促进了物流需求的增长。国内也有越来越多的企业开始面向全球生产和经营，中国正在成为世界制造中心，这必然会形成庞大的物流需求。2021 年 1—9 月，全国社会物流总费用 12.1 万亿元，按可比价格计算，同比增长 15%，两年平均增长 6.8%。其中，运输费用 6.6 万亿元，同比增长 18.3%，两年平均增长 7.6%；保管费用 4 万亿元，同比增长 11.5%，两年平均增长 6.5%；管理费用 1.5 万亿元，同比增长 10.3%，两年平均增长 4.2%。①

① 1—9 月全国社会物流总费用为 12.1 万亿元.（2021-10-28）. https：//www.ndrc.gov.cn/xwdt/ztzl/shwltj/qgsj/202110/t20211028_1301326.html? code=&state=123.

许多企业通过开发新的制造技术和策略来降低成本，从而增加企业的利润，然而，最近几年，许多企业降低生产成本的幅度已经接近极限值。同时，供应链里存在着多余的库存、低效的运输策略和其他不经济的行为。由于这些因素，许多企业开始探索有效的供应链管理，以此来降低本企业和供应链合作者的成本。如今，提高企业的市场竞争力、降低成本，已经不再是一个企业自身的问题，而是整个供应链上各个企业面临的共同问题。为此，急需整合供应链系统，尤其是其中的物流系统。物流系统的整合与优化成为供应链整合的关键。

（一）现代供应链物流的转变

物流的发展主要经历了三个阶段。20 世纪 60—70 年代初期为第一个阶段，称为“实物配送阶段”，其特征是注重制成品到消费者的物流环节，对与实物配送有关的一系列活动进行系统管理，以最低成本确保把产品有效地送到顾客处；20 世纪 70—80 年代为第二个阶段，称作“综合物流管理阶段”，其特征是在物流配送的基础上整合物料管理的内容，目的在于解决物流过程的协调和控制问题；20 世纪 80 年代后期开始进入第三个阶段，称作“供应链管理阶段”，是指整合从原材料到生产安排、订单处理、存货管理、运输仓储，最后到销售和售后服务的全过程管理，旨在协调与全过程相关的一切活动及其信息系统，使之成为一个“天衣无缝”的即时生产、即时分拨、即时销售的适销对路而没有库存积压的工商业循环系统。

随着时代的不断发展，现代供应链物流已经发生了根本性的改变。

变化一：从推式经营转向对话型经营。

变化二：从产生规模经济的生产体制转向产生速度的生产体制。

变化三：从交易伙伴间的分割、对立转向信息共享与合作。

对于企业来说，仅以正确的价格提供正确的商品将难以在竞争中生存，企业必须以正确的价格来提供正确的商品，而且还要在正确的操作成本前提下，在正确的时间将商品以正确的质量、正确的数量送到正确的地点。同时，企业必须将信息流、资金流、物流和商品流完美结合，低成本地为消费者提供商品。

（二）物流管理与供应链管理的区别

物流管理包括内部与外部运输、运载工具管理、仓储、物质处理、订单处理、物流网络设计、库存管理、供应需求规划以及对第三方物流的管理，也包括采购、生产规划、包装和装配以及客户服务。

供应链管理是指将各种商业职能和流程整合成为协同、高绩效的商业模式。它包括所有物流活动、生产运营以及营销、销售、产品设计、金融、信息技术之间的协调。

供应链管理从概念的提出到实践的操作，都与物流管理紧密联系。从时间上看，物流管理的产生早于供应链管理，主要提供后勤保障、货运配载、仓库出租、仓储配送、包装流通等服务。而随着商贸活动的发展和信息技术的进步，物流管理也呈现出一体化的趋势，在纵向上要求企业将提供产品或运输服务的供应商和用户纳入管理范围，并作为物流管理的一项中心内容；在横向上通过同一行业中多个企业在物流方面的合作而获得规模经济效益和物流效率；同时，在网络技术的支持下与生产企业和物流企业之间形成多方位、互相渗透的协作有机体，即实现垂直一体化、水平一体化和网络化。而供应链管理正是物流垂直一体化管理的扩展和延伸。因而，从物流管理的角度来看，供应链管理源于物流管理，但已超出物流管理的范围。从供应链管理的角度来看，物流贯穿整个供应链，它连接供应链的各个企业，是企业间相互合作的纽带。有关学者通过考察发现，在供应链的价值分布上，物流价值在各种类型的产品和行业中都占到整个供应链价值的一半以上。可见，物流管理已成为供应链管理体系的重要组成部分，它由过去企业的一个辅助部门上升为与制造部门同等重要的系统。

三、大数据背景下的供应链管理

供应链是一个复杂的网络系统，如何提高供应链管理效率就成为企业不得不思考的问题。根据多年的供应链管理实践，不少企业发现精确的信息有助于减少供应链中需求的变动性，能够协调制造和销售系统及其策略，精确的信息还能提供准确的产品定位，更好地为顾客服务。要想理解信息在供应链管理中的作用，我们就必须理解供应链物流管理的核心——牛鞭效应。

（一）牛鞭效应

近年来，不少企业注意到虽然某种具体产品的顾客需求的变动并不大，但它们在供应链中的库存和延期交货水平的波动却很大。例如，某日用品企业的产品的零售数量相当稳定，没有哪个月或哪个季度的需求会突然低于或高于其他时期，但是，分销商向工厂下达的订单的变动程度比零售数量的波动要大得多（见图 1-8）。这种随着供应链向上前进，需求波动程度增大的现象称为牛鞭效应（bullwhip effect）。

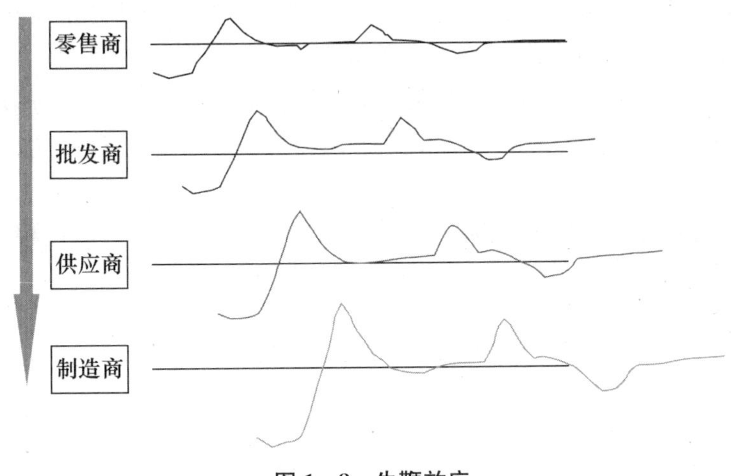

图 1-8　牛鞭效应

因为批发商订单的变动性明显大于零售商订单的变动性，所以为了实现与批发商同样的服务水平，供应商被迫持有比批发商更多的安全库存，结果就导致这些供应链成员维持更高的库存水平，从而产生更高的成本，这是企业不愿意看到的，那么如何减少需求的波动就成为企业供应链管理的目标。

（二）影响牛鞭效应的因素及解决方法

企业为了减少成本，必须找到控制牛鞭效应的技术和工具。导致供应链波动增大的主要因素有以下几个。

一是需求预测。供应链各层次所使用的传统库存管理技术导致了牛鞭效应。处于不同供应链位置的企业预测需求时，都会包括一定的安全库存，以应对变化莫测的市场需求和供应商可能的供货终端。当供货周期长时，这种安全库存的数量非常大。依此类推，供应商各节点库存将逐级放大。

二是提前期。众所周知，提前期越长，需求的微小变化意味着安全库存和基本库存水平很大的变化，从而订货量会发生很大变化。

三是批量订货。通常供应链节点企业采用最小-最大库存策略进行批量订货，那么它的上游企业就会接到一个大订单，接着是一段时间没有订单，之后又是一个大订单。因此，它的上游企业看到的是一个扭曲的和高度变动的订货方式。

四是价格波动。如果价格波动，零售商往往会在价格较低时备货。许多行业针对大量采购所采取的促销、折扣等措施也加剧了牛鞭效应。

五是订单的增加。当企业察觉到一种产品可能供应短缺，它们通常会增大订货量，企业对市场的预期也加剧了牛鞭效应，导致需求预测的扭曲和变动。

经过对形成牛鞭效应的原因进行分析，减弱牛鞭效应或消除其影响的方法包括：

第一，降低不确定性。根据多年供应链管理实践经验，减少或消除牛鞭效应最常用的方法是通过集中需求信息，即为供应链的各阶段提供实际的顾客需求的全部信息来降低整个供应链的不确定性。随着云计算的不断成熟，企业通过对信息的挖掘处理在一定程度上降低了牛鞭效应对需求波动的影响。

第二，减小变动性。可以通过减小顾客需求过程内在的变动性来减小牛鞭效应的影响。需求波动会随着供应链向上前进不断被放大，通过收集大量信息，减少零售商所观察到的顾客需求的变动性，即便出现牛鞭效应，这种需求的变动性也会减弱。

第三，缩短提前期。可以通过使用直接转运缩短提前期，通过使用电子数据交换缩短信息提前期。

第四，建立战略伙伴关系。战略伙伴关系改变了信息共享和库存管理的方式，可能会减弱牛鞭效应的影响。

（三）大数据时代对供应链管理的影响

传统企业管理更多体现在“纵向一体化”，供应链管理思想强调全局看供应链，并给出全局最佳安排与规划，其中需要通过信息系统、集成管理等实现供应链中各节点企业之间的相互协调、相互合作。供应链系统依靠大数据技术实现数据的快速捕捉、发现、分析并给出正确、及时的响应，最终提高客户服务体验，增强应对市场环境的能力。随着供应链的不断发展，需要交换和处理的数据也呈现出逐年增加的趋势。传统意义的数据更多在于事后分析，将数据处理过程中重复率高、密度大的数据作为研究重点，密度小、偶然性的数据作为极端值进行剔除。不仅如此，数据处理经常出现较大时间段的滞后期，难以及时、有效地从极端数据中找到主要原因。标准化服务需要海量数据作为制定标准的支撑，而个性化服务则通常来源于“无用数据”。大数据思维以及大数据技术的产生，有利于主动积极、经济高效地从规模化、多样化的大数据中捕捉、分析有效性信息。这种信息不仅运用于事后分析判断，而且运用于事前的提取、个性化需求预测。

大数据思维在提高企业管理效率及加强企业与上下游供应商的联系等方面，均起到重要的作用。具体可以总结为以下几个方面：第一，大数据提供的信息为企业提供了丰富的数据。在企业供应链管理运作过程中，借助大数据技术可以为企业提供丰富的数据信息作为参考，从而确保相关战略决策制定的合理性。其间，数据信息主要涵盖上游供应商信息数据、货物质量信息数据、货主信息数据以及市场行情动态等等，有利于为企业发展提供方向。第二，大数据为供应链管理模式优化提供了方向。借助大数据等先进技术手段，不仅可以提升企业供应链管理运作的便捷性，同时在精准服务客户、推动企业供应链管理运作模式优化等方面也发挥着积极的作用。第三，大数据供应链为企业管理层决策提供数据支持。结合企业供应链管理运作的基本要求，供应链管理协同大数据分析不仅能够保证相关数据信息获取的及时性，还可以协助企业管理人员明确管理运作模式中存在的弊端，从而找到管理问题，通过精准定位、及时纠正等方式，促进企业供应链管理运作模式的优化，切实保证企业效益。

四、全球化背景下的供应链管理

全球化趋势下，对于企业而言，单打独斗已经成为过去式。有时虽然企业自身拥有完成某项特定任务的资源，但供应链上的其他企业却可以更好地完成这项任务。对于目标企业来说，通过挑选优质企业达成合作，建立一个具有竞争力的供应链网络可以降低企业成本，提高服务质量。此外，由于国际金融危机的影响，国际贸易结算方式已经发生了根本变化，许多企业需要及时调整公司资金流来适应国际贸易结算发展的新趋势。

（一）战略联盟

1. 第三方物流

第三方物流（third-party logistics）就是利用一家外部公司完成企业全部或部分物料管理和产品配送职能。相较于传统的物流供应商，第三方物流则是长期合作，并且通常采取多功能或过程管理的形式，而传统物流供应商往往只承担运输职能。

首先，可以集中核心竞争力：随着内部资源日益受限，公司通常很难在各个领域成为专家，物流外包可以使公司精力集中在特定的专长领域，而将物流职能交给物流公司统一管理。

其次，提供技术灵活性：随着科技的不断进步，专业的第三方物流公司不断更新它们的信息技术和设备，而非专业物流公司往往受限于时间、资源和专业技能。相较于自己承担物流职能，第三方物流不仅提高了物流效率，而且物流成本也大幅降低。

最后，提供其他灵活性：利用第三方物流公司来获得仓储服务，公司可以在无须调拨资金、限制灵活性建造新设施或签订长期租赁合同的情况下，满足客户需求。

2. 零售商-供应商伙伴关系

正如我们前面所讲，牛鞭效应导致零售商对供应商的需求波动远远大于零售商所面临的需求波动。因此，在竞争激烈的市场中，供应商和零售商之间为了平衡双方的认知而做出合作努力是很有必要的，此时零售商和供应商之间的关系称为零售商-供应商伙伴关系（retailers-suppliers partnership）。

这种战略联盟可以控制牛鞭效应，供应商从零售商处获得销售点数据，并用此信息使得其生产、库存活动与零售商的实际销售同步。这意味着供应商掌握着订货情况，在一定程度上加强了对牛鞭效应的控制能力。

建立战略性合作伙伴关系带来了众多的附加效应。例如，多余的重复订单被删除，提高了整个组织效率，流程中一些不必要的控制步骤也被剔除了。

3. 分销商一体化

分销商一体化（distribution integration）即整合分销商，使单个分销商的专业技能和库存能够为其他分销商所使用。

就库存而言，分销商一体化可以在整个分销网络中产生一个巨大的联合库存，这样可以在提高服务水平的同时降低总的库存成本。分销商一体化可以提高每个分销商在外界眼中的技术能力和快速响应非常规客户需求的能力。

相较于传统贸易，战略联盟背景下的贸易活动在产品结构、单笔交易量、交易频率和支付方式等方方面面都存在很大的差异。

从产品结构看，传统贸易主要以初级产品和最终产品为主，而零部件、半成品等中间产品的比重非常低。分工贸易的情况恰好相反，中间产品在其构成中占据了重要地位。

从单笔交易量和交易频率看，为了适应看板生产和品种多样化的需求，核心企业在尽量降低采购库存的同时希望保障供应的及时性，因此，在采购过程中出现了单笔订单数量下降、采购周期缩短、交易频率提高的特点。

从交易的支付与结算方式看，传统贸易主要采用信用证和托收等结算方式，为了保证信用，购买方企业必须要在银行账户上留存一定数量的保证金。而在分工贸易中，由于交易双方往往保持较长久的合作关系，对对方的信用状况比较了解，而且交易频繁，反复开立信用证变得非常不方便和不经济，因此，赊销结算被广泛采用，并且经常采取“多次交易、集中结算”的方式。

（二）国际贸易结算的变化

第一，以商业信用为基础的电汇（T/T）等结算方式成为主流。长期以来，在传统的进出口贸易中，信用证方式一直是广泛使用的结算方式，但随着经济全球化的进一步发展，国际市场竞争日趋激烈，买方市场已在全球贸易中逐步形成，出口竞争的方式日益多元化，出口商单凭商品本身的优势占有市场已不能完全满足竞争的需求。特别是全球金融危机爆发后，由于欧美主要发达国家经济衰退导致国际市场需求下降，世界卖方市场竞争形势更加严峻，在这一背景下，国外进口商在和我国出口企业洽谈合同时往往会更多地提出有利于他们的结算方式，而以往我国出口商情有独钟的信用证结算方式只能越来越多地被放弃，因此以商业信用为基础的电汇等结算方式比例大幅度提高。

第二，国际保理逐渐成为国际结算领域主要的结算方式之一。国际保理是保理商为国际贸易赊销方式提供的出口融资、销售账务管理、应收账款的收取及买方信用担保融为一体的金融服务。它既是一种短期的贸易融资方式，又是一种新型国际贸易结算方式。近年来，由于全球贸易中买方市场的逐步形成、国际贸易惯例规则的制订以及电子通信在商业领域的运用等因素，国际保理作为服务于进出口商的有效竞争工具在全球贸易中得到了空前的发展，越来越被进出口商所认识和接受，逐渐成为国际贸易结算领域主要的结算方式之一。

第三，国际贸易结算中组合方式运用日趋增多。全球金融危机爆发后，随着外贸风险的逐渐加大，在进出口贸易中，进出口商使用单一结算方式的情况越来越少，大多数情况下往往根据需要，例如不同的交易商品、不同的交易对象、不同的交易做法，将两种以上的结算方式结合使用，既有利于促成交易，又有利于安全及时收汇。国际贸易结算方式的组合运用，可以有不同的方式，如信用证与 T/T 相结合，信用证与托收相结合，托收与 T/T 相结合，前 T/T 与后 T/T 相结合，甚至托收与保理相结合，等等。通过国际结算方式的组合运用使买卖双方各自承担一些结算风险和费用，实现买卖双方利益的平衡，有利于达成双方均可接受的结算方式，促进贸易便利开展。因此，国际贸易结算组合方式日趋增多，被越来越多的进出口商所采用。

第四，国际贸易结算朝电子化无纸化方向深度发展。随着通信技术、互联网技术的迅速发展和日益更新，国际结算方式正朝着电子化、无纸化深度发展。其中一个非常成功的例子是 SWIFT 国际结算系统的使用。这个每周 7 天、每天 24 小时连续运转的电脑系统具有自动存储信息，自动加押、核押，以密码处理电文，自动将文件分类等功能。为加快国际结算电子化、提高结算的效率，中国银行于 1985 年正式开通 SWIFT，随后中国可以办理国际金融业务的国有商业银行、外资和侨资银行以及地方银行纷纷加入 SWIFT。

第 3 节　供应链金融产生的基础

一直以来，供应链管理集中于商流、物流、信息流层面。许多企业发现，对于资金不够雄厚的中小企业而言，资金流瓶颈带来的“木桶短边”效应，实际上部分抵消了分工带来的效率优势，一些“成本洼地”成为制约供应链发展的瓶颈，影响到供应链的稳定性和财务成本，在这一背景下，供应链管理的重心逐渐转向提升资金流效率的供应链金融层面。简而言之，供应链金融是供应链管理中资金流融合的工具。

一、供应链金融产生的微观基础

供应链金融是供应链管理的一个分支。供应链作为一个复杂的经营和管理过程，涉及许多企业间的协调和交互活动，这些协调和交互活动的状况直接影响到供应链的服务、质量和成效。而且，在这一过程中，资金流是企业的生命源泉，但是，在企业运营中，往往会出现资金缺口导致企业运营活动出现困难的现象。在微观层面，本书将从三个视角来解读中小企业的资金约束。

（一）供应链视角下的资金流

在一般的供应链运营中，核心企业需要先从上游供应商购买原材料，将其加工为产品，并将产成品出售给下游批发商和零售商，后者将产品最终出售给消费者。然而，在这一过程中，企业支出和收入的资金往往发生在不同的时刻，这就产生了资金缺口。图1－9有助于我们更好地理解这些资金缺口出现在企业运营过程中的哪些阶段。

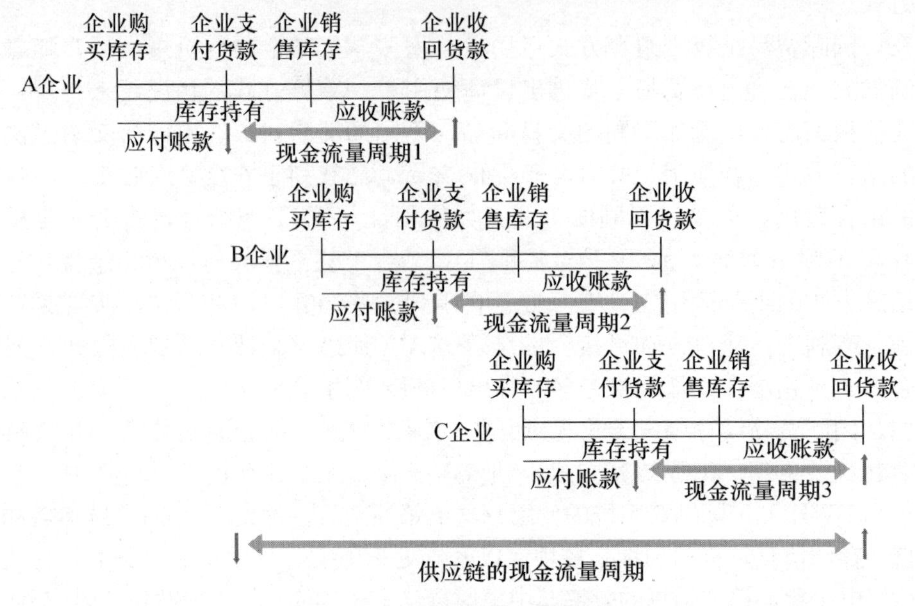

图1－9　供应链的现金流量周期

以B企业为例，向A企业下达订单与接收库存之间存在着资金缺口，形成所谓的应付账款；B企业在接收库存和形成产品销售之间也需要资金来管理库存；B企业在销售库存和下游C企业支付现金之间也存在着一定程度的资金缺口，形成所谓的应收账款。一旦某个环节出现问题，整个供应链的资金流将出现大问题。例如，当B企业因为经营不善出现资金短缺，A企业对于B企业的应收账款便难以回收，A企业的资金也出现缺口。资金缺口将沿着供应链进行传递。据统计，赊账销售已经成为企业最广泛的支付方式，在供应链各个主体不断加强合作的背景下，健康的资金流尤为重要。

在企业运营中，为了缓解上述经营各阶段出现的资金缺口问题，供应链上的各个主体往往会运用三种不同的运作方式，分别是单方面延长支付、早期支付折扣计划、供应商管理库存。

1. 单方面延长支付

这种运作方式往往发生在强势下游客户对弱势供应商的交易状况中，即B企业在与A企业正常交易时，要求延长应付账款支付周期以保证本企业的现金流。这种方式虽然有利于 B 企业及其下游客户企业（C 企业）的资金流动和效率，却为上游供应商企业（A 企业）带来了较大的资金障碍。这种运作方式虽然缓解了 B 企业及其下游企业的资金缺口问题，却加大了供应商的资金压力，最终使得上游企业更加关注如何解决资金问题，而不是关注生产和产品质量。

2. 早期支付折扣计划

这种运作方式简单来讲便是 B 企业为了及时收回下游企业（C 企业）的应收账款实施的一种折扣方式，即假如下游企业提前支付货款就能够获得折扣的交易价格。这种运作方式解决了 B 企业及其上游企业的资金问题，但是存在将折扣算入价格的现象，可能提高下游企业及其客户的供货价格。

3. 供应商管理库存

这种运作方式是一种以用户和供应商双方都获得最低成本为目的，在一个共同的协议下由供应商管理库存，并不断监督协议执行情况和修正协议内容，使库存管理得到持续改进的合作性策略。具体来说，就是买卖双方在一个共同确定的框架下，由供应商承担在下游企业仓库中的库存管理和代价，直到所供应的产品被下游客户使用才进行所有权转移，这种合作策略能为交易双方带来收益，不仅减轻了下游企业的资金压力，保障了及时供货，而且有利于供应商合理规划生产，避免呆账、坏账。但是，对于上游供应商来说，不仅库存占压了资金，而且商业银行无法对库存进行贷款融资，导致资金融通困难。

基于上述原因，在传统供应链运作中，现有措施难以解决整体供应链企业中的资金问题，因此，如果不能有效地解决资金流与商流、物流和信息流的整合，供应链就会难以为继。

（二）中小企业视角下的资金流

赊账销售已经成为企业最广泛的支付方式，这就导致企业支出和收入发生在不同时刻，不可避免地产生资金缺口。企业为了缓解资金压力，采取了一系列方式仍然存在资金缺口，这时候就需要融资。一般来讲，企业融资模式分为两种：内源性融资模式与外源性融资模式。我们来简单介绍一下这两种融资模式在中小企业的现状。

内源性融资是指公司经营活动产生的资金，它主要由留存收益和折旧构成，是企业不断地将自己的储蓄转化为投资的过程。然而，许多中小企业属于劳动密集型企业，利润率水平不高，自身的资本积累能力不足，内源性融资在很大程度上无法满足其扩大再生产、解决资金压力的客观要求。

外源性融资是指企业通过一定方式向企业之外的其他经济主体筹集资金，主要包括：银行贷款、发行股票、企业债券等。简单来说，就是吸收其他经济主体的储蓄转化为投资的过程。目前我国股票市场的准入门槛很高，很多中小企业受限于注册资本和公司股本总额，无法进入主板市场。

对于中小企业来说，内源性融资与外源性融资无法解决企业运营过程中的所有资金问题，这为供应链金融的产生奠定了基础。

（三）商业银行视角下的资金流

由于我国绝大多数中小企业目前还无法进入公开的证券市场进行融资，银行信贷是中小企业最主要的融资渠道，然而，在企业经营过程中，中小企业往往很难从商业银行借到贷款。有两方面原因：

其一，对于中小企业来说，它们的资信状态较差、财务制度不健全、抗风险能力较弱、缺乏足够的抵押担保，商业银行为了尽量减少呆账、坏账，不愿意向中小企业放贷，而是把重点放在了大型企业身上。

其二，对于商业银行来说，不良贷款占比过高的现象比较严重，其中不良贷款和不良资产的总体比例已经到了风险预警的边缘，如果不及时有效处理，将会给商业银行带来系统性的金融风险。同时，商业银行的三无贷款较多，由于贷款手续不正规，银行的债权无法得到有效保护，贷款回收也比较困难。此外，商业银行作为金融体系的重要一环，如今面临着商业模式的创新。目前，国内商业银行的利润来源十分单一，利润生长点十分僵化。更重要的是，随着资本市场的不断开放，存贷利差的规模正不断缩小，商业银行的盈利水平降低，与此同时，国内银行在业务模式、经营思路、服务项目上有很严重的同质化，竞争比较激烈。调查显示，供应链金融比传统金融业务利润更高，而且提供了更多强化客户关系的宝贵机会。

基于上述原因，中小企业客观上需要信贷的资金支持，而商业银行苦于中小企业的条件而惜贷、惧贷，这就造成了银企间的信用隔阂，要突破这种隔阂，就必须寻求新的融资模式。目前来看，供应链融资模式是解决这一问题最好的可尝试的方式之一。

二、供应链金融产生的宏观基础

在宏观层面，受全球化影响，世界各主要经济体通过供应链紧密联系在一起。产业方面的背景对供应链中金融问题的产生也是一种驱动力。从某种意义上讲，供应链金融是适应国际贸易新形势的产物，是在新的国际贸易背景下对新型组织间关系的有益探索。

（一）国际贸易的全球化趋势催生新的金融模式

在经济全球化的大背景下，企业生产分工呈现出全球化的趋势，产品的研发、设计、加工、装配、销售日益突破国家和地区的限制，实现了全球扩大生产。产品的价值链可能由不同国家或地区的不同企业分工完成，每家企业都成为全球化生产链条上的一环。

生产领域的国际分工必然导致贸易领域的全球化。随着科学技术的不断进步和各国对外开放程度的不断提高，流通领域中跨国交易的广度、深度和规模都在不断加强。贸易领域的全球化推动了世界市场的进一步完善，国际贸易开始从地区性的互利互惠向多边贸易体制转变，统一的全球化大市场正在逐步形成。

国际贸易的全球化趋势在客观上带来了金融的全球化。金融的全球化促使资金在世界范围内重新配置，使资本流向效益更高的国家或地区。与此同时，通过资本市场、金融机构、货币体系、金融政策与法律等金融要素的进一步同质化，全球金融市场日趋一体化。

就目前的趋势来看，生产链和供应链在全球化背景下联系日趋紧密，生产链的全球化必然要求供应链的金融服务的全球化。以此为基础，国际贸易的全球化趋势必然要求金融市场以供应链为中心提供更为灵活、成本更低、效率更高、风险可控的金融产品和融资模式。

（二）金融危机使得信贷市场收缩

据统计，2008 年前后我国企业通过银行贷款等渠道获得的间接融资占全部融资的 85%，由此可见，银行信贷仍然是中小企业融资的主要渠道，然而 2008 年下半年开始，因为严峻的经济形势带来企业经营环境及业绩的不断恶化，无论是西方国家还是我国，商业银行都在实行信贷紧缩，银行等金融机构的惜贷偏好日益明显，各项贷款余额增速持续回落，中小企业得不到银行等金融机构的帮助，直接面临极大的现金支付压力。不仅如此，供应链网络更是扩大了许多节点企业的财务问题，导致企业经营活动严重受损。供应链金融在这一背景下却逆势而上。根据 2009 年第一季报数据，六家上市银行（工行、交行、招行、兴业、浦发和民生）第一季度新增贴现 4 558.25 亿元，较 2008 年年底增长 66.4%，这些数据充分显示出中小企业对供应链金融的青睐以及商业银行对供应链结算和融资问题的重视。可以说，供应链金融作为一个金融创新业务在我国迅速发展，已成为银行和企业拓展发展空间、增强竞争力的一个重要领域，也成为解决我国中小企业“融资难、融资贵”的有效方式。

（三）国家对供应链金融高度认同

企业急需金融支持，国家在政策方面为供应链金融提供了保障。为了推动供应链金融服务实体经济，我国正在建设全国和地方信用信息共享平台。同时，鼓励商业银行、供应链核心企业等建立供应链金融服务平台，为供应链上下游中小企业提供高效便捷的融资渠道。目前，国家正在帮助供应链核心企业、金融机构与央行征信中心建设的应收账款融资服务平台对接，发展线上应收账款融资等供应链金融模式。

政策方面，2017 年 10 月，国务院办公厅发布《关于积极推进供应链创新与应用的指导意见》，将“积极稳妥发展供应链金融”作为六大重点任务之一，这标志着我国政府已将供应链金融的发展上升至战略高度。地方层面，为贯彻落实国务院办公厅发布的《关于积极推进供应链创新与应用的指导意见》，重庆、天津、上海、陕西、江苏、广东等多个省市分别出台了相应的具体分工落实政策。例如，2018 年 3 月，《重庆市人民政府办公厅关于贯彻落实推进供应链创新与应用指导意见任务分工的通知》下发。4 月，《天津市人民政府办公厅关于深入推进供应链创新与应用的实施意见》下发。同时，在国家供应链创新与应用 55 个示范城市和 266 家试点企业的基础上，地方政府也根据各自产业集群和区域经济特色确定了地方进一步的重点培育和发展目标。例如，2019 年 8 月，《浙江省人民政府办公厅关于积极推动供应链创新与应用的实施意见》下发；2019 年 10 月，江苏省评审公示确定了第一批重点培育企业。各地方政府以试点或重点培育城市、企业、产业链为抓手，出台激励政策给出目标引导，成为近年来推动供应链金融发展的重要力量。

综上所述，正是因为企业微观和宏观层面的共同作用，供应链金融逐渐进入人们的视野，成为新经济环境下一种重要的创新模式。而这种创新模式的核心就是结合产业运行的特点，有效地解决企业，尤其是中小企业融资难、融资贵的问题，在全球产业分工的大趋势下，将金融资源和产业资源高度融合，实现产业效益与金融效益的乘数效应。

第 4 节　供应链金融的发展

各国供应链金融发展的起点不同，各国学者和实业界对供应链金融领域的研究和实践的历史也有不同。目前国内外供应链融资实践和供应链金融发展趋势也大有不同。通俗来说，如果将核心企业比作“1”，供应链上的其他成员称为“N”，国际银行业自始至终主要解决的是“1”的问题，即全球化外包安排下，供应链成员的融资瓶颈对供应链稳定性和成本的影响。而国内主要解决“N”，将供应链其他成员作为突破口，即自偿性贸易融资，通过供应链金融的手段给众多中小企业为代表的“N”进行融资。

一、国外供应链金融实践

国际银行业供应链金融业务高速发展是因为供应链全球化导致供应链成员的流动性紧缺。据调查，在信贷紧缩的大背景下，93%的国际性银行感觉到公司客户对供应链金融业务的强烈需求，它们认为供应链金融是当前严峻的信贷环境下一种稀缺信贷资源的高效率的配置方式。下面简单介绍一下国外供应链金融实践的成功案例。

墨西哥国家金融开发银行的“生产力链条”计划通过在线方式为中小供应商提供保理服务。这项业务通过建立大买家和小供应商之间的低交易成本和高流动性的交易链，使融资困难的中小供应商凭借其对大买家的应收账款进行流动资金融资，并且通过让大买家的低信用风险替代中小供应商的高信用风险，达到降低中小供应商融资成本的目的。该项业务自实施以来，已经有超过 190 个大型买家和 70 000 家中小企业参加。该计划使墨西哥国家金融开发银行的保理市场份额从 2001 年的 2%上升到 2004 年的 60%。

通用电气公司（GE）推出的贸易分销服务为供应商提供了库存实时变现的途径，规避了存货积压产生的资金占用。GE 从供应商那里购买存货，当商品在运输途中或在仓库的时候，GE 拥有这些商品的货权，当核心企业需要提货的时候再将存货出售给买家。通过这项业务，GE 盘活了供应链中存货所占用的资金。

摩根大通银行通过收购一家物流公司在亚洲组建了一支新的物流团队，专门为供应链及分销链提供金融服务和支持。这支物流团队为进出口商提供一站式服务，积极应对跨境货物运输中日益增加的各种挑战和风险，包括由于不充分的进出口信息和文件传递延迟导致的运输耽搁、违反国际贸易法规遭受的国际罚款以及由于供应链缺陷导致的现金流问题等。

荷兰银行通过自己的 MaxTrad 系统实现离岸单证的业务外包，解决了信用证贸易中产生的管理成本高、交货易耽搁等问题。荷兰银行的这一举动为拥有全球布点和网络的商业银行运用互联网技术为需要供应链金融业务的客户创造双倍的价值提供了思路。

美国罗森塔尔公司是一家专门从事保理和其他融资业务的私人公司，通过半个多世纪的运营，总结出了一整套为应收账款融资业务选择客户的经验。通过对客户性格、能力、资本的评估来对应收账款融资进行风险控制，保证该项业务顺利展开。

二、国内供应链金融实践

20 世纪 90 年代中期，随着中小商业银行在竞争压力下持续创新，存货融资业务逐渐开始得到恢复。深圳发展银行在总结面向中小企业的货押和票据业务经验的基础上，提出了“自偿型贸易融资”理念和“1＋N”供应链融资系列产品包，随着中小企业对该项业务的需求持续增长，国内许多银行开始涉足该项业务。

深圳发展银行作为国内首家倡导供应链金融的商业银行，经过多年的发展，已经成为中国最专业的供应链金融服务银行之一，致力于为全供应链企业提供一揽子的综合金融解决方案。作为国内供应链金融服务的先行者，深圳发展银行在该项业务上明显领先于同业，“1＋N”业务链条已经成为开发供应链金融业务的标准范式。深圳发展银行该项业务在各个方面树立了行业标杆。

广东发展银行提出了物流银行计划。该计划以货押业务为主打产品，主要以市场畅销、价格稳定、流通性强且符合银行质押品要求的商品质押为条件，结合物流公司的专业服务，将银行资金流与企业的物流结合，向客户提供集融资、结算等多项服务为一体的银行综合服务业务。

上海浦东发展银行提出的“供应链融资”的整体服务解决方案，将供应链融资服务、供应链电子化服务和离岸银行服务统一于“供应链金融”的服务方案。此方案提供信用服务支持、采购支付支持、存货周转支持和账款回收支持等业务，帮助企业实现资金流运转。

兴业银行的“金芝麻”供应链金融服务将中小企业作为目标客户群。通过针对中小企业产、购、销三大环节设计的金融服务产品，试图一站式解决企业面临的资金难题。2008 年，兴业银行通过贸易服务设施系统开展供应链管理和融资业务的创新和实践，将业务延伸到国际贸易融资的范畴。

招商银行利用自身技术平台优势，着手打造“电子供应链金融”的品牌。通过互联网服务平台，银行通过一系列电子化金融衍生产品紧密联结供应链核心企业和上下游企业，形成一种新型融资和服务模式。

民生银行成立的贸易金融部专门为进出口客户提供各类金融服务。民生银行将行业进行细分，重点开发机电、石油化工、冶金矿产、交通运输四大行业。通过应收账款类、物流融资类和服务增值类三大系列产品，着手打造长三角、珠三角、环渤海地区四大行业的核心客户群。

三、国内外发展状况的比较

目前，国内外银行供应链金融的发展，在融资业务、服务对象、顾客关系、信息技术、相关法律等方面的侧重点、广度和深度都有所差别。

第一，国外银行的供应链融资多以“应收账款融资”为关键词，通过电子平台对订单、发票等数据信息流的公示和见证，为供应链成员和银行提供面向多个环节的融资申请和批准按钮。国内银行的供应链融资则以“存货融资”为关键词，通过第三方物流监管的引入，以及一定程度上对核心企业的信用引入为供应链成员提供融资。

第二，国外银行的供应链融资业务是传统国际贸易融资的延伸，而国内业务更多属于资产支持性贷款范畴，改进之处在于引入核心企业作为风险控制变量，同时也涉及核心企业与银行间的系统性安排。国外银行主要面向核心企业的上游供应商，而国内供应链金融大多集中于下游。国外银行推出供应链金融的初衷在于维系老客户关系，而国内银行的供应链金融则明显具有明确的新客户导向，即一种开发中小企业市场的新的授信技术和盈利模式。

第三，国内银行的供应链金融局限于国内供应链，对于供应链中的国际贸易融资延伸和整合不足。面对跨国公司的大批国内供应商和分销商，也没有从系统论的视角提出有效的解决方案，错失了大量的业务机会。从业务营运的机构设置看，除了深圳发展银行以外，大部分银行的供应链融资尚未独立于传统流动资金贷款的风险控制体系运行。对供应链融资仅停留在概念营销层次，风险控制的核心价值并未有效吸收，结果不仅未能充分发挥营销的效率，也存在较大的风险隐患。比如，大多数银行没有设置专门的债项评级体系，没有特别的审批通道，没有专业化的操作平台，缺乏针对核心企业和物流监管合作方的严格的管理办法等。

第四，在以美国为代表的发达国家，综合性的单一担保物权替代了多种传统形式的动产担保权益。动产抵押采用统一登记制度，信贷人无须实际占有借款人动产，而享有担保物易变现、易执行的相关便利。反观国内，有关动产担保权的设定、保护及实现的相关法律仍需进一步完善，这使得第三方物流作为不可或缺的风险控制变量被银行引入货押业务操作中，操作流程相对复杂、成本更高。国内动产担保权相关法律的不完善，导致供应链金融业务在很多操作和预期损失领域存在不确定性。同时，监管部门对供应链金融的认识在很大程度上停留在传统的流动资金授信层面，对供应链金融的风险特征、信贷技术以及核心价值了解有限，相关的规范、引导和监管工作比较欠缺。

尽管如此，有几个因素决定了国内供应链金融业务将在中长期获得深化发展。首先，国内产业组织结构中的供应链模式发展趋势不可逆转，核心企业的财务供应链管理需求将日益凸显。其次，国内大部分中小企业的未来生存方式不可避免地需要依附于某条供应链，这对于银行服务中基于系统论的评审技术和开发模式提出了要求。最后，供应链金融作为涵盖传统流动资金贷款、国际贸易融资以及相关负债、中间业务的整合性概念，相关技术手段和风险控制理念更为完善和先进，具有适应变化的市场环境的顽强生命力。

关键词

金融体系　互联网金融　金融互联网化　第三方支付　数字货币　网络征信　网络贷款　P2P　众筹　供应链管理　纵向一体化　横向一体化　牛鞭效应　战略联盟　现金流量周期　分销商一体化

复习与思考题

1. 什么是互联网金融？典型模式有哪些？
2. 互联网金融的发展现状及其问题是什么？
3. 什么是供应链？供应链管理产生的背景是什么？
4. 传统物流管理与供应链管理的区别是什么？
5. 什么是牛鞭效应？影响因素和解决方法有哪些？
6. 供应链金融与互联网金融的区别是什么？
7. 供应链金融产生的背景是什么？

第2章 供应链金融的概念与特点

学习目标

- 理解供应链金融的内涵。
- 掌握供应链金融的本质。
- 了解供应链金融模式的分类。
- 掌握供应链金融的特点。
- 理解供应链金融的功能。

第1节　供应链金融的内涵

进入21世纪以来，经济活动愈来愈超越国界，通过利用不同公司、国家甚至一国之间不同地区的比较优势进行外包活动来降低企业运营成本越来越普遍。但是对经济和金融欠发达地区，尤其是资金不够雄厚的中小企业来说，往往会出现一些“成本洼地”，导致供应链成员的资金流瓶颈，影响整个供应链的稳定性和财务成本。这些中小企业往往没有大型企业的金融资源，却是供应链网络中的重要组成部分，解决这些企业的资金问题迫在眉睫。随着对供应链管理问题的深入研究，供应链中物流、信息流和商流问题已经得到解决，继续投入的边际效应正在递减。供应链研究的重点便慢慢转向了企业的财务供应链层面，供应链金融正是在这一大背景下产生的。而资金问题仅仅是供应链中财务问题的一个部分，同时出现在人们视野中的，还有资本结构、资本成本、资金流转周期等问题，这些都是供应链金融要研究的问题。

一、供应链金融的概念

供应链金融的产生与供应链管理思想有着密不可分的关系，不过供应链金融的交易单元远远早于供应链的出现，而且在发达国家已经存在了几个世纪之久。

1916年美国出台了《美国仓储法》，并据此建立了一套仓单质押的系统规则。以农产品为代表的各类仓单开始广泛签发和流通，这种仓单不仅可以作为结算手段，而且可以向银行贷款。类似地，1905 年的俄国也出现了货物质押贷款业务，农民在丰收季节市场价格低的时候，将大部分谷物质押给银行，用银行的贷款进行下一轮的生产活动，在市场回暖的时候，再卖出谷物向银行还本付息。

现代意义上的供应链金融概念发端于 20 世纪 80 年代。当时的企业为追求成本最小化开始进行全球性外采和业务外包，供应链管理的概念孕育而生。不过，当时的供应链管理研究一直集中在物流、信息流和商流的层面上，直到 20 世纪末期，供应链中部分节点资金流瓶颈带来的“木桶短边”效应实际上部分抵消了生产的“成本洼地”配置所带来的最终成本节约。由此，财务供应链管理的价值发现过程开始深化，供应链金融的概念开始出现。由于国内外经济环境以及对供应链金融领域的研究和实践的历史有着许多不同，对供应链金融的理解也不同。

（一）国内外界定

纵观国内外有关供应链金融的定义，首次提出供应链金融概念的是蒂默（Timme）等学者，他们认为供应链上的参与方与为其提供金融支持的处于供应链外部的金融服务提供者可以建立协作，而这种协作关系旨在实现供应链的目标，同时考虑到物流、信息流和资金流及进程、全部资产和供应链上的参与主体的经验，这一过程就称作供应链金融。蒂默强调金融主体与供应链参与企业之间协作关系的建立，通过这种关系来实现四流的融合。

迈克尔·拉莫洛克斯（Michael Lamoureux）站在供应链核心企业的视角，认为供应链金融是一种在核心企业主导的企业生态圈，对资金的可得性和成本进行系统性优化的过程。这种优化主要通过在对供应链内的信息流进行归集、整合、打包和利用的过程中，嵌入成本分析、成本管理和各类融资手段来实现。

阿伯丁集团（Aberdeen Group）站在电子交易平台服务商的视角，认为供应链金融的核心就是关注嵌入供应链的融资和结算成本，并构造出对供应链成本流程的优化方案。而供应链融资的优化方案，就是通过技术平台实时为提供贸易融资的金融机构、核心企业自身提供供应链活动中能够触发融资的信息按钮，例如订单的签发、按进度的阶段性付款、供应商管理库存的入口等。

银行视角的定义更为广泛。例如，从银行业务拓展方式的角度，学者认为供应链金融是指银行通过审查整个供应链，基于对供应链管理程度和核心企业的信用实力的掌握，对其核心企业和上下游多个企业提供灵活运用的金融产品和服务的一种融资模式；从供应链融资的功能角度，学者认为供应链金融是指将资金流整合到供应链管理中，不仅为供应链各个环节的企业提供商业贸易资金服务，也为供应链弱势企业提供新型信贷融资服务的服务产品创新模式；等等。

除此之外，比较有代表性的供应链金融的定义是霍夫曼（Hofmann）在 2005 年提出的，他认为供应链金融可以理解为供应链中包括外部服务提供者在内的两个以上的组织，通过计划、执行和控制金融资源在组织间的流动，共同创造价值的一种途径。

近年来，供应链中资金流管理受到国内许多学者的关注。杨绍辉从商业银行的角度出发，认为供应链金融是为中小型企业量身定做的一种新型融资模式，它将资金流有效地整合到供应链管理中，既为供应链各个环节的企业提供商业贸易资金活动，又为供应链弱势企业提供新型贷款融资服务。

闫俊宏、许祥秦研究了基于供应链金融的中小企业融资，分析其对于解决中小企业融资难等问题的优势，并提出了供应链金融的三种基本模式，即应收账款融资模式、存货融资模式和预付账款融资模式，对各个模式的特点、流程进行了介绍。

蒋婧梅、战明华认为中小企业由于其自身缺乏抵押物、信息不透明等问题，长期以来遭遇融资难的发展瓶颈。随着科技水平、物流业、供应产业链的发展，供应链金融这一创新产品以其独特的优势成为商业银行新的业务领域。

胡跃飞认为供应链金融是指对供应链内部的交易结构进行分析的基础商，运用自偿性贸易融资的信贷模型，并引入核心企业、物流监管公司、资金流导引工具等新的风险控制变量，对供应链的不同节点提供封闭的授信支持及其他结算、理财等综合金融服务。

宋华认为供应链金融是以核心客户为依托，以真实贸易背景为前提，运用自偿性贸易融资的方式，通过应收账款质押登记、第三方监管等专业手段封闭资金流或控制物权，对供应链上下游企业提供的综合性金融产品和服务。

（二）本书定义

从上面的内容可以看出，国内外对供应链金融的理解有许多差异。国内外对供应链金融界定的相同点主要体现在：

第一，国内外学者认为将供应链与金融相结合的方式首先从供应链融资开始，供应链融资是供应链金融最基础的功能，是最容易将供应链带来的整合优势转化为资源的方式。国内外学者都将其作为供应链金融的基本研究模型。

第二，虽然国外对供应链金融的研究已经从供应链融资领域扩展到动产融资、订单周期管理和运营资本管理，而国内还仅仅停留在供应链融资，但是对于基础的供应链融资产品，国内外运行的机理逻辑和模式基本一致。根据质押物的性质及交易的先后顺序，供应链金融可以分为应收账款融资、库存融资和预付账款融资。

国内外对供应链金融的认识的差异主要体现在：

第一，由于国内对于供应链金融研究起步较晚，国内学者大都只停留在把供应链的融资功能作为供应链金融的全部的阶段。国外对供应链金融的理解更加宽泛，不是只局限在融资功能上，还加入了资本结构、成本结构和资金流周期等问题的研究，更加整体地看待供应链金融。

第二，国内外对于供应链金融理解的广度存在一定差异。国内大多站在金融机构的视角，国外不仅包括商业银行在内的金融机构，也包括供应链产业企业的金融性行为。

结合上述分析，本书认为供应链金融（supply chain finance）是一种集物流运作、商业运作和金融管理为一体的管理行为和过程，它将贸易中的买方、卖方、第三方物流以及金融机构紧密地联系在一起，发挥了用供应链物流盘活资金，同时用资金拉动供应链物流的作用。

二、供应链金融与其他金融的比较

为了解决资金流瓶颈带来的“木桶短板”效应，实业界展开了相应的业务创新。随着创新的程度以及方式差异的显现，这类业务创新逐渐形成了不同的形态和模式，其中与供应链业务相关的金融创新包括物流金融（logistics finance）、贸易金融（trade finance）以及供应链金融。这几个概念不仅具有高度的相关性，同时也有一定的差异性。

（一）物流金融

物流金融的核心与重点是金融创新和运营，而不是物流活动本身，其本质是指在面向物流业的运营过程中，通过应用和开发各种金融产品，有效地组织和调剂物流领域货币资金的运动，从而促进物流业务的顺利开展，实现物流服务的高绩效。这些资金运动包括发生在物流过程中的各种存款、贷款、投资、信托、租赁、抵押、贴现、保险、有价证券发行与交易，以及金融机构所办理的各类涉及物流业的中间业务等。物流金融是为物流产业提供资金融通、结算、保险等服务的金融业务，它伴随着物流产业的发展而产生。

物流金融涉及三个主体：物流企业、客户与其上下游和金融机构。物流企业与金融机构联合起来为资金需求方企业提供融资，这三者在金融活动中扮演着不同的角色。

（二）贸易金融

贸易金融是在贸易双方债权债务关系的基础上，为国内或跨国的商品和服务贸易提供的贯穿贸易活动整个价值链的全面金融服务。它包括贸易结算、贸易融资等基础服务，以及信用担保、保值避险、财务管理等增值服务。贸易金融的特点及其与物流金融的区别如下：

第一，服务的支点不同。贸易金融的本质是为商品和服务提供支付、结算、信贷、信用担保等服务，这些服务紧紧围绕“贸易”这一实体展开。而物流金融是以“物流和产品”为基础展开。

第二，债务偿还方式不同。贸易金融中，融资方根据企业真实贸易背景和上下游客户资信实力，以单笔或额度授信方式，提供短期金融产品和封闭贷款，以企业销售收入或贸易所产生的确定的未来现金流作为直接还款来源。物流金融则是以物流服务以及货物、动产的控制管理作为还款来源。

第三，融资方式的收益来源不同。贸易金融收益来源包括：贸易融资的直接收益，即利息净收入；中间业务收益，包括手续费收入、汇兑收入等；资金交易的佣金收入。物流金融收益来源包括：直接收益，即利息净收入；物流服务收益，包括货物监管、品质管理等产生的收入；其他隐性收入。

在贸易金融中，扮演平台提供商和综合风险管理者角色的主体，既可以是第三方物流，也可以是其他供应链参与者。

（三）供应链金融

供应链金融与物流金融和贸易金融的异同，可以通过供应链管理的三个维度（物流梯度、商流梯度、信息梯度）进行比较（如图 2－1 所示）。通过供应链的这三个维度，可以看出物流金融表现出来的物流整合度较高，商流整合度相对物流整合度而言偏低，也就是说物流金融中资金流的产生和相应的风险控制更多地凭借物流的整合来实现。尽管商流信息也很重要，但是作为融资方来说，商流介入和管理的程度有限，相应的信息整合也更多地侧重于物流信息的聚合管理，对于交易信息的整合相对有限。贸易金融则是商流整合度较高，而物流的管理能力相对商流而言偏低，即金融活动产生的依据和风险管理主要凭借对商流的把控。尽管融资方也关注物流活动，但是其介入的程度较低，所以，在信息管理上，交易信息的聚合度较高，对物流信息的整合有限。但是供应链金融正好融合了所有三个方面，也就是说供应链金融在同时掌握和管理全面的商流和物流的基础上，展开综合性的融资业务。其风险的控制既来源于对整个交易过程和价值增值过程的设计、运营和管理，又来源于物流方案的设计、流程的运营和操作。可以说供应链金融是物流金融和贸易金融的乘数效应，它是针对供应链不同的参与者、不同的阶段、不同的时期提供的综合性全面融资解决方案，因此，供应链金融的信息整合度最高。

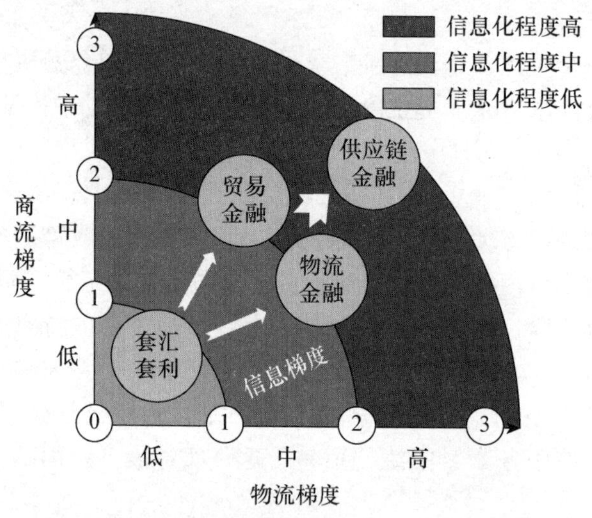

图 2－1 物流金融、贸易金融、供应链金融的比较

（四）套利套汇金融

上面我们辨析了三种紧密关联的业务模式，尽管它们的形态有一些差异，但是它们都依托于供应链运营的某些流程或全部流程，对供应链上的参与者，特别是需要改善现金流、提高融资能力的企业提供金融方案，其目的是促进供应链运行的持续与稳定，实现共赢。而套利套汇金融是在人民币升值压力明显，境内外利率及金融体制差异较大的背景下，借助某些地域优惠的经济发展政策，以及便利的通关和物流条件，通过境外银行、其他金融机构以及境外关联公司，绕开国内信贷紧缩限制，规避外汇监管规定，套取境内外汇差和利差的行为。这种投机性金融运作既没有依托供应链中的四流，也没有

真正打造和发展产业供应链。

三、供应链金融的本质

供应链金融是今天网络化时代供应链全球化过程中的必然产物，只不过其核心不在于纯粹的金融性活动，而是通过互联网、物联网等技术手段，搭建了跨条线、跨部门、跨区域，与政府、企业、行业协会等广结联盟，与物联网和互联网相融合的产业生态圈和金融生态平台。

同时，供应链金融考虑到商流、物流、信息流及资金流，计划、执行和控制金融资源在组织间的流动，为产业供应链中的中小企业解决融资难、融资贵、融资乱的问题，共同创造价值，最终实现通过金融资源优化产业供应链，同时又通过产业供应链运营实现金融增值。

供应链金融一定是基于实体供应链，以供应链带动金融，用金融夯实供应链。供应链金融以供应链起点至终点的真实贸易情况为基础，以贸易产生的可确定未来现金流为直接还款来源。金融需求始于供应链，金融落脚是服务于供应链：从供应链中来，到供应链中去。

供应链金融之所以能够成为中国和世界其他国家共同关注的话题，其核心在于供应链金融不是纯粹的金融活动或者游戏，而是立足产业供应链并服务于产业供应链的行为，它对于优化供应链现金流量周期，乃至提升产业供应链竞争力都至关重要。

供应链金融本身是一个不断发展的概念，它逐渐从要素金融活动走向流程化金融，逐渐从单一的借贷走向生态化金融，从而实现了依托供应链中的商流、物流和信息流带动金融资源在组织间的流动，同时又反过来推动产业供应链的发展。

供应链金融要真正发挥推动实体产业发展的作用，就需要踏踏实实地建构供应链平台，做好供应链服务，为中小企业降低产业交易成本和资金成本，而不是假借供应链金融的名义，大行资本游戏，甚至成为盘剥产业链弱势企业的手段。

综上所述，如图 2－2 所示，供应链金融的本质可以看作一个天平：以风险控制为基，以信息为梁，以信用为柱，促进金融资源与产业资产相融合，建设健康、和谐、安全的供应链服务平台。

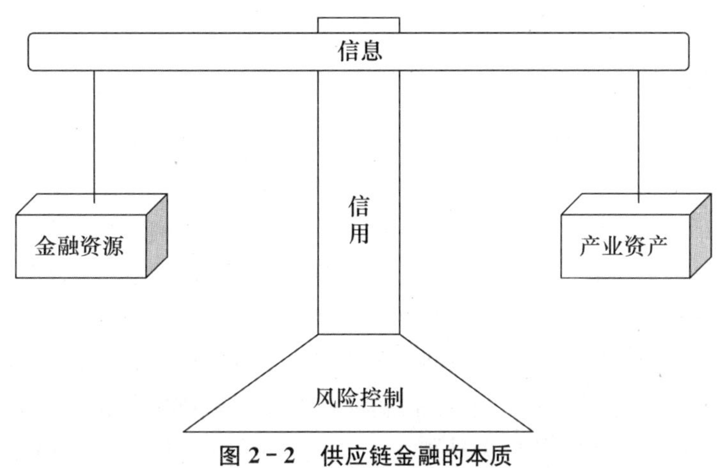

图 2－2　供应链金融的本质

四、供应链金融模式的分类

（一）按照生产企业单阶段生产周期的资金需求划分

1. 应收账款融资——销售阶段

应收账款融资是指企业为取得运营资金，以卖方与买方签订真实贸易合同产生的应收账款为基础，为卖方提供的以合同项下的应收账款作为还款来源的融资业务。应收账款融资主要应用于核心企业的上游融资，通常需要发货来实现物权的转移促使合同生效，同时也需要告知核心企业，得到核心企业确权。企业运用应收账款融资可以获得销售回款的提前实现，加速流动资金的周转。此外，无须提供传统流动资金贷款所需的抵质押和其他担保。在无追索权的模式下，企业可以实现资产出表，优化资产负债表，缩短应收账款的周转天数，实现商业信用风险的转移。应收账款融资包含以下模式：保理、保理池融资、反向保理等。

2. 库存融资——生产阶段

库存融资又称存货融资，主要是指以企业库存的货物进行抵质押进行的融资。该模式更适用于存货量大、库存周转慢的企业。对于货品类别而言，考虑到货品质押的管理和价值波动风险，标准品（价值更易评估）、能够识别到件的物品（防止货品被恶意调包造成损失）更适合采用该模式。在该模式下，通常会引入第三方物流对抵质押品实行监管。库存融资能帮助企业释放库存占用的资金，加速资金的周转，帮助企业平衡保证生产销售稳定性与提高资金流动性和利用效率。库存融资包括现货质押融资和仓单融资两大类。现货质押又分为静态质押和动态质押，仓单又包含普通仓单和标准仓单。

3. 预付账款融资——采购阶段

预付账款融资是银行等金融机构代买方向卖方支付全额货款的一种融资方式。实务中，预付账款融资类产品主要用于核心企业的下游融资，即主要为核心企业的销售渠道融资，其担保基础为买方对卖方的提货权。预付账款融资包含两种主要业务模式：先票/款后货授信、担保提货（保兑仓）授信。

（二）按照主导主体划分

1. 电商主导的供应链金融模式

电商通过网络将买卖双方的所有交易都实现了电子化。电商企业为提升管理能力和竞争力，通过掌握大量信息，逐渐形成了供应链体系。在互联网背景下，电商建立互联网供应链金融平台，凭借其在商流、信息流、物流等方面的优势，为供应链企业提供担保或者通过自有资金为企业融资，并从中获益。

电商主导的供应链金融可以快速地获取整合供应链内部交易和资金流等核心信息。而且，电商平台具有很强的科技、信息化属性，在交易数据的价值挖掘上优于传统企业。由于电商平台积累了大量真实的交易数据，通过不断积累和挖掘交易行为数据，分析、归纳借款人的经营与信用特征，通过云计算和大数据相关技术，电商平台可以做到合理的风险定价和风险控制。

2. 核心企业主导的供应链金融模式

核心企业作为供应链中的主导企业，其发展影响整个供应链。核心企业为了促进与之相关的上下游企业及行业的发展，利用其多年积累的客户自有和上下游企业经营信息，通过设立保理公司、融资租赁公司、小额贷款公司等互联网供应链公司向上下游企业提供融资服务。核心企业对上下游企业充分了解，为中小企业提供在线高效的融资服务。

核心企业深耕产业链，积累了大量的行业经验及大量真实交易关系数据，因信息不对称性相对较弱，其在开展供应链金融服务时的精准度、效率更高，成本更低。另外，凭借多年的行业经验和资源，核心企业对上下游企业的经营状况有充分的了解，进而有能力降低初期的风险定价和风险成本。

3. 金融资本主导的供应链金融模式

金融资本主导的供应链金融以商业银行为主，商业银行设计融资方案并提供资金支持。商业银行与客户企业的地位较为平等，商业银行有权选择符合条件的客户企业，客户企业也有权选择融资利率更低的商业银行。因此，银行需要不断进行金融创新。在供应链金融模式下，商业银行建立了互联网供应链金融平台，为企业提供在线融资服务，增加了利润来源方式，提升了核心竞争力。

商业银行在该主导模式下，首先，具有稳定、低成本、大规模获取资金的能力，积累了丰富的客户资源。其次，有丰富的风险管理经验，风险控制能力强，可以提供跨行业供应链金融服务。最后，有众多的经营网点和专业的供应链金融人才，可以提供专业的金融服务，确保商业银行覆盖到供应链中的各个层次。

4. 供应链服务商主导的供应链金融模式

供应链服务商集合了商务、物流、结算、资金等要素，通过对信息全方位的掌控，为各类企业、客户、增值服务商、商店和消费者提供有竞争力的供应链解决方案。在互联网背景下，传统的供应链服务商建立供应链平台，为合作企业客户提供在线存货融资的资金代付服务，在一站式的供应链管理服务的基础上开展金融业务，扩充了盈利来源。

首先，供应链服务商主导的供应链金融有独特的角色定位，供应链服务商不参与具体的产品生产、流通和销售，但是其业务贯穿产品生产销售的全过程，负责供应链中企业的非核心业务外包工作，凭借其多年和客户的紧密合作，能降低信息收集成本，提高信息的对称性。其次，对供应链中的企业的监控力较强。

（三）按照金融机构参与程度划分

1. 资产流通模式

资产流通模式是指第三方物流企业利用自身的综合实力和良好的信誉，通过资产经营方式，间接为客户提供融资、物流、流通加工等集成服务。具体包括以下业务。

（1）替代采购：存货质押融资业务的基础，类似于现实生活中的房屋按揭贷款。

（2）信用证担保：外贸公司给借款企业的供应商开出信用证，向供应商作出货款及时付清的保证。

（3）静态存货质押融资：中小企业将自身所拥有的流通资产作为质押物，交给银行与其共同认可的仓库，由第三方物流企业对货物进行看管。货物只有付清所有款项后才能取出。

（4）动态存货质押融资：中小企业自己合法拥有的流动资产作为质押物，但随着企业不断还款，企业可以不断赎回货物。

2. 资本流通模式

资本流通模式是指供应链金融提供者利用自身与金融机构良好的合作关系，为客户与金融机构创造良好的合作平台，协助中小型企业向金融机构进行融资，提高企业运行效率。具体包括以下业务。

（1）买方信贷：对于有流动资金需要的中小企业，银行等金融机构根据其过往资信状况、业务活动为其开出银行承兑汇票，这些中小企业利用银行信用为担保来采购货物。

（2）授信融资：银行等金融机构把贷款额度直接授权给第三方物流公司，充分给予物流公司自主权，同时第三方物流公司也要向银行提供担保。

（3）反向担保：与授信融资不同的是，第三方物流公司与中小企业角色进行颠倒。由于银行对大宗货物的估计、鉴别缺乏经验，中小企业直接贷款有时不能实现，而第三方物流公司经验丰富，可以利用货物对银行进行反担保。

（4）仓单质押融资业务：银行根据物流公司开具的仓单来为中小企业提供贷款。

（5）保兑仓授信：利用银行发生的杠杆作用，企业上交部分费用，银行给其几倍的贷款额度供其用于供应链活动，然后企业根据生产经营回笼的资金逐步偿还贷款。

第 2 节　供应链金融的特点

在供应链金融中，金融服务提供者通过对供应链参与企业的整体评价，针对供应链各渠道运作过程中企业拥有的流动性较差的资产，以资产所产生的确定的未来现金流作为直接还款来源，运用丰富的金融产品，采用闭合性资金运作的模式，并借助中介企业的渠道优势，来提供个性化的金融服务方案，为企业、渠道以及供应链提供全面的金融服务，提升供应链的协同性，降低其运作成本。

一、供应链金融的主要特点

（一）供应链金融开展的前提

1. 现代供应链管理是供应链金融服务的基本理念

供应链金融是一种适应新的生产组织体系的全方位金融服务，它不是单纯依赖客户企业的基本面资信状况来判断是否提供服务，而是依据供应链整体运作情况，从企业之间真实的贸易背景入手，通过判断整体运作情况来提供相关服务，包括但不限于企业自身的财务状况和管理水平、链上企业的交易历史情况等，来判断流动性较差资产未来的变现能力和收益性。通过融入供应链管理理念，可以更加客观地判断客户企业的抗风险能力和运营能力。可以说，没有供应链做支撑，就不可能产生供应链金融，而且供应链运行的质量和稳定性直接决定了供应链金融的规模和风险。

2. 构建供应链商业生态系统是供应链金融的必要手段

供应链金融要有效运行，还有一个关键点在于商业生态系统的建立。所谓商业生态系统，是指组织和个人的相互作用为基础的经济联合体，是供应商、生产商、销售商、市场中介、投资商、政府、消费者等以生产商品和提供服务为中心组成的群体。它们在一个商业生态系统中发挥着不同的功能，各司其职，但又形成互赖、互依、共生的生态系统。在供应链金融运作中，也存在着商业生态的建立，包括管理部门、供应链参与者、金融服务的直接提供者以及各类相关的经济组织，这些组织和企业构成了供应链金融的生态圈。如果不能建立有效分工，没有承担相应责任和义务的商业生态系统，供应链金融将很难展开。

（二）供应链金融的保证

1. 闭合式资金运作是供应链金融服务的刚性要求

闭合式资金运作是指注入的融通资金使用限制在可控范围之内，根据申请业务具体情况进行逐笔审核，资金流、物流须按照合同预定的模式运作。健康的供应链金融必须坚持闭合式资金运作，必须对资金流、贸易流和物流进行有效控制，使融通资金的运用限制在可控范围之内，按照具体业务逐笔审核放款，并对融通资产形成的未来现金流进行及时回收和监管，达到过程风险控制的目标，即供应链金融服务运作过程中，供应链的资金流、物流需要按照合同预定的模式运作。

2. 大数据对客户企业整体评价是供应链金融服务的前提

整体评价是指供应链服务平台分别从行业、供应链和企业自身三个角度对客户企业进行系统的分析和评判，然后根据分析结果判断其是否符合服务的条件。行业分析主要是考虑客户企业所处的宏观经济环境、政策和监管、行业状况、发展前景等多因素的综合影响；供应链分析主要评判客户所在供应链的行业前景与市场竞争地位；企业分析是评价其运营情况和生产实力是否符合供应链合作义务的能力，是否具备盈利能力与运营能力，最为重要的就是掌握企业的资产结构和流动性信息，针对流动性弱的资产金融融通作可行性分析。

显然，上述分析必须充分利用大数据对客户企业的整体评价。供应链金融运作是一个复杂的过程，会产生大量的信息，人工无法合理地截取、管理、处理并整理成为可以影响管理决策的信息。必须通过大数据对供应链运行中每一笔交易、每一项物流活动，甚至每一个信息沟通进行筛选、整理、分析得出结果，这些数据可以帮助企业进行经营决策，同时还可以规划、引导供应链金融活动。

（三）供应链金融服务的对象和目标

1. 成长型中小企业是供应链金融服务的主要对象

供应链金融服务运作过程中涉及供应链内多个交易主体。供应链金融服务提供者可以获取供应链内大量的客户群和客户信息。在传统金融视角下，中小企业由于规模较小、经营风险大，财务信息不健全，存在信息披露不充分、信用风险高、道德风险大、有机会主义倾向等问题，成本收益不经济。而在供应链金融视角下，上述问题都不存在。这些成长型中小企业通过供应链金融服务，资金流得到优化，经营管理能力得到提高。

2. 流动性较差资产是供应链金融服务的目标

在供应链运行过程中，企业因为生产与贸易的缘故，形成存货、预付款项和应收款项等众多资金沉淀环节，所以产生了对供应链金融的迫切需求。供应链金融必须将拥有流动性较差资产的成长型中小企业作为服务的主要目标。流动性较差的资产具有良好的自偿性。自偿性是指基于真实贸易场景下所产生的确定性未来现金流，金融机构给予借款企业短期融资，借款企业将销售收入作为短期融资的还款来源，并将其销售收入自动导回银行的特定账户中，进而归还借款。如同企业经过“输血”后，成功实现“造血”功能。供应链金融服务提供者对企业形成的应收款项、预付款项、存货等各项流动资产进行方案设计和融资安排，将多项金融创新产品有效地在整个供应链各个环节中灵活组合，提供量身定制的解决方案，以满足供应链中各类企业的不同需求，不仅帮助企业解决燃眉之急，而且帮助其提升供应链的协同性，降低运作成本。

总的来说，开展健康的供应链金融必须坚持现代供应链管理理念，通过融入供应链管理理念，可以更加客观地判断客户企业的抗风险能力和运营能力。可以说，没有实际的供应链作支撑，就不可能产生供应链金融，而且供应链运行的质量和稳定性直接决定了供应链金融的规模和风险。同时，必须构建供应链商业生态系统才能让供应链金融有效运行。在供应链金融运作中，管理部门、供应链参与者、金融服务的直接提供者以及各类相关的经济组织，与企业共同构成了供应链金融的生态圈，如果不能有效地构建健康的商业生态系统，各个主体之间不能有效分工，不能承担相应的责任和义务，无法实时地沟通和互动，供应链金融将很难展开。

二、供应链金融服务与传统金融服务的比较

如图 2－3 所示，在传统金融服务中，供销企业是银行很少关注的区域，单独、孤立的银行业务不关注流程和交易过程。传统的金融服务是从单个行业出发提供的服务，而供应链金融是一种集物流运作、商业运作和金融管理为一体的管理行为和过程，它将贸易中的买方、卖方、第三方物流以及金融机构紧密地联系在了一起。

（一）两种金融服务融资比较

传统金融服务与供应链金融服务，主要在管理要素、业务流程、组织结构、融资期

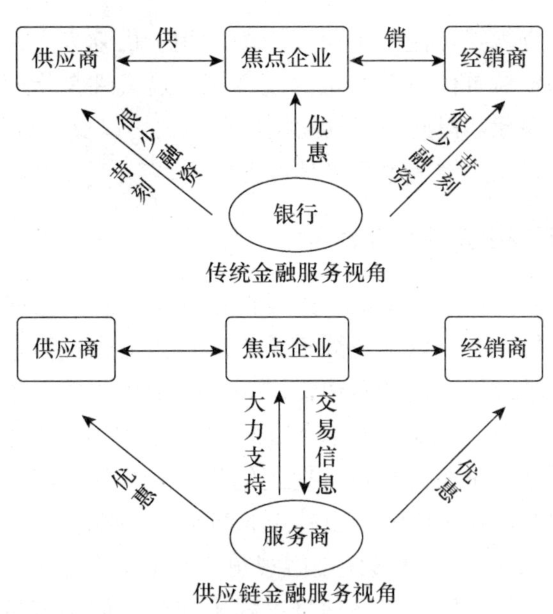

图 2－3　不同视角下的供销企业

限、还款来源等方面呈现出显著不同，具体见表 2－1。

表 2－1　供应链金融服务与传统金融服务的对比

比较维度	传统金融服务	供应链金融服务
管理要素	以好的资产负债表为基础，对企业以往的财务信息进行静态分析，依据对授信主体的孤立评价做出信贷决策	供应链金融服务评估的是整个供应链的信用状况，加强了债项本身的结构控制
业务流程	是一种简单的资金借贷关系，以一个或几个生硬、机械的产品“水平式”地覆盖不同细分市场及交易链条上的各个节点、各个交易主体的需求	是根据交易对手、行业规则、商品特点、市场价格、运输安排等交易条件，为供应链上不同交易层次和交易地位的交易主体定制的专业金融解决方案。不仅仅是融资，更是流程优化方案和成本降低方案
组织结构	一般参与主体只有商业银行等信贷机构和中小企业双方，有些也需要第三方担保人的参与	不仅有金融机构、融资企业，还包括供应链上的参与企业、其他服务型企业，以及物流企业
融资期限	短期、中期、长期	短期为主
还款来源	企业本身资产	融资项下的资产

供应链金融之所以在服务中小企业方面具备优势，主要原因如下：

（1）供应链金融对整个供应链信用的评估替代对授信企业单一企业的评估，提高了中小企业信用评估准确性。对授信企业的信用评估不再强调企业所处的行业、企业规模、固定资产价值、财务指标和担保方式等要素，转而强调企业的单笔贸易真实背景和供应链主导企业的实力和信用水平。由于供应链金融业务的开展实际上建立在对供应链的物流、资金流和信息流的充分掌握基础上，因此，以此方法评估出的中小企业的信用水平一般会比用传统方式评估出的要高。

（2）封闭性、自偿性和连续性的业务特征，使得供应链金融的风险可控。封闭性是指银行通过设置封闭性贷款操作流程来保证专款专用，借款人无法将资金挪作他用。自偿性是指还款来源就是贸易事件自身产生的现金流。连续性是指同类贸易行为在上下游企业之间会持续发生，因此，以此为基础的授信业务也可以反复进行，即呈现单笔小额、短期、持续滚动的特征，在风控上也会更具可控性。

（二）两种视角下中小企业认知差异

与传统金融服务不同，供应链金融服务运作过程中涉及渠道或供应链内的多个交易主体，供应链金融服务提供者可以获得渠道或供应链内的大量客户群和客户信息，为此可以根据不同企业、渠道或供应链的具体需求，定制个性化的服务方案，提供全面金融服务。供应链中的中小企业，尤其是成长型的中小企业往往是供应链金融服务的主体，通过供应链金融服务，这些企业的资金流得到优化，经营管理能力提高。传统金融模式下的中小企业存在的问题，在供应链金融模式下都能得到很好的解决。

具体来讲，如表 2-2 所示，在传统金融视角下，中小企业由于规模较小、经营风险大，甚至财务信息不健全等原因，存在信息披露不充分、信用风险高的状况。而且一般观点常常认为由于中小企业道德风险大，存在机会主义倾向，最终使得成本收益不经济。而在供应链金融视角下，上述问题都不存在，一方面，由于中小企业嵌入特定的供应链网络，供应链网络的交易信息以及供应链竞争力，特别是供应链的成员筛选机制使得信息披露不充分以及信用风险高这些问题得以解决；另一方面，由于供应链成员对其上下游严格、动态的监督，供应链信息的及时沟通与交换，以及灵活多样的外包合作，不仅控制了机会主义和道德风险，而且降低了运行的成本，增加了供应链金融的收益。

表 2-2　两种视角下对中小企业认知的差异

传统金融视角	供应链金融视角
信息披露不充分	供应链中的交易信息可以弥补中小企业的信息不充分、采集成本高的不足
信用风险高	中小企业要成为供应链运行中的参与者或合作伙伴，往往有较强的经营能力，而且其主要的上下游合作者有严格的筛选机制，因此信用风险低于一般意义中小企业的风险
道德风险大	供应链中对参与成员有严格的管理，即有认证体系，中小企业进入供应链是有成本的，资格本身也是资产。声誉和退出成本降低了道德风险
成本收益不经济	借助供应链降低信息获取成本，电子化、外包也可以降低一部分成本

第 3 节　供应链金融的功能

供应链金融作为一种全新的金融服务模式，具有传统信贷融资无法比拟的优势。它契合了中小企业资金需求的特点，将中小企业、银行、物流企业三者的创新巧妙结合起来。中小企业突破传统融资瓶颈，解决了融资困难问题；银行实现融资模式创新，更好地助推金融市场的发展；物流企业探索全新的业务延伸方式，为中小企业和银行业搭建了畅通的金融之桥。本节将以中小企业、供应链、商业银行和社会经济四个角度分别介绍供应链金融的功能。

一、中小企业角度

（一）拓宽企业融资的新渠道

中小企业的大量存在是一个不分地区和发展阶段而普遍存在的现象，是经济发展的内在要求和必然结果。中小企业在世界各国经济发展中占有重要地位，在保障充分就业、维持市场竞争力、确保经济社会运行稳定、优化国民经济结构布局等方面发挥了难以替代的作用。一方面，中小企业往往处于供应链中的弱势地位，流动资金严重短缺，企业利润水平不高，自身的资本积累能力不足，内源性融资无法满足扩大再生产的需求。另一方面，中小企业由于财务制度不健全，注册资本和公司股本总额达不到进入主板市场的要求，而且因为信用风险高、道德风险大等往往难以得到商业银行的贷款，导致外源性融资无法弥补资金缺口。供应链金融为中小企业融资的理念和技术瓶颈提供了解决方案，中小企业信贷市场不再可望而不可即，供应链融资模式给中小企业带来了新的手段。

（二）有助于中小企业降低融资成本

中小企业融资难的问题根源之一就在于信贷交易的成本往往高于以利差为主的交易收益，其中最主要的成本包括信息成本和监督成本。供应链金融模式下物流企业的引入，得益于其专业化的技能、实地监管的便利以及对物流的占有性控制，可以有效降低这两项成本，使得中小企业融资的收益-成本比明显改善。供应链金融通过专业的金融机构操作方式以及独立的第三方动产监管方式等，提高了该模式的标准化程度和复制的可能性。同时通过先进的信息平台和标准化的流程设计，解决不同市场主体对风险和收益的差异化需求，降低融资风险。这些条件都为彻底解决中小企业融资难问题提供了实施推广的可能性。供应链金融依托实体经济中供应链上的真实交易关系，利用交易过程中产生的应收账款、存货以及未来的货权作为质押品，为供应链上下游中小企业提供一系列融资产品，可以有效降低整个供应链的融资成本。供应链金融引入新的风险控制技术和营销模式，通过引入核心企业和物流监管合作方两个变量，降低信贷委托代理的信息不对称问题。通过对物流、资金流控制的结构化操作模式设计，以及核心企业的信用捆绑技术，有效隔离和屏蔽了中小企业的信用风险。通过结合贸易背景的资金特定化使用控制，以及授信自偿性手段的运用，有效提高了中小企业信贷资金的安全性。通过立足核心企业的“团购”式销售模式，中小企业融资中成本-收益不对称问题得以解决。由于这些新的风险控制技术的运用，相比传统的信贷模式，中小企业不再是高风险客户群体，而是变成了和大企业风险水平相当而收益水平更高的客户群体。供应链金融实现了从中小企业生产的静态考察向动态经营考察的飞跃，风险防范方式实现了从实物担保向供应链中物权控制的飞跃，实现了从关注大企业融资向关注与大企业配套的中小企业融资的飞跃，解决了中小企业融资难问题。

（三）提高中小企业融资灵活性

在供应链的运作中，物流和资金流的统一非常重要，直接影响到供应链的运作效率和稳定性。如果物流和资金流分离严重，就容易造成企业资金流断裂。传统融资模式主要通过单一静态的企业信息对企业授信，供应链金融不再单纯依靠财务报表信息。银行等资金提供方基于真实动态的交易信息，以核心企业信用为背书，对整个供应链的运营状况进行综合评价，将核心企业的信用注入中小企业，满足供应链中的融资需求。供应链金融具有资金流向定向性、资金自偿性、操作封闭性的特征，将供应链中原本处于闲置、积压的应收款项、预收款项、存货等资金沉淀资产通过担保、抵押的方式变现，增加了中小企业的实际可用资金，提升了产业链的运转效率和综合竞争力。供应链金融与传统信贷相比，最重要的就是改变了授信方式，盘活了中小企业的流动资产，维持了供应链整体的稳步运行。供应链金融加强了银行、核心企业、中小企业的联系，使各方逐步形成稳定的合作模式，形成了一个有机整体。

二、供应链角度

（一）有助于提高相关参与主体的运营效率

供应链管理与企业单独的管理有着明显的差异性，单个企业的管理目标是追求自身收益最大化，供应链管理则是从整体出发，实现链上各个企业的最优，最终实现各方企业多赢。供应链金融涉及多个企业间的运营活动，其参与方主要包括：资金的需求方中小企业、资金的供给方银行、核心企业和第三方物流企业。在供应链上，中小企业处于劣势，生产经营受经营周期的影响较大，资金比较紧张。而供应链金融业务的展开，可以使中小企业与核心企业的关系更为紧密，巩固它们的长期合作关系。中小企业通过核心企业的信用做背书融到资金，继续经营活动。作为业务开展的资金提供者，银行业竞争越来越激烈，银行为了生存必须要开发用户，与核心企业在同一供应链上的中小企业便是银行的潜在客户，开发中小企业可以扩大银行的业务范围，获取更多利益。第三方物流企业可以作为监管方，将两方模式变为三方模式，降低银行信贷风险。同时第三方物流企业也可以将其在货物仓储、运输、监管方面的优势运用于供应链金融，监管中小企业的物流状况以及日常生产经营活动，为银行从事供应链金融提供更全面更丰富的服务。

（二）有助于供应链四流整合

供应链中的物流、商流、信息流和资金流相互作用和相互影响。然而长期以来，供应链管理研究和实践的重心一直放在物流、商流和信息流层面，资金流层面的管理普遍被忽视。随着物流、商流和信息流继续投入的边际效应不断降低，如果再不解决供应链中资金流的问题，将会影响到供应链制造模式的整体运营绩效。四流整合最困难的就是物流和资金流的整合，在企业生产经营过程中，中小企业往往处于供应链的劣势地位，大客户往往会拖延现金支付，导致中小企业的现金流出现缺口，产生大量沉淀资金。而供应链金融模式很大程度缓解了这一情况，有效地解决了中小企业在采购、生产与销售环节出现沉淀资金的现象，解决了资金占压问题。

（三）提升供应链竞争力，降低运作成本

未来企业的竞争是供应链与供应链之间的竞争，围绕供应链成长起来的中小企业也是供应链中重要的一环，其竞争力的大小直接影响整个供应链的竞争力。在整个供应链的资金流中，围绕核心企业发展的中小企业必须为整个供应链运营提供资金，才能保证整个供应链资金流的畅通。而中小企业很难从正规金融渠道融到资金，融资难降低了整个供应链生产的稳定性，影响整个供应链的竞争力。而供应链金融模式站在产业供应链的高度，将供应链中的相关企业作为一个整体，通过综合授信，为相关中小企业提供灵活、全面的金融产品和金融服务，将资金有效注入供应链，促进核心企业与上下游企业建立长期战略协同关系，提升供应链竞争能力。

三、商业银行角度

（一）有利于银行开源新通路

目前，我国商业银行的利润来源主要是存贷利差。在我国商业银行体系中，存贷差收入占银行主营业务收入 80%左右，利润来源十分单一，利润生长点十分僵化。更重要的是，随着资本市场的不断放开，存贷利差的规模不断缩小，商业银行的盈利水平进一步下降，急需新的业务增长点和业务来源，而供应链金融提供了一个切入和稳定高端客户的新渠道，通过面向供应链系统成员的一揽子解决方案，核心企业被“绑定”在提供服务的银行。此外，相对于一般贷款风险，贸易融资具有风险低且易于展开等特点，能够突破资本约束，缓解当前我国经济发展环境中银行业信贷结构不合理、不良资产率高、风险资产规模扩张超速等问题，改善银行业的盈利结构及盈利模式，帮助银行业扩大了中间业务收入，有利于银行业保持快速、持续、稳定的增长。

（二）提高核心竞争力，拓展业务广度

由于银行间竞争同质化的现象严重，银行要获得竞争优势，就必须从提供差异化的服务着手。商业银行竞争力主要是指商业银行在兼顾其社会责任和公众服务义务的同时，拓展市场、开创未来的能力。面向中小企业的金融创新，可以提高信贷收益率。从长远表现看，面向中小企业的金融创新，有利于培养客户，将发展的中小企业纳入基本客户管理体系。供应链融资服务为提高商业银行的核心竞争力，促进商业银行自身发展提供了新的途径。

（三）降低信息不对称，减少融资风险

供应链金融摆脱了传统融资思维，它既是一种行销模式，又是一种风险管理模式。

供应链金融不是静态地看单个企业，而是通过审视整个产业链条的风险管控模式，解决银行传统融资过程中的信息不对称问题。信息透明度不高，导致银行对中小企业申请贷款的筛选成本过高，使得银行面临中小企业过高的逆向选择和道德风险。将物流企业引入信贷结构，变两方模式为三方模式，委托-代理关系变为双层次，这在很大程度上优化了银行对授信企业的信息不对称，有利于信贷交易的达成。在供应链金融模式运作中，物流企业作为独立的动产监管方介入，通过其强大的信息平台和标准的监管流程，保证对符合银行要求的总数量或总价值动产进行监管。独立的第三方动产监管对于银行和中小企业而言，充当了一个信号传递者的角色，从而有效降低了小企业与银行之间的信息不对称程度。物流企业无论是在监管信息的及时反馈上，还是在拟融资中小企业的选取上都比银行更有优势。物流企业拥有丰富的监管经验和特定的专业知识，能够从专业的角度识别中小企业的风险，能够在信息不对称的环境下挑选到高质量的信贷对象。信息共享和信用整合是物流企业培育供应链金融服务能力的挖掘点。通过建立信息共享系统，在交易前物流企业通过掌握大量行业的交易信息，使银行贷前的筛选成本大大降低，由此银行信贷动机就会加强。在交易中，物流企业可以提供给银行等贷款机构动产质押商品定期的商品价值报告，帮助银行和客户确定抵押商品的范围和估价、建议抵押乘数、抵押金额、贷款期限和变现等级等内容，从而提高银行风险管理决策的科学性。物流企业在长期的经营中，对货物的信息，如库存数量、销售数量、价格波动信息、企业信息等的搜寻成本较低，可以通过多种方式对中小企业进行信用整合。

四、社会经济角度

（一）为解决供给侧结构问题提供新手段

据国家统计局公布的数据，我国金融业处在一个相对高的水平，金融总量供给是充足的。从金融机构数量来看，除六大国有银行外，还有数千家遍布各地的中小商业银行，金融服务供给相对充裕。虽然金融供给总量充沛，却存在内部结构的不均衡现象。首先是金融市场结构不均衡，银行为主的间接融资比重远高于直接融资。其次，现有银行体系内部供给结构不均衡，对中小微企业的供给不足。最后是产品与服务的结构不均衡。银行总行是产品与服务的设计者，各地分支机构往往难以根据各地经济特点做适应性改造，存在产品单一、同质的现象，难以精准满足实际市场中不同规模级别和不同行业业务特点的客户差异化需求。解决好对小微企业和民营企业的贷款、信贷支持和金融支持，成为金融供给侧结构性改革最重要的组成部分。供应链金融以其与实体经济的深度融合基础上的强大赋能作用和对小微企业的高度友好优势，迅速成为金融供给侧改革和推动产业升级的重要抓手。

（二）整合金融资源，实现多方共赢

供应链金融作为中小企业融资的创新模式，有效整合了金融资源。银行实现了模式创新，扩大了银行的业务范围，将中小企业纳入银行的服务对象；物流企业探索业务创

新，实现了业务增值和新的发展方向，在中小企业和银行之间搭建起金融服务的桥梁；通过供应链融资，中小企业顺利实现了资金融通。现代金融对物流的支持主要体现在结算手段和服务方面，从而保证物流、信息流和资金流的高效、统一，以完成资金流的归集。物流企业与银行通过资金流紧密联系在一起，与物流企业建立资金结算体系成为银行介入物流企业的突破口，这也将为银行带来更丰富的中间业务收入。银行作为物流供应链上资金流动的节点，在同物流企业合作时不仅可以与其建立长期稳定的业务关系，还可以提供延伸服务，拓展与物流企业相联系的上下游优质企业，使得生产厂商、物流企业、零售商或最终消费者的资金流在银行体系内部实现良性循环，从而开拓出新的客户群。通过供应链金融，有望为银行培养、发展一批优质的中小企业客户群，改变银行对大客户依存度过高的现状。供应链金融使物流企业的业务领域向金融领域延伸，也带来了金融业和物流业互补发展的良机，为物流企业开创了新的发展空间和业务方向。物流企业的存在扩展了银行的服务范围，物流企业的管理、控制和服务水平直接成为供应链金融业务开展方式、灵活性、融资效率、风险管理的核心，表现出不同于传统银行业务的特色，真正形成了银行、物流企业、借方企业的三方契约关系。供应链金融作为一种新的金融产品和创新，有效地缓解了长期以来存在的中小企业抵押融资难的问题。通常来说，企业向银行申请贷款的模式是以固定资产来抵押，而中小企业由于自身规模小，可供抵押的固定资产非常少，这在一定程度上制约了银行向中小企业发放贷款。在供应链金融模式下，除了能以固定资产做抵押以外，还可以拿流动资产如原材料、产成品等来抵押。这一方面实现了中小企业资金的顺利融通，另一方面加速了资金的周转，提高了资金的利用效率。

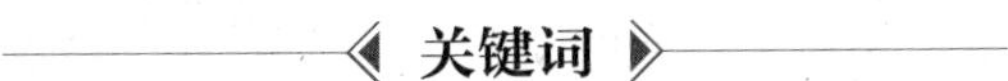

关键词

供应链金融　物流金融　贸易金融　套利套汇金融　供应链金融模式　信用风险　道德风险　成本收益不经济　融资成本　融资灵活性　四流整合　信息不对称

复习与思考题

1. 什么是供应链金融？本质是什么？
2. 物流金融、贸易金融与供应链金融之间有什么区别？
3. 供应链金融的模式有哪些分类？
4. 供应链金融的特点是什么？
5. 供应链金融服务与传统金融服务之间有哪些不同？
6. 供应链金融服务与传统金融服务视角下中小企业有哪些差异？
7. 供应链金融的功能有哪些？

第3章

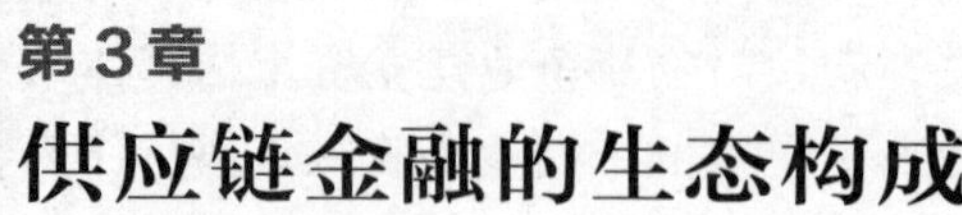

供应链金融的生态构成

学习目标

- 掌握供应链金融的生态系统。
- 了解供应链金融宏观环境系统。
- 理解供应链金融产业环境系统。
- 了解供应链金融微观环境系统。
- 掌握供应链金融生态系统构建的原则。

供应链金融不仅包括协作各方，还包括组织部门及相关事业单位。在整个供应链协作中，不再有同质性的群体。不同群体对风险和回报有着不同的偏好。换句话说，供应链的运行需要考虑不同实体间的利益均衡。同时，不同协作伙伴在法律上是独立的实体，它们只对自己的行为负责，正因为如此，需要证明供应链金融对于每一个特定成员或事业单位都是有益的。供应链金融关注的是供应链的不同参与方，其生态系统可以划分为三个层面，它们相互影响、相互作用，共同构成了完整的生态系统。这三个层面分别为宏观层面、产业层面和微观层面。

第1节　供应链金融宏观环境系统

一、宏观环境系统概述

宏观层面的环境影响指的是建构环境或推动环境发展的个体或组织，而非具体指向某个特定的活动主体。供应链金融宏观环境是供应链金融系统赖以生存的外部环境，它受到多个因素的共同影响，涉及社会发展的方方面面。一般而言，可以从经济基础、金融资源、政府行为、信用环境四个角度解析宏观环境系统。其中，经济是社会发展的基础，同时也是供应链金融主体赖以发展的基础。经济发展水平越高，对供应链金融的支持越大，越能够刺激供应链金融主体创新，创造出符合需求的金融工具。因此，现实中越是经济发达的地区，金融机构越多，金融产品越丰富。资金是供应链金融生态环境的直接影响因素，只有资金大量聚集在金融机构中，金融机构才能更好地发挥中介作用，降低交易成本，提高交易效率，完善供应链金融生态环境。目前，政府行为对供应链金融环境的影响仍然非常重要。此外，产业的发展往往带有明显的政策性倾向，也是信用环境的主要来源。

宏观层面的环境，具体包含制度环境和技术环境两方面内容。制度环境包括法律规章、规范因素和文化因素（文化惯例）；技术环境包括供应链金融技术和电子信息技术。

制度环境是指一系列与政治、经济和文化有关的法律、法规和习俗，是人们在长期交往中自发形成并被人们无意识接受的行为规范。制度环境可以说界定了可供人们选择的制度安排的范围，使人们通过选择制度安排来追求自身利益的增进受到特定的限制。

技术环境是指影响供应链运行过程及其效率的技术因素。从某种意义上讲，供应链金融的发展依托完善、发达的电子化的信息技术：一方面，这种信息技术帮助供应链金融的各方参与者及时掌握供应链运行的状态、资金运行的效率以及不同阶段存在的风险及其程度；另一方面，信息化的手段本身就是供应链金融的主要内容，诸如电子化的票据等。因此，这些环境的创造者或服务提供者也是供应链金融的参与者。

二、制度环境

制度是人类社会中的游戏规则，是指定的限制，用以约束人类的互动行为，构成了人类交换的动机。在人类社会演变的历史中，制度是由人设计出来的、社会性建构的、用以规定限制社会行动者互相交往的规则系统，对社会经济增长起决定性作用的是制度性因素而非技术性因素，技术进步本身就是经济增长而不是经济增长的原因。组织理论学者就制度环境对组织行为的影响和压力进行了研究，提出制度包括三个维度，即管制维度、规范维度和认知维度。

（一）管制维度

管制维度和社会中的法律、政策、规定等有关，它会通过奖励或惩罚来约束行为。该维度属于工具性质的制度系统。

在供应链金融生态环境中，管制因素即政府制定的法律、法规等。具体来讲，供应链金融生态环境中最重要的是法律环境。管制因素即法律法规环境的核心功能在于如何提供对信贷人权利的良好保护。从法律的角度看，供应链金融主要涉及动产质押及应收账款担保等活动，目前涉及的法律法规主要包括《动产和权利担保统一登记办法》《中华人民共和国民法典》等。

（二）规范维度

规范维度和社会责任有关，偏重群体共享价值观和社会规范方面的内容。这种规范性压力会通过证书、认证等机制进行扩散。

规范因素一定程度上决定了供应链金融的发展程度。在供应链金融生态环境中，还涉及诚信体系、银行监管和金融电子系统等多方面的建设。比如，供应链金融业务链往往会涉及出质人（资金需求方）、质权人（金融服务提供商）和监管人（第三方物流等）的三角关系。质权人以质物的质量为关注点，有责任对质量作出明确的确认和约定。实际应用中，质权人常常把质物质量的检验交给其指定的监管人，多由第三方物流企业来承担。质权人把对质物的保管义务委托给监管人执行，形成一种典型的委托-代理关系。在一些商业领域，一般质权人应向监管人支付相应的业务费用，但实际应用中该费用多由融资需求人（出质人）承担。由此可能出现监管人在一定程度上放松对出质人的行为监管，引发质物损没的潜在风险。所有这些规范因素都是需要关注的重要方面，并且通过环境对供应链金融的运行产生影响。

（三）认知维度

认知维度和社会构建事实有关，它属于群体对外部真实世界的理解。表现形式为比喻、象征或符号系统。

认知因素系统的建立主要依靠学习模仿，表现为对流行价值观、说教、神话、比喻、意识形态的认同。共同的文化以及相通的惯例促进了供应链金融的发展。但是，由于我国产业布局的多样化和企业供应链业务分布的异地化，制度的协调、统一和标准化就成为供应链金融发展的核心。特别是如果产业企业之间对供应链金融没有协调、统一的认知，供应链金融的运行就将会出现阻碍，金融活动就会产生风险。

三、技术环境

（一）供应链金融技术

金融技术是指进行风险评估与管理的各种方法与工具，包括：对金融契约进行风险和收益评估的具体的统计计量方法和财务分析工具；进行风险管理的各种金融工程技术与工具，如无套利分析技术、资产分解与组合技术；货币、外汇和证券等传统工具和远期、期货、期权、互换等衍生工具。

一般而言，金融技术的界定有广义和狭义之分。广义的金融技术是指一切用来生产和提供金融产品和服务的方法、手段与工具；狭义的金融技术要从广义的定义中去掉电子信息技术等自然科学技术。因此，供应链金融技术即各种创新性的供应链金融产品和运作技术，将基础金融产品或者衍生产品进行拆分再组合形成新的金融产品，原则是风险和收益匹配。

金融技术的发展水平决定着金融产品与服务的提供水平，也决定着金融市场的广度与深度。就供应链金融业务而言，金融技术主要体现在如何对整条供应链不同环节开发不同的融资产品，如何分析评估各类融资产品的风险水平，如何选择具有不同风险表现的行业组合开展供应链融资，以及如何把供应链融资产品与其他金融产品进行组合，从而将风险控制在合理水平。

（二）电子信息技术

金融行业属于信息密集型行业，其发展与电子信息技术的发展息息相关。计算机技术应用到金融领域始于 20 世纪 60 年代，最早只是用来进行后台业务的单机批处理，后来发展到联机实时处理和内部管理信息化，90 年代中期发展起来的互联网技术进一步促进了金融业的网络化，逐步形成了完整的金融业信息系统。

目前，利用通信技术数据处理与应用技术，以及系统集成技术等建立起来的金融业信息系统一般包括三个层面。以银行业为例，首先是银行内部信息系统，包括柜台业务服务网络和银行管理信息系统网络；其次是银行之间的信息系统，如统一、标准的资金清算体系；最后是银行业与客户之间的信息系统，包括自动客户服务系统网络等。

从供应链金融业务来看，这些信息系统为商业银行开展该业务提供了必要的技术基础。与此同时，信息技术的发展还为银行开发出符合供应链金融业务特点的新的应用系统提供了可能。比如，开发同时面向供应链上下游企业和物流企业的电子化交易平台，在这个平台中可以有机地嵌入供应链金融服务模块，当然为了保证整个系统运行的安全，还需要配套相应的信息安全防护技术。

此外，由政府提供的一些公共信息平台，如统一的动产和应收账款担保登记系统、国家企业信用信息公示系统等等，对于供应链金融业务的发展同样非常重要。目前电子信息技术的发展与金融领域的应用在不同国家存在很大的差异，许多发达国家的银行业已经率先建成了较完整的金融业信息系统，并且开发出专门的电子交易与支付平台，相关的公共信息平台也已经向公众提供，然而包括中国在内的大部分国家的金融业信息系统尚在形成与整合之中，而且公共信息平台建设工作还没有完成。这些差异对于各国供应链金融业务的发展无疑会产生不同影响。

第 2 节　供应链金融产业环境系统

一、产业环境系统概述

供应链中的产业层面机构参与者被定义为法律及经济上互相独立的组织，这些组织协同参与了供应链金融运行的整个过程。为了更好地理解这一概念，我们首先来对比一下传统的参与者与新的机构参与方的异同。

对于供应链上传统的参与者，供应链的活动通常发生在实业或商业企业之间，以及承运商及其供应商和顾客之间。供应商的物料、物品及服务需要承运商的流通加工。同时，生产企业生产原材料、物品，商业公司负责收购及分销这些产品至最终顾客。它们的顾客可以是其他的商业或实业公司，也可以是最终消费者。物流服务提供商（logistics service providers，LSP）是供应链中涉及的另一类机构。只有当它们为一家或者多家供应链成员提供服务时，才被看作真正的链上成员。过去，LSP 为顾客及供应商提供运输及仓储服务，而今物流服务产业正在经历巨大的变化，服务的范围拓展了许多。由于企业越来越专注于自身的核心能力，物流服务提供的价值增加或者行政服务活动，如支付、售后服务等变得越来越重要。

新型的供应链金融参与者，除了包括上述单纯供应链的参与主体之外，还扩展到了金融机构，即特定的金融服务商、商业银行及投资者。狭义来看，金融服务提供商是所有致力于为其他机构的投资及财务需求提供金融支持的机构。广义来看，金融服务商包括所有结算合同的机构，而非必须是链上的契约方。这就囊括了金融服务商、银行或者保险公司的资本投资、证券投资或者风险管理。代理商或者企业并购咨询企业（提供信息及咨询服务）也属于广义上的金融服务提供商。在供应链金融的范畴中，最起码包括了狭义的金融服务提供商。

供应链金融的参与者可分成四大类，即除了供应链的交易方外，还包括交易平台提供商（供应链金融支持服务提供者）、交易风险管理者和风险承担者或流动性提供者。

二、供应链交易方

供应链上的供需双方是相对的，我们分别以供应商与经销商为例进行介绍。

（一）供方

供应商是向企业及其竞争对手供应各种所需资源的企业和个人，包括提供原材料、设备、能源、劳务等。供应商的情况会对企业的营销活动产生巨大影响，如原材料价格变化、短缺等都会影响企业产品的价格和交货期，并会影响企业与客户的长期合作与利益，因此，营销人员必须对供应商的情况有比较全面的了解和透彻的分析。

供应商既是商务谈判中的对手更是合作伙伴。供应商可分为战略供应商（strategic suppliers）、优先供应商（preferred suppliers）、考察供应商（provisional suppliers）、消极淘汰供应商（exit passive suppliers）、积极淘汰供应商（exit active suppliers）和身份未定供应商（undetermined suppliers）。

（二）需方

经销商就是在某一区域和领域只拥有销售或服务业务的单位或个人。经销商具有独立的经营机构，拥有商品的所有权，获得经营利润，多品种经营，经营活动过程不受或很少受供应商限制，与供应商责权对等。经销商关注的是利差，而不是实际的价格。

一个经销商的思路对其发展起到决定作用，甚至大于其资金实力。

（1）公司的经营管理状况。经销商的经营管理状况可由以下两个方面判定：其客观营销数据；其内部员工精神文化状态以及人员任用情况。

（2）合作意愿。合作意愿的判定包括三个方面：首先，对公司的企业文化认同度，包括公司的文化内涵、制度、做事风格、未来发展战略。其次，经销商做事情的热情程度。合作意愿强的经销商做事情心态很好，待人接物很热情、好客。最后，经销商的信心和抱负、对未来的展望等也会对合作意愿产生影响。

（3）经营声誉。一个合格的经销商应该有三个品牌：个人品牌（个人的声誉）、公司品牌（公司的名誉）、经销代理产品的品牌。

（4）经营实力。经销商的经营实力体现在两方面：一是资金实力；二是配送能力，包括相应的车辆和人员。

（5）经销产品线。

（6）事业传承情况。

（三）其他

1. 工厂

工厂又称制造厂或生产企业，是用以生产货物的单位和场所。大部分工厂都拥有由大型机器或设备构成的生产线。

2. 品牌商

品牌商是定牌加工中指定品牌委托加工的委托方，被委托方多称为制造商。

3. 银行

银行是依法成立的经营货币信贷业务的金融机构，是商品货币经济发展到一定阶段的产物。

4. 外汇

外汇是货币行政当局（中央银行、货币管理机构、外汇平准基金及财政部）以银行存款、财政部库券、长短期政府证券等形式保有的在国际收支逆差时可以使用的债权。包括外国货币、外币存款、外币有价证券（政府公债、公司债券、股票等）、外币支付凭证（票据、银行存款凭证等）。

5. 税收

税收是国家（政府）公共财政最主要的收入形式和来源。税收的本质是国家为满足社会公共需要，凭借公共权力，按照法律所规定的标准和程序，参与国民收入分配，强制取得财政收入所形成的一种特殊分配关系。

三、交易平台提供商（供应链金融支持服务提供者）

在供应链金融中，所谓平台提供商是为风险承担者或者流动性提供者提供必要应用（诸如电子账单呈现与传递，即票据应付账款等）或基础的主体。如图 3-1 所示，平台提供商促进了采购订单、票据等文件在供应链买卖双方以及金融机构之间的交换与信息整合，它能使相应的参与方自动及时了解供应链交易的过程和信用。

确切地说，平台提供商具有两类职能：一是呈现。供应链金融参与各方需要在解决方案中有互动的途径，特别是为供应链交易方提供电子票据呈现和传递的平台，以及纠纷解决的方法等。总体上讲，呈现的职能包括电子发票（EIPP）、信用证数据、采购订单以及应付状况等财务信息的汇集和反映。二是操作。包括开票、匹配、整合、支付处理、融资、信用证处理、文件管理等。这里的核心在于全面信用风险管理，以及将呈现和操作结合，设计出成本最低、风险最小，同时又能使多方从中获益的方案。

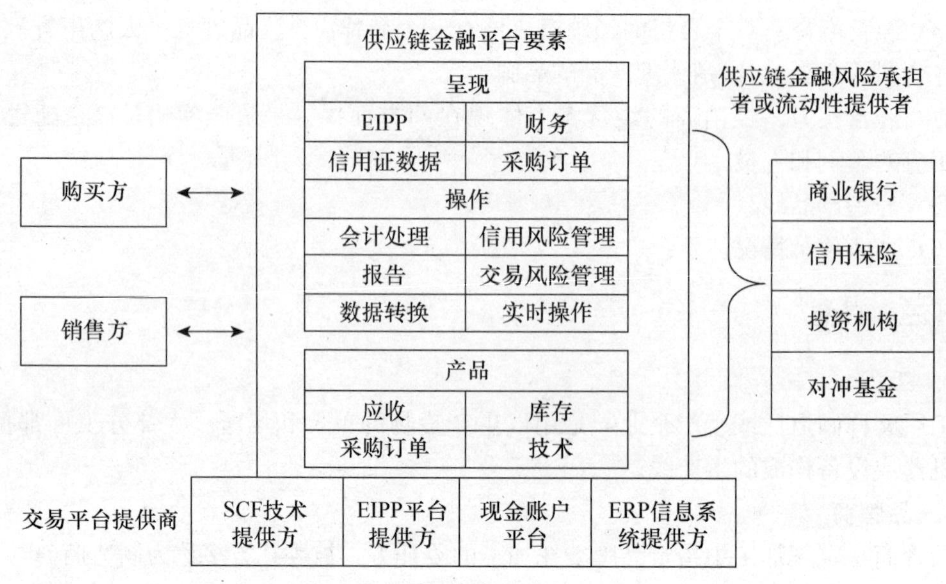

图 3-1　供应链金融平台提供商

网络交易平台提供商与其他主体的法律关系性质包括：

1. 网络交易平台提供商与经营者形成的是租赁合同法律关系

网络交易平台是平台提供商通过互联网为用户搭建的虚拟空间平台（即虚拟市场），用户（包括经营者和消费者）经过注册、认证进入这个虚拟市场并进行交易活动。虚拟市场上的交易通过交易平台系统自动撮合加上交易双方的最后确认来完成。

网络交易平台是一个交易场所虚拟但商品真实，聚集了数以万计的经营者和消费者的大市场。从网络交易平台上的在线交易过程来看，网络交易一般包括以下流程：买卖双方注册→卖方展示出售商品信息或者消费者浏览出售商品信息→出价→确认（成交）→下网交割（交付商品）。从上述流程不难看出，网络交易的商品必须要在线下即现实中交付，因此，网络交易最终仍然是现实的商品交易。它与现实交易不同的是网络交易买卖合同的订立必须借助网络交易平台来完成。

由于网络交易平台提供商提供的交易市场（即网络交易平台）是虚拟的，对网络交易平台的法律性质的界定给传统民法带来了困惑，因此也出现了众说纷纭的状况。网络交易平台提供商的法律地位主要有卖方或合营方、居间人、柜台出租方等观点。本书赞同柜台出租方的观点，因为网络交易平台类似现实空间中的传统商场，交易主体利用网络交易平台这个虚拟商场从事交易活动。在网络交易平台出现早期，平台并不是免费的，平台提供商对经营者在其交易平台上开店出售商品或者提供服务要收取登录费，至于登录费收取多少，根据经营者开店的时间长短确定。可以说，经营者在网络交易平台开店，如同在现实中的传统商场租赁场地，登录费的性质应与租金相同。

2. 网络交易平台提供商与消费者形成的是服务合同法律关系

随着网络技术和电子商务的发展，网络交易以其低成本、高效率的优势吸引着越来越多的消费者。消费者与经营者一样，要想在网络交易平台提供商提供的交易平台上购买商品或接受服务，必须注册成为该网络交易平台提供商的会员，并在注册时同意网络交易平台提供商提供的《服务协议》。消费者一经点击确认框（即承诺），就与网络交易平台提供商形成服务合同法律关系，网络交易平台提供商就应向消费者提供交易平台、交易账户等服务。

四、交易风险管理者

交易风险管理者拥有交易数据、物流数据、聚合数据，并将整合的数据传递给投资者以作出相应的决策，它将各类不同的经济主体有机地组织在一起从事供应链金融活动，包括供应链买卖双方、第三方物流服务提供商、金融机构以及其他所有相关机构。如图 3－2 所示，交易风险管理者的功能在于基于物流知识与经验、风险管理、提货单管理，以及通过提供融资产品线、信用与调查、交易保险与信用保险等服务要素证实数据、整合分析以及呈现数据，从而在控制风险的基础上，促进供应链中金融活动的顺利开展。

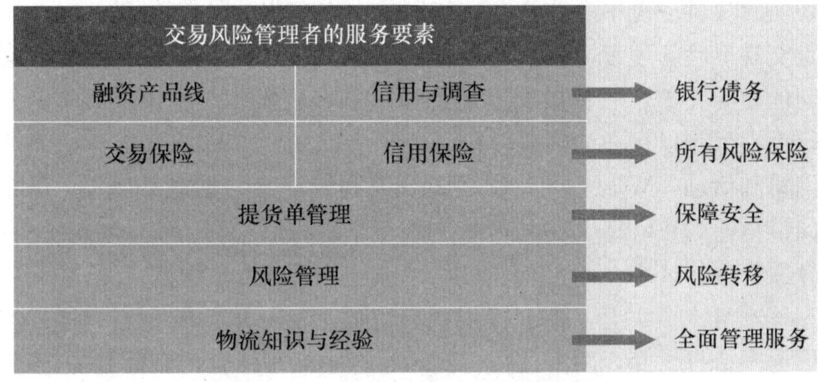

图 3－2　交易风险管理者的服务要素

交易风险管理者发挥作用时要注意：最重要的交易准则是一流的出色防守，而非出色的进攻，没有好的防守，进攻将毫无意义。伟大的交易不需要预测，都是显而易见的，但一定要找到最优的交易实施方式和合适的时点，并注意风险控制。我们无法有效预测市场，但应懂得如何应对市场波动。

交易风险管理者承担的主要职责包括：

1. 物流数据的整合

从某种意义上讲，将物流数据与金融活动相结合是交易风险管理者最主要的职责。在供应链金融运作过程中，追踪物流活动和管理产品物流是供应链金融的关键，物流服务提供商将相应的物流信息传递给交易风险管理者（当然这个管理者也可能就是第三方），它需要证实这些信息的完整性和可靠性，同时整合、分析各方面的信息（即交易信息和其他信息），将这些加工后的信息传递给风险承担者进行决策。从这个角度看，交易风险管理者需要具备物流经营和管理的知识与经验，能够正确把握物流运行的状态，也要了解关键控制点，否则供应链金融所需要的信息就会出现偏差，并带来灾难性的后果。

2. 信息技术的推动和大数据的运用

在供应链金融的运作过程中，信息技术和大数据是关键，二者是保障物流信息与金融活动完美结合的基础。一方面，所有的物流服务提供商或交易伙伴都需要通过信息技术将相关信息传递给交易风险管理者；另一方面，它们还需要将整理整合后的数据通过信息技术传递给风险承担者。风险管理者之所以能全面了解供应链的运行状况，控制金融活动中的风险，关键在于信息技术的运用，并且能够借助大数据把握供应链交易的特征、各参与方的行为状态，从而设计出相应的产品。

3. 交易和信用保险的支撑平台

供应链金融能有效开展，需要运用交易和信用保险转移可能存在的风险，推动资金流在供应链中的有效运行。这要求根据交易的特点、产品的性质状况等选择金融机构、保险机构设计出相应的产品，同时不断监控交易的过程和产品的状况，使得保险既能有效转移风险，也能将风险控制在可接受的范围，这就需要交易风险管理者提供全面的支撑服务。

4. 促进融资行为

通过交易风险管理者的管理活动和整体设计安排，最终能推动供应链中的企业展开融资活动，切实解决供应链中一些企业，特别是中小企业融资难的状况。

以上都是交易风险管理者需要具备的能力。需要指出的是交易风险管理者与平台服务提供者之间的差异在于，后者提供了信息传递和金融操作的基础或载体，是一种客体的反映，即行为发生赖以存在的客观基础。而前者是关于 5W1H（What——搜集、整合和管理什么信息和活动，Why——为什么要获取和管理某些信息和活动，Who——收集谁的信息、向谁传递，Where——收集管理哪个环节的信息和活动，When——什么时候收集信息或介入管理，How——如何获取信息或施加管理）的决策，是一种主体的反映，即一种行为过程本身。事实上，平台提供商可以成为交易风险管理者，同样交易风险管理者也可以成为平台提供商，两者往往在实际运行中互相结合，有时是完全融为一体的。从这个意义上讲，平台提供商和交易风险管理者共同提供了供应链金融的设计与解决方案，为服务的对象（即供应链中的融资或金融服务需求方）提供供应链参与方、金融机构的组织和法律安排，以及综合性的风险管理服务。

五、风险承担者或流动性提供者

风险承担者或流动性提供者是供应链金融中直接提供金融资源的主体，也是最终承担风险的组织。一般而言，这类主体包括商业银行、投资机构、保险公司、担保/保理机构以及对冲基金等。

外汇市场上，流动性提供者与做市商是相似的，流动性提供者是在外汇市场上充当做市商的市场和个人，两者都可以作为特定的工具来提供买入卖出的报价。外汇市场上也有其他类型的参与者会通过提高自己的交易量来向市场提供流动性，其中包括中央银行、主要的商业银行、投行、跨国公司、对冲基金、零售外汇经纪商、零售交易者以及高净值个人。此外，外汇期货做市商、套期保值者、高频交易者以及投机者同样在为市场提供流动性。大量的公司、组织、个人以及政府参与这个国际市场正是促成外汇市场拥有高流动性的关键因素之一。

流动性提供者通过持有货币的仓位来确保价格的稳定性，外汇市场的流动性提供者可以分为不同的层级。外汇市场上最上层流动性提供者也被称作一级流动性提供者，处于这一层的是各大银行巨头以及投行。对于外汇市场来说，它们是市场流动性的主要源头。根据国际清算银行（BIS）的统计，外汇市场上有 70%左右的流动性都来源于这些国际银行巨头和投行。

风险承担者或流动性提供者一般发挥着三种职能：

1．直接促使资金放贷和信用增强

首先，确立供应链金融业务标准，否则这些机构将面临较大风险，因为它们并不直接介入供应链的实际运行，只有确立标准，才能使它们及时监控交易的细节与过程，把握可能存在的风险。

其次，管理贸易融资与以资产为基础融资之间的冲突与矛盾，即将以往借贷业务中很难开展的资产和业务转化成一种可融资对象的综合解决方案。

2．后台与风险管理

虽然在供应链金融中有交易风险管理者管理风险，但是由于金融机构是最终的风险承担者，所以它也需要有风险管理体系和手段，这包括交易文件的管理，以及将信用与其他风险管理者结合起来的运作框架等。风险管理基本流程包括：收集风险管理初始信息；进行风险评估；制定风险管理策略；提出和实施风险管理解决方案；风险管理的监督与改进。实施全面风险管理，企业应广泛、持续不断地收集与本企业风险和风险管理相关的内外部初始信息，包括历史数据和未来预测。应把收集初始信息的职责分工落实到各有关职能部门和业务单位。

3．安排融资产品具体条款，对供应链金融产品进行定价或收益设计

特别是如何通过供应链金融体系的建立，使供应链参与各方获得相应的利益和回报。值得一提的是，目前有的金融机构正在打造的运营资金整合管理平台（如图 3－3 所示），将在供应链金融中发挥更为重要的作用，甚至会发展成为平台服务提供商和交易风险管理者。

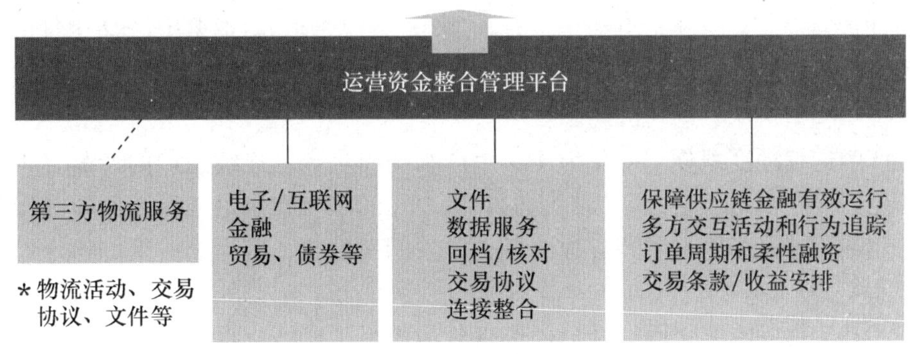

图 3－3　运营资金整合管理平台

第 3 节　供应链金融微观环境系统

在供应链金融背景下，所有处理资金和财务活动的部门也都囊括进来。当作出有关投资、会计、财务的决策时，会计部门、控制部门及财务部门也需要被考虑进来。一般而言，供应链金融微观环境系统参与者包括企业生产流程管理、资金运作管理以及风险运作管理等运营活动所涉及的所有部门，例如，采购、生产、分销及物流单位。

一、生产流程管理

1. 采购

采购是指企业在一定的条件下从供应市场获取产品或服务作为企业资源，以保证企业生产及经营活动正常开展的一项企业经营活动。采购的基本作用，就是将资源从资源市场的供应者手中转移到用户手中。在这个过程中要将资源的物质实体从供应商手中转移到用户手中。前者是一个商流过程，主要通过商品交易、等价交换来实现商品所有权的转移。后者是一个物流过程，主要通过运输、储存、包装、装卸、流通加工等手段来实现商品空间位置和时间位置的完整结合，缺一不可。只有这两个方面都完全实现了，采购过程才算完成。因此，采购过程实际上是商流过程与物流过程的统一。常见的采购包括战略采购（sourcing）、日常采购（procurement）、采购外包（purchasing out-services）三种形式。

2. 生产

生产是指用工具创造各种生活资料和生产资料。生产管理（production management）是计划、组织、控制生产活动的综合管理活动，内容包括生产计划、生产组织以及生产控制。通过合理组织生产过程，有效利用生产资源，经济合理地进行生产活动，以达到预期的生产目标。生产类型是指根据生产过程的不同特点划分的类别。根据不同的划分标准，生产可以分为不同的类型。

按生产计划的来源划分，可分为订货型生产和备货型生产。订货型生产是在用户提出具体的订货要求后，才开始组织生产，如造船、建筑等。备货型生产是在对市场需要量进行预测的基础上，有计划地进行生产。备货型生产的产品一般为标准产品或定型产品，如电视、小型机床、电动机等。

按生产的连续程度划分，可分为连续生产和间断生产。连续生产的产品、工艺流程和使用的生产设备都是固定的、标准化的，工序之间没有在制品储存，例如油田的采油作业等。间断生产是指输入生产过程的各种要素间断性投入的生产，例如机床制造、机车制造等。

按产品和工作的专业化程度划分，可以分为大量生产、成批生产和单件生产。根据批量大小，成批生产类型又可以分为大批生产、中批生产和小批生产。由于大批生产和大量生产特点相近，所以习惯上合称为大量大批生产；单件生产和小批生产特点相近，习惯上合称为单件小批生产。

3. 物流

物流是指为了满足客户的需求，以最低的成本高效率地通过运输、保管、配送等方式，实现原材料、半成品、成品或相关信息由商品的产地到商品的消费地的计划、实施和管理的全过程。物流是一个控制原材料、半成品、产成品和信息的系统，从供应开始经各种中间环节的转让及拥有而到达最终消费者手中的实物运动，以此实现组织的明确目标。现代物流是经济全球化的产物，也是推动经济全球化的重要服务业。物流管理是指在社会生产过程中，根据物质资料实体流动的规律，应用管理的基本原理和科学方法，对物流活动进行计划、组织、指挥、协调、控制和监督，使各项物流活动实现最佳的协调与配合，以降低物流成本，提高物流效率和经济效益。现代物流管理建立在系统论、信息论和控制论的基础上。物流以满足一定的经济、军事、社会要求为目的，并通过创造时间价值和场所价值来实现。

4. 分销

分销的含义是建立销售渠道。根据著名的营销大师菲利普·科特勒的定义，分销渠道（distribution channel）又叫营销渠道（marketing channel），是指某种商品或服务从生产者向消费者转移的过程中，取得这种商品、服务的所有权，帮助所有权转移的所有企业和个人。但是，它不包括供应商、辅助商等。分销渠道对产品的作用越来越大，尤其对于全国范围的分销，大多数渠道不仅仅起到销售的作用，还兼具售后服务、品牌推广等职责。先有成熟厂商，才有成熟运作的渠道，也才有成熟健康的市场环境。一旦规范好了渠道，就可以通过渠道去建设这个市场，从而最终赢得市场；凭借良好的市场环境，厂商会进一步做好渠道的建设，这样就形成了市场的良性循环。

二、资金运作管理

1. 投资

投资指国家或企业以及个人，为了特定目的，与对方签订协议，促进社会发展，实现互惠互利，输送资金的过程。它又是特定经济主体为了在未来可预见的时期获得收益或是资金增值，在一定时期内向一定领域投放足够数额的资金或实物和货币等价物的经济行为。投资可分为实物投资、资本投资和证券投资等。资本投资是以货币投入企业，通过生产经营活动取得一定利润；证券投资是以货币购买企业发行的股票和公司债券，间接参与企业的利润分配。投资是创新创业项目孵化的一种形式，是对项目产业化综合体进行资本助推发展的经济活动。

2. 会计

会计是以货币为主要的计量单位，以凭证为主要的依据，借助专门的技术方法，对一定单位的资金运动进行全面、综合、连续、系统的核算与监督，向有关方面提供会计信息，参与经营管理，旨在提高经济效益的一种经济管理活动。具体而言，会计对象是指会计核算和监督的内容，具体是指社会再生产过程中能以货币表现的经济活动，即资金运动或价值运动。会计有五个基本特征：会计是一种经济管理活动；会计是一种经济信息系统；会计以货币作为主要计量单位；会计具有核算和监督的基本职能；会计采用一系列专门的方法。会计方法一般包括会计核算方法、会计分析方法、会计检查方法。

3. 财务

财务泛指财务活动和财务关系。前者指企业在生产过程中涉及资金的活动，表明财务的形式特征；后者指财务活动中企业和各方面的经济关系，揭示财务的内容本质。因此，概括说来，企业财务就是企业再生产过程中的资金运动，体现了企业和各方面的经济关系。

三、风险运作管理

1. 风险转移

风险转移是指通过合同或非合同的方式将风险转嫁给另一个人或单位的一种风险处理方式。风险转移是对风险造成的损失的承担的转移，在国际货物买卖中具体是指原由卖方承担的货物的风险在某个时候改归买方承担。在当事人没有约定的情况下，风险转移的主要问题是风险在何时由卖方转移给买方。

2. 监管

监管即监督与管理，是在公开、公平、公正原则下，通过督查、检查、抽查、巡查和审核、审计等方法，从实体和程序两方面对进入行业的事业体和事件进行监督管理，以保证企业和行业管理目标得以实现。

3. 管理

管理是指在特定的环境条件下，以人为中心通过计划、组织、指挥、协调、控制及创新等手段，对组织所拥有的人力、物力、财力、信息等资源进行有效的决策、计划、组织、领导、控制，以期高效地达到既定组织目标的过程。

总的来说，供应链金融微观生态系统的主要职责是处理接口事宜。问题在于哪一级的哪一个部门该负责供应链金融的相应决策及相关任务。供应链管理旨在通过整合创造价值的流程来优化资金、物料及信息的流动。因此，供应链金融关注管理物流过程中引发的金融职能。供应链金融试图通过协调参与者之间的联合活动来将此想法付诸实践。

第 4 节　供应链金融生态系统构建

一、供应链金融生态系统构建的原则

1. 扩大动产担保物的范围

在构建供应链金融生态系统的过程中，首先要坚持进一步拓展供应链金融开展的基础。具体应包括：允许以协议方式对现有或将有的生产设备、原材料、半成品、产成品进行抵押；允许抵押人将其财产一并抵押；允许应收账款质押；扩大动产担保物的范围，将应收账款、存货以及目前尚不存在但将来可能形成的物等重要的动产担保资源纳入担保物权制度中；在担保物权已经登记备案的债权人当中，最先备案其担保物权的债权人优先受偿；制定专门的物权登记法，建立统一的物权登记制度，并在其中统一规范关于担保物权登记的有关问题；以不动产所有权和用益物权登记为核心，以物权登记法为依据，建立中国不动产基本物权登记子系统。

2. 明确动产抵押登记原则

在不同登记部门以及同一登记部门不同地区机构之间建立统一的信息网络。确立动产担保登记的优先权规则，赋予当事人更多的自治空间。已登记的优先于未登记的清偿，并按照登记的先后顺序清偿。更加灵活地创设动产担保，实现担保物权的条件自由约定。基本原则为：有先于无，即已登记的债权优先于未登记的清偿；先大于后，即清偿应该严格按照登记的先后顺序。此基本原则必须严格遵从，不可漠视更加不可本末倒置。动产担保的创设更加灵活，不拘小节，实现担保物权的条件要有多个自由度且有可操作性和可操作空间。

3. 风控系统的手段要多元化、深度化和具象化

要特别重视风险控制手段的多元化和可操作性，而不是仅止步于对客户群体本身所拥有的资质进行评价、评估，应避免得出的银行信贷经营状况良好与否的结论不完整可靠的情况。要充分重视风险控制手段的特异性。对供应链金融业务的监管，需要充分重视风险控制手段的特异性，而非仅仅对客户群体本身的孤立资质进行评价进而得出银行信贷经营审慎与否的判断。供应链金融的目标客户群主要是中小企业，供应链融资应更多强调授信债项而非主体的可行性。

4. 提高金融技术的发展水平

金融技术的发展水平决定着金融产品与服务的提供水平，也决定着金融市场的广度与深度。就供应链金融业务而言，金融技术主要体现在对整条供应链不同环节开发不同的融资产品，分析评估各类融资产品的风险水平，选择具有不同风险表现的行业组合开展供应链融资，以及把供应链融资产品与其他金融产品进行组合，将风险控制在合理水平。

单就供应链金融业务而言，在供给侧改革的大背景下，主要体现在需要开发平台操作业务，对整条供应链上的不同环节针对性地开发出融资产品，分析和评估各类融资产品的风险水平，并且要能够根据不同产品组合搜索不同风险信息，将信息综合化组合来开展供应链融资，还要注意把供应链融资产品与其他性质金融产品进行组合，不要把鸡蛋放在一个篮子里，从而将供应链金融业务控制在合理可行可操作的水平上。要加大对产业的研究，了解不同的客户对产品的需求和所在产业的特征，并且按照一定的标准进行产业结构升级，优化资源配置，为供应链内企业提供优秀的外部融资环境及融资服务。完善银行等金融机构的结构授权信用安排，使银行等金融机构能基于同一客户群体的融资需求和该行业总体抗风险能力，在充分认识链内企业贸易活动的前提下，对相对封闭的供应链贸易链条上关联环节客户进行主动批量式授权信用安排；为不同客户群体提供不同的产品组合和差异化服务，从而完善金融技术的种类，提高安全性和银行授信资金的使用效率，以分散和降低风险。

5. 构建新型公共供应链金融服务平台

通过供应链金融推动中小企业的信息化建设，提升整体供应链的技术水平。完善异地金融机构的数据互通。通过供应链金融的发展推动中小企业的信息化建设，采用反向作用来提升整体供应链的技术水平。推动供应链融资体系的建立，加强供应链融资风险的监督管理。政府需要确立新的公共角色，促进供应链上融资观念的形成，多为中小企业开展供应链融资方面的培训，对优秀产品及服务予以推荐。建立第三方电商平台，对供应链上的交易信息进行网络公示，确保供应链融资交易背景的真实性。建立新型信息系统，如开发同时面向供应链相关制造企业和物流企业的电子化交易平台，并在平台上提供供应链金融产品和服务等。

6. 提升司法能力及其效率

对于供应链金融，银行对司法体系的服务需求主要在于客户违约的情况下抵质押物、应收账款等担保物权的实现效率，这种效率既包括时效性，也包括变化比率。

二、不同参与主体的具体措施

（一）供应链节点企业

1. 中小企业

中小企业作为供应链金融生态系统中最直接的受益者，通过与核心企业的“捆绑”使金融机构放宽了信贷的标准，从而获得融资。尽管如此，中小企业仍要增强信用意识，完善自身信贷体系，加强与核心企业的联系，进一步减少融资压力。

2. 核心企业

核心企业要转变理念，实现利益最大化，以整条供应链的价值增值和合作伙伴共赢为基础，加强供应链建设。核心企业应作为供应链上中小企业的领导者、管理者，严格筛选整合同一条供应链上的企业成员。在供应链金融中，核心企业可以掌握供应链上的资金流、物流和信息流等综合数据，通过与银行达成面向所有供应链成员企业的融资协议，减小整个供应链的资金压力，从而提高整个供应链的竞争力。

3. 同一供应链上的所有企业

同一供应链上的企业应增进合作交流，落实经济合作框架协议，深入对接百大企业、行业龙头企业和科技型中小企业，促进先进制造业和现代服务业项目落地，促进企业增资扩产和转型升级。只有供应链上所有企业共同合作，相互促进，才能降低融资信用风险，提升整条供应链实力，推动产业升级，促进供应链金融生态运行。

（二）以商业银行为代表的金融机构

针对供应链金融，银行机构现有应收账款融资、预付账款融资和存货融资三大类融资产品，随着银行的加入，地区经济合作进一步深化，商业银行间应相互学习、取长补短，借鉴、创新供应链业务。

各个银行在供应链金融业务开展过程中，存在融资进程审批速度较慢、供应链融资方面的技术水平相对较低，影响业务执行的效率等问题，因此银行业应学习借鉴其他地区的经验和信息技术，改进供应链金融服务，开发推广金融信息技术和电子商务在银行供应链金融业务上的应用。而且，地区间要加强金融人才的交流，加强供应链金融人才的培养，提高从业人员的素质，尽快培养一批熟悉金融、国际贸易、法律等知识的复合型人才，以适应多种金融产品组合、知识面广、操作复杂的供应链金融服务模式的要求。

（三）以第三方物流为代表的支持型机构

物流企业应健全管理机制，确保有效安全的监管。第三方物流企业作为供应链金融的支持型机构，负责整条供应链仓储、运输、配送等物流过程，掌握了供应链上完整的资金流、物流和信息流等关键数据，因此物流企业应调整自身的管理机制以应对供应链金融业务的服务需求，提高对供应链上数据的监管力度，帮助核心企业及金融机构更全面地追踪相关数据，从而有效地控制供应链金融风险。

此外，第三方物流企业要根据供应链金融业务发展现状，制定相应的策略，提高自身水平。未来供应链金融的发展可加强物流方面的合作，设立自贸区的供应链金融物流服务市场，拓宽对供应链金融的服务范围，提高服务信息化水平，加快物流合作机制的建设，建立运输集聚区，配套建设集散、中转、储存和配送中心，为大力发展供应链金融第三方物流打好基础。

（四）监管部门

供应链金融涉及的相关法律在具体实践中仍然存在问题。政府应尽快完善法制和信用环境，出台相应行业规范和供应链金融支持政策，加大监管力度。相关部门应该尽快出台一系列供应链金融相关政策，加快政策法规的落实。政府部门应提高认识，了解供应链金融对区域经济发展的带动作用，进一步采取措施促进与支持供应链金融的发展。除此之外，政府还应引导社会信用体系的建设，进一步推进海关、市场监管部门、质管部门等政府机构共享信息、交流合作，构建电子信息平台提供供应链各参与主体的财务供应链。

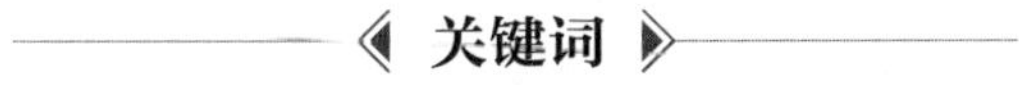

关键词

供应链金融生态系统　宏观环境系统　产业环境系统　微观环境系统　电子信息技术　供应链金融技术　交易平台提供商　交易风险管理者　风险承担者　流动性提供者　生产流程管理　资金运作管理　风险运作管理

复习与思考题

1. 供应链金融生态系统的构成是怎样的？
2. 供应链金融制度环境包括哪些？
3. 交易平台提供商与其他主体的法律关系性质是怎样的？
4. 交易风险管理者承担的主要职责有哪些？
5. 风险承担者或流动性提供者的职能有哪些？
6. 供应链金融生态系统的构建原则是什么？不同参与主体的具体措施有哪些？

第4章

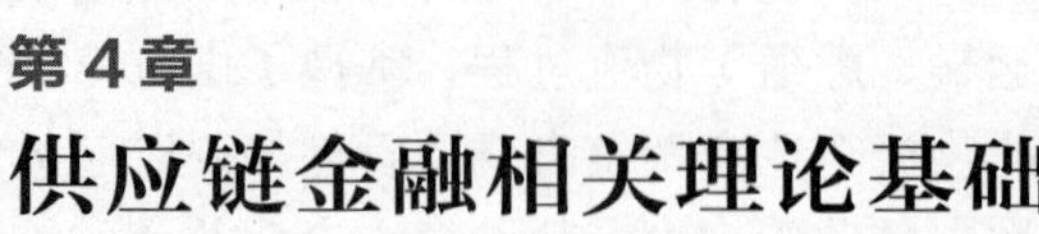

供应链金融相关理论基础

学习目标

- 了解财务供应链与现金流量周期。
- 了解蓝海战略与长尾理论。
- 了解信息不对称理论与交易成本理论。
- 理解供应链金融与财务管理、战略管理以及经济学相关理论之间的关系。

第 1 节　供应链金融与财务管理

一、财务供应链

（一）财务供应链的产生

随着经济全球化的到来，企业之间的竞争变得越来越激烈，如何在竞争中立于不败之地是每个企业必须要考虑的问题。降低成本、保障利润成为现代企业提高竞争力的主要手段。但是，由于市场的多变性和竞争的多样化，现代企业仅仅依靠压缩传统意义上的运作成本已经很难解决所面对的问题，这就需要找到其他降低运作成本的方式，而信息技术带来的高速、便捷，以及巨大的存储量和计算量对现代企业的运作和管理产生了极为重要的影响。随着企业经营全球化的到来，企业之间的竞争将会逐渐加剧，这种影响将会表现得越来越明显。

为适应以客户为中心的商业环境的发展，以职能为导向的组织结构逐渐被以流程为导向所取代，时下盛行的企业资源计划、客户关系管理、供应链管理都是以流程为导向的整体解决方案，但在财务领域以流程为导向的整体解决方案一直被人们忽视。目前的财务流程许多都是以纸面文件为基础的，不仅耗时耗力而且容易出错，尽管财务部门每天都很忙碌尽责，但是坏账的数额还是越来越高，因为财务流程不顺畅，企业的销售周期越来越长，企业的运营资金日益增加，这些都是企业运营的隐性成本，目前财务流程的黑洞鲜有公司能够精确计算，也不纳入标准的财务管理的范畴。

首先，财务流程人工化、纸面化耗费公司大量成本。目前企业的财务交易流程大多采用人工化、纸面化的形式，正在无形地占用公司大量的成本。虽然通常的企业资源计划（ERP）系统所提供的财务管理模块能在一定程度上提高企业内部财务管理的自动化程度，但企业之间的财务往来管理仍然是人工完成，不少重大电子采购行为还没能实现付款流程的自动化。

其次，财务流程缓慢导致销售和付款周期延长。面对激烈的竞争环境，缩短销售周期、减少对客户的响应时间是企业获得竞争优势的重要因素。但是在许多公司中财务流程缓慢直接导致了销售周期的延长。与此同时，财务流程缺乏整合，占用公司大量营运资金。

综上所述，由于许多企业目前的财务流程人工化、纸面化，财务流程运行缓慢和缺乏整合，正在耗费企业大量的资源，虽然无法精确计算，却无疑让企业支付巨额的隐性成本，抵减企业经营活动现金流量的创造力。一个自动化、快速整合的财务供应链全新思路将把公司经理的注意力由具体的财务功能转移到整体解决方案上来。整合财务流程，缩短与客户之间的收款周期，系统地改进对现金流量的控制，有效地降低公司的财务融资成本，可更快获得更多周期的投资回报。

（二）财务供应链管理

1. 财务供应链管理的内涵

财务供应链是同实体供应链相平行的，代表从客户初始订单、交易协调到最后付款等一系列和现金流量相关的交易活动。如图 4－1 所示，实体供应链体现从采购、制造到销售全过程原材料和货物的流动。而财务供应链则体现与此相反的现金流动。

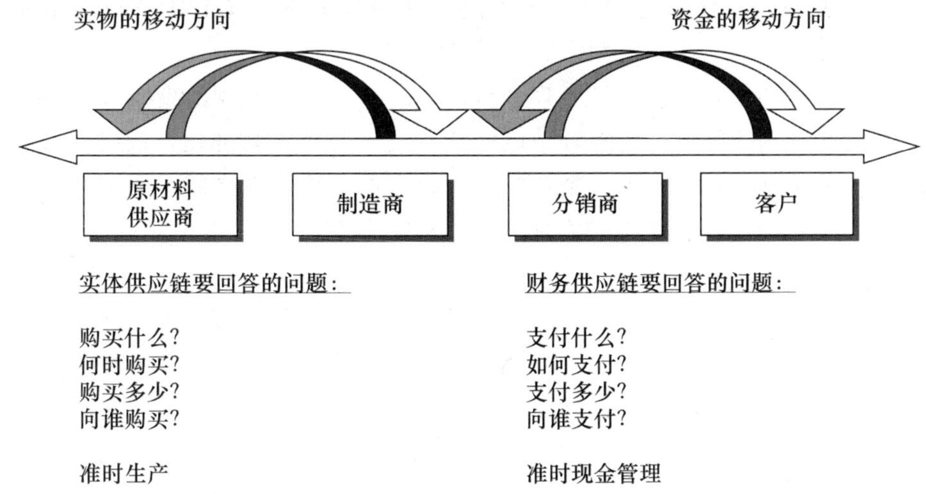

图 4－1　财务供应链的现金流动

财务供应链管理是指运用信息技术手段，通过供应链上下游及金融机构间的业务整合，优化收付流程和减少支付成本，有效管理企业的营运资本占用。因此，财务供应链管理的主要目标是：优化流程，改善营运资本管理，提高资金的透明度。财务供应链中包含了直接影响营运资本的流程与交易，要实现管理目标，就必须从供应商或者购买者的选择出发，准确掌握从下订单、单据核对到付款给卖方等所有与资金流动有关的动态财务活动信息，及时做好信息报告与分析以及资金流预测，并进一步向外延伸金融活动和资金链条，从而降低资金成本，并最终带来产品成本的下降。如果说实体供应链要达到的目标是准时生产（just-in-time manufacturing），那么财务供应链要实现的目标就是准时现金管理（just-in-time cash management）。如图 4－2 所示，财务供应链管理分为交易可执行性和交易执行两大部分，而这两大部分具体由九个步骤组成：资格核定、财务担保、价格谈判、风险规避、票据传递、票据审核、争端管理、收款和现金分析。

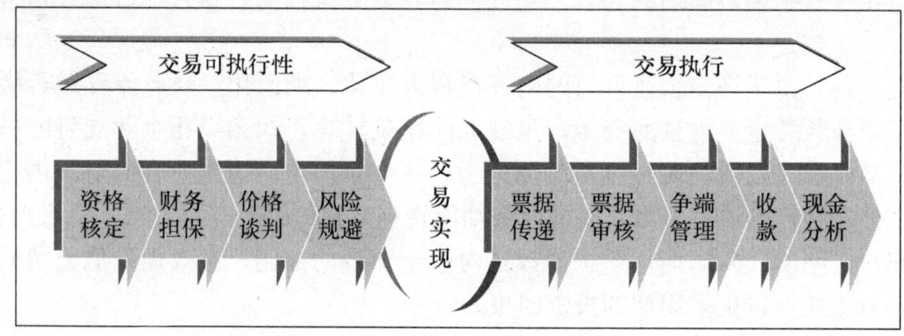

图 4－2 财务供应链管理步骤

2. 财务供应链管理的特点

（1）财务流程电子化。财务供应链管理最大的特点是发挥信息技术优势，通过采用电子发票形式，代替进而取消传统的纸质发票，使得数据录入更为方便快捷。在订单信息核对方面，电子发票更加简单高效，可直接对订单内容、商业发票、到货证明等资料信息进行在线修改，相比以往纸质形式，既节省时间成本，又节省重新制作和打印的成本。

（2）财务流程协同化。供应链管理强调的是各环节、各流程的衔接和统筹管理，财务供应链管理也应对企业内部财务环节的衔接和统筹管理进行强化，最终形成业务整体的信息共享和集成化管理。此外，企业与供应链上的合作伙伴之间，要加强财务流程的协作与整合，通过应用信息化手段实现互联互通、动态核算、网上操作，经济、可靠地达到与合作方之间的信息共享。

（3）财务流程自动化。通过预先定义的财务供应链管理系统设置，财务流程中每一阶段的流程步骤都可以通过系统自动发送电子邮件，将相关内容通知到相关对象，实现财务流程自动化。比如在网络互联的基础上，为客户提供自助式的付款和结算业务；在不同的企业和系统之间做到财务数据实时化传递和精准化控制；基于实时数据，定期自动编制各类规范化报告。财务流程自动化大幅提升了企业财务工作的效率，解放了人力、物力，使财务工作人员可以把主要精力转移到财务决策上，提升财务能力。

（4）财务流程可视化。不同部门之间、链上合作伙伴之间的财务流程透明化是财务供应链管理的核心。各方都能够实时掌控财务流程各环节的进展，万一某环节出现意外，各方能够在掌握全面信息的基础上，及时沟通协调，保障问题解决的时效性。除便捷、快速外，财务流程可视化能大幅提升企业内部以及企业之间解决争议的效率，降低沟通协调的成本。

（5）财务信息精确化。在财务流程电子化和协同化的基础上，财务供应链管理能够获取大量基础信息。通过对所得信息进行精确的分类汇总及管理，达到信息获取的实时化、精确化以及信息呈现的恰当化，在全面满足决策相关性的同时大幅提高决策效率。

（三）财务供应链与供应链金融

1. 二者之间的联系

（1）供应链金融是顺应财务供应链管理需要而产生的。目前，供应链竞争正在取代单个企业之间的竞争，实体经济的金融需求也从企业的个体需求更多地转变为整条供应链的综合需求。供应链金融属于金融机构为缓解财务供应链管理问题，将各项单一贸易融资品种进行整合与创新而提出的一种整合金融服务方案。因此，企业可以针对在采购、运输、储存、加工制造、配售、销售与收款等一系列生产经营环节中所存在的预付、应付、存货、应收等融资需求，紧扣具体环节，组合制订供应链金融服务方案。

（2）财务供应链管理是供应链金融的量化实现。财务供应链管理是指从某一形态的供应链出发，通过对整条供应链上的各个不同企业进行有效的流动统筹与资金筹措，从而合理地分散与安排供应链上企业的资金成本，实现供应链财务成本最小化。所以，财务供应链管理是供应链金融的量化实现。从企业角度看，一方面，供应链金融积极参与为供应商提供融资的服务，这就解决了供应商融资问题，使整个供应链链条运行顺畅，伸缩自如；另一方面，企业借助商业信用开展各项合作，融资渠道得到拓宽，资金来源丰富。

（3）供应链金融影响财务供应链管理安全。供应链金融是金融机构为缓解财务供应链管理问题、全面提升综合竞争力而提出的一种创新型的金融服务方案，其目的是解决财务供应链管理问题。供应链金融的有效运用能带来供应链链条上各个企业的共赢，但是就目前我国金融市场发展状态来看，供应链金融运行还不成熟，供应链金融某一环节出现任何问题或者崩溃，对供应链财务管理安全均是较大的风险，同时还影响相关金融机构的正常平稳运行。

2. 二者之间的区别

（1）研究方向不同。财务供应链主要研究供应链管理中的资金流问题，通过信息共享、协调和组织合作等方法来集成供应链中的物流、信息流和资金流，以达到降低资金流运作成本并为供应链创造价值的目的。而供应链金融则强调供应链中企业的营运资金与流动性的优化问题。供应链金融是在供应链中找出一个大的核心企业，以核心企业为出发点，为供应链提供金融支持。一方面，将资金有效注入处于相对弱势的上下游配套中小企业，解决中小企业融资难和供应链失衡的问题；另一方面，将核心企业的信用融入上下游企业的购销行为，提高其商业信用，促进中小企业与核心企业建立长期战略协同关系，提升供应链的竞争能力。

(2) 作用意义不同。在供应链金融的融资模式下，处在供应链上的企业一旦获得银行的支持，资金注入配套企业也就等于进入了供应链，从而可以激活整个链条的运转。因此，供应链金融实现四流合一，提升了整条供应链的竞争力。而财务供应链更关注在供应链中对现有资源进行整合之后，实现其价值和利润的等效流通。实际上，财务供应链就是供应链上经营活动资本化的过程。财务供应链往往发挥着调节资金，作为资金的中介让投资人和融资人对接起来的重要作用。同时它还会通过市场机制让资金流到利用价值最大的地方。

二、现金流量周期

(一) 现金流量周期的内涵

现金流量周期 (cash to cash cycle) 是当今企业供应链运作绩效测评的重要工具和手段，其基本思想是单位货币从原材料投入到市场价值实现的周期时间，这一工具所揭示的含义跨越了整个供应链活动的全过程，不仅包括企业内部的各种作业活动，如采购、仓储、生产、分销等作业，而且涵盖企业外在的经营行为，如客户服务等活动。

现金流量周期的定义不尽一致，主要代表性的概念有：斯图尔特 (Stewart, 1995) 的"单位货币从原材料投入到市场价值实现的周期时间"；莫斯和斯泰恩 (Moss & Stine, 1993) 认为现金流量周期指的是支付现金购买可再销售产品到出售这些产品之间的时间间隔。此后，运营周期成为现金流量周期概念界定的标准，这种观点认为现金流量周期是企业运营周期内所需财务和支持的天数，而运营周期可以看作投资于库存和产品的销售天数。此外，兰卡斯特等 (Lancaster et al., 1998)、斯莱特等 (Slater et al., 2000) 在上述概念的基础上，进一步发展了现金流量周期的概念，他们认为现金流量周期是企业支付货币购买原材料到获取产品销售所得的天数，这一数值可以用供应库存的天数加上产品销售的天数，再减去平均产品支付周期得到。与此相似，斯基林 (Schilling, 1996) 也提出现金流量周期反映了企业的运营周期，他测度了消耗现金为生产经营活动而购买库存，到通过最终产品的销售而获取现金的时间跨度，这个指标可以用天数来衡量，它等于平均库存期加上平均获得时间，再减去应付账款时间，目前这个定义是学术界广泛接受的。在这一定义的基础上，一些学者进一步扩展了现金流量周期的外延，索能 (Soenen, 1993) 认为现金流量周期依赖于一系列的因素，包括从供应商获取原材料的天数、产品生产加工的天数以及出售前的库存天数，此外，还包括从客户方回款的天数。

目前，现金流量周期模型已作为一种新型的综合供应链成本控制和绩效实现的测评工具得到了国际社会的广泛认同。现金流量周期是反映制造业企业运营周期的指标，用以衡量制造业企业从购进原材料支付资金、原材料投入生产到产品完工，再到产品实现销售，最后收到客户支付的应收账款整个资金流转的时间跨度。

计算现金流量周期的公式如下：

现金流量周期＝存货周转期＋应收账款周转期－应付账款周转期

存货周转期＝存货平均值/销售成本×365

应收账款周转期＝应收账款平均值/销售收入×365

应付账款周转期＝应付账款平均值/销售成本×365

现金流量周期指标一方面可以衡量企业的盈利能力，另一方面也是测试企业对财务资源使用效率的重要指标。一些学者认为现金流量周期能够帮助企业建立良好的绩效检验工具或矩阵，以优化企业的供应链物流行为，确立优化的商业运作模式。因此现金流量周期是有效衡量和反映综合供应链物流绩效的有力工具。现金流量周期的意义具体表现为：

（1）财务成本管理——资产折现力和价值测度。在财务会计上，折现力反映了企业可得或需要现金时即可获得的能力，企业的折现力可以从两个方面来考察，即静态和动态。静态的衡量是基于特定时点的资产平衡表，通常运用传统的比率，如流动比率（流动资产/流动负债）和速动比率（（流动资产－库存）/流动负债）来衡量企业通过资产流动而实现目标的能力。虽然这些指标通常用来衡量企业的折现力，但是一些学者仍然认为其静态的特点阻碍了充分有效地衡量和反映资产流动的特点。为此，一些学者提出了从动态的角度来反映因为企业运营而产生的资产循环不断的流动性。除此之外，为缩短现金流量周期，企业还需要对各种财务决策进行权衡，从而深化了企业财务管理的战略性思考，例如，如果企业的现金流量周期长，那么所要求的最低流动资金就会增加，相反，如果现金流量周期缩短，那么相应的最低流动资金也会减少。同理，如果企业的现金流量周期越长，就越需要企业从外部获得财务资源，较短的现金流量周期则会产生较高的净现金流价值，而较高的净现金流价值就形成了良好的企业价值。

（2）供应链物流管理——跨组织绩效测评。如今供应链物流管理已成为企业绩效提升的重要手段和发展趋势，这表现在企业管理的重心已逐渐从以前职能化的管理转向整合一体化管理，它强调通过各种活动和流程的整合和协同来降低供应链综合成本，而现金流量周期模型则跨越了供应商、下游企业和客户，为企业全面、有效地评价供应链整合的状态和具体绩效提供了基础。具体来看，现金流量周期模型对供应链管理的作用在于，一方面，它反映了企业内部供应链物流运作的绩效，这是因为现金流量周期直接反映了企业内部运作的完善程度、各种流程和作业活动的整合程度，因此，现金流量周期成为衡量企业内部供应链物流改善的有力工具；另一方面，现金流量周期也衡量了企业之间的结合程度，因为良好的现金流量周期不仅取决于企业内部的流程改善，也同时受制于企业之间流程的整合程度，因此，企业能否与供应商实现良好的合作关系，同时能否有效地维系客户，最终都反映到现金流量周期上。

（3）确立了一个综合性的物流成本管理框架。要想从供应链物流管理的角度合理控制物流成本，实现既定的绩效目标，必须有效地建立综合物流成本控制体系。而现金流量周期模型的提出，使得人们意识到物流成本的控制和供应链绩效的实现，不仅仅是由单一的管理活动完成，而是需要从全方位、全过程的角度建立起完善的管理系统。

1）物流成本横向控制主要有物流成本或成本因素的预测、计划、计算、分析、信息反馈和控制、决策等步骤，物流成本控制与决策是以物流成本资料为依据，结合其他技术、经济因素等进行研究、分析，决定采取的行动方针，并进行可行性分析后选择最佳方案。现金流量周期取决于多种供应链运作因素，因此，对这些供应链因素的识别、预测、规划和控制无疑将会促进供应链库存下降，加速产品的流动和周转，从而最终降低供应链成本。

2）物流成本纵向控制也是供应链物流过程的优化管理。物流过程是创造时空价值的经济活动过程，要达到最大的市场价值，就必须保证物流各环节的最佳配置。物流系统是一个庞大而复杂的系统，要对其进行纵向优化，需要借助适当的控制方法和管理手段（包括作业成本管理法、供应链运作参考（SCOR）模型、库存优化方法等），使其与横向控制交织进行。

3）信息网络控制系统是连接许多供应商、生产商、批发商、零售商和客户的大系统。物流成本控制引入信息网络系统，可以大大提高控制的效率。该控制系统能处理从新商品资料的说明到会计结算所有商品交易过程中的作业，加速现金流量周期，而且电子货币结算系统的使用有利于增加运营资金和利润，从而提高供应链整体运作绩效。

（二）现金流量周期的管理

要管理好现金流量周期，涉及企业内部跨职能的管理以及企业之间的合作型管理，这种合作型管理不仅包括直接的上游供应商和下游顾客，甚至还涉及供应商的供应商，以及客户的客户，只有这样，才能真正实现良好的现金流量周期。具体讲，现金流量周期的管理主要涉及以下几个方面：

1. 企业内部管理

第一，延长平均应付账款周期。在企业内部改善现金流量周期的一种有效的手段是延长与库存相关的平均应付账款周期，从而获得更多的无息财务资源。为了达到这一目标，采取的主要方式有：在最后时刻支付原材料、库存、薪金等成本费用，并且可以考虑对供方进行部分支付而不是全额支付。

第二，缩短生产周期，减少库存供应天数。库存是生产效率的晴雨表，一般库存有两种形态，一种是最适库存，另一种是过量库存。最适库存指的是“必要的库存，正好能够支持生产的需要”，而过量库存则是“超出生产必要量的库存”。对于企业而言，要加强现金流量周期管理，就要控制过量库存，采用有效的生产和库存战略，如准时配送、适时库存追踪。此外，协同计划、预测和补货（CPFR），同步供应/需求计划以及直接转运都是实现良好现金流量周期的战略性途径。

第三，减少平均应收账款。应收账款的管理也是现金流量周期管理的重要因素，相对于应付账款主要是控制或限制现金支付，应收账款则是要加速回笼。为达到这一目标，主要采取的手段有：鼓励快速支付，利用折扣或奖励等手段增加应收账款的回收。

2. 企业间合作与协调，也包括企业与物流配送中心之间的衔接

现金流量周期的缩短不仅仅需要加强企业内部的管理，也可以通过企业间的合作和协调来实现，有研究证明合作良好的企业比一般企业能够实现更短的订单前置时间，戴尔公司就是将信息有效地告知上游供应商，从而使供应商能够根据戴尔的需求及时交付产品。因此，企业间的协调和合作就是打破企业之间存在的各种业务壁垒，通过业务流程的整合和有效的信息沟通，提高经营的绩效，从而加速现金周转，缩短现金流量周期。

也正是因为如此，在考虑各种客户销售因素的基础上，形成经营预测和补货计划的过程中，订单预测的信息应当同步传输到配送中心，以整合和修正订单预测以及相应的企业库存结构和水准，再结合零售店铺的销售终端（POS）数据和供应商订单预测，切实制定供应链企业的业务和财务目标与规则。

3. 业务规划整合将逐渐扩展到承运商和第三方物流，形成 CTM

由于如今的供应链贯穿三方（供应方、运输方、销售方），连接四业（生产业、运输业、仓储业、营销业），因此，缩短现金流量周期不仅要求供应链参与企业之间的协同作业，也要求将业务整合扩展到运输业，形成协同运输管理（collaborative transportation management，CTM）。CTM 就是将企业产生的订单预测转化为承运预测，从而保障订单的准确实施，其目的在于通过卖方、买方、承运商和第三方物流之间的合作，改善运输和配送过程的服务、效率和成本。同时 CTM 通过承运商、供应商和第三方物流之间的合作，借助现代信息系统，缩短规划窗、合理安排物流资源、确立相应的物流配送服务。

4. 整合财务管理和金融业务，形成全方位的商流、信息流、物流和资金流的融合

现金流量周期模型是当今供应链物流绩效管理的重要理论和测评方法，它的突破不仅在于整合供应链各参与企业的业务规划、预测和物流作业，而且随着供应链管理复杂度的增加，整合和管理其中的财务和金融业务，从而有效保护企业的财务资源，产生良好的现金流，降低财务成本，促使实体供应链顺利运作。供应链中的财务与金融问题主要表现在：供方需要掌握及时配送的订单情况和服务条件，并且当订单产品被需方接受时，产生支付要求，而且这种支付的价格需要与合约的规定相一致。此外，为了保障资金的安全性，供方需要了解财务和金融风险，知晓上下游企业的财务实力和财务状况，同时保持足够的运行资金，以支撑自身的供应链运作；作为需方需要明确自身的资金状况以支付所配送的商品，同时保有足够的运营资金支持自身的经营。

（三）现金流量周期与供应链金融

目前，大多数研究者发现现金流量周期指标在供应链金融中发挥了重要的作用。现金流量周期与供应链金融的关系主要体现在以下两个方面：

1. 建立以信任为基础的密切合作关系

供应链现金流量周期策略倡导供应商、企业和客户之间由传统的敌对争利关系转变为供应链模式下的友善合作关系，其核心和关键就是通过建立和保持互相信任的合作伙伴关系，实现多方共赢。在供应链现金流量周期策略中，首先获利的一方必须愿意以降低或提高商品交易价格的形式补偿合作方，这些均要求合作各方加强沟通，充分信任，密切合作，共同决策。因此，从某种程度上讲，现金流量周期策略实质上是以务实为出发点，讲求团队合作精神，最终使得整条供应链具有强大的金融竞争力。

2. 建立以共赢为目标的共享合作机制

在实际操作中，要缩短现金流量周期，上下游就需要仔细考虑各自的资金成本，合理决策采购订单的折扣期和折扣率，加速现金流动。利用供应链合作伙伴在加权平均资金成本（WACC）和存货持有成本（ICC）方面存在的比较优势，通过影响账款回收期和存货转移的个人与个人之间的电子商务（C2C）管理策略，可以降低供应链资金成本，创造供应链价值。供应链融资协同实现的成本节约应该公平地在合作伙伴之间进行分配。供应链视角的财务管理功能和运作流程为企业提供了新的利润增长点，但供应链财务技术的应用必须具备一定的条件才能获得最佳效果。

第一，基于C2C管理的供应链融资协同需以信任开放的组织环境和风险报酬共享机制为前提。内部融资协同要求合作伙伴相互充分信任，且这种信任建立在不断合作的基础上。此外，供应链财务风险和报酬共享的协作结构可能通过企业间共享和较低的交易监督执行成本等其他嵌入式结构指标增强盈利能力，进而造就强大且更具竞争力的供应链。

第二，账款回收期和存货转移策略的应用均是基于一定的预计要求才能实施，需要提供以实际情况为基准的明确的合作契约。利用WACC和ICC优势创造供应链价值的基本要求就是合作伙伴必须愿意接受协同后较差的C2C天数。同时，在C2C策略中首先获利的一方愿意以降低或提高商品交易价格的形式补偿合作伙伴，这些承诺均必须通过契约预先明确，并根据实际情况定期调整。

第三，现金流量周期对供应链金融的影响关键在于利用先进的利润驱动策略（如C2C管理策略）代替过去短视的内部绩效度量，这需要具有创新意识的供应链管理者以及负责协作的财务负责人识别共赢的供应链财务管理策略机会，如此供应链才可能以降低经营成本和增加利润的方式实现共赢。

第2节　供应链金融与战略管理

一、蓝海战略

（一）蓝海战略的产生

现存的市场由两个部分组成：红海和蓝海。红海代表现今存在的所有产业，也就是我们已知的市场空间；蓝海则代表当今还不存在的产业，这就是未知的市场空间。在红海中，每个产业的界限和竞争规则为人们所知。随着市场越来越拥挤，利润和增长的前途也越来越黯淡。残酷的竞争让红海变得越发鲜血淋漓。与之相对的是，蓝海代表着亟待开发的市场空间，代表着创造新的需求，代表着高利润增长的机会。尽管有些蓝海完全是在已有产业边界以外创建的，但大多数蓝海是通过在红海内部扩展已有产业边界而开拓出来的。随着全球化竞争的加剧，企业的产品和服务同质化严重，可选的竞争战略往往在“差异化”和“成本领先”中选择其一，但是差异化会增加成本，而成本领先会降低利润。在这样的背景下，企业之间的竞争主要表现为红海竞争。传统的红海竞争有以下特点与影响：

（1）企业同质化竞争严重；

（2）企业利润越来越少，产业增长也越来越慢；

（3）企业竞争的最后，大家都过得不好，甚至面临生存压力。

鉴于此，企业需要找到一种新的路径，走出红海竞争，这就有了蓝海战略（blue ocean strategy）。蓝海战略是由欧洲工商管理学院的钱·金（W. Chan Kim）和莫博涅（Mauborgne）提出的。蓝海战略是企业通过开创新的、未被竞争对手重视的市场领域以达到扩张目的的一种战略。红海战略和蓝海战略的具体比较如表 4－1 所示。蓝海战略要求企业把视线从市场的供给一方移向需求一方，从与对手的竞争转向为客户提供价值的飞跃；通过跨越现有竞争边界看市场以及将不同市场的客户价值元素筛选与重新排序，企业将重建市场和产业边界，开启巨大的潜在需求，从而摆脱红海的血腥竞争，开创蓝海，实现同时追求差异化和成本领先。

表 4－1　红海战略与蓝海战略的对比

红海战略	蓝海战略
在已经存在的市场内竞争	拓展非竞争性市场空间
参与竞争	规避竞争
争夺现有需求	创造并获取新需求
遵循价值与成本互替定律	打破价值与成本互替定律
根据差异化或低成本的战略选择，把企业行为整合为一个体系	同时追求差异化和低成本，把企业行为整合为一个体系

蓝海战略的理论基石是价值创新，价值创新力图使客户价值和企业价值都实现飞跃，由此开辟一个全新的、非竞争性的市场空间。蓝海战略的价值创新内涵是一种集成创新，它不拘泥于某个要素的创新，而要求企业重塑行业规则，甚至创造出一种前所未有的行业，一旦创造出来，就随之开发出一系列的消费者需求，从而带动一大批相关产业的发展。同时我们也可以看到，蓝海战略是以战略行动为分析单位，随着其他企业的跟随，蓝海战略也会慢慢变成红海，于是行动要随之改变，也就是随着市场或行业的成熟，蓝海战略行动要一步步升级，这是一个循环往复的过程。

（二）蓝海战略的内容

1. 蓝海战略的原则

蓝海战略共提出六项原则，其中包括：四项战略制定原则——重建市场边界、注重全局而非数字、超越现有需求、遵循合理的战略顺序；两项战略执行原则——克服关键组织障碍、将战略执行建成战略的一部分。

（1）重建市场边界。从硬碰硬的竞争到开创蓝海，使用六条路径重建市场边界：

第一，产业上，跨越他择性产业看市场。一家企业不仅与自身产业对手竞争，而且与替代品（alternatives）或服务的产业对手竞争。

第二，战略集团上，跨越产业内不同的战略集团看市场。突破狭窄视野，搞清楚什么因素决定顾客选择，例如高档和低档消费品的选择。

第三，买方群体上，重新界定产业的买方群体。买方是由购买者、使用者和施加影响者共同组成的买方链条。

第四，产品或服务范围上，跨越互补性产品和服务看市场。互补性产品和服务蕴含着未经发掘的需求，简单方法是分析顾客在使用产品之前、之中、之后都有哪些需要。

第五，功能情感导向上，跨越针对卖方的产业功能与情感导向。市场调查反馈的往往是产业教育的结果，企业挑战现有功能与情感导向能发现新空间，如果在情感层竞争，考虑可否去除哪些元素使之功能化，反之亦然。

第六，时间上，跨越时间参与塑造外部潮流。从商业角度洞悉技术与政策潮流如何改变顾客获取的价值，如何影响商业模式。

（2）注重全局而非数字。蓝海战略建议绘制战略布局图，将一家企业在市场中现有战略定位以视觉形式表现出来，提高企业组织各类人员的创造性，把视线引向蓝海。其中，如表 4-2 所示，战略视觉化包括四个步骤，分别是：视觉唤醒、视觉探索、视觉战略展览会以及视觉沟通。

表 4-2 战略视觉化四个步骤

视觉唤醒	视觉探索	视觉战略展览会	视觉沟通
绘制现时战略图，将业务项目与对手比较，看看战略需要哪些改变	走入基层，实地探索 观察他择性产品和服务的优势 需要剔除、创造和改变哪些元素	绘制新的战略布局图 听取顾客（包含对手的顾客）和非顾客的反馈，吸取反馈意见并修改	将战略转变前后的轮廓印于同一张纸分发给员工 支持实现新战略的项目和措施

（3）超越现有需求。企业为增加自己的市场份额努力保留和拓展现有顾客，常常导致更精微的市场细分，然而，为使蓝海规模最大化，企业需要反其道而行，不应只把视线集中于顾客，还需要关注非顾客。不要一味通过个性化和细分市场来满足顾客差异，应寻找买方共同点，将非顾客置于顾客之前，将共同点置于差异点之前，将合并细分市场置于多层次细分市场之前。其中，非顾客可以分为三个层次：徘徊在企业的市场边界，随时准备换船而走的“准非顾客”；有意回避市场的“拒绝型非顾客”；远离市场的“未探知型非顾客”。

（4）遵循合理的战略顺序。只有遵循合理的战略顺序，才能建立强劲的商业模式，确保将蓝海创意变为战略执行，从而获得蓝海利润。合理的战略顺序可以划分为买方效用、价格、成本、接受四个步骤。

（5）克服关键组织障碍。企业经理们证明执行蓝海战略的挑战是严峻的，他们面对四重障碍：一是认知障碍，沉迷于现状的组织；二是有限的资源，执行战略需要大量资源；三是动力障碍，缺乏有干劲的员工；四是组织政治障碍，来自强大既得利益者的反对。

（6）将战略执行建成战略的一部分。执行蓝海战略，企业最终需要求助于最根本的行动基础，即组织基层员工的态度和行为，必须创造一种充满信任和忠诚的文化来鼓舞人们认同战略。要想在基层建立信任与忠诚，鼓励资源合作，企业需要将战略执行建成战略的一部分，需要借助“公平过程”[①] 来制定和执行战略。实现公平过程的关键不在

① “公平过程”来源于社会科学家对心理学的研究。研究确认，人们不仅在意结果本身，也在意产生结果的过程公正，当程序公正得以实施，人们对结果的满意度和支持度就上升。

于新的目标、期望和责任，而在于人们是否清楚地理解了它们。围绕公平过程的原则组织蓝海战略的制定，一开始就将战略执行建成战略创建的一部分，就能够将政治游说和偏袒降到最少，使人们集中精力执行战略。

2. 制定蓝海战略的途径

（1）跨越他择性产业。他择性产业是提供与自己的产品互为替代产品的产业。在市场中，企业不仅与自身所在产业中的企业竞争，还与其他产业中生产替代品的企业竞争，替代品包括形式不同但功能或核心效用相同的产品和功能与形式都不同而用途却相同的产品。跨越他择性产业吸引更多的消费者，应突出重点即产品和其替代品共同吸引顾客的元素，并增加产品中促使买方跨产业购买的关键元素，剔除或减少其他元素，降低成本，开拓市场空间。

（2）跨越战略集团。战略集团是指一个产业内执行同样或类似战略并具有类似战略特征的一组企业。多数战略集团把重点放在改善其在战略集团内部的竞争地位，这无疑会增加成本。跨越现有战略集团开创蓝海的关键在于突破狭窄的视野，厘清决定顾客在消费品之间作出选择的影响因素，进行顾客调查和设计顾客体验，充分了解顾客需求，提升产品市场价值。

（3）跨越买方链。挑战产业有关目标买方群体的常识成规，有可能引领我们发现崭新的蓝海。企业可以通过跨越买方群体看市场得到新的启发，由此重新设计价值曲线，把目光集中到过去忽略的买方群体上，摆脱红海中对有限买方的竞争，开拓新的市场领域。

（4）跨越互补性产品。互补性产品常常蕴藏着未经发掘的需求。关键在于明确买方需求，考虑人们在使用产品过程中都有哪些需要。企业可以不单生产或销售一类产品，可以同时生产或者销售互补品，给买方带来方便，从而吸引更多的顾客，甚至可以吸引潜在买方，扩充买方市场。

（5）跨越时间。企业不是孤立存在的，随着时间的推移同时受外部环境变化和潮流的影响，包括新技术的产生、政府管制政策的变化等。管理者往往侧重预测，然而实施蓝海战略的关键灵感很少来自预测本身，而是源于从商业角度洞悉这样的变化将如何改变顾客所获得的价值，如何影响企业的商业模式。通过跨越时间看市场，将今天市场所提供的价值移到明天市场可能提供的价值，就能主动塑造未来，开创新的蓝海。

（三）蓝海战略与供应链金融

1. 供应链金融将是下一个万亿蓝海市场

与发达国家相比，我国的供应链金融起步较晚，同时在具体业务层面上存在应用程度浅、种类单一等问题。但随着国家大力提倡供应链金融的发展，尤其是鼓励以金融支撑实体产业，供应链金融市场有望成为下一个万亿蓝海市场。因此，就目前来看，该市场潜力巨大。虽然我国供应链金融相对落后，但受益于互联网行业的快速爆发，目前已经具备了相应的技术水平实践供应链链条的一体化。供应链金融也从单纯的商业银行为核心的零散、低效的融资手段变为聚合互联网金融的高效、快速的多渠道融资方式。利用大数据、云计算等新科技强化风控手段，帮助外部金融机构连接更多快速发展中的中小企业。

首先，中小银行积极开展供应链金融业务。目前，除了中国银行、农业银行、工商银行、建设银行四大行，平安银行、光大银行、招商银行、浙商银行、江苏银行等多家中小银行也在积极开展供应链金融业务。它们陆续推出了基于线上的供应链金融产品，由于地域与行业的不同，产品各有特色。值得注意的是，依托各银行建设的供应链金融平台使诸多中小企业的融资成本有效降低。

其次，供应链金融或走向“去核心化”。随着区块链等技术的发展，供应链金融产品有可能走向“去核心化”，核心企业不作为还款来源，而是作为信息提供方、资产管理方等角色。更多的企业可以作为核心企业加入供应链金融产品的创设中。例如平台类企业拥有大量的交易数据，物流类企业拥有大量的物流数据，都可以作为切入点来创设供应链金融产品。

2. 供应链金融促进蓝海战略

通过价值创新，供应链金融提高供应链运营竞争力，开创供应链创新模型的蓝海。在供应链金融的参与下，帮助企业进行上下游的商业活动，促进供应链在蓝海战略中发挥推动作用。与此同时，商对客电子商务模式（B2C）平台以及线上线下一体化（O2O）竞争优势将带来供应链金融、品牌传播和营销服务，打造中国最大的O2O联盟超市，为联盟终端伙伴提供O2O金融服务，真正与客户以及供应商建立高效协同的战略合作，从而建立帮助客户和供应商实现价值增值，提高市场竞争力的服务模式，也就是增值服务型供应链模式，推动中国流通业转型升级，建立中国流通行业全新商业平台，进而起到升级供应链蓝海战略的作用。

二、长尾理论

（一）长尾理论的内涵

1. 长尾理论的提出

2004年《连线》杂志社前主编克里斯·安德森以网飞、亚马逊之类的网站为例，对它们的商业运营和经济模式进行了研究，发现并首先提出长尾这一概念。“长尾”实际上是统计学中幂律（power laws）和帕累托分布（Pareto distribution）特征的一个口语化表达。图4-3是长尾理论下的新市场分配示意图，在当下讲求个性化的时代，产品的销量曲线呈现幂次曲线形态，在非常短的头部是热门产品，后面是非热门产品组成的一条长长的尾巴，但这条尾巴上的商品总会有需求。在经济的发展中，如果商业模式和技术条件允许，营销成本和储存成本都降到足够的低位，再加上信息的广泛传播，长尾上的产品也会获得比较高的利润收入。因此，企业在有效保留住老客户的同时应开发新客户，特别是那些占到八成份额的长尾客户，长尾法则中那些处于尾部的80%的客户将成为公司利润的主要来源。

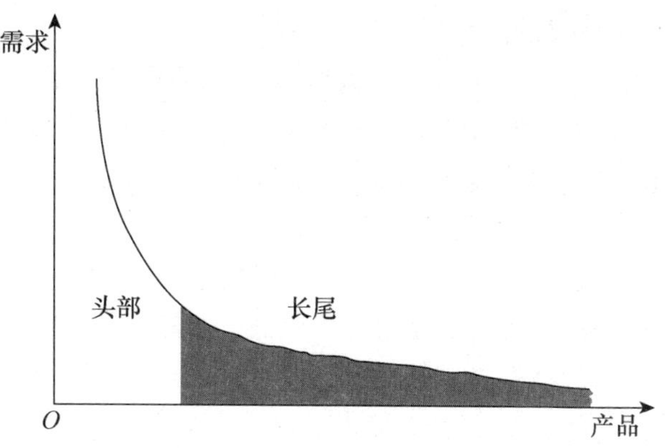

图 4－3　长尾理论下的新市场分配

所谓长尾理论，是指只要产品的储存和流通的渠道足够多，需求不旺或销量不佳的产品所共同占据的市场份额可以和那些少数热销产品所占据的市场份额相匹敌甚至更大，即众多小市场汇聚成与主流相匹敌的市场能量。也就是说，企业的销售量不在于传统需求曲线上那个代表“畅销商品”的头部，而是那条代表“冷门商品”经常被人遗忘的长尾。长尾理论实际上是以信息技术、商业知识、商品和技术的创新、网络化的运用等基本要素为前提，对最低成本的产品生产和推广、高质量的搜索和个性化服务、差异化的市场定位进行相关的研究。通过发现小客户和价值较低的产品，而后做好维护和营销，会让企业或者个人获得意想不到的收获和利润。对于传统行业来说，是否适合运用长尾理论，必须结合其自身特点进行考虑。因此，长尾理论其实是蓝海战略的后续，通过网络技术和创意，让产业迅速进入规模化和个性化的蓝海理论范围。

安德森在相关的分析中把长尾理论总结为一句话，在经济重心和文化中心发生变化时，市场上的主流头部产品可能发生变化，在尾部的产品可能大量地引起市场关注。他对长尾理论进行了归纳：

(1) 在市场环境中，利基产品数量远多于热门产品，在生产技术普及以后，利基产品的占比仍然在不断提升。

(2) 利基产品的获取成本正在逐步降低。信息化的技术应用、搜索技术能力的提升将成为主要的变量因素，让市场经济学发生巨大的变革，目前的市场产品供应正是最丰富的时候。

(3) 市场上更多产品种类的供应不能对市场需求产生影响，要通过消费者的需求对相关产品进行选择。目前各应用中的产品排名、智能推荐等技术都是针对这类需求的，这些工具可以很好地将长尾产品推向需要它们的消费者的视野。

(4) 在市场上，如果有了相对丰富的产品过滤工具，那么需求曲线将会出现扁平化的趋势，很多热门产品会相应地出现下降趋势，而利基产品的热度将会得到一定的提升。

(5) 在实际的市场环境中，没有一个利基产品可以实现很大的销售量，但是不影响利基产品的数量提升，它们共同组合为一个可以和热门产品相抗衡的强大市场。

(6) 以上的方面如果得以实现，那么需求曲线将不再会受到信息传播、产能瓶颈、货架的影响。

2. 长尾理论与二八原理对比分析

从长尾理论和二八原理的关注角度来说两者正好矛盾，然而长尾理论不是对二八原理的颠覆而是补充，是未来营销理念和操作模式的发展走向。20%的优质客户资源可以带来80%的主要利润，但是在网络技术逐渐成熟的今天，剩下80%的客户同样有媲美优质客户的价值。

长尾理论和二八原理是对同一条帕累托分布曲线在两种不同经济假设条件下的形态的解释。二八原理是在稀缺经济下，企业以供给方的规模经济为导向，采用低成本战略，主要关注头部热门市场，为消费者提供标准化产品和服务；而长尾理论则是在丰饶经济条件下，企业开始关注尾部利基市场所带来的需求方规模效应，为消费者提供个性化的服务。在长尾理论中分配曲线的头部并没有消失，只是头部所占的份额被分摊，低于原有的80%；曲线后面长长的尾巴代表利基市场，其所占销售份额再也不能被认为不重要而被丢弃。公司采用长尾战略，能更好地保留原有顾客，并争取新的顾客。因此长尾理论并没有也不可能否定二八原理，是在网络技术发展这一特定的新环境下对二八原理的补充和完善，因此长尾理论和二八原理相辅相成又相互补充。

（二）长尾理论的可行性与作用

1. 长尾理论的可行性

互联网技术的发展和数字化产品的普及，促进了长尾理论在实践当中的发展与验证，结合我国目前的发展，其可行性集中体现在以下三点：

（1）互联网技术快速发展。传统经济中，人们能接触到的只是卖方提供的少量产品，而互联网经济时代，只要有一台个人电脑和网络，就能获得任何你能想到的内容。由此，长尾的尾部被无限拉长，市场变得更加具有多样性。当长尾的尾部无限拉长后，要想保证长尾经济确实发生，还必须使长尾内容能够被消费者看到和购买，这就依赖于传播工具的普及，比如互联网、集合器。随着我国“互联网＋”的深入实施，互联网几乎涵盖了社会经济的方方面面，这也奠定了长尾理论应用的技术基础。

（2）社会生产力提升。消费者需求向个性化转变，市场供给商品也越来越多。改革开放40多年来，我国经济实现了飞跃式发展，社会生产力水平逐步提高，国内生产总值已跃居世界前列。党的十九大报告指出，中国特色社会主义进入新时代，人民生活不断改善，社会主要矛盾已经转化为人民日益增长的美好生活需要和不平衡不充分的发展之间的矛盾。这说明当前消费者在满足基本生存需要后产生了更高层次的需求。现在，我国已经进入全面小康社会，人民的可支配收入进一步提升，市场中消费者的需求也更加多样化、个性化。一般来说，消费者在作购买决策时喜欢参照其他消费者的行为，人们将在群体智慧的指导下发现长尾理论中更多有趣的内容，从而摆脱对曲线头部大热门的迷恋，走向曲线尾部更广阔的天地。

（3）选择成本急速下降。随着经济的快速发展，我国提供给消费者的物质产品和服务日益丰富，但信息过载会给消费者造成困扰，让其无从选择，随着智能搜索引擎的发展和应用，消费者与经营者之间能够更加充分地进行沟通，消费者可以更快、更准地找到适合自己的商品，这急速降低了消费者的选择成本，进一步促进了整体消费水平的提升，为长尾理论提供了空间。

2. 长尾理论的作用

在经济发展的过程中很多不同的经济模式和理念应运而生，长尾理论可以理解为蓝海战略基于网络因素的延伸创新思维，和主流的经济理论相比，它是新经济发展的产物。长尾理论的实践意义在于，以前被人们忽视的小众市场或者冷门产品可以释放出强大的能量。在互联网经济发展中应运而生的长尾理论也是这种新经济模式的主要理论指导。在这种经济模式中，消费者被当成一个具有个性偏好的分析对象，为推进相关的个性化产品提供个性化的需求支撑。所以这个新经济所产生的不能被定义为传统的市场经济中的“大众产品”，而是具有个性化标签的“定制产品”。这是很多传统从业者很难理解的一种新经济思维模式，所以就更需要一种可以对新经济模式进行解释的标准理论。

随着长尾理论研究的不断深入和实践中的探索，其实际运用范围已经非常广泛，它的应用也为企业的经营发展带来了一定的思维革新，也反映了人们对未来和社会结构的思考。长尾理论其实也是对事物架构的一种描述方式，所依据的就是对事物本质的认识和理解。长尾理论是人们随着经济技术的发展进步以及人的思维进步对新经济的思考，随着时间的变化积累的结果。在企业的发展过程中，对长尾理论的应用可以在一定程度上对原有的思维和市场进行相应的改善，让企业的发展与时俱进。

此外，长尾理论在微博营销、O2O 模式、小众社交媒体、科技期刊等领域的研究均表明，长尾理论在这些领域营销的作用日益凸显，后续营销中要充分运用长尾理论进行指导。在金融企业的应用中，以阿里巴巴为代表依托互联网而生的企业，它们的发展策略其实就是长尾策略的延伸，通过提供种类更多的金融产品，让企业的尾部更长。传播长尾，降低接触金融利基产品成本，使得尾巴更宽；发现长尾，降低金融产品搜索成本，使得需求曲线区域扁平。互联网金融迅猛发展的主要原因之一是抓住了长尾客户。商业银行迎合互联网技术浪潮，主动利用大数据进行客户维护和市场拓展，挖掘长尾市场和长尾客户，进一步提升市场竞争力和经营效益。原产业中不起眼的小市场逐步凝聚成一个庞大的长尾市场，为该市场提供量身定制的产品和服务，小市场的整合和规模效应是传统银行满足客户需求、挖掘蓝海战略的重要途径。

（三）长尾理论与供应链金融

1. 供应链金融有利于发掘金融业长尾客群的巨大价值

金融业的传统盈利模式也符合二八原理，即 20%的高端客群贡献 80%的利润。但随着经济社会发展的成长性、包容性不断增加，信息技术在获客、风控和流程管理等领域的广泛应用，传统金融业长期忽视的长尾客群已经具备与金融业互利共赢的基础和条件。加之金融市场竞争日益加剧，高端客群部分蛋糕被瓜分殆尽，长尾客群也已成为金融业竞争的主战场之一。中小企业是资金需求的长尾。从金融机构的角度讲，供应链金融已然成为与同业竞争长尾客群的有力武器。

2. 供应链金融发挥长尾效应促进中小企业快速发展

目前，企业提供产品和服务的方式从线下向线上迁徙。利用互联网技术，传统企业得以使产品和服务实现线上与线下的结合。供应链金融因此大大降低了交易和融资成本，提高了效率。互联网和大数据使得供应链金融覆盖众多小企业成为可能。在服务对象上，原来的供应链金融只是针对核心企业，并通过核心企业为其上下游企业提供金融产品或者服务；而“互联网+”下的供应链金融则能够很好地将以前供应链金融无法覆盖的中小企业涵盖进来，更好地发挥长尾效应，扩大自身的市场份额，促进中小企业的成长。

第3节　供应链金融与经济学

一、信息不对称理论

（一）信息不对称的基本内涵

信息不对称的概念源自阿克洛夫（Akerlof）于1970年提出的信息非对称论：市场上买卖双方各自掌握的信息是有差异的，通常卖方拥有较完全的信息而买方拥有较不完全的信息。信息不对称就是经济关系中一方知情（私人信息），而另一方不知情。其中持有较多私人信息的一方占据信息优势，另一方则处于信息劣势。知情的一方有着利用信息优势去获利的动机。信息不对称的存在是对社会劳动分工和专业化的存在和发展的肯定，它是社会劳动分工和专业化在经济信息领域的具体表现。尽管信息在总量上正面临全面的信息爆炸，但在具体事件上，信息的供给是严重不足的。在现实经济生活中，信息不对称性是参与人获得不同的信息所致，而获取不同的信息又与人们获取信息的能力以及自身所受到的约束因素有关，因此信息不对称性是以人们获取信息所受约束的不对称性为基础的。

信息的不对称可以从两个角度划分：一是非对称发生的时间；二是非对称信息的内容。按非对称发生的时间划分，信息不对称发生在交易双方缔约之前的称为事前信息不对称，信息不对称发生在交易双方缔约之后的称为事后信息不对称。研究事前信息不对称主要涉及如何降低信息成本，研究事后信息不对称主要涉及如何降低激励成本。从非对称信息的内容看，非对称信息可能是指某些参与人的行动，也可能是指某些参与人的知识。

在经济金融领域，信息不对称是指金融交易的各方对有关交易的信息没有全面、充分和真实的了解，即整个交易是在“不透明”的前提下进行的。信贷市场的信息不对称，是指借贷双方不同当事人不能拥有一致对等的信息，借款人对自己的经营状况、资金用途及风险状况等真实情况有比较清楚的认识，而银行则较难获得这方面的真实信息。信息不对称条件下的市场交易双方之间的关系在经济学上称为委托-代理关系，其中拥有私人信息的参与人被称为“代理人”（agent），而不拥有私人信息的参与人被称为“委托人”（principal）。在经济学中理性人的假说下，委托人与代理人均追求自身利益的最大化，因而在信息不对称的情况下，代理人为了自身利益，就有可能凭借自己的信息优势，对委托人隐瞒相关信息，选择对委托人不利的行为，从而发生信息不对称理论中的两个核心内容：逆向选择和道德风险。

1. 逆向选择

逆向选择是指掌握信息较多的一方利用相对方对信息的无知而隐瞒相关信息，获取额外利益，客观上导致不合理的市场分配的行为。阿克洛夫指出，一辆新车被消费者购买后，如果进入二手市场，也会跌价，其中一个根本原因是信息不对称：二手车的车主对车的质量拥有比潜在买方更多的信息；出售的这辆二手车，哪怕是刚从新车行开出的也可能有问题。这里关于车的质量的信息是私人信息，而私人信息是逆向选择的根源。逆向选择的后果是整个市场的萎缩，因为在存在信息不对称的市场上，质量高于平均水平的卖者就会退出交易，只有质量低的卖者进入市场，产生“劣币驱逐良币”的现象，导致帕累托改进不能实现，市场最终趋于萎缩。

在传统金融体系中，逆向选择是指银行等金融机构在信息不对称的情况下，无法准确区分优质资金需求方和较差资金需求方。具体而言，商业银行在作出信贷决策前要掌握大量信息，包括产业政策、货币政策、财政政策、经济形势分析等宏观信息，以及企业经营状况、管理水平、市场开发、技术创新、产品竞争力等微观信息。借款人也需要了解商业银行的资金实力、贷款利率、授信政策、风险控制措施等信息。一方面，作为金融机构，商业银行的政策、规定、流程以及资金实力等许多信息是公开透明的，企业获知与熟悉的成本较低，并且可以据此对自身情况进行快速调整。另一方面，受成本、效率与渠道等约束因素的限制，银行对借款人经营情况、管理效率、财务状况、信用水平、风险偏好、借款目的以及融资项目风险收益对比等信息的掌握却不一定完全（许多情况下只能根据借款人提供的资料来被动获取）。为了顺利融得资金，借款人总会倾向于向银行提供对自己有利的信息，隐瞒不利信息甚至编造虚假信息。这使得银行往往难以对相关信用风险作出准确判断，无法确定与风险状况最适宜的贷款利率，也无法对众多借款人进行正确比较和选择；只能根据历史经验和数据按借款人的平均资信状况、贷款项目违约概率来确定一个平均贷款价格（或在一定幅度内根据各种已知因素予以调整）。按照风险与收益对应原则，高风险对应高收益，但在信贷市场信息不对称和不完全的情况下，商业银行提高借款人的贷款利率，不仅不能弥补信息不对称带来的损失，可能还会进一步降低贷款项目质量，导致逆向选择行为，即风险越高、信用越差的借款人越有可能获得资金，风险偏低、信用越好的借款人反而较难获得资金。具体讲，随着银行贷款利率的提高，只有高风险高收益的客户能够接受而继续申请借款，而许多信用良好的客户则会因借款成本超过预期拒绝借款，退出信贷市场；潜在的不良贷款风险恰恰来自那些积极寻求贷款的客户，也正因为他们选择的是高风险高收益的项目才能支付高额贷款利息，但最终可能导致贷款违约的概率远远超过银行的预计。逆向选择的存在使不良贷款发生的概率增大，银行利益受到严重影响。为弥补损失银行会继续提高平均利率，但这一行为只会使逆向选择问题进一步恶化，高风险借款人占比上升，贷款违约概率加大，银行面临的信用风险急剧增大。为规避风险，银行可能会走向另一个极端，停止发放任何具有较大不确定性后果的贷款。因此，逆向选择在导致金融市场无效率的同时，也严重扭曲了金融市场结构。

2. 道德风险

道德风险是指占有信息优势的一方为自身利益而故意隐藏相关信息，对另一方造成损害的行为。市场中的任何主体都是追求利益最大化的理性“经济人”，在委托-代理关系中，代理人为追求自身利益最大化，有可能利用其拥有的信息优势而作出损害委托人利益的行为，形成经济学意义上的道德风险。

在金融活动中，由于商业银行不会直接参与借款人的经营，对贷款资金投放项目的进展程度、可能取得的收益以及面临的风险等方面的信息缺乏全面了解，处于信息劣势，而且对于借款人的经营活动缺乏有效控制措施，难以保证借款人忠实履行借贷契约约定的内容。借款人则有可能违反承诺，或者不努力作为，降低投资项目的收益率等，放大商业银行面临的信用风险。这种由于借款人不道德行为而使银行遭受利益损失的风险，就是商业银行面临的道德风险。道德风险会影响商业银行不良贷款的发生概率。在贷款发放之前，借款人的经营行为非常谨慎，若发生失败，损失将由自己承担。但在获取贷款之后，借款人投机的可能性会大大增加；如果成功，将获取超额收益，如果失败，血本无归，也不过是无法归还贷款，最终的损失将由银行来承担。

在实际信贷行为中，道德风险可能表现为多种形式：一是借款人违反贷款合同约定，自行改变贷款资金用途，如借款人没有将贷款资金用于约定好的投资项目，而是用于投机性交易或其他高风险项目。二是借款人不作为，对贷款资金的使用情况不负责任，降低贷款资金的增值收益，影响其自身的偿债能力。三是借款人故意隐瞒资金收益，逃避偿债义务，如借款人利用商业银行对于贷款资金投资项目具体情况不了解，采取多种措施转移、隐匿投资收益，谎称投资失利，拖欠或逃避偿债义务。由于信贷契约仅仅约定了一种承诺，不同借款人承诺的可靠性不同，同一借款人承诺的可靠性也会随时变化，商业银行凭借掌握的有限信息很难进行准确的判断和比较，只能通过提高贷款利率来弥补可能产生的损失。但随着所有借款人实际贷款利率的提高，发生不良贷款的可能性也会增加，较高的贷款利率只能使借款人的投机倾向加重，道德风险问题更加突出，而真正优质的借款人却逐渐退出市场，逆向选择也进一步恶化。无论是哪种情况，都会导致商业银行贷款的平均质量不断下降，加剧金融风险。

（二）信息不对称产生的原因

1. 社会分工不同

随着社会的高速发展，分工越来越细，任何人都不可能掌握所有的知识和获取全面的信息，所以造成了信息可能在起源就出现不对称情况。例如市场中的专业商品，卖方掌握了相关的知识及技术和商品的市场行情，但是消费者掌握的商品信息要远远少于卖方，因此消费者在购买过程中或许会遇到漫天要价的情况。

2. 有限理性

人会受到社会环境的限制、自身感性情结的干扰，并且每个人的能力大不相同，因此在面对事件时不可能罗列出全部的解决方案，所以完全理性是不可能存在的。在进行决策时，人们只能根据所掌握的有限信息进行有限的理性决策，不同的人决策结果也不相同，从而在决策过程中产生了信息不对称。

3. 参与人的信息搜寻成本障碍

准确有效的信息是一种稀缺资源，要了解特定方面信息就需要付出相应的成本，高昂的搜寻成本是造成障碍的主要原因。在如今的网络时代，信息量激增，大量有用或无用、真实或虚假的信息充斥着我们的生活，在海量信息中要精确地搜寻到有用的信息就需要进行大量的分辨提取工作，这些都需要成本的投入，如果想缩短时间，快速获取信息，必定要付出更高额的搜寻成本。

4. 信息优势对信息的隐匿

信息优势是成功诈骗或获得其他非法利益的前提，受机会主义和自利动机的驱使，处于信息优势的一方往往会隐匿信息或者发布虚假信息并从中获利，如卖方常常对买方隐匿关于供给产品质量价格等相关信息。

（三）信息不对称理论与供应链金融

1. 信息不对称是中小企业融资的最大障碍

信息不对称理论打破了原有经济学完全信息的假设，更贴近现实。而信息的完备与对称是金融决策过程中一个重要的前提条件。中小企业从金融机构融资的最大障碍是信息不对称。在资本市场上，银行等出资方一般用偿债能力、现金流量、经营能力及效益分析等衡量中小企业的贷款申请。采取加入担保基金、提供担保、获得第三方信用评级等手段能够降低信息不对称。但中小企业往往缺乏健全的财务制度，难以提供全面的信息，从而无法证明其经营能力和偿债能力，贷方也难以获取中小企业生产运营和市场销售状况。同时，中小企业面临的环境不确定性通常比大企业更高，而且更加缺乏抵御经济逆境风险的能力。由于很难判断实际的发展潜力，出资方通常将中小企业视为风险较大的企业，认为其不具备稳定还款的能力。资金提供方需要花费一定的时间和成本去消除这种信息的不对称。借贷过程中的逆向选择和道德风险问题，会导致潜在的金融风险。

2. 供应链金融有效缓解中小企业融资过程的信息不对称问题

金融如何更好地服务民营企业、中小企业，是国家和社会的关注点。解决中小企的融资问题刻不容缓。降低企业与金融机构间的信息不对称、控制信贷风险，是其中的关键环节。随着信息技术的进步以及产业供应链的发展，新模式、新组织、新科技在信息收集和分析、风险评估及信贷决策方面发挥了重要作用。

在传统金融模式下，金融以银行，特别是大型商业银行为核心，而更适合为中小企业提供融资的中小金融机构发展不充分。由于获取信息的手段和速度的影响，进行中小企业信用评估或者贷款决策所需要的成本往往高于收益，同时还存在较大的道德风险和违约损失。因此资金提供方在面对中小企业时，通常比较谨慎。另外，随着供应链活动的进一步网络化和生态化发展，信息的复杂性和流动性增加。信息稀缺和信息过载两种信息不对称可能导致中小企业融资过程中的借贷风险。信息稀缺是指金融机构难以获得足够的中小企业信息，从而作出错误的借贷决策；信息过载则是指金融机构即使能够以较低成本获得大量信息，过滤、挖掘和分析信息的高昂成本也会阻碍借贷行为。

首先，随着技术的进步，借助大数据、云计算等网络技术开展的供应链金融活动可以在一定程度上克服传统金融机构在信息不对称、信贷成本较高、控制风险较难、金融供需不匹配等方面的缺陷，缓解中小企业融资约束。

其次，供应链金融服务提供商能够有效甄别处理复杂的供应链信息，其对供应链信用的把握和评估能够很好地识别关键信用指标，从而缓解信息稀缺和信息过载导致的信息不对称。依托供应链协同、信息获取等功能，供应链金融在一定程度上能够解决借贷双方的信息不对称、信贷配给问题，从而惠及被排斥在传统银行信贷市场外的中小企业。供应链金融能够降低融资成本，有效控制贷方的融资风险，进而使得中小企业融资绩效获得提升。

最后，借助供应链环节上的重要企业，银行可以掌握更多中小企业的相关信息，以此来决定是否发放贷款，从而降低不良贷款发生的可能性，提升银行决策的准确性。此外，供应链金融链条中的企业作为一个整体，彼此间相互关联，中小企业的信誉会对核心企业产生影响，因此核心企业会积极监督中小企业，提升行业的信誉，从而获取更多的银行资金支持。这种相互关联、相互牵制的行为，能在一定程度上降低银行贷款的违约风险。

因此，对于金融机构而言，首先需要根据中小企业的经营特点，逐步调整和完善现有的评估体系，建立多维度的信息管理体系和信用评估模型。其次，推动金融机构与专业化的供应链金融服务提供商协同，实现信息互通互联，打通借贷双方的信息传递壁垒，减少信号识别障碍。最后，整合供应链网络成员，搭建开放式的供应链生态，充分发挥各参与方的优势，如金融科技企业的信息处理优势和商业银行的风险控制优势等，推动高效、可靠、低成本的中小企业融资。

二、交易成本理论

（一）交易成本理论的基本内容

1. 交易成本的概念界定

新古典经济学的核心理论是价格理论，在完全竞争的自由市场中，新古典经济学假设市场交易成本为零，各种资源的配置在价格机制的调节下自动达到帕累托最优。美国芝加哥大学法学院教授、1991 年诺贝尔经济学奖得主罗纳德·科斯（Ronald H. Coase）基于对新古典经济学的反思，指出利用价格机制是有成本的，最显著的成本就是发现相关价格的成本，这个成本其实就是交易成本，交易成本理论也是从这时候才开始逐渐形成的。

交易成本（transaction cost）是指在一定的社会关系中，人们自愿交往、彼此合作达成交易所支付的成本。从本质上说，有人类交往互换活动，就会有交易成本，它是人类社会生活中一个不可分割的组成部分。简单地讲，交易成本就是人们完成一笔交易所付出的成本，包括付出的货币、时间、精力和体力等各种成本，宽泛一些是指所有为促成交易完成而形成的成本。1969 年阿罗在研究保险市场逆向选择行为和市场机制运行效率问题时，明确指出交易成本就是市场机制的运行费用，这是对交易成本的最高概括，使得交易成本概念的外延迅速扩展。一般而言，使用市场进行交易活动要经过五个步骤：去发现所交易的对象；告知对方希望交易及交易条件；谈判；撰写合约；检查合约是否被确实遵行。可以认为，为完成这五个步骤所产生的费用都属于交易成本的范畴，应该纳入交易成本。

2. 交易成本的类型体系

根据人们研究具体问题的不同，交易成本的分类方法可以有很多。

按照一桩交易由内部完成或由外部完成所产生成本的不同，可以把交易成本分为内部交易成本和外部交易成本。如果一桩交易的外部交易成本大于内部交易成本，则企业应该选择“以企业代替市场”的方式（如兼并、合资等）来节省资源，使交易成本更低；相反，如果其内部交易成本大于外部交易成本，则企业应该选择“用市场来代替企业”的方法（如外包等）来使交易成本更低。

按照交易成本的构成内容，可以把交易成本分为货币成本、时间成本、精力成本和体力成本。交易成本也可分为以下几项：

（1）搜寻成本，即商品资讯与交易对象资讯的搜集成本。

（2）资讯成本，即取得交易对象资讯和与交易对象进行资讯交换所需的成本。

（3）议价成本，即针对契约、价格、品质讨价还价的成本。

（4）决策成本，即进行相关决策与签订契约所需的内部成本。

（5）监督交易进行的成本，即监督交易对象是否依照契约内容进行交易的成本。

（6）违约成本，即违约时所需付出的事后成本。

另外，交易成本亦可根据事前事后进行分类：

（1）事前交易成本，即签约、谈判、保障契约等成本。

（2）事后交易成本，包括四个方面：适应性成本、讨价还价成本、建构及营运的成本和约束成本。其中，适应性成本指签约双方对契约不能适应所导致的成本；讨价还价成本指两方调整适应不良的谈判成本；建构及营运的成本指为解决双方的纠纷而必须设置的相关成本；约束成本指为取信于对方所需的成本。

3. 交易成本的产生原因

交易成本的产生，来自人性因素与交易环境因素交互影响下所产生的市场失灵现象。造成交易困难的六个交易成本的主要来源有：

（1）有限理性：参与交易的人因为身心、智能、情绪等限制，在追求效益极大化时所产生的限制约束。

（2）投机主义：参与交易的各方为寻求自我利益而采取的欺诈手法，同时增加彼此不信任与怀疑，因而导致交易过程监督成本的增加而降低经济效率。

（3）不确定性与复杂性：由于环境因素中充满不可预期性和各种变化，交易双方均将未来的不确定性及复杂性纳入契约中，使得交易过程增加不少订契约时的议价成本，并使交易困难度上升。

（4）专用性投资：某些交易过程专属性过强，或因为异质性信息与资源无法流通，使得交易对象减少及造成市场被少数人把持，市场运作失灵。

（5）信息不对称：因为环境的不确定性和自利行为产生的机会主义，交易双方往往掌握不同程度的信息，使得市场的先占者（first mover）拥有较多的有利信息而获益，并形成少数交易。

（6）气氛：交易双方若互不信任，且又处于对立立场，无法营造一个令人满意的交易气氛，将使得交易过程过于重视形式，徒增不必要的交易困难及成本。

进一步追根究底可发现上述交易成本源自交易本身的三项特征，这三项特征形成三个构面影响交易成本的高低。

（1）交易商品或资产的专用性（asset specificity）：交易所投资的资产本身不具有市场流通性，或者契约一旦终止，投资于资产上的成本难以回收或转换使用用途。

（2）交易不确定性（uncertainty）：交易过程中各种风险的发生概率。由于人类有限理性的限制，面对未来的情况时，人们无法完全事先预测，加上交易过程中经常出现交易信息不对称的情形，交易双方因此通过契约来保障自身的利益。交易不确定性会伴随着监督成本、议价成本的提升，使交易成本增加。

（3）交易频率（frequency of transaction）：交易的频率越高，相对的管理成本与议价成本也升高。交易频率的升高使得企业将该交易的经济活动内部化以节省交易成本。

（二）交易成本理论的应用

1. 交易成本对交易活动的影响

交易与否的选择，交易契约条款的达成与不断修改，对交易实现的预期程度和契约方式的选择取决于以下几方面：

（1）随着资产专用性程度的逐步提高，交易双方具有很强的依赖性，一方违约将使另一方产生巨大的交易风险，为了避免风险和机会主义导致的不确定市场环境，博弈双方互信合作能给双方带来交易成本的节约。

（2）市场环境的复杂多变，带来交易的不确定性，使得交易双方合作的稳定性受到影响，进而增加了履约的风险，为此需要建立起一种信任关系，作为一种承诺或契约来减少市场环境干扰的影响、消费者偏好的改变、交易双方信息的不对称和相互信赖程度的不对称。

（3）交易频率和交易成本线性相关，交易频率越高，意味着签约的次数越多，必然造成较高的签约成本和交换成本，但同时也降低了单次交易成本。由于信息的不对称，不同交易主体之间拥有不同的信息，这将阻碍双方签约，因而导致较高的交易成本。

2. 交易成本与信任关系

信任关系的建立意味着相互作用的各方之间愿意建立起某种关系，并希望这种关系保持一定的连续性，为保持和发展这种关系作出一定程度上的利他行为。相互博弈的各方之间的机会主义行为受资产专用性、交易不确定性和交易频率影响，从而决定着交易成本的度量，也就决定着信任的成本。信任关系能够降低交易成本，这是因为合作产生的信任会节约交易成本，由交易一方与另一方互动多次而掌握了对方更多的有效信息，且随双方合作意愿的增强，在关系持续稳定的情况下产生信任就会节约交易成本。

双方互相熟悉了，就可以有话直说，就能节省沟通成本，由于知根知底形成了一些特殊用语，举手投足都能心领神会。于是在制度上、在个人关系上形成了一种信任关系。此外，交易双方的品质信任也会抑制机会主义的利己行为。交易成本是存在于两个以上的人或组织之间的协调、监督成本，而信誉、信任能够降低交易成本，降低风险，减少逆向选择，由此相应的风险补偿降低。发达的中介市场是分工发展的产物，促进了专业化。专业化以及比较优势可以促进交易成本的降低。同时，交易成本在产品总成本中所占比重甚高，而且可以变化。

3. 交易成本与契约

在交易成本作用规律中，契约概念与之密不可分。从契约运作的角度看，交易成本是在交易过程中合约行为所需成本的一种统称。契约是交易达成的需要，只要存在信息不对称下的交易，就存在交易成本。为达成交易而订立的契约直接导致了交易成本的产生，但契约方式的选择决定交易成本的高低，不同的契约方式是交易各方当事人在不同市场条件下对交易成本选择的结果。在信息不对称的情况下，对委托人而言，为了降低代理成本，必须制定有效的制衡机制来激励代理人采取有利于委托人利益最大化的行为，这就要求在进行契约设计时妥善解决逆向选择和道德风险问题。

（三）交易成本理论与供应链金融

随着供应链金融的发展，在供应链融资模式下链条成员之间的关系趋向于长期合作，既不同于完全的市场关系，也不是一体化所形成的官僚结构，而是成员企业之间相互信任，彼此协调，以使整个供应链的绩效最大化。商业银行以供应链金融的发展为基础，为供应链节点上的中小企业提供融资服务，有效地降低了商业银行的交易成本，提高了交易效率。

1. 供应链金融降低交易发生的频率

交易频率和交易费用线性相关，频繁的交易行为意味着反复签约，因而导致较高的平均成本和交易费用。供应链是一个长期、稳定的产业生态群，供应链金融是一种整体系统的解决方案，商业银行与供应链链条上的企业建立的是一种长期、稳定的交易关系，必然促使交易各方主动沟通。长期性的协议合作大大降低了交易频率，在降低交易成本、节约交易费用的同时，也使商业银行实现了规模经济效益。

2. 供应链金融降低交易的不确定性

交易成本理论认为由于市场环境复杂多变，使交易双方的稳定性受到影响。另外，交易双方的信息不对称和相互依赖程度的不对称，也增加了交易中的不确定性，进而增加履约风险。供应链内的中小企业由于相互协作，慢慢建立了一种“共生”机制，为了实现共同利益的最大化，企业间相互协调，提高了供应链的整体竞争力。商业银行与供应链企业建立长期、稳定的交易关系，建立一种“双赢”机制，可以大大降低交易的不确定性。

3. 供应链金融增加资产的专用性

当一项耐久性投资被用于支持某些特定的交易时，所投入的资产即具有专用性。在这种场合，交易资产已经投入而交易被终止，所投入的资产将全部或部分地无法改作他用，形成资产损失。资产专用性主要有四种类型：场地资产专用性、物质资产专用性、人力资产专用性及专项资产。资产专用性使资产一旦投入则很难改作他用，因此交易双方具有很强的依赖性，一方违约将使另一方产生巨大的交易风险。供应链金融是以真实的交易为背景，可以使链内企业更加积极地进行某些专用性资产的投资。链内企业间的长期稳定性关系降低了企业之间违约的可能性，因此这种专用性资产的投资比较容易实现。对于商业银行来说，供应链融资提供给中小企业专用性的资产，既可以降低银行的信贷风险，又可以提高融资的效率。供应链金融在增加资产专用性的基础上，大大降低了交易成本和交易费用，实现了整个供应链系统经济效率的提高。

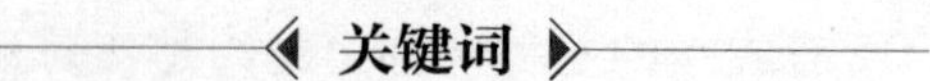

关键词

财务供应链　现金流量周期　蓝海战略　长尾理论　二八原理　信息不对称理论　逆向选择　道德风险　有限理性　信息优势　交易成本理论　交易频率　不确定性　投机主义　专用性资产

复习与思考题

1. 财务供应链的内涵是什么？财务供应链管理的特点有哪些？
2. 现金流量周期的内涵有哪些？如何进行现金流量周期管理？
3. 蓝海战略的内容是什么？如何制定蓝海战略？
4. 长尾理论与二八原理之间的区别是什么？
5. 信息不对称产生的原因有哪些？
6. 什么是逆向选择与道德风险？
7. 交易成本产生的原因是什么？交易成本有哪些类型？
8. 如何理解各个理论基础与供应链金融之间的关系？

第 2 篇

运作管理篇

第 5 章

应收账款融资

学习目标

- 了解应收账款融资产生的背景。
- 理解应收账款融资的概念。
- 理解各种应收账款融资模式的内涵与适用情境。
- 掌握各种应收账款融资模式的流程、价值与风险。

赊销已成为贸易中的主要销售方式，这使得供应链上游企业的现金流非常紧张，企业承受着巨大的资金压力。为了确保生产运营的可持续性，这些企业必须找到更为便捷的资金来源，而应收账款融资就是一种非常合适的选择。这种融资方式使得产品质量较好的企业在获得融资的手段上更有优势，也间接帮助市场扶持了一批高质量、有发展前景的中小企业。可以说，中小企业应收账款融资方式的产生极大地顺应了市场的趋势，在市场经济环境良莠不齐的态势下，应收账款融资形式的出现，一方面给中小企业提供了生存发展的空间，另一方面为市场筛选出了有后续发展力量，能够实现稳定和高效发展的企业。

第 1 节　应收账款融资概述

一、应收账款融资的产生

中小企业目前在我国经济中占据很大比例，中小企业的市场竞争不断加剧，导致中小企业在资金的获取渠道上受到限制。大部分银行在提供贷款时会对企业的信用进行评估，但中小企业在信用评估上明显不占优势，所能得到的贷款金额也就较少。在这样的背景下，应收账款融资是缓解中小企业融资难、融资贵的有效途径。

首先，应收账款融资解决了中小企业不动产抵押品不足的问题。很长时间以来，我国信贷机构倾向于以房产、土地等固定资产作为抵押品，向企业提供融资。然而，很多中小企业由于规模较小，厂房、办公场所等是租赁的，没有土地、房产等符合要求的抵押品，因此融资十分受限。虽然一些机构可以向企业提供信用贷款或第三方保证贷款，但一般额度较小，或者对第三方担保人的要求较高，因此，中小企业融资难的问题一直十分突出。对于企业来说，只要有经营活动，就会产生应收账款、存货等动产，并且在中小企业的资产构成中占很大比例。据有关统计数据，应收账款、存货等动产平均占中小企业资产价值的 70%以上。因此，发展应收账款融资，允许企业以应收账款作为担保品申请贷款，可以解决中小企业不动产担保品不足的问题，极大地增强中小企业的融资能力。

其次，应收账款融资能够有效降低贷款门槛。传统的贷款业务主要评估借款人的信用水平，而应收账款融资主要是围绕“经营循环”提供资金和控制回款。因此，应收账款融资能有效拓宽信贷机构的客户范围，可以向那些借款人评级较差，但有真实贸易背景、债项评级较好、实际交易风险较低的企业提供贷款。应收账款融资具有广泛的适用性，既可以为高速成长、资金不足、杠杆率较高的中端市场企业提供融资，也可以为陷入财务困境的企业提供融资，只要该融资有对应的债项回款就可以。

最后，应收账款融资能有效降低中小企业融资成本。一般来说，中小企业具有规模小、风险高、信息不透明等特点，因此，从风险溢价、运营成本等方面考虑，其融资成本一般比较高，这就进一步加大了中小企业的经营负担。而应收账款融资依托供应链核心企业的信用，可以降低中小企业融资的风险溢价，从而使得中小企业融资成本进一步降低。

二、应收账款融资的概念

应收账款是企业因销售产品、提供劳务等经营活动而形成的债权。它是在商业信用条件下，由于赊销业务而产生的。应收账款包括因销售产品、提供劳务而应向客户收取的产品价款，应收取的增值税销项税，以及为客户代垫的运杂费等。不包括各种非经营活动发生的应收账款，如存出的保证金和押金、购货的预付订金、对职工或股东的预付账款、预付分公司款、应收认股款、与企业的经营活动无关的应收款项，以及采用商业汇票结算方式销售产品的债权等。

应收账款融资是指企业为获得营运资金，以买卖双方签订的真实贸易合同产生的应收账款为基础，为卖方提供以合同项下的应收账款作为还款来源的融资业务。应收账款融资主要针对供应商，供应商先行向下游客户提供货物，但是应收账款有回款难度，导致其出现资金缺口，供应商选择向银行等金融服务企业申请贷款，未来的应收账款为此贷款的还款资金来源。在传统贸易融资过程中，一般银行是主要的出借人，但是在供应链金融中，企业同样也可以作为保理商提供贷款，节省成本的同时也可以提高效率。应收账款融资具有以下特点：

第一，应收账款融资主要基于客户所提供的应收账款债权价值，因此，应收账款的真实性至关重要。传统的财务报表贷款主要基于企业信用进行融资，银行往往首先关注反映企业实力和经营状况的财务指标，包括衡量企业的流动性、杠杆水平和盈利性的比率。而应收账款融资主要基于客户所提供的应收账款等担保物的价值，企业的信用水平则作为次要的考虑因素。因此，贸易背景和应收账款的真实性就变得至关重要。而对于真实性的核实，鉴于核心企业一般比较强势，核实难度比较大，这就需要专业的、熟悉产业供应链运行特点的人员，进行详细认真的分析判断，确保贸易背景和应收账款的真实性。

第二，应收账款融资是一种紧密跟踪型放贷业务，需要对企业应收账款、回款、贷款余额等进行密切的监测、分析、比对和控制。应收账款融资是一种紧密跟踪型信贷技术，强调对应收账款等动产担保物的监控，在贷前调查、贷中审查特别是贷后检查中要频繁开展现场检查，根据借款企业的质量（或风险），定期对应收账款的增减变化、可贷款额度、企业销售回款、贷款余额的增减、企业贷款资金的使用等进行持续的监测、比对和监控，使贷款人确保所发放贷款金额与担保物清算价值保持一定的比率。

第三，应收账款融资需要有完善的内控机制和强有力的审计和检查机制。从应收账款融资的操作来看，其专业性比较高，业务操作比较烦琐，对贷后管理的要求较高。这就需要信贷机构根据应收账款融资特点和风控要求，建立完善的业务操作规程，明确各岗位的具体职责和操作流程，建立相互制衡的岗位设计，防范业务操作风险。由于应收账款融资对贷后管理要求较高，因此需要加大人力投入，引入信息技术和标准化工作流程，建立工作日志制度等确保监督管理到位，提高贷后工作质量和效率。

三、应收账款融资存在的问题

如前所述，我国中小企业的发展大部分依赖于应收账款，因此应收账款融资成为中小企业筹资的主要方式。中小企业日常经营以赊销为主，从而形成了大量的应收账款，企业并没有从中获取可流动的资金，也没有获得发展机遇，而且当企业的应收账款难以收回时，应收账款的存在会不利于中小企业的经营和成长。目前中小企业面临的最严峻的问题就是融资难，而应收账款融资是能解决这一问题的有效办法。目前，我国政府也在推行应收账款融资。虽然应收账款融资有助于企业的发展，但应收账款融资的过程存在一些问题。

第一，对应收账款的真实性核查不足。由于应收账款融资在我国的使用时间晚，也没有完备的相关法律，没有一个可以准确核查应收账款准确性的平台，大多数金融机构凭借增值税发票评价应收账款的价值。在交易过程中，如果企业虚开发票，提高应收账款价值，或虚报应收账款账龄来提高贷款额度，再加上银行等金融机构缺少既有经验又有理论的应收账款融资操作人员，难以发现应收账款质押瑕疵，使得金融机构的核查更加困难，更难了解企业的信用状况，因此不能准确地反映应收账款的真实性，风险也会大大增加。

第二，中小企业对应收账款管理不足。我国中小企业大部分还在发展期，企业的目标都是扩大企业规模，增加企业业务，但是企业管理者大部分不具有专业的管理知识，往往是凭借经验来管理企业，忽视了企业自身监管、组织文化以及应收账款的管理等。

同时，由于中小企业在市场中没有什么话语权，应收账款占流动资金的一半以上，因此很多中小企业会选择采用赊销来持续经营。企业大规模地扩大应收账款，当应收账款的规模大于净利润规模时，即使企业的营业收入增加使得经营利润增加，企业的经营成果也并没有变大，反而因为流动资金减少，使企业的经营风险过高。此外，对应收账款的管理不足导致应收账款拖欠严重，应收账款的大量存在使资金的使用效率低下，企业的经营风险成本增加。如果中小企业应收账款支付不及时，管理应收账款的难度将会大大增加，当购货方无还款能力或还款意愿时，卖方也没有能力偿还账款，应收账款将难以收回，从而增加了应收账款还款方面的风险。应收账款的收回银行如果和融资银行不一致，出质人收回应收账款，但是没有用来偿付贷款，而是用在其他方面，银行就将面临较大的风险。由于难以判断应收账款的真实性、应收账款还款的不确定性，相关法律法规还不完善，银行等金融机构对企业的要求过高，再加上在应收账款融资过程中所面临的信用风险、操作风险、法律风险，这些均导致应收账款融资困难。

鉴于此，在发展应收账款融资的过程中，应该注意：一是加强应收账款融资业务的培训。应收账款融资在信贷理念、信贷技术、信贷管理上完全不同于传统信贷业务。我国应该积极引入全球范围的先进经验，邀请该领域发展领先国家的相关专业人士，组织开展业务培训，帮助信贷机构转变理念，提高国内信贷机构应收账款融资的管理水平和能力。二是完善法制环境和司法惩戒机制。进一步完善我国担保物权法律和相关制度，为应收账款融资提供良好的法制条件。进一步完善动产担保物权登记系统，建立统一高效的、基于互联网的动产担保物权登记系统，统一动产登记规则，简化程序，提高效率，降低公示登记成本，扩大登记公示的辐射面，降低信贷机构的搜寻成本。加大对应收账款融资违法行为的惩戒力度，提高违法成本，为应收账款融资市场健康发展保驾护航。三是鼓励和引导信贷机构运用金融科技开展应收账款融资。过去几年，大数据、云计算、人工智能、移动互联等技术在金融行业快速应用，极大地提高了金融效率，提升了风险控制水平，有效改善了金融服务。而相关技术在供应链金融领域的应用，也将极大地改善应收账款融资的管理。比如，区块链技术与应收账款融资就具有天然的契合性。中国人民银行贸易金融区块链平台已经可以实现应收账款融资，建议进一步扩大该平台的应用范围，鼓励相关机构研发类似平台，不断提高应收账款融资业务的质量和效益。

第 2 节　保理业务

一、保理业务的内涵

保理业务主要是为以赊销方式进行销售的企业设计的一种综合性金融服务，是一种通过收购企业应收账款为企业融资并提供其他相关服务的金融业务或产品。保理的一般做法为：保理商从其客户（供应商或卖方）的手中买入通常以发票所表示的对债务人

(买方）的应收账款，同时根据客户需要提供与此相关的包括债款回收、销售分户账管理、信用销售控制以及坏账担保等单项或多项服务。

保理业务可以让供应商或者卖方提前获得销售回款，加速资金周转，而且卖方并无提供质押物和担保的需要，对卖方来说压力较小。保理业务适用于有应收账款融资需求或优化报表需求的卖方，同时买方商业信誉和付款实力应该符合保理商的相关要求。在实际操作中，保理业务十分多样化。

如表 5－1 所示，根据不同的分类标准，保理业务可以划分为不同类型。

表 5－1　保理业务分类

分类标准	分类
供应商是否将转让应收账款行为通知买方	明保理，暗保理
有无第三方担保	有担保的保理，无担保的保理
有无追索权	有追索权保理，无追索权保理
有无融资	融资保理，非融资保理
是否为客户提供所有服务	全保理，部分保理
销售合同的买方是否在国内	国内保理，国际保理
是否只有卖方的保理商提供融资服务	单保理，双保理

下面介绍几个常用的分类：

（一）有追索权保理和无追索权保理

有追索权保理指供应商将债权转让给保理商，供应商向保理商融通货币资金后，如果购货商拒绝付款或无力付款，保理商有权向供应商要求偿还预付的货币资金，如购货商破产或无力支付，只要有关款项到期未能收回，保理商有权向供应商进行追索，因而保理商具有全部追索权。我国许多商业银行在选择保理业务时特别谨慎，大都选择有追索权保理。

无追索权保理指供应商将债权转让给保理商，供应商向保理商融通货币资金后，当购货商拒绝付款或无力付款时，保理商放弃对供应商追索的权利，保理商独自承担购货商拒绝付款或无力付款的风险。

无追索权保理又称为买断保理，是指企业将应收账款通过无追索权的形式出售给专业保理商或者银行等金融机构，以此来获得短期融资；有追索权保理又称为回购保理，指的是当应收账款无法收回时，保理商保留对供应商的追索权，供应商应当承担保理商的损失。

（二）明保理和暗保理

明保理是指债权一经转让，供应商立即将保理商参与保理的情况通知购货商，并通知购货商将应付账款直接付给保理商。《民法典》规定供应商在有应收账款转让时，要在购销合同中约定且必须通知购货商，所以我国的保理业务必须是明保理。

而暗保理则是供应商为了避免让他人知道自己流动资金不足而转让应收账款，并不将保理商参与保理的情况通知购货商。暗保理的特点就是供应商将应收账款转让给保理商的情况不通知给购货商，购货商的货款到期时仍由供应商出面催款，收回之后再交给保理商。

（三）融资保理和非融资保理

融资保理又称为折扣保理或预支保理，是指保理商能够为供应商提供预付账款融资。在融资保理形式中，只要供应商将发票交给保理商，并且应收账款在信用销售额度内已被核准，保理商应立即支付不超过发票金额80%的货币资金，余额等待保理商向购货商收回全部应收账款以后再向供应商结清。

非融资保理又叫到期保理，指保理商在赊销业务发生时，无须提供预付账款融资，而是在应收账款到期时才进行支付。采用到期保理这种形式，届时（买方约定付款期或预期付款期）不管货款是否能够收到，保理商都必须支付货款。

（四）国内保理和国际保理

国内保理是指保理商为国内贸易中以赊销的信用销售方式销售货物或提供服务而提供的一项综合性金融服务。国际保理是指在以商业信用出口货物时，出口商交货后把应收账款的发票和装运单据转让给保理商，即可取得应收取的大部分货款，日后一旦进口商不付款或逾期付款，则由保理商承担付款责任，在保理业务中，保理商承担第一付款责任。

国际保理可分为单保理和双保理。前者指由同一保理商在出口商、进口商之间进行保理业务；后者指两个不同保理商通过业务连接分别与本地区的出口商或进口商操作保理业务。

二、保理业务的流程

保理业务的一般操作流程是，保理商首先与其客户即商品销售行为中的卖方签订一个保理协议。一般卖方需将所有通过赊销（期限一般在90天以内，最长可达180天）而产生的合格的应收账款出售给保理商。签订协议之后，对于无追索权的保理，保理商首先需要对与卖方有业务往来的买方进行资信评估，并对每一个买方核定一个信用额度。在这一信用额度内的应收账款称为“核准的”应收账款。对这部分应收账款，在买方无能力付款时，保理商对卖方没有追索权。而有追索权的保理，当买方无力付款时，保理商将向卖方追索，收回向其提供的融资。

如图5-1所示，保理的基本业务流程如下①：

（1）卖方交货或提供了有关服务后，向买方开出发票，形成应收账款；

（2）卖方向保理商申请应收账款转让，并将发票副本送交保理商；

（3）保理商受让应收账款，并与供应商共同通知买方；

（4）买方对应收账款及其转让事宜进行确认；

---

① 本教材中，供应链金融模式中的供应链金融服务提供商均以银行为例。

（5）保理商根据发票金额按事先商定的比例（最高可达 80%）向卖方发放融资款；

（6）保理商负责向买方催收账款，并向卖方提供合同中规定的账务管理，应收账款到期前保理商通知买方付款，买方直接将款项汇入保理商指定账户，待买方付款后，保理商扣除融资款项，余款划入卖方账户。

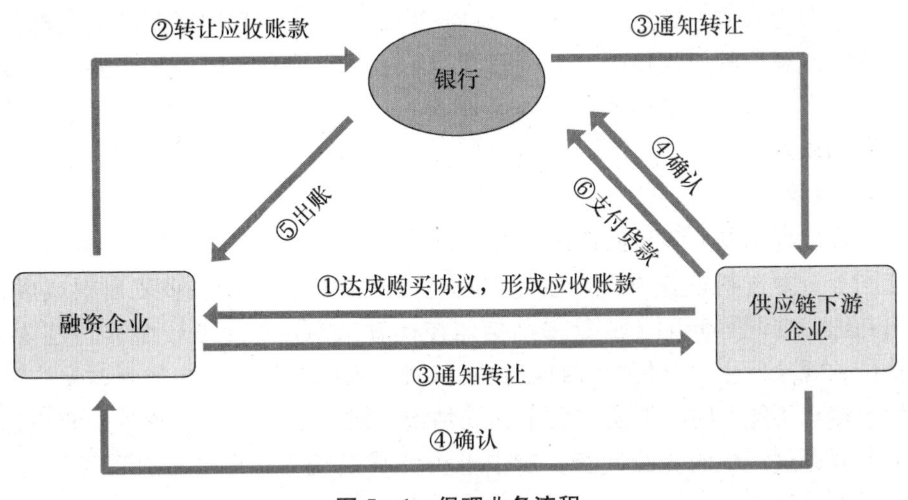

图 5－1　保理业务流程

三、业务价值与风险

（一）保理业务的价值

第一，对于保理商等金融机构而言，保理增加了其业务收入，为其创造了向客户下游延伸业务的渠道；保理加强了其与核心企业的合作关系，是扩展融资业务范围的重要手段；保理等供应链金融产品可以逐步优化保理商等金融机构的利润贡献结构。

第二，对于供应链网络中的卖方企业而言，无须提供传统流动资金贷款所需的抵押品，通过保理可以缩短应收账款的周转天数，加速资金周转，改善财务结构；可以优化资产负债表，向保理商转嫁信用风险；资信调查、账务管理和账款追收等均由保理商负责，可以节约管理成本。

第三，对于供应链网络中的买方企业而言，可以享有延期付款优惠，加速资金周转，创造更大效益。

第四，对于整个供应链网络而言，有利于核心企业扩大其供应链网络，从而提升其市场竞争力；有利于解决核心企业的配套企业的融资难问题，降低整个供应链融资成本，进而降低产品成本；有利于形成整个供应链的良性循环，提升产业的整体竞争力和可持续发展能力。

（二）风险管理要点

1. 信用风险

信用风险主要包括买方信用风险、卖方信用风险、欺诈风险以及重复融资风险。买方信用风险是指在无争议的情况下，当买方由于经营失败、破产、倒闭等原因而无力支付或恶意拖欠拒付，不能在规定时间内足额付款，使银行面临资金损失的风险。卖方信用风险主要表现为卖方在履行合同过程中出现问题，提出争议时，卖方受信用程度和实力强弱等因素影响，无法进行应收账款回购导致的货款无法如期收回的风险。欺诈风险指申请人（一般为卖方）通过虚构交易合同或买卖双方共同利用虚假的商品购销合同等手段，人为制造虚假的应收账款，并将其转让给银行骗取信贷资金的风险。重复融资风险指卖方客户在多家金融机构办理国内保理业务，且在各家银行均开立回款账户，易出现重复融资的风险。

2. 操作风险

国内保理出现问题大多是操作风险引起的，突出表现在以下几点：一是对应收账款、发票、合同等重要资料审查不严，致使出现应收账款存在瑕疵、重复出票或虚开发票、一票多用和虚假合同等问题。二是未严格监控还款来源，对企业资金支付监管不到位，导致间接付款现象发生。三是在应收账款回款时，未能对保理账户的收款专户进行严格要求，导致银行不能及时掌握卖方资金回笼情况，难以实现对应收账款的有效监控。四是保理业务开办过程中的贷前调查、贷中审查和贷后检查，即“三查”工作流于形式，极易引起风险隐患。

3. 法律风险

由于我国国内保理业务起步较晚，所以法律法规对于该业务中诸如应收账款转让、担保等并没有明确规定，存在一定的法律风险。具体表现在以下两个方面：一是国内保理业务缺乏明确的法律依据和统一的业务通则。二是合同风险。作为商业银行开展国内保理业务的契约载体，保理合同对各方当事人均具有法律效力，合同风险显然已经成为保理业务整个法律风险构成的核心。因此，对于银行等保理机构而言，重点需防范与国内保理业务本身不相匹配的条款产生的合同瑕疵等风险以及合同履约风险。

案例分析 5-1

金成兴龙公司国内保理案例及风险分析

金成兴龙背景

金成兴龙公司创办于2003年5月，注册资本3 000万元，主要经营钢材、木材、建筑材料等的批发零售。企业财务报表显示，截至2009年11月，公司资产总额3.7亿元，其中流动资产2.79亿元，固定资产0.56亿元，负债总额1.12亿元，净资产2.58亿元，资产负债率30.27%。近两年来，金成兴龙公司大量进行固定资产投资，但其投资兴建的固定资产项目因土地手续不全及其他原因没有投产运营，资金占用较大。自2009年以来，因借款人经营出现问题，还款能力下降，加上自身融资额及对外担保额较大，对经营失去信心，想借机逃废银行债务，大量转移资产，企业绝大部分资产已不在法定代表人名下。

与金成兴龙公司有应收账款关系的A、B、C三家公司的情况如下：A公司，成立于2002年，注册资金250万元，主营钢材等的批发零售；2005年被信用评级公司评为A

级；银行未结清贷款1 490万元；在银行无不良信用记录。B公司，成立于2003年，主营钢材、生铁等的批发零售，注册资金50万元，总资产3 000万元；银行未结清信贷业务余额为0；在银行无不良信用记录。C公司，成立于2006年，注册资金500万元，主营钢材生铁、汽车配件、橡塑制品、工程机械、金银制品等的批发零售；银行未结清贷款100万元；在银行发生过欠息记录。三家公司与金成兴龙公司属于正常业务往来关系，金成兴龙公司规模相对较大，从大型钢铁企业以优惠的价格批发到钢材后，加价分售给包括这三家公司在内的一些小公司。

业务办理及风险形成

2009年9月17日，金成兴龙公司因为流动资金紧张，向莱芜市H银行申请办理保理业务726万元，用应收A公司637.2万元、B公司348.4万元、C公司369万元的账款作抵押。H银行对金成兴龙与三家公司的贸易往来情况进行了考察，确认属于真实贸易往来，同时这三家公司经营状况良好，有足够经济实力支付应收账款。三家公司对该应收款项作了确认，承诺2010年3月20日将有关款项付至H银行指定账户，并追加A公司承担连带责任保证。H银行经办人员在该笔业务审批后，与借款人、担保人、债务人签订了相关合同，并在应收账款质押登记公示系统中进行了查询，发现以上三笔应收账款均未被质押、转让。H银行经办人员随后按相关要求在该系统中登记了这三笔业务的信息，包括质权人、出质人的基本信息，应收账款的描述，登记期限等，并及时下载、打印了登记证明。随后，H银行向金成兴龙公司发放贷款726万元，期限7个月，用途为购买材料。

2010年，金成兴龙公司为其他公司提供的担保被追索代偿200万元，随后又被起诉和资产保全，承担2 050万元担保责任，导致金成兴龙公司资金链断裂，该笔保理业务到期未能收回。经了解，金成兴龙公司法人代表张某在该应收账款质押业务到期前，向A、B、C三家公司单独要回了应收账款，并未将资金支付到H银行应收账款指定账户用于偿还贷款，造成还款来源丧失，形成不良保理。H银行已经向当地法院起诉了金成兴龙公司，并连带起诉了A、B、C三家公司。

风险化解

法院收到H银行的起诉书后，认为H银行提供的应收账款质押初始登记和查询报告没有中国人民银行盖章确认，证据不充分，要求中国人民银行开具证明，确认该三笔应收账款确实在中国人民银行应收账款质押登记公示系统登记。中国人民银行征信工作人员查询系统后确认，H银行确实登记了这三笔应收账款，开具了查询属实的证明。法院对该应收账款质押登记予以认可，H银行726万元的信贷资产得以保全。

资料来源：金成兴龙公司国内保理案例及风险分析. http://www.doczj.com/doc/3055d907f5335a8102d220d9-2.html.

案例思考：

金成兴龙公司保理业务产生风险的根本原因是什么？

第 3 节　保理池融资

一、保理池融资的内涵

在企业实际的交易过程中，假如企业的应收账款存在买方分散、交易频繁、账期不一等特点，每笔应收账款都办理一次保理业务就显得不切实际，因为那样会增加工作量，导致效率下降。为了解决这一问题，产生了保理池融资业务。

保理池融资是指贸易中的卖方将一笔或多笔不同买方、期限不一、金额不同的应收账款全部一次性转让给保理商或银行，保理商或银行根据累积的应收账款给予融资。对供应商来说，该服务能够充分挖掘零散应收账款的融资能力，同时免去了多次保理服务的手续，提高了融资效率。但保理池融资对保理商或银行的风险控制能力提出了很高的要求。如果不能充分掌握每笔应收账款的交易细节，很容易出现坏账风险。适合做保理池融资业务的行业及客户主要包括：

（1）与核心制造企业建立长期稳定供货关系的零配件供应企业；

（2）中型生产制造企业，买方较分散且商品标准统一、同质性强；

（3）批发零售行业，与大型超市或商场建立长期稳定供货关系的供货商（商品不属于寄售代销）；

（4）医药行业，为医院提供药品销售的药品生产或销售企业。

保理池融资业务与保理业务基本一致，只是其模式中的应收账款为多笔。适合使用保理池融资业务的交易一般具有以下特点：

（1）卖方与买方的供应关系稳定，存在长期、持续的特点，合作时间应在两年以上；

（2）卖方与买方签订了年度供货合同，进行了明确、细致的供货安排；

（3）赊销方式、付款条件明晰，不涉及检验、验收等复杂条件，付款日期明确，账期应在 180 天内；

（4）应收账款应持续而稳定，金额要高于最低余额的应收账款；

（5）买方付款记录良好，没有赖账或拖延等行为。

二、保理池融资的业务流程

如图 5－2 所示，保理池融资的基本业务流程与保理融资基本一致，具体业务流程如下：

（1）卖方与多个买方之间签订买卖协议，形成多笔应收账款；

（2）卖方向保理商申请抵押或背书转让应收账款；

（3）保理商受让应收账款，并与供应商共同通知买方；

（4）买方对应收账款及其转让事宜进行确认；

（5）保理商依据保理池提供综合授信；

（6）保理商负责向买方催收账款，并向卖方提供合同中规定的账务管理；应收账款到期日前保理商通知买方付款，买方直接将款项汇入保理商指定账户，待买方付款后，保理商扣除融资款项，余款划入卖方账户。

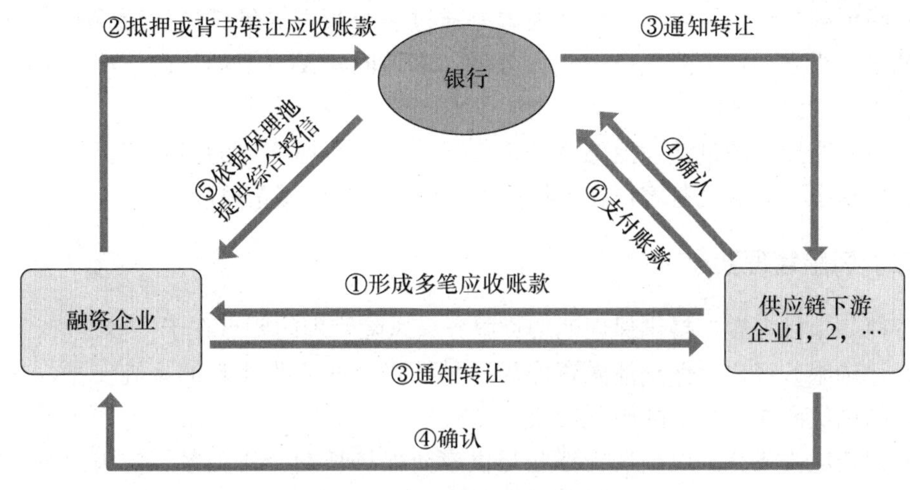

图 5-2　保理池融资业务流程

三、业务价值与风险

（一）保理池融资的价值

1. 对融资企业

（1）循环融资。在保理池融资模式下，如果企业在授信有效期内的任何时间段都留有最低余额之上的应收账款，企业就可以循环使用融资额度，并且融资期限与金额不会受到单笔应收账款的金额与期限的限制。这样的融资方式非常灵活，大大简化了融资流程，使放款效率得到提升。保理池可以使得银行授信重点不再局限于客户财务报表，从而使本行的信用风险评估也从对客户静态的财务数据的评估转到对整个供应链交易风险的评估。

（2）简化手续，降低成本。由于免去了多次办理保理业务的手续，这有利于企业获得较灵活的操作方式。企业无须频繁地转让文件，而且转让的账款有银行进行催收监管，转让应收账款的手续得到简化，这在一定程度上降低了融资成本和操作成本。

（3）方式多样。融资方式不仅有流动资金贷款，还可以根据需求开立银行承兑汇票、商票保贴、信用证以及保函等，最大限度地满足企业的融资需求。

（4）减少资金无效占用。在授信期内，信用额度可以循环使用，所以不必重复进行放款还款手续，减少了资金被无效占用的时间，有利于客户较灵活地使用资金。在融资期间客户无须为资金安排烦恼，有利于客户计划资金使用。

2. 对保理商等金融机构

（1）人员成本降低。在这种模式下，银行无须派专人跟踪放款流程，与以往的专人对接并收集整合资料相比，减少了人员耗费在此项业务中的时间，降低了人员成本。

(2) 增强授信评估。有利于加强银行对客户的授信评估。通过掌握客户的企业资料，银行可对客户交易对手的资信以及经营情况加以核实；银行授信也不再仅针对财务报表，而是配合客户实际经营情况加以评估。

(3) 降低客户授信风险。保理池模式是通过多个买方（供应链下游企业）的应收账款来降低单一买方还款风险。由于买方分散，不易同时发生不还款的情况，可降低客户在贸易流程中的诚信风险。

(4) 贷后监控。通过保理池融资操作模式可及时掌握客户的经营情况，让贷后监控由静态转为动态，有效规避客户在贸易流程中可能出现的诚信风险。

（二）风险管理要点

保理商如银行为客户提供保理池融资服务，风险管理的要点在于：

(1) 筛选服务客户。保理池融资作为一种针对企业应收账款的系统安排，应当选择记录良好的供应商作为自己的服务对象。

(2) 筛选应收账款。应当选择那些与供应商保持长期合作关系、信用记录良好的买家与该供应商之间的应收账款作为保理池中的应收账款。

(3) 规定应收账款入池的有效单据要求，保证应收账款的真实性。

(4) 建立实时的应收账款管理信息系统，追踪、监控供应商的销售回款情况。

案例分析 5-2

某银行上海分行的保理池融资案例

企业概况及合作背景

上海A食品集团有限公司是一家主要给大型超市卖场供货的民营企业，主要经营几大品牌的红酒、咖啡、饮料，是某品牌的代理商，和各大超市卖场都有长期稳定的供货关系，且企业的应收账款余额存在一定的规律性。A集团的经营管理比较严谨，沪上各家银行都与其有过业务合作方面的洽谈，但最终都因没有很好的保理产品作为切入点无功而返。

事实上由于A集团的应收账款过多，不能及时回收，导致应收账款占总资产的比例逐渐升高，对公司的财务状况造成了较为严重的影响。而当前不妙的资金状况，又使得A集团中一些需要资金注入的项目延期搁置。公司的管理层明白，如果持续这样，公司的经营很可能出现更大的危机。紧要关头，某银行上海分行带着业务方案出现，让A集团看到了新的希望。

营销过程及金融服务方案

基于A集团的情况，该银行上海分行做了针对性的分析，并给出了业务方案。由于A集团给各大型超市卖场供货的业务模式，A集团与各大超市卖场之间都存在一定的应收账款，沪上几家银行都与企业进行过保理产品融资的沟通，但是由于企业开票频繁，而且付款方不肯在应收账款的确认上作出回应，所以各家银行都无功而返。该银行上海分行客户经理在了解了企业的需求后，立即寻求部门领导的支持。部门领导在分析了这一市场的潜力，以及银行在这个领域的空白后，带领产品经理与客户经理一起去拜访客户，在充分了解企业的经营模式后，分析该笔业务的可操作性，制订了营销方案，主要考虑如下方面：

(1) A 集团主要是给各大型超市卖场供货，各大型超市卖场都有电子对账平台，平台上的数据是超市与客户对账的依据，A 集团虽然有自己的密钥，却不能进行修改，所以可以认定数据的真实性。

(2) A 集团开票比较烦琐，所以每次融资的周期很长，而且付款方不肯在应收账款的确认上作出回应，这是各家银行无法开展保理业务的主要原因。

(3) A 集团所供应的货物属于日常消费品，受经济的影响不是很明显，随着消费水平的提高，有需求增加的倾向。

(4) A 集团愿意提供其在电子对账平台上的用户名和密码，鉴于用户名和密码的唯一性且不可变，银行容易监管。

针对以上几个方面的因素，上海分行在充分对企业进行调研的情况下，最后决定采用保理池融资的模式。具体操作流程为：

(1) A 集团（简称 A）与大型超市卖场 B（简称 B）发生贸易往来，产生多笔应收账款；

(2) A 用在 B 的电子对账平台上的应收账款的金额向上海分行申请融资，同时提供存在应收账款的账户的用户名和密码；

(3) A 通知 B 更改回款账号为上海分行保证金账号，同时公证送达应收账款转让确认书；

(4) 上海分行根据 A 所提供的应收账款的金额，以 80%比例提供融资，融资期限为一年；

(5) B 正常回款到 A 开立在上海分行的保证金账号；

(6) 上海分行根据 A 所提供的 B 电子对账平台的用户名和密码查询 A 的应收账款，根据比例划转保证金账号内资金到 A 结算账户。

其中，以付款方的电子对账平台数据按照 80%的比例提供 9 个月的融资，日常对保证金账户的划款（一般一个月一次，或按事前约定）控制融资比例在 80%～90%，融资款金额低于 80%的部分，客户可以提出融资需求，高于 90%的应收账款部分，采用保留保证金的方式控制风险，这样不仅可以最大限度满足客户需求，而且让上海分行合理、灵活地控制了风险。同时因为应收账款保理池融资作为上海分行的创新产品，根据产品本身的特点，在操作上采取对订单、发票等抽查的形式，在风险可控的基础上优化了产品操作流程。

资料来源：产品组合与创新（应收账款池的保理融资案例）.（2009-05-31）. https://6viyij.smartapps.baidu.com/pages/view/view?docId=84068d62f5335a8102d22028&from=share&hostname=baiduboxapp&_swebfr=1.

案例思考：

1. 某银行上海分行选择为 A 集团提供金融服务的原因是什么？
2. 某银行上海分行在开展金融服务的过程中是如何控制风险的？

第 4 节　反向保理

一、反向保理的内涵

现实中，一些核心企业的实力较强，财务状况良好，随着核心企业的供应链意识不断加强，它们希望能够积极介入实力较弱的上游供应商的融资活动，通过与金融机构合作，对供应商加强金融支持，保证其持续稳定运转。因此，就出现了反向保理业务。

反向保理也称为逆保理，指的是核心企业利用其较高的信用等级，以较低成本获得融资，将其引入供应链，降低供应商融资成本的模式。通俗地讲，反向保理就是银行与核心企业之间达成的，为核心企业的上游供应商提供的一揽子融资、结算解决方案。这些解决方案所针对的是核心企业与其上游供应商之间因贸易关系产生的应收账款，即核心企业具有较强的资信实力及付款能力，无论哪个供应商保有该核心企业的应收账款，只要经核心企业确认，就可以转让给银行以取得融资。因此，反向保理的实质就是银行对高质量买家的应付账款进行买断。

反向保理主要适用于与核心企业有大量稳定贸易往来的小微企业以及客户信用评级比较高的小微企业。反向保理与普通保理的根本区别在于以下两点：

(1) 保理商主要评估核心企业（买方）的信用风险，而不是评估供应商的信用等级；

(2) 核心企业具有较高的资信等级，所以保理商可以选择核心企业同意支付的应收账款进行融资，降低了保理商的放贷风险，也降低了供应商的融资成本。

二、反向保理的业务流程

一般的保理业务是由债权人（卖方）作为保理申请人申请做保理业务，而反向保理与此正好相反，是由债务人（买方）作为保理申请人申请做保理业务。如图 5－3 所示，反向保理的基本业务流程如下：

(1) 核心企业（买方）与供应商达成交易关系，供应商向买方发货，产生应收账款；

(2) 买方将供应商的应收账款交给保理商，保理商对应收账款进行验证；

(3) 保理商对供应商进行资质核查；

(4) 保理商按照一定比例对供货商应收账款进行贴现；

(5) 应收账款到期时保理商和买方进行结算。

三、业务价值与风险

（一）反向保理业务的价值

1. 对于供应商（小微企业）

(1) 资金优势。小微企业应收账款单据由商业银行买断后，保理商会立即或按约定

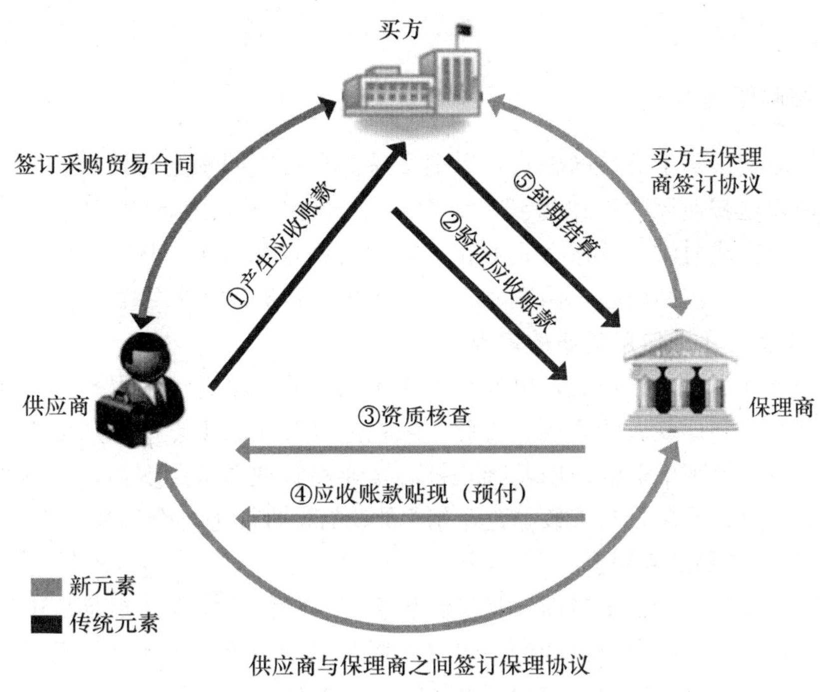

图 5-3　反向保理业务流程

的时间将货款交付小微企业使用，且利息及承购费较少，避免了资金占压，加速了资金周转，有利于企业的生产和经营。

（2）改善小微企业的财务状况。小微企业若自己拥有巨额应收账款，由于应收账款随时都可能转化为不良债权，可能出现财务状况恶化；若把应收账款卖出，则在保证资金流动性的前提下，既减少了应收账款，又不会加大负债比率。

（3）可以得到商业银行的多种服务。保理业务是商业银行对小微企业的一揽子金融服务，具有服务的综合性，小微企业可以通过保理业务享受商业银行技术、信息、咨询等多方面的服务，以了解市场和竞争对手的情况，提高竞争力，降低违约风险和金融风险，从而有助于小微企业的融资。

（4）转移风险。小微企业应收账款由商业银行买断后，这批应收账款就具有无追索性，即使买方到期不还货款，商业银行也不能向应收账款的卖方行使追索权，即小微企业把不能收回货款的风险转移给了商业银行，由商业银行承担信贷风险。

2. 对于核心企业（买方）

核心企业为了谋求资金运用的最大效益，希望付款的账期越长越好，但是这对供应商会形成资金压力，万一供应商倒闭，整个供应链的稳定性就会受到负面影响。如果此时银行或者保理公司能介入，给予供应商资金支持，核心企业便可借延长账期来达到资金运用的最大化，供应商又能获得较低利率的资金。同时供应商和核心企业之间的关系大大改善，使得核心企业在与供应商谈判中的地位增强。

3. 对于保理商等金融机构

这种模式使得银行在供应链中处于更有利的地位，因而能吸引到更多潜在顾客；可以让银行跳出“大客户偏好”的激烈竞争，更多地参与到贸易活动中，开创供应链金融的蓝海。

（二）风险管理要点

反向保理融资是基于贸易的融资，每笔交易都有对应的物流与资金流，并以此作为资产支持手段，这就使风险可以得到有效的控制。但由于我国企业信用体系尚不完善，保理商无法独立完成对供应链所有企业相关数据的调查和分析，从而不能准确了解供应链的整体情况。为了控制风险，保理商应该从以下三个方面加以注意：

1. 加强对核心企业信用资质的审查

保理商应该加强对核心企业，也就是最终还款人的考察。反向保理与普通贷款的区别之一在于借款人和还款人的不同，因此，风险控制关注的重点应该从借款人转移到还款人。此外，反向保理融资的信用基础是核心企业的管理与信用实力，一旦核心企业出现问题，风险会迅速扩散，与该核心企业相关的所有保理业务都会面临违约风险。

2. 建立供应商的准入制度

每个核心企业都有很多供应商，其风险程度并不相同。保理商很难从中选择风险较低的供应商。如果供应商所提供的产品出现了质量问题，核心企业就会退货，那么保理商就面临着无法收回保理资金的风险。此外，通过对供应商的科学评估，银行可以帮助核心企业把潜在的不良成员剔除出去，保证供应链的健康发展，也间接保证了自己的资金安全。

3. 加强对供应商与核心企业实际业务的监控

保理商应该监控核心企业与供应商之间合作关系的稳定性、货物质量以及发货的真实性。为了准确了解这些信息，保理商应当与物流公司开展合作，从物流公司手中掌握相关的交易资料。

案例分析 5-3

安鑫达保理公司的官司

（一）公司简介

沃特玛电池有限公司成立于2002年，位于深圳市坪山新区，是国内最早成功提出新能源汽车动力电池、汽车启动电源、储能系统解决方案并率先实现规模化生产和批量应用的动力锂电池企业之一。

北京福正达公司是一家于2010年9月成立的科技有限公司，主要经营电子产品的设计、开发与销售，电子产品配件的生产加工，国内贸易，货物进出口，技术进出口。

安鑫达保理公司成立于2016年1月27日，其客户覆盖了医药健康产业、建筑业、零售业及化工业等多个领域，涵盖了上市公司和中小企业、国企和民企等多种客户类型。针对从原料采购到销售终端覆盖的产业链各环节，安鑫达推出了订单融资、应收账款融资、固定资产融资和经销商融资等产业综合金融服务方案。该公司旨在优质便捷地为企业提供综合化的金融服务方案，在帮助企业扩大生产、解决资金周转的同时，更为广大中小企业的发展保驾护航。

（二）业务详情

福正达公司与沃特玛公司之间一直存在合作：福正达公司为沃特玛公司提供电池配件且为沃特玛公司提供电池出口贸易服务。基于二者长期合作，沃特玛公司为了让福正达公司有更多的流动资金为自己生产电池配件，因此就一项合作为福正达公司申请反向保理业务。业务开展的具体时间节点如下：

（1）2016 年 9 月 1 日至 2017 年 2 月 27 日期间，沃特玛公司正式向福正达公司发送外协加工订单 6 份，发生的应收账款累计 5 347 685.21 元。

（2）2017 年 5 月 23 日，沃特玛公司与安鑫达保理公司签订合作协议，约定沃特玛公司推荐其供应商向安鑫达保理公司申请保理融资，同意且确保应收账款到期时将款项支付给安鑫达保理公司。

（3）2017 年 6 月 6 日，安鑫达保理公司与福正达公司签订公开型有追索权保理合同，约定福正达公司将对沃特玛公司的应收账款转让给安鑫达保理公司，安鑫达保理公司向福正达公司发放保理融资款。

（4）2017 年 11 月 29 日，安鑫达保理公司向福正达公司全额发放了 500 万元融资款本金。

（5）2018 年 3 月 19 日，沃特玛公司、福正达公司均未向安鑫达保理公司实施任何清偿债务的行为。安鑫达保理公司遂起诉沃特玛公司、福正达公司及保证人。

（三）判决结果

广州黄埔法院一审认为，本案保理业务发生在反向保理框架协议项下，具有反向保理的属性，安鑫达保理公司的诉求合法，应予支持。部分保证人认为保理商存在双重受偿的可能，不服一审判决上诉。

广州中院二审认为，安鑫达保理公司起诉沃特玛公司、福正达公司系基于不同原因的两个债权，且均有请求权基础，且一审判决已明确安鑫达保理公司获得清偿债务的上限，完全排除了双重受偿的可能。

资料来源：典型案例：什么是反向保理，这篇说清楚了.（2021-04-12）. https://www.thepaper.cn/newsDetail_forward_12158350.

案例思考：

安鑫达保理公司的保理款没有收回的原因有哪些？

第 5 节　票据池授信

一、票据池授信的概念

票据的概念有广义和狭义之分。广义上的票据包括各种有价证券和凭证，如股票、企业债券、发票、提单等；狭义上的票据即《票据法》中规定的票据，包括汇票、银行本票和支票，是指由出票人签发的，约定自己或者委托付款人在见票时或指定的日期向收款人或持票人无条件支付一定金额的有价证券。

所谓票据池，是指由一定规模的票据组成的票据资产池，是银行向企业提供的一种综合服务性金融产品，包括票据管理、结算、融资和理财服务等有关票据的一揽子服务。供应链金融中的票据主要指的是商业票据。通俗地讲，企业将票据交给银行，银行帮其保管，同时银行还另外提供结算、融资和理财等增值服务。商业银行的票据池业务大致可以分为三类：

一是票据管理。主要是指商业银行为客户提供商业汇票的真伪辨别、票据保管、信息查询、委托收款、代理票据账务核算并反馈托收资金到账信息等一揽子服务。

二是票据池融资。票据池融资是“池融资”的一种，企业无须额外提供抵押和担保，只需将日常分散、小额的应收票据集合起来，形成相对稳定的应收票据余额池转让给银行，并获得一定比例金额的融资。商业银行可根据客户的需要，开展贴现、质押开票及办理流动资金贷款等业务。

三是票据池直投。票据池直投是一种全新的融资模式，是指商业银行将自有资金投资于融资人所持的商业汇票，给予融资人资金支持。虽然都是资金融通，但票据池直投的业务流程、交易结构、风险要素等与票据池融资完全不同，是票据池融资的进一步发展和演化。一般而言，现行的票据池直投业务有两种模式：一是协议转让；二是质押融资。与传统的票据池融资不同，票据池直投需引入第三方金融机构，一般是证券、基金、信托公司等，体现了商业银行综合化跨界金融服务的优势，也激活了票据资产便于跨市场经营的天然本性。

票据池融资即票据池授信，是指企业将收到的票据进行质押或直接转让后，纳入银行授信的资产支持池，银行以票据池为限向企业授信。票据池授信适用于票据流转量大、对财务成本控制严格的生产和流通型企业，同样适用于对财务费用、经营绩效评价敏感并追求报表优化的大型企业、国有企业、上市公司等。票据池授信具有以下五个功能模块：

（1）票据托收。客户可对票据池内的票据申请托收，如果票据池的可用担保额度足够，商业银行会将托收账款转入客户的结算账户。

（2）池内票据信息管理。客户每天都可以从银行获得前一日的票据池业务信息，并通过银行柜台或者银企互联渠道查询与商业银行签订的票据池协议信息。银行会在票据到期日前通过银企互联渠道向客户发送提醒信息。

（3）票据质押。当银行认可客户提交的银行承兑汇票风险较低时，客户可以将票据加入票据池进行质押，形成可用质押额度，与票据池的保证金一起构成票据池可用担保额度。

（4）票据贴现。客户对池内票据申请贴现，当票据出池后进行贴现。

（5）票据转让。客户可以发起票据转让申请，当票据出池后背书转让给供应链下游企业。

二、票据池授信的业务流程

一般而言，在票据池授信业务中，企业将入池票据整体作为质押，建立固定或者流动的票据池。商业银行按照入池票据的额度，在锁定还款来源的前提下，给予企业一定的授信支持。如图 5－4 所示，票据池授信的业务流程如下：

（1）卖方与买方之间签订买卖协议，形成商业票据；

（2）卖方将商业票据向银行进行质押或者转让背书，形成票据池；

（3）银行与供应商共同通知买方；

（4）买方对商业票据及其转让事宜进行确认；

（5）银行以票据池余额为限为卖方提供授信；

（6）商业票据到期日前银行通知买方付款，并与卖方进行结算。

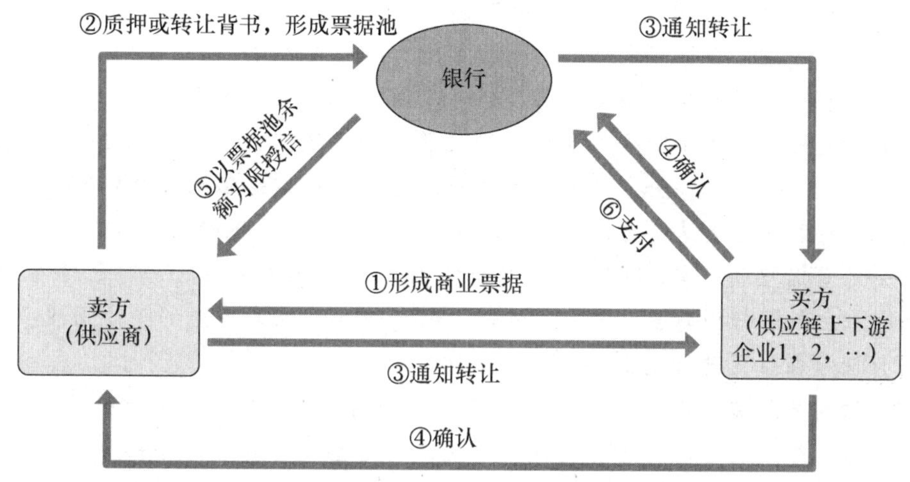

图 5－4　票据池授信业务流程

三、业务价值与风险

（一）票据池授信的价值

1. 对融资企业

首先，不仅防范了假票、克隆票和票据保管环节的风险，还有效解决了下属企业成员在营业活动中收付票据期限错配和金额错配的问题，完善了内部票据资源的统筹管理。

其次，持票企业可以在不占用自身授信额度的基础上，通过票据质押融资业务办理流动资金贷款、银行承兑汇票、保函等各种方式的授信业务，提高自身的融资能力。同时，减少了企业自己保管和到期托收票据的工作量。

2. 对银行等金融机构

首先，利用票据池能够增加业务收入，并产生多项中间业务，不仅承兑、贴现和转贴现业务本身可产生承兑手续费与贴现利息收入，同时也为票据池押品质押提供了低风险担保，增加与企业或金融机构之间的合作机会，拓宽利息收入来源。

其次，加强了重要客户的黏度并提升了重要客户价值贡献度。银行等金融机构与企业运营通过票据池授信业务得以协作，开创了银企双赢的局面，构建了银行、企业和商品供应链互利共存、不断发展的产业生态。

（二）风险管理要点

票据池授信的风险点在于银行对票据真实性的查验，须防止假票、克隆票等。此外，还要实施严格的金额与期限控制、台账管理。同时，票据池授信的基础应以银行承兑汇票为主，对商业承兑汇票要谨慎接受。

案例分析 5-4

三花股份的票据池授信案例

浙江三花股份有限公司（以下简称“三花股份”）成立于1994年9月，注册资金2.97亿元，总资产45亿元，是由三花控股集团有限公司控股、浙江中大集团和日本东方贸易株式会社等参股的股份有限公司，公司2005年6月在深交所上市。

三花股份是一家专注于制冷、空调控制元器件的制造型企业。公司主导产品有四通换向阀、截止阀等，品种齐全，市场占有率位居全球第一，电磁阀在全球市场占主要地位。公司国内的客户主要是格力、美的和海尔三大家电巨头，国外客户包括松下、三菱、东芝、日立等著名空调厂家。2011年公司销售规模在40亿元左右，下属20多家子公司，6家在海外，主要集中在美国、日本、韩国、新加坡和欧洲，国内的子公司主要是根据三大家电巨头所在位置进行设立。

三花股份财务总监俞鎏奎表示，“鉴于公司所处的行业，对于整个产业链来说，最下游是国美、苏宁等大卖场，消费者用现金购买，而这些大卖场支付给格力、美的、海尔的货款通常都是银行承兑汇票（以下简称‘银票’），这三大家电企业再将这些银票背书给我们这种类型的企业，我们再背书给下游企业或者去银行申请贴现……整个行业的资金流是这样一个情况”。

对于三花股份来说，上游材料商主要是铜生产企业，三花股份的采购材料通常使用现金支付，公司在支付现金的同时又收到了大量银票，这就使得公司内部沉淀了大量的银票，客观上有利于票据池的建立。2011年三花股份的销售额大概在40亿元左右，其中国内销售额达到24亿元，银行承兑汇票占到国内销售额的80%～90%。

“在以前，我们拿到银票，都是直接背书给供应商或者贴现，而随着我们企业对财务管理精细化要求越来越高，我们发现，在收到大量银票的同时（最高的时候达到3亿～4亿元），又得拿出1亿～2亿元的保证金到银行去开票，这就直接导致了大量的银票闲置，浪费了宝贵的现金资源，不利于企业提高资金效率。”俞鎏奎一直对此很困惑。

他表示，因为一直与交通银行有着密切合作，他们就将需求告诉了交通银行，当时最朴素的一个想法是保证这几亿元银票的安全，正值交通银行在推动票据池业务，经过了解后他们使用了交通银行的票据池，没想到对企业的票据管理起到了非常明显的作用，不仅提高了安全性，还带来了额外的收益，主要体现在：

（1）采用票据质押，大大降低了开票保证金，按三花股份一年8亿元的银票来算，一年可以节省约800万元的财务费用。

（2）大大降低了贴现成本，特别是前一年下半年贴现利率持续走高，年息基本在10%以上，因为公司本身的利润不是很高，如果再去掉10%的贴现成本，这对于企业来说是不可接受的。

（3）创新业务。在票据池里不仅可以大票换小票，小票并大票，还可以和银行创新地开展信用证、保函等业务。

（4）全面管理票据资源。特别是电子票据推出以后，可以将电子票据纳入票据池中，方便企业全面、准确地管理票据。

俞鎏奎认为，这些对企业来说都是实实在在的好处，但是目前也面临一些困惑。首先是电子票据的接受程度问题，各家企业都不一样。对下游企业的电子票据，现在是可以接受的，比如海尔就开出过很多的电子票据，但是对上游的企业，特别是中小企业，推行电子票据就比较困难了，各种条件都很难达到。

其次是票据池余额的收益问题，比如企业目前有 10 亿元的票据质押额度，用了 8 亿元，还剩下 2 亿元，那么这 2 亿元的额度怎样产生收益？这是企业比较关注的问题。

最后是跨法人、跨地区的票据池管理问题。就目前来说，单一企业的票据池管理是没有问题的，但是对多个企业的多个票据池管理就比较麻烦了，比如三花股份有 20 多家子公司，遍布全国各地，这就得实现跨法人、跨地区的票据池管理，甚至涉及海外公司，还得实现跨国界管理，目前较难实现。

现在，三花股份的财务人员只需打开网银，便能轻松、清晰地查询到票据托管张数、托管总金额等明细信息，同时有效地帮助公司大幅降低财务成本、提升管理效率，并规避票据保管方面可能发生的风险。交通银行将三花股份收到的电子银行承兑汇票纳入票据池管理，仅 2011 年就为企业提供了 8.8 亿元的电子票据质押融资，很好地帮助企业解决了资金流动难题，提高了资金使用效率，加快了资金流动，使其节约了大量的财务费用。

至 2011 年末，三花股份及其下属公司在交通银行的票据池项下承兑汇票金额已累计逾 40 亿元，结算量超过 30 亿元。不仅使财务管理人员减少了巨大的工作量，更重要的是交通银行“票据循环质押、托收资金自动溢出”为其带来了非凡效益——企业所持的“死”票据真正地“活”了起来，融资成本大大降低，间接为企业创造了可观利益。

资料来源：三花股份的票据池实施案例.（2013-01-24）. http://www.360doc.com/content/13/0124/12/6813264_262117266.shtml.

案例思考：

1. 除案例中的三花公司外，还有哪些类型的企业适合这种票据池授信？

2. 在融资过程中，财务总监遇到了哪些问题？除此之外，在票据池融资的过程中还需要注意哪些问题？

第 6 节　出口应收账款池融资

一、出口应收账款池融资的内涵

前面几节介绍了基于企业国内业务产生的应收账款的供应链融资形式。针对出口企业的应收账款，主要有出口应收账款池融资和出口信用险项下授信两种特殊的供应链金融形态。出口应收账款池融资与保理池业务很相似，只不过保理池融资是将应收账款直接贴现，而出口应收账款池融资是将应收账款集合之后从银行获得短期融资，而且不如保理池融资中的应收账款额度大。

很多中小型出口企业的单笔出口金额非常少，而很多银行提供的以赊销为主的保理或出口信用险融资产品具有极高的门槛，再加上这些中小型出口企业缺乏银行认可的抵押担保手段，融资难度极高。如果这些中小型出口企业的现金回流记录良好，将这些企业零散的多笔应收账款集合到一起，纳入一个池子中，按照池内余额提供一定比例的短期融资，这样的操作方式就是出口应收账款池融资。

出口应收账款池融资指的是，在国际贸易中，将出口企业零散的多笔应收账款集合起来，在应收账款能够保证一定余额的情况下，结合出口企业主体资质、经营情况、抗风险能力和应收账款质量等因素，以应收账款的回款为风险保障措施，向出口企业提供融资的短期出口融资业务。其中，有追索权的应收账款池融资又称为应收账款质押池融资，是指融资企业将应收账款池整体质押给银行，银行根据应收账款池中余额的一定比例给予融资。无追索权的应收账款池融资又称为应收账款转让池融资，也有人称其为应收账款池买断，是指融资企业将应收账款池整体转让给银行，银行根据应收账款池中余额的一定比例给予融资。

出口应收账款池融资这一融资产品主要面向的目标客户有以下特征：相对固定地与多个国外买家进行交易，交易频繁，次数多，单笔交易金额小，历史交易记录良好的中小微型出口企业，并且在贸易往来中绝大多数情况下采用赊销（O/A）、付款交单（D/P）、承兑交单（D/A）和信用证（L/C）等国际结算方式。出口应收账款池融资的主要特点如下：

（1）担保方式灵活。长期以来，我国商业银行在为信用等级不高的企业发放贷款融资时往往要求企业提供不动产抵押或第三方担保，而缺乏有效担保或抵押品成为制约我国中小企业融资的关键。出口应收账款池融资的创新之处在于出口企业无须提供任何抵押或第三方担保，企业本身的信用评级在 BBB 以上即可，只需将有真实、稳定贸易背景的、零散的、小额的应收账款汇聚成“池”向银行申请融资，即可获得相应的资金支持。融资担保方式的拓宽使得以前无法产生任何流动价值的应收账款被盘活，大大提升出口企业的融资能力，改善企业的现金流，对于稳定我国国际贸易的出口量有重要作用。

（2）融资期限灵活。出口应收账款池融资的资金池是由多笔不同金额、不同期限的应收账款汇集而成，融资突破了必须与某笔特定应收账款建立对应关系、融资期限与应收账款账期相匹配的限制，因此融资期限较普通的应收账款融资更加灵活。只要资金池中的应收账款能够保持在一定余额以上，出口企业就可在银行核定的授信额度内获得较长期限的融资，批量或分次取得融资，且融资金额和融资期限均可超过单笔应收账款的金额和账期。融资模式更加简便快捷，为企业赢得更多的贸易机会。

（3）管理手段灵活。出口应收账款池融资属于自偿性的贸易融资业务，因此当出口企业将多笔小额应收账款转让给商业银行后就不用专门派人进行管理，而是由银行提供专业化的出口应收账款管理，定期提供对账服务，为企业节约管理成本，同时也免却了单笔融资逐笔提交申请资料的麻烦。商业银行一般通过大数法则和锁箱安排等措施来防范应收账款所带来的风险，将融资风险控制在银行可以接受的范围内，能够保证银行的收益。

（4）交易对手分散。出口应收账款池融资的风险控制理念之一是大数法则，利用应收账款池的总体违约风险来判断单笔应收账款的违约风险，因此在对池中应收账款进行管理时要求实行交易对手分散化的原则，控制单一债务人应收账款总额占池融资额度的最高比例以及单笔应收账款金额占池融资总额的最高比例，避免单一债务人或单笔应收账款出现异常给应收账款池带来的不利影响，从而有效分散应收账款过于集中的风险。

（5）结算方式灵活。能够进入资金池的应收账款可以涵盖包括赊销、付款交单、承兑交单、信用证等多种结算方式，结算方式的灵活性不仅降低了出口商由于不得不接受赊销等结算方式所承担的风险，并且能够有效盘活以前无法流动的应收账款，获得更多的融通资金。当然，愿意接受不同贸易结算方式本身也为出口商带来更大的竞争力，受到更多海外进口商的欢迎和支持。

二、出口应收账款池融资的业务流程

出口应收账款池融资的参与主体有商业银行、国内出口商以及若干国外进口商，其一般业务流程如图 5－5 所示。

（1）进出口企业签订贸易合同，并约定以赊销或托收或信用证为结算方式；

（2）国内出口商将连续、多笔、单笔金额较小的应收账款汇集，整体转让给银行；

（3）银行接受多笔应收账款转让，并通知国外进口商转让事宜和回款的路径；

（4）银行代替国内出口商将货运单据等寄送给国外进口商；

（5）银行按照资产池中应收账款余额的一定比例（一般为 75%）向国内出口商提供融资；

（6）应收账款到期时国外进口商将款项按通知路径直接汇至银行指定账户，或划入国内出口商的结算账户。

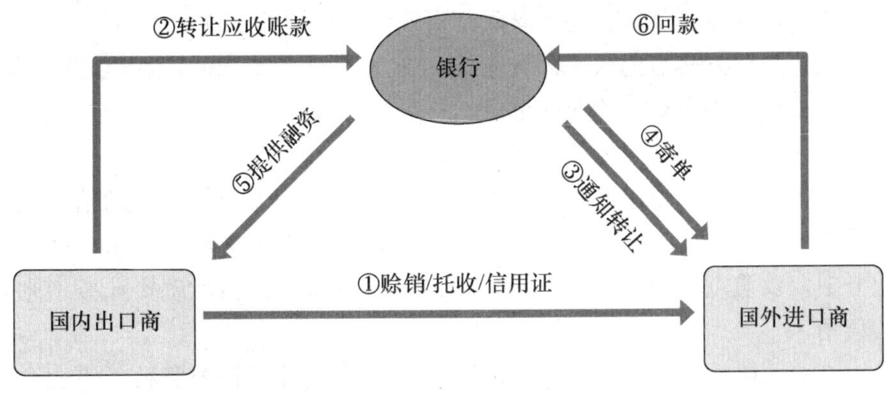

图 5－5　出口应收账款池融资业务流程

三、业务价值与风险

（一）出口应收账款池融资的价值

出口应收账款池融资产品的最突出特点是为目前收汇风险最高的赊销结算出口企业提供了量身定做的融资渠道。对于出口企业来说，采取这一融资方式的好处在于：一是盘活应收账款，持续改善企业经营现金流，加速资金周转，将连续、多笔、单笔金额较小的应收账款汇聚成“池”，可以将分散的应收账款资源集中起来发挥作用，补充流动资金的不足；二是无需其他担保或抵押，仅凭应收账款转让轻松获得银行融资；三是提供专业化出口应收账款账户管理，节约企业管理成本；四是跨越单笔账期融资，可批量或分次支取，手续简便、灵活；五是规避了汇率风险，在人民币不断升值的大环境下，帮助企业规避汇率风险，提前锁定出口收益。

（二）风险管理要点

1. 出口应收账款池融资会面临信用风险

(1) 来自买方的信用风险。买方的按期付款是银行贷款的第一还款来源，买方的信用及清偿能力直接决定银行所承担的风险。

(2) 来自融资企业的信用风险。在有追索权的出口应收账款池融资业务中，如买方不能按期付款，融资企业作为贷款业务的债务人，偿还借款是其法定义务。在无追索权的出口应收账款池融资业务中，虽是应收账款买断，但是银行可以通过合同约定融资企业在出现约定情形时承担应收账款的回购责任，所以融资企业的信用也对银行的风险有着直接的影响。

(3) 债权真实性风险。真实的应收账款是应收账款池融资业务的前提，如果应收账款不存在，则必然导致应收账款池融资不成立，这对于贷款银行而言将是致命的风险。

2. 信用风险的防控

(1) 审查买卖双方的合同。要认真审查每一笔合同，主要审查交易的真实性、合同条款是否有禁止债权转让条款、是否有限制买卖双方权利的条款。

(2) 审查买卖双方交易记录。因为买方付款为第一还款来源，甚至是唯一的还款来源，所以要认真审查买卖双方的交易记录，一般要求买卖双方要有1年以上的交易记录，且以往的还款情况良好，延期付款比例应控制在5%以内。

(3) 审查买卖双方的信用。主要审查买卖双方的信用等级、以往的信用记录、主营业务、市场地位、产品或服务的竞争力和生命力以及管理水平等。在出口应收账款池质押融资业务中，要重点审查卖方的信用，在出口应收账款池转让融资业务中则要重点审查买方的信用。

(4) 审查应收账款质量。重点审查应收账款的真实性、相关资料（买卖合同或服务合同、发票、发货单、运输单证、纳税证明、以往交易的回款证明、应收账款清单等）的真实性、以往回款的及时性，还要审查买卖合同或服务合同中约定的卖方的义务是否已经全面履行、应收账款是否有权利瑕疵，比如是否已经设定过质押、是否附有其他的付款条件、是否允许转让等。

案例分析 5-5

建个资金池蓄水融资：海华公司出口应收账款的故事

寻找更灵活、更便捷的融资方式，以配合企业的经营节奏，“随需而取”，尽可能发挥资金使用效益，更科学地控制资金财务成本，这是出口企业的夙愿。海华轻工业贸易公司（以下简称“海华公司”）最近实现了自己的夙愿，用经理张民杰的话说，他们找到了一块融资的“金牌”。

出口金额小而频繁，融资难且资金成本高

海华公司是一家规模中等的民营加工出口企业，2007 年出口规模为 2 000 万美元，拥有 60 个进口商，分布在美国、北欧、日本、中东等地。其生产的主要产品是办公设备、运动设备、家庭用品等，单笔出口金额较小，但业务发生频繁，资金需求很特别。

融资难是问题，贷款资金闲置同样是问题。海华公司 2007 年好不容易通过担保公司从一家国有银行贷到 2 000 万元人民币，因为公司是订单加工出口，时效要求高，为应付日常不定时的境内外采购材料所需，海华公司一次性支取了该笔一年期的 2 000 万元贷款作为流动资金。但在年初订单淡季，这笔贷款资金却有 1 000 多万元闲置了两三个月。在人民币逐渐升值的环境下，包括海华在内的多数出口企业都在微利经营。现在 1 000 多万元在账上闲置，成本不低。

新方案：出口应收账款池融资

海华公司的老板张总在广州 A 银行找到了解决办法。2007 年初，该银行在广州试点推出出口应收账款池融资业务，特别适合长期向国外多个相对固定的买家出口货物，出口收汇记录良好且保有稳定的应收账款余额的中小企业。企业将连续、多笔、单笔金额较小的应收账款汇聚成“池”，整体转让给银行，即可从银行获得融资支持。具体到海华公司，其出口应收账款是源头活水，可以积少成多，汇成一个“池”转让给 A 银行来申请贷款，并且随时可以从“池”里支取贷款，一拧水龙头资金就来，方便实用。

张总在与财务部和贸易部经理商议后，决定在 A 银行申请出口应收账款池融资。经过银行核准，海华公司长年合作稳定的几个买家形成的合格应收账款余额折合约 3 417 万元人民币，公司经营状况良好，融资比例可达 75%，A 银行一次性核准了超过 2 500 万元人民币的融资额度。在之后的两个月内，海华公司均采取分次支付的方式，A 银行则按照承诺提供最高效率的出账服务，满足了接单采购的时间要求，提高了资金使用效率，大大降低了财务成本。

“应收账款池融资盘活了企业的现金流，使结算资金也成为一种资源，企业只要以应收账款回款作为还款保证，不需要其他担保抵押也能贷款。”张总如是说。银行在收到某笔应收账款回款的时候扣收相应的部分贷款，使得实际贷款使用期限缩短了，更加符合企业随经营周期变动的融资需求特点，从而节约了贷款资金闲置的财务成本。更科学的是，A 银行与其他银行应收账款池融资不同，该银行设定了很灵活的融资支取方式，可以一次性支取，也可以分批使用，随时申请随时使用；如果企业需要，融资期限还可以不受单笔应收账款期限限制，时效性也很强，财务人员填写一份申请书，半天之内就收到了贷款。

商机稍纵即逝，出口企业采购原材料的时候，有时材料价格一天一个样，出口应收账款池融资业务快速响应的出账流程设计很切合企业的经营实际。张总说这正是公司最终决定将2 000万元担保贷款还掉，向A银行申请贷款的一个重要原因。

资料来源：沈方向. 建个资金池蓄水融资：海华公司出口应收款的故事. 中国外汇，2008（19）：64.

案例思考：

经理张民杰为什么说他们找到了一块融资的“金牌”？

第7节 出口信用险项下授信

一、出口信用险项下授信的内涵

出口信用险项下授信也称为出口信用险项下的贸易融资，最早是2003年中国信保为解决出口企业融资难问题而推出的服务。出口信用险项下授信是指已投保出口信用保险的客户将赔偿权益转让给银行后，银行向其提供短期资金融通，在发生保险责任范围内的损失时，保险公司根据相关规定，按照保险单规定理赔后应付给客户的赔款，直接全额支付给融资银行的业务。此类产品适用于已经投保出口信用保险的客户，客户将赔款权益转让给银行，从而获得短期融资。一旦发生保险责任范围内的损失，保险公司理应按照保险单的规定将赔款支付给银行。

该业务模式适用于各类出口业务，特别是那些对国内出口企业来说风险很大且很难获得商业银行授信的出口业务，且特别适合采用赊销方式进行结算的客户。

出口信用险项下授信融资的推出有效缓解了出口企业资金紧张状况，提高了企业国际市场竞争力，促进了出口规模的扩大。该业务主要有三个特点：

（1）零抵押，零担保。降低了企业的融资难度，同时由于风险分担给保险公司，银行可以根据自身经营情况给出口企业提高授信额度或增加直接融资，从而为企业及时获得银行融资增加新的渠道和手段。

（2）专业分工、风险分散。银行和保险公司发挥各自优势，分担不同方面的风险，实现对风险的分散。

（3）融资成本低，降低汇率风险。出口企业可以事先从银行获得资金，解决资金周转问题。同时企业可以提前锁定收汇金额，规避人民币汇率变动风险。

二、出口信用险项下授信的业务流程

如图5－6所示，出口信用险项下授信的业务流程为：

（1）出口企业向保险公司缴纳保险费，投保短期出口信用保险；

（2）出口企业、商业银行以及保险公司签订三方权益转让协议；

（3）出口企业向出口地商业银行提交出口单据并提出出口信用险项下授信申请，在将赔款权益让渡给出口地商业银行且货物出运后，保险公司向商业银行出具承保情况通知书；

（4）商业银行为出口企业提供出口贸易融资；

（5）商业银行向进口商/开证行提示单据；

（6）进口商/开证行到期付款。

在发生保险责任范围内的事故时，保险公司先依据保险单相应条款核定应赔付给出口企业的理赔金额，而后按照权益转让协议将理赔款直接全额支付给融资银行。

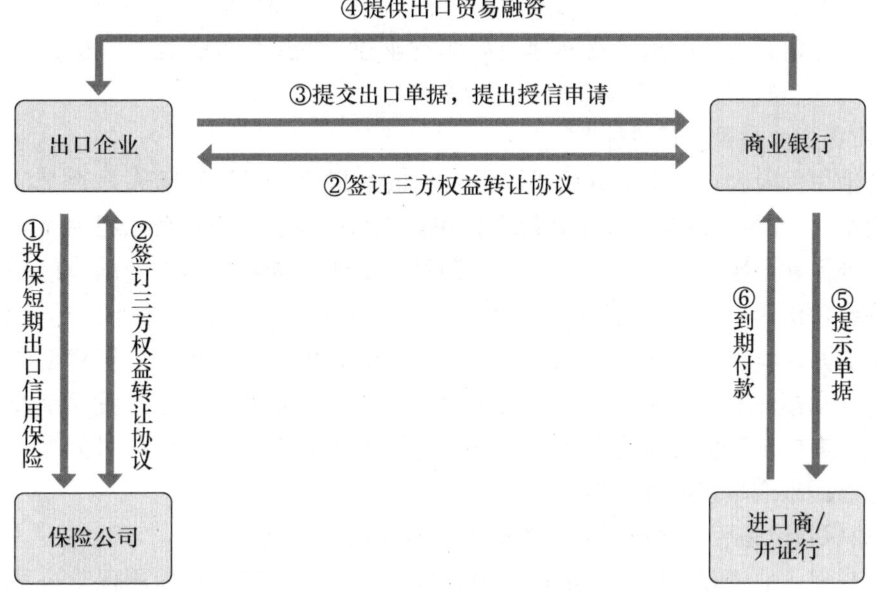

图 5－6　出口信用险项下授信业务流程

三、业务价值与风险

（一）出口信用险项下授信的价值

1. 对于出口企业

出口信用险项下授信有助于降低收汇风险，提高出口企业在国际市场上的竞争力；提高企业资信等级，获得更多的商业银行低成本的出口授信支持；有助于收集更多的国外进口商相关信息，提前规避信用风险；有助于节省营业开支，提高资金流动性。

2. 对于商业银行等金融机构

出口信用险项下授信有助于实现银行业务创新，拓展银行贸易融资业务市场，保障银行信贷资金安全；有助于开发优质稳定客户，扩大市场份额，增加中间业务收入；有助于节省对客户资信和业务风险调查等费用，提高决策效率，增强市场竞争力。

3. 对于信用保险机构

出口信用险项下授信有助于创新公司业务品种、增加公司业务量、扩大公司客户群、提升公司运营效益。

（二）风险管理要点

由于存在超出融资银行控制范围的各项免责条款，短期出口信用险项下贸易融资业务仍然存在一定的风险。

1. 保单的有效性

有效保单是银行受理短期出口信用险项下贸易融资业务的基础与前提，而在实务中融资银行往往无法控制和保证出口信用险保单的有效性。所以要求银行在办理短期出口信用险项下贸易融资业务时，应加强与出口信用保险公司的联系与沟通，尽可能选择那些经营稳健、信誉良好的出口商办理贸易融资业务，主要目的是杜绝投保企业自行解除保单。

2. 投保企业是否全部投保

出口信用保险公司承担买方信用限额责任的前提之一是被保险人是否全部投保（即申报和交费）。如果所涉及的保单是统保保单，出口信用保险公司要求投保企业全部非信用证业务统保和全额申报；如果投保企业漏报，即使融资业务项下的出口已经申报，也会影响到出口信用保险公司对该笔融资业务项下出口的责任承担；如果保单是票保保单，而投保企业并未将整个合同的出口申报，也会影响到出口信用保险公司对融资业务项下出口的责任承担。所以就要求出口信用保险公司全部签发票保保单，投保企业在申请办理融资业务前向出口信用保险公司预付整个合同的保险费，这样做的目的在于杜绝投保企业的恶意漏报或疏忽漏报行为。

3. 投保企业是否按时申报可能损失或在规定时限内索赔

如果投保企业擅自超过时限申报可能损失，则可能影响出口信用保险公司对涉及损失的赔偿。如果投保企业擅自超过规定时限索赔，则其索赔的损失可能得不到相应的赔偿。所以要求融资银行跟踪每笔融资业务项下的出口收汇情况，设定投保企业应报可能损失时间和索赔时限，并督促投保企业申报可能损失和行使索赔权。

4. 纠纷处理

投保企业没有严格履行与进口商签订的商业合同，进口商提出争议，引发双方在合同项下的纠纷。只有当争议仲裁或法院判决投保企业胜诉，而进口商仍无理拒付时，出口信用保险公司才承担相应的赔付责任。所以融资银行应认真查看投保企业以往履行商务合同的有关记录。

案例分析 5-6

信贷联结出口信用保险：博泵融资案例

受金融危机冲击，国际形势复杂多变，国外进口商信用风险加大，银行把握风险异动情况的难度越来越大。2005 年 4 月 13 日，山东博泵机电进出口有限责任公司（以下简称“博泵”）与苏丹财政国民经济部签署了金额为 1 153 万美元的水泵机组合同。合同项下出口设备已陆续交货完毕并于2007年10月取得验货证明。该合同具体支付方式为：(1) 预付账款为出口货值的10%，另包括相应的出口信用保险费。苏丹方面在收到农行博山区支行开立的预付账款保函后于2005年12月汇出并收到。(2) 宽限期内计息并在宽限期结束时一次付清，宽限期利息合计为78万美元。(3) 延期付款为出口货值的90%，本金及相应延付利息从2008年1月1日开始，每半年一次偿还等额本金和相应利息，由苏丹中央银行提供还款担保。按延期付款约定，发货后博泵账面形成了高达828.4万美元1～4年期的应收账款。

巨额生意虽然成交，但由此形成的高额应收账款也使博泵陷入进退两难的窘境：因资金吃紧，企业难以正常购进原料组织生产，如不能按期交货又将面临违约责任，影响商誉。正当博泵一筹莫展之际，淄博建行采取“引入第三方保险——出口信用保险”的方法，会同中国信保用买断应收账款偿还发放的出口卖方信贷方式，于2008年5月为其办理了该行首单金额为828.4万美元的出口信贷再融资业务，解决了企业的燃眉之急。

了解到博泵高额应收账款的资金占用问题之后，淄博建行会同中国信保深入企业调查研究，与企业一道从出口产品市场供求、生产技术、设备及经营，到交货方式、结算方式、保障措施等进行全面分析，掌握了企业现金流量和出口产品的资金走向，并几次往返于北京出口代理商和中国信保总部。双方一致认为，货款回收周期长、应收账款高、收汇风险大是问题的症结所在；对其实施贷款支持，有风险但可控，前提是要设计好完整的控制流程。经过充分分析论证，淄博建行与中国信保合作，为博泵量身定制了出口信贷再融资这一开创性的贸易融资产品。这也是全国首笔出口信贷再融资业务。

具体流程是：

第一步，办理出口卖方信贷（发货前融资）。先由博泵以828.4万美元1～4年期的应收账款向中国信保投保买方信用险，以消除银行对高额放账风险的后顾之忧；再由淄博建行向博泵发放4 540万元出口卖方信贷。为确保信贷资金风险的全面覆盖，在银保双方的共同协商下，采取了以下保障措施：(1) 锁定汇款路线，即签订三方协议锁定延付款建行回款路线；(2) 合理确定贷款期限及分期用款计划，确保期限与企业未来现金流入期限相匹配；(3) 实行贷款封闭运作，避免贷款挤占挪用。

第二步，办理出口信贷再融资（发货后融资）。先由淄博建行投保出口延付合同再融资保险，对原企业中长期出口信用保险进行置换；淄博建行在收到《出口延付合同再融资保险单》及《出口延付合同再融资保险责任生效通知书》后，再进行发货后融资产品置换，即为博泵办理出口信贷再融资并于结汇后全部归还淄博建行在企业发货前已经发放的出口卖方信贷。至此，该业务办理完毕，进入贷后管理期。

出口信贷再融资是出口卖方信贷产品的延续和升级换代，二者的根本差别在于，对保险受益人进行了替换，即由淄博建行投保出口延付合同再融资保险，在发货前融资环节，中国信保保单赔款受益人由企业转为淄博建行。同时进行了专业化运作：(1) 银行合理设定融资比例，即除按中国信保要求须对应收账款全额买断外，将再融资的最高比例控制在应收账款余额的95%以内；(2) 加设迟付期，即在出口合同约定的付款到期日后延长一定时间作为收款预计迟付日，如实际收汇日期超过迟付日，则按“多退少补”方式处理；(3) 企业将出口信贷再融资款项用于归还之前发放的出口卖方信贷；(4) 银行从企业回收货款中扣收出口信贷再融资；（5）若出现进口商违约，由中国信保负责按照《出口延付合同再融资保险单》的规定进行海外应收账款追索。

出口信贷再融资的实施，帮助博泵解决了四个实际问题：一是解决了融资难题，使原料购进、组织生产和按期交货恢复正常；通过各种融资产品之间的转换运用，减少了对银行授信额度的占用，扩大了融资规模。二是利用不同融资产品适用利率不同的特点，有效降低了企业财务成本。2009年前3个月，在金融危机的背景下，该公司实现销售收入6 035万元，同比增长17.45%；完成营业利润335万元，同比增长33%。三是较好地规避了远期汇率风险，由于该合同以美元计价结算，且账期长达4年，在人民币近几年连续升值的情况下存在巨大的汇率敞口。通过办理上述业务，企业可以在银行买断应收账款后提前结汇，及时规避了远期收汇项下的汇率风险。四是解决了企业提前出口退税的问题。根据外汇管理局有关规定，允许银行在办理福费廷（包买票据或票据买断）和出口保理等性质的应收账款买断业务时出具出口收汇核销单。据了解，该笔出口信贷再融资业务帮助博泵提前办理出口退税670万元。

出口信贷再融资也为淄博建行带来了益处：一是信贷风险得到了有效再控制。由于该业务特别设立了融资的例外条款，即如出现例外条款约定事项，淄博建行可根据银行、信保公司、出口企业三方赔款转让协议有关规定向出口企业进行应收账款反转让，追索融资款项，有效地规避保单承保范围以外可能出现的风险。二是实施了信贷产品替换，即企业取得出口信贷再融资后即用于归还原出口卖方信贷贷款，实现了由银企关系向银保关系转变，便于中国信保利用专业优势实现对海外应收账款的风险监控。三是获得了较好的综合效益。出口信贷再融资不仅为淄博建行带来了90万美元的利息收入、73万美元的管理费，而且银行、信保公司、出口企业三方就此达成了战略合作伙伴关系，确立了淄博建行的主办银行地位。如博泵将其与全球最大的泵业企业——世界500强企业日本荏原水泵总金额2 000万美元的合资项目落户建行，并将从进出口银行融资的7 000万元全部直接转存淄博建行。近年来，通过投保出口信用保险，银保合作累计为企业办理贸易融资达3 000多万美元。

借助出口信贷再融资，中国信保与淄博建行支持博泵依托"中国泵业名城"这一平台，利用自主品牌效应，积极开展国际贸易，为企业发展赢得了先机。目前，其产品已占据缅甸农业灌溉工程项目的70%以上，与津巴布韦、苏丹、叙利亚、埃塞俄比亚、乌兹别克等国家签订了总额达3 000万美元的购销合同。

资料来源：刘洁，张池云. 信贷联结出口信用保险：博泵融资案例. 金融发展研究，2009（6）：44-48.

案例思考：

1. 结合案例分析，是什么原因造成了博泵陷入"进退两难"的窘境？
2. 出口信贷再融资给博泵和淄博建行带来了哪些好处？

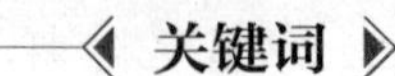

关键词

应收账款　应收账款融资　有追索权保理　无追索权保理　明保理　暗保理　融资

保理　非融资保理　国内保理　国际保理　保理池融资　反向保理　票据　票据池授信　出口应收账款　出口应收账款池融资　出口信用险

复习与思考题

1. 什么是应收账款融资?
2. 应收账款融资存在的问题有哪些?
3. 保理业务的分类有哪些?
4. 保理业务的适用情境、业务流程、价值与风险是什么?
5. 保理池融资的适用情境、业务流程、价值与风险是什么?
6. 反向保理的适用情境、业务流程、价值与风险是什么?
7. 票据池授信的适用情境、业务流程、价值与风险是什么?
8. 出口应收账款池融资的适用情境、业务流程、价值与风险是什么?
9. 出口信用险项下授信的适用情境、业务流程、价值与风险是什么?

第6章

库存融资

学习目标

- 了解库存融资产生的背景。
- 理解库存融资的概念及其发展。
- 理解不同库存融资模式的内涵与适用情境。
- 掌握不同库存融资模式的流程、价值与风险。

库存是保证企业生产销售稳定、应对市场变化的重要工具，但它同时也占据了企业大量的资金。库存融资是一种多赢的融资模式。物流公司可以通过与银行、企业的合作获得更多的客户；企业也可以通过库存融资把有限的资金用在产品开发和快速扩张方面，提高企业核心产品的市场占有能力；银行的货款管理成本和贷款的风险也相应减小。随着我国经济的发展，库存融资业务已在全国范围内大力开展，并成为中小民营企业的主要融资方式。

第1节　库存融资概述

一、库存融资的产生

库存成本是供应链成本的重要组成部分，根据相关研究，库存成本占整个供应链运营成本的30%以上。库存成本分为占用成本和使用成本，其中资金占用成本实际上就是资金的机会成本。企业在诸多的可能中选择购买库存或制造库存，则意味着企业丧失了将该笔资金使用在其他选择上本可以获得的收益。资金的使用成本则来源于企业自身的融资成本，即企业通过债券融资和股权融资所获得资金的综合资本成本。

以往的供应链与物流研究都从加强供应链上下游之间的信息沟通角度出发，试图通过降低供应链中的牛鞭效应减少供应链企业库存，从而减少库存商品占用的资金的成本。由于产品生产周期不断缩短、需求市场波动频繁，缺乏良好融资渠道的中小企业陷入了两难的境地：一方面为了保证生产销售的稳定性，企业不得不保有大量库存应对市场变化；另一方面又希望尽快将库存转变为现金流，维持自身运营的持续性。而库存融资能够帮助加快库存占用资金的周转速度，降低库存资金的占用成本。在这样的背景下，库存融资对中小企业来说意义十分重大，尤其是在大多数中小企业无法改善供应链管理的前提下，库存融资成为提高流动性的重要手段之一。

因此，物流企业与银行等金融机构合作发展供应链库存融资业务，具有以下几个方面的作用：一是使供应链的核心企业有机会统筹安排供应链上下游诸多企业资金筹措和现金流，合理分配各个节点的流动性，从而实现整个供应链财务成本的最小化。二是物流企业有机会深入供应链的资金运作。物流企业发展金融仓储业务，为客户提供物流、资金流、信息流的一体化的供应链服务，获得了新的转型发展的机会，以及更多的拓展新客户的机遇。同时，金融物流业务也是物流仓储企业的一个新的利润来源。三是银行借助物流仓储企业良好的评估和监管能力以及对贷款企业的信用和产品市场的了解，降低了银行动产质押业务的风险，拓展了新的贷款业务。

二、库存融资的概念

库存是指企业在日常活动中持有以备出售的产成品或商品，处在生产过程中的在产品，在生产过程或提供劳务过程中耗用的材料、物料等。库存属于流动资产，企业持有库存的最终目的是出售，包括可提供直接出售的产成品、商品等，以及需要经过进一步加工后才能出售的原材料等。企业为在建工程而储备的材料物资，受国家委托所进行的特种储备、专项储备等，不是企业在日常活动中持有，为销售或生产耗用而储备的资产，因此不属于企业库存的范围，应划分为其他资产。企业库存通常包括以下内容：原材料、在产品、半成品、产成品、商品、周转材料等。

库存融资又称为存货融资。库存融资与应收账款融资在西方统称为 ARIF（accounts receivable and inventory financing)，是以资产控制为基础的商业贷款。存货与金融的结合历史悠久，最早可以追溯到公元 2400 年美索不达米亚地区出现的谷物仓单。英国最早出现的流通纸币（这种纸币是可兑付的银矿仓单）也是这方面的一个例子。到了 19 世纪，随着仓储行业的发展与成熟，物流企业（实际上绝大多数都是仓储企业）开始以第三方身份参与存货质押业务，从根本上改变了传统质押业务中银行与借款企业的两方关系。但这种质押属于静态质押，物流企业提供的只是仓储服务，对企业的支持力度较低。然而到了 20 世纪中后期，由于《美国统一商法典》的颁布，不仅质押货物的范围得到了拓展，更为关键的是在物流企业的参与下，原有的静态质押转变为动态质押，从而能有效地支持企业运作，这也是现代物流金融的雏形。

在库存融资中，从资金方的角度考虑，针对动产质押物的管理需要重点关注以下几方面：

第一，货物权属问题。存货是质押物，因此要对存货所有权进行严格的确认。为了预防发生贷款违约时，资金方处理货物存在纠纷，存货的货权清晰是必要条件，在发放贷款之前需要确认。只有所有权属于出资人的货物才能出质。

第二，评估货物质量。并不是所有商品都适合做质押物，所选择的质押物质量水平将直接影响货物价值。某些存货因物理、化学特征容易自然变质而出现损毁、灭失，将直接影响质权的实现，从而使质物价值大幅下降甚至质权人权利落空。因此需要深入了解货物属性进行随时跟踪。

第三，货物的市场价格波动。货物的市场价格波动容易对质押货物的总价值产生影响，从而增加了资金融通的不确定因素。在市场风险的控制方面，要建立质押商品的信息收集和反馈体系，掌握商品的市场价值和销售情况变化规律，有效地进行质押货物价值和销售状况的实时追踪与评估；设置预警线，对可能发生的风险提前预警，当市场价格下跌或存货量减少到预警线时，按协议规定通知出质人增加质物和保证金，避免业务的损失。

第四，货物的物流属性。在存货质押融资业务中，需要物流企业参与其中，相关的物流服务涉及监管、储存、评估和运输等。物流企业同金融机构、融资企业一起使存货质押融资业务得到有效实施。

三、库存融资的发展

在中小企业中，固定资产所占的比例很低，主要是存货占用了企业大量的资本，所以利用存货进行融资是解决中小企业融资难问题的主要方法之一。对于银行而言，在激烈的竞争中，支持中小企业的发展是战略上势在必行的重大转移，中小企业将成为银行争夺利益的焦点之一。但是，对中小企业的贷款成本高、风险大、利润少，银行应当通过产品创新、担保创新等方式来降低风险、获取利润，库存融资就是产品创新的结果之一。

随着中小企业的发展，越来越多的中小企业需要得到银行的资金支持。这对于银行来说也带来了前所未有的商机。现如今中国市场越来越开放，外资银行的进入以及本国银行的发展，使得银行信贷业务利润空间越来越小，对那些信用良好、固定资产充足、经营状况良好的大企业的贷款变得越来越难。因此，商业银行通过产品创新、担保创新等多种方式来获取竞争优势成为必然。数量众多的中小企业也成了银行获取利益、获取竞争地位的焦点。库存融资作为供应链金融下的融资方式，是银行产品创新的结果。库存融资业务推出之后，银行与中小企业在资金供求上找到了一个较为可行的结合点，解决了中小企业融资的需求，同时也使银行更好地服务于中小企业。

传统的银行信贷业务主要是针对大型的经营效益高、固定资产雄厚的企业。对于这种类型的企业，其财务信息透明度较高，非系统风险低，银行比较容易进行贷前的调查和贷后的管理。因此，对于传统的信贷业务，银行面临的信贷风险相对较小，同时，银行对这些比较普遍的风险也有相应的应对措施。而库存融资主要是针对那些固定资产很少、存货占用大量流动资金的中小企业。中小企业在经营管理、信息透明度等方面都处于弱势，不利于银行进行贷前的调查和贷后的管理。对于存货质押的贷款，由于存货价值难以管理，所以银行面临着较大的风险。现在，银行通常是利用第三方，也就是物流企业来对借款人的存货进行管理，这有助于银行降低管理成本，同时也降低了风险。但是，在一般的存货融资业务中，资金方在业务的整个生命周期中，对任何一环都不可缺少风险把控。

1. 贷前准入

首先，需要选准融资企业。重点考察企业的经营能力和信用状况，尽量选择主营业务突出，配套资金充裕，内部管理制度健全，管理层素质较高，无不良信用记录的企业，严格实行贷款资格准入制度。其中，良好的信用是企业履约的必备条件。尤其是存货质押过程中，重点要评估其历史履约情况和履约意愿，防范企业欺诈风险。其次，优选物流企业充分合作。金融机构在评估一项存货质押融资业务是否可行时，不仅要考虑融资企业的信用风险，也要对合作物流企业进行评价，以降低合作风险，增强存货质押融资业务成功的可能性。最后，融资企业的行业将影响融资企业的绩效和质押物价值。对于融资企业的行业分析需要考虑行业总体的利润水平、交易环境、技术变化、发展前景等因素，通过分析行业状况，一方面可以使金融机构更加准确地评估整体风险的大小，另一方面可以使金融机构更好地分析融资企业财务状况和经营周期变化是否归因于普遍的行业因素，从而准确地把握企业的经营水平。

2. 贷中核查

由于库存融资的保障主要是核查质押的存货，因此，存货的权属、货物品质的鉴定、货物的变现能力、价格波动的情况、货物监管的可操作性等需要重点考察。在存货质押融资操作流程中控制的风险主要有合规风险、模式风险、流程风险。第一，对合规风险的控制。首先要与相关的法律专业人士合作，对业务中可能出现的法律问题进行分析，与行业专业技术人员合作，对业务中的政策风险问题进行分析，这些问题主要包括质物产权问题、合约效力问题及违约清算问题等；其次是制定行规、特殊条款或进行模式创新等弥补法律和相关政策的不足；最后，建立相应的组织保障机构和执行保障机构，以降低业务的合规风险。第二，对模式风险的控制。主要注意以下关键风险点的控制，包括选择合适的商业模式，选择合理的质押方式和监控强度，慎重考虑超额担保，充分考虑借款企业的需要和风险防范的要求来设置业务结算方式，充分考虑借款企业的需要和上下游贸易关系来保证贷款资金的正确使用，必要时提供个人担保、第三方担保和损害保险，设置合适的财务评估报告模式。第三，对流程风险的控制。要建立物流信息系统、资金流管理系统和报表输出系统等，实现业务流程的信息化和可视化，并通过流程再造，减少和改善流程环节，制定合适的风险控制流程和标准。同时，针对不同类型的存货，制定不同的业务合约文本。在业务整体操作的过程中完全按照标准化和信息化的流程进行，要控制存货质押融资模式的流程，懂得识别关键风险点，并把需要调查和关注的关键风险点通过业务调查表记录下来，通过结构化操作避免岗位关键人员变动或员工素质差异带来的操作风险。

3. 贷后预警

建立完善的存货质押融资风险预警应急控制系统，对存货质押融资运营过程中出现的风险异动事件进行反馈分析，并迅速启动应急预案，进行应急管理。对风险进行有效预警和有针对性的应急控制，需要建立适合存货质押融资的预警应急控制系统，对风险异动信息进行实时反馈和共享，使应急机构能够对业务参与方及质物的运营异动信号保持敏感，从而有效地改善预警应急的流程。

第 2 节　静态抵质押授信

一、静态抵质押授信的内涵

静态抵质押授信是动产及货权抵质押授信业务最基础的产品，它是指客户以自有或第三人合法拥有的动产为抵质押物的授信业务，又称为特定化库存模式。金融服务提供商委托第三方物流公司对客户提供的抵质押物实行监管，抵质押物不允许以货易货，客户必须打款赎货。也就是说一批货物抵质押之后不再变动，一直到抵质押期结束才解除质押状态，才能放货。静态抵质押有着明确的贷款期限，而企业的授信额度、货品价格的波动、仓储费用均不受贷款期限变化的影响。

静态抵质押授信主要适用于除存货以外无其他抵质押物的客户，并且客户符合批量进货、分次销售的特点。适合进行静态抵质押的货物，主要是一些价格波动小、易储存、不易变质的大宗商品。相对来说，静态抵质押授信是货押业务中对客户要求较为苛刻的一种，更多地适用于贸易型客户。因此，利用该产品，客户得以将原本积压在存货上的资金盘活，扩大经营规模。

二、静态抵质押授信的业务流程

如图 6－1 所示，静态抵质押授信具体的业务流程如下：

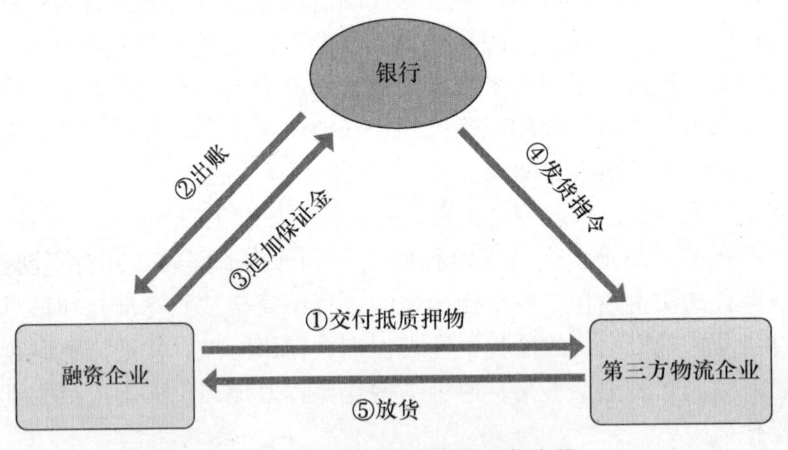

图 6－1　静态抵质押授信业务流程

（1）融资企业向银行提交抵质押材料，办理融资前期授信，提出申请并提交相关物权证明，在银行、融资企业以及监管方[①]三方签订仓储监管协议的前提下，监管方验收库存存货，对于符合要求的存货开具抵质押仓单；

① 监管方以第三方物流企业为例。

（2）银行根据质押材料发放贷款；

（3）融资企业向商业银行追加保证金；

（4）银行向第三方物流企业发出发货指令；

（5）监管方第三方物流企业开解押单放货，归还质押物。

三、业务价值与风险

（一）静态抵质押授信的价值

静态抵质押授信对于没有其他抵质押物的客户来说，能够从金融服务提供商如银行获得授信，激活积压在存货上的资金，有利于扩大自身的经营规模。同时，对于银行等金融服务提供商来说，可以扩大目标客户群体，获得变现能力较强的质押物，获取保证金，扩大收入来源，并利用贸易链切入客户的上游企业。而且，静态抵质押授信中，保证金派生效用最为明显，因为只允许保证金赎货，而不允许以货易货，赎货后所释放的授信敞口可重新使用。

因此，静态抵质押授信的优点是帮助缺乏信用的中小型企业用原材料、半成品及产成品等存货作为抵质押物从金融机构获取资金。在整个存货抵质押融资过程中，共有三个参与主体，分别为融资企业、金融机构及物流企业等监管方。其中，融资企业和金融机构存在资金借贷关系，融资企业在借贷过程中具有信息优势，了解企业内部基本信息及运营情况。而金融机构处于信息劣势地位，如果要获得信息，则需要花费人力、物力和资金等对融资企业进行监管。金融机构与物流企业等监管方存在委托-代理关系，物流企业可以帮助金融机构掌握与监管融资企业抵质押物质量、价格及销售状况等相关的基本信息，以解决融资企业和金融机构之间的信息不对称问题。

（二）风险管理要点

任何一个新兴事物的发展壮大都是不断完善的过程，目前静态抵质押授信在实际操作过程中已经暴露出一些问题。物流企业一方面是作为银行的代理人，监管货主企业在仓库中储存货物的种类、品种和数量等；另一方面是作为货主企业的代理人管理仓库中货主企业的货物，包括管理货物的进出库，确保仓储货物的安全、防潮、防霉等。正是由于存在这种三方代理关系，银行和物流企业实施存货抵质押业务有一定的潜在风险。存货抵质押业务开展以后三方之间的资金流动问题，以及涉及法律、管理体制、信息安全等一系列问题，随着时间的流逝逐渐显露出来。

1. 加强对客户的信用管理

为防范出质人给质押监管业务带来的风险，必须谨慎选择出质客户。首先，要全面调查出质人在业内的口碑，其负责人在信誉和道德上存在法律瑕疵的，不允许合作；出质人管理制度不健全，生产经营活动混乱的，不允许合作。其次，要逐步建立客户资信调查管理制度、客户信用分级制度、客户资料收集制度、客户资信档案管理制度、信用额度稽核制度、合同与结算过程中的信用风险防范制度、财务管理制度等等。最后，针对企业的经营能力和信用状况要进行重点考察。

2. 谨慎选择质物

首先，必须对质物所有权进行严格的确认，只有所有权属于出质人的货物才能出质。一般可以通过对出质人与上游企业的贸易合同的审核，以及对上游企业的合法性、经营规模、信用情况等的调查来鉴别动产的来源。其次，抵质押商品的种类要有一定的限制，目前选择的质物大多为钢铁、橡胶、纺织原料等适用广泛，易于处置，价格涨跌幅度不大，质量稳定的品种。

3. 加强存货的管理

要对存货进行科学的管理，制定严密的存货操作规程。存货单据都有固定的格式，按指定方式印刷，同时需要派监管员对存货进行管理；对存货提货、换单及解除质押的存货都要认真审核，对存货背书的转让记录要认真核对，防止操作失误和内部人员作案，保证存货的真实性、唯一性和有效性。

4. 制定恰当的商品处置措施

物流企业作为银行和客户双方信任的第三方，在商品的监管和处置环节扮演着特殊的角色，负有特殊的责任。在商品处置环节，要视具体情况具体处理。一是贷款还未到期，由于商品市场价格下跌，银行通知贷款人追加风险保证金，在双方所确定的期限内借款人仍未履行追加义务的，银行可能委托第三方对尚未销售商品按现行市场价格下浮一定比率进行销售处理，直到收回贷款本息。二是对于贷款到期，但回笼款不足偿还贷款本息的，银行会委托物流企业对仓储的相应数量商品按现行市场价格下浮一定比率实现销售，收回贷款。两种处置方式和有关要求均需在贷款前以书面协议方式与借款人作出明确约定。物流企业要尽职尽责地做好工作，降低银行的风险。

由于抵质押物不能在贷款清偿之前再次使用，如果抵质押物是企业的生产原料或半成品，很有可能导致企业耽误生产，营收下降，从而不能如期归还贷款。第三方物流只能承担抵质押货物贬值和变现损失等后果。由于以上问题，静态抵质押授信业务往往很少使用，动态抵质押授信才是银行主要采用的库存融资产品。

案例分析 6-1

平行进口车的供应链金融模式创新

进口车是指纯原装进口、在中国市场销售的车辆，属于国外生产、国内消费的商品，按照进口渠道的不同，分为中规进口车和平行进口车两类。

中规进口车，是指通过取得国外品牌厂商授权的国内经销商进口到国内，并经由这些授权经销商在华经销渠道销售给最终消费者的车辆，其特点是定向为中国市场生产且供货、价格高、税收高、由授权的品牌 4S 店提供专业售后保障，但存在零配件与国内车型不一致而使维修困难的情况。

平行进口车，全称是平行贸易进口汽车，是指除国内总经销商以外，由非厂家官方授权的独立贸易商直接从原产地或海外市场购买，并进口到国内进行销售的车辆。所谓平行进口，是相对中规进口概念而言的，其进口渠道与国内授权经销渠道相平行。由于车辆进口地区不同，可分为“美规车”“中东版车”“加版车”“欧规车”等，以区别于国内授权渠道销售的“中规车”。

山东银座汽车有限公司（以下简称“银座汽车”）是由山东商业集团有限公司（以下简称“鲁商集团”）投资组建的大型汽车综合性服务运营商。2016年起银座汽车全面布局平行进口车业务，充分发挥自身优势，借助汽车供应链金融业务，积极拓宽国际贸易渠道，分别在德国汉堡和我国的香港、天津、青岛设立子公司，在北美、中东开设海外仓，在上海、广州、深圳、福州等国内港口设中转库，全力打通境内外平行进口车各个贸易环节，搭建起国际化平行进口车供应链贸易平台。

进口车辆由于海外出口商话语权较大、单车金额较高、运输周期长等特点，正常运转需要占压大量的资金，这就导致企业融资需求大。与此同时，由于大多数平行进口车贸易商属于中小民营企业，融资难度很大。随着利好政策的大力推动，诸多有实力的大型企业纷纷进驻平行进口车市场，原有的以中小企业为主体、未利用金融杠杆的局面面临重大洗牌，供应链金融作为金融机构为实体经济提供金融支持的新兴金融产品，可以有效帮助中小民营企业摆脱收入规模的融资限制，打破融资困境。

平行进口车贸易商为持续经营，会同时备货可销售库存车辆、到港清关车辆、海上运输车辆以及海外待发运车辆等，同一时期会占压大量资金，经常出现库存大、资金占用量多、资金周转不足的问题，此时便需要进行融资。但平行进口车贸易商多为轻资产企业，没有足够的固定资产作为抵押获取金融机构的资金支持。

基于平行进口车市场的行业特点与融资现状，银座汽车及时抓住商机，以进口商角色嵌入平行进口车贸易链，作为核心企业通过供应链金融实现汽车传统单店营销模式的创新与转变，解决了传统贸易业务模式中资产投入大、人员占用多、销售产品品牌受限、销售辐射区域小等诸多问题，变重资产为轻资产，这也符合山东省新旧动能转换重大工程及高质量发展的要求。

银座汽车为国有企业，属于银行的优质客户，可以作为中间担保人，为客户进行担保，使企业获得资金；针对这部分客户开展现货融资，以解决企业融资难问题。银座汽车作为这些平行进口车部分卖家的上家，会提供给它们优质和稳定的货源以及保障，并从中获得利润。具体业务流程如图6-2所示：

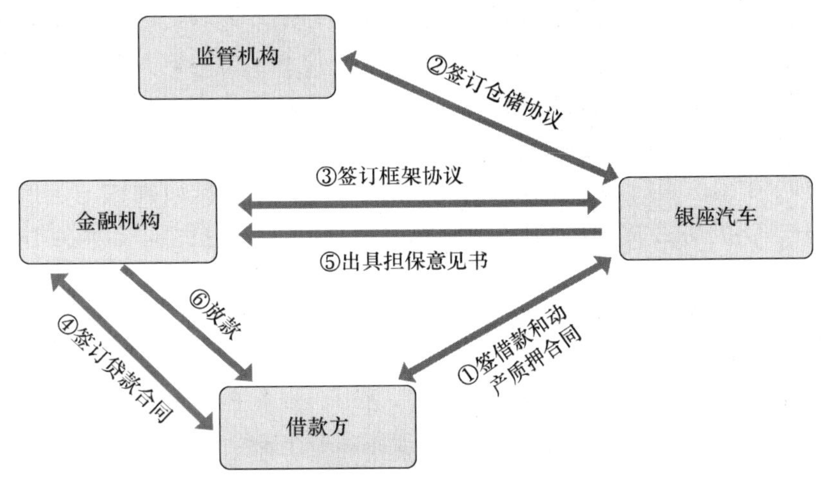

图6-2 平行进口车库存融资业务流程

（1）银座汽车与借款方签订借款和动产质押合同；

（2）银座汽车与监管机构签订仓储协议；

（3）银座汽车与金融机构签订框架协议；

（4）金融机构与借款方签订贷款合同；

（5）银座汽车出具担保意见书给金融机构；

（6）金融机构放款给借款方，借款方获得经营资金。

综上，借款方首先会与银座汽车进行交涉，进行此次融资过程的商讨，双方达成一致后会由银座汽车作为担保人来与有关监管机构以及类似于银行的金融机构签订仓储协议以及框架协议。在金融机构审核通过后会与借款方进行沟通，然后签订贷款合同。之后金融机构会联系银座汽车与其沟通，在意见达成一致后银座汽车会向金融机构出具担保意见书。在审核通过后金融机构便会对借款方进行放款，之后借款方需按时还款，并交纳银座汽车相关的手续费以及提货的费用。

资料来源：曹力文．平行进口车供应链金融模式研究及实体案例分析．济南：山东大学，2020.

案例思考：

银座汽车在平行进口车的供应链金融模式中发挥了什么作用？

第 3 节　动态抵质押授信

一、动态抵质押授信的内涵

动态抵质押授信是动产及货权质押授信业务的一种，是静态抵质押授信的延伸产品，它是指客户以自有或第三人合法拥有的动产为抵质押的授信业务，又称为“核定库存模式”。与静态抵质押授信不同，动态抵质押授信允许客户使用被抵质押的货物。金融服务提供商对于客户抵质押的商品价值设定最低限额，允许在限额以上的商品出库，客户可以以货易货。因此，进行动态抵质押的优点很多。首先，针对最低库存进行抵质押，不限制货物的正常进出，这样就保障了货主的正常经营不受影响。其次，仓储货物的操作原则都是先进先出，以旧换新，货物其实处于增值、保值状态。最后，虽然是最低库存进行抵质押，但整批货物仍掌握在银行及监管方手中，风险可控。

动态抵质押授信适用于库存稳定、货物品类较为一致、抵质押物的价值核定较为容易的客户。一些客户的存货进出频繁，难以采用静态抵质押授信，也可运用该产品。该产品多用于生产型客户。

动态抵质押授信融资模式下，抵质押物不仅包含固定资产或大宗商品等易变现物品，还延伸到一般性产成品，更适应中小企业固定资产不足的特点。与此同时，让第三方物流企业有效地参与到了业务中。这样中小企业可以将其所拥有的原材料、产成品等存货交给物流企业保管，由银行、中小企业和物流企业三方签订相关协议，银行依据该存货的价值和物流企业的信息与建议为中小企业提供贷款。这种物流与金融的整合可以使银行充分地利用物流企业的专业技能，低成本且准确地获得中小企业和抵质押存货的相关信息，有效地监控抵质押存货的流动，支持中小企业的运营，并可在中小企业破产时，通过物流企业在行业内的信息优势和特殊地位，及时地对中小企业易变现的抵质押存货进行清偿，极大地规避借贷的变现风险。

在动态抵质押融资模式中，第三方物流企业起着不可替代的作用。首先，第三方物流为抵质押物提供仓储与监管、价值评估等综合性服务。其次，通过有效的信用整合和再造，第三方物流企业和中小企业可以更加灵活高效地开展抵质押贷款业务。最后，第三方物流企业能有效地融入到贷款企业的产销供应链中，为其提供优质的物流服务。综上所述，第三方物流企业在基于动态抵质押的供应链融资模式中的作用主要有以下两点：

第一，第三方物流企业可为抵质押动产提供良好的仓储及监管服务。在抵质押业务中，第三方物流企业根据与贷款企业、金融机构三方签订的仓储协议，对抵质押物提供仓储管理和监管服务。凭借专业的仓储技术，第三方物流企业可最大限度地减少抵质押物的缺损，变质。第三方物流企业的参与可降低金融机构的贷款风险，第三方物流企业与贷款企业的接触较多，对融资企业所处的行业比较了解。特别是在动态抵质押业务中，第三方物流企业对贷款企业抵质押物的规格型号、质量、原价、净值及承销商等情况都非常了解，基本实现信息对称，这样就可使新老抵质押物基本实现等值兑换，从而最大限度降低金融机构甚至整个抵质押贷款系统的风险。

第二，第三方物流企业所获得的金融机构赋予的信贷额度可简化动态抵质押业务流程。金融机构根据第三方物流企业的经营及资产规模、资产负债比例和信用等级授予第三方物流企业一定的信贷额度。利用这些信贷额度，第三方物流企业可直接同需要抵质押贷款的企业谈判，代表金融机构同贷款企业签订抵质押贷款合同及抵质押物仓储协议。凭借金融机构授予的信贷额度，第三方物流企业直接监管动态抵质押融资业务的全过程，金融机构基本上不参与动态抵质押业务的具体操作，可使贷款企业更加快捷地得到融资，极大地简化了动态抵质押融资的业务流程。

二、动态抵质押授信的业务流程

银行等债权人与出质人签订商品融资协议，由债权人根据融资债权额确定抵质押物的最低价值。出质人、债权人双方与第三方监管人签订商品融资抵质押监管协议（或称存货抵质押监管协议、货物抵质押仓储监管协议），由债权人委托第三方监管人占有、监管和监控质物。担保期间，抵质押财产的实际价值高于双方约定的最低限额时，出质人可申请就超出部分提货，第三方监管人可凭债权人出具的放货通知书办理放货手续；如提取后质物实际价值低于最低限额，在提货之前，出质人应补交相应保证金，或归还相应的融资款项，或补充同类质物。债权到期后，如债务人不能按时还清本息，银行有权拍卖、变卖质物以优先受偿。如图 6-3 所示，动态抵质押授信的一般业务流程如下：

（1）融资企业向监管方第三方物流企业交付抵质押物；

（2）银行根据抵质押物发放贷款；

（3）抵质押财产的实际价值高于双方约定的最低限额时，抵质押物自由进出；

（4）如提取后抵质押物实际价值低于最低限额，融资企业应追加相应保证金；
（5）银行向第三方物流企业发出发货指令；
（6）监管方第三方物流企业在最低限额下放货。

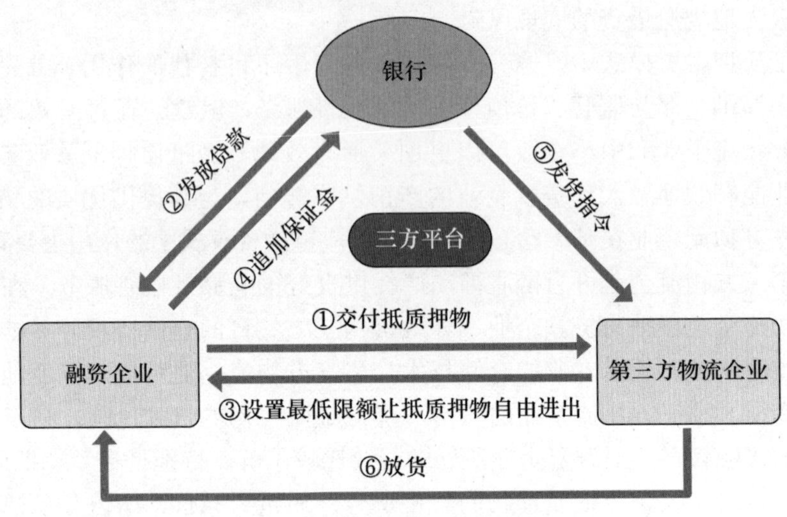

图 6-3 动态抵质押授信业务流程图

三、业务价值与风险

（一）动态抵质押授信的价值

1. 融资企业

以货易货的设定能够最大化地消除抵质押对生产经营活动的影响。如果企业库存稳定，合理设置抵质押物价值底线，在授信期间几乎不用启动追加保证金赎回货物的流程，既减少了成本，也盘活了库存资金。在动态抵质押模式下，存货抵质押融资业务处理比较灵活方便，融资企业可选择任意时刻进行抵质押与解押活动。因此，如果融资企业在授信期内已经拥有足够解押存货的资金，那么其完全可以将抵质押给金融机构并在第三方物流企业仓库进行监管的存货提前解押出来，从而有可能减少贷款的成本支出。

2. 金融服务提供商

相对于静态抵质押授信，动态抵质押授信的保证金收入虽然少了，但操作成本明显更低，因为金融服务提供商可以授权第三方物流企业进行以货易货的操作。

（二）风险管理要点

以银行为代表的金融服务提供商，为了进一步降低风险，方便进行贷款融资业务，对企业抵质押货物品种作出了一定的限制。首先，抵质押货物的品类最好一致，比如钢管、钢材等；或者货物价值易核定，比如有色金属、黑色金属、木材等。其次，关于抵质押率，不同金融服务提供商、不同抵质押物都会规定不同的抵质押率。一般来说，原材料比较容易变现，抵质押率较高；产成品尽管市场价值高，但不容易变现，抵质押率就较低。最后，在以货易货的过程中，要防止滞销货物的换入，还要根据价格波动，随时调整最低库存临界线。

案例分析 6-2

山东毕升印刷物资有限公司动产质押融资

背景

山东毕升印刷物资有限公司（以下简称“毕升公司”）在 1988 年 8 月 8 日成立，由临沂市毕升印刷物资站发展而来，并于 1998 年 2 月 24 日注册成立了临沂毕升印刷物资有限公司，其注册资本为 50 万元。毕升公司经营的范围包括销售纸张、印刷物资、机械化工和文体百货等。该公司主要经营进口优质纸张、胶印树脂油墨、印刷材料和制版机配件等。

毕升公司的各类产品凭借稳定可靠的质量和良好的服务赢得了客户的好评以及较高的市场占有率，企业知名度由此进一步提高，经营效益逐年递增。此外公司在加大现有营销品牌销售力度的基础上，专门配备了大货车、小火车、铲车等十余辆车满足各种需求，为客户提供免费装车送货上门服务，并以服务带动销售，年收入突破亿元大关。综合来看，毕升公司发展前景良好。

融资原因

毕升公司凭借良好的产品质量和优质的服务赢得了客户的好评，且客户稳定度良好，公司发展前景光明。为了适应快速的发展，毕升公司结合其发展战略，计划扩建厂房、办公楼、销售门厅和仓库。根据调研分析和实际情况，毕升公司预计在临西五路与北园路交会处 80 米路东修建 1 500 平方米的销售门面，在鹅黄路与山大路交会处 400 米路东扩建整修 33 660 平方米的仓库。此外，还计划新建厂房和办公楼。经过计算，欲实现上述计划，毕升公司预计有 4 000 万元的资金缺口需要通过融资解决。

融资过程

毕升公司属于中小型企业，缺少可抵押的固定资产，但是拥有庞大的动产资源，可以作为质押物的标的种类繁多，在生产经营过程中的周转材料、半成品、产成品和库存原材料等物质资源都可以作为质押物资，向银行申请贷款。并且这些质押物在企业滞留的时间较长，使动产质押融资的产生有了可能性。据统计，仓库内的优质纸张有 3 450 吨，现货价值 4 692 万元，毕升公司有充足的动产资源向银行申请动产质押贷款，若成功质押可满足公司所需资金要求。

因此，毕升公司经考虑决定于 2013 年 1 月 13 日向浦发银行申请 4 000 万元贷款，拟以公司原有仓库的货物做动产质押。

经过申请审批后，浦发银行要求山东中货动产质押服务有限公司对本次质押活动进行日常的监管。银行方面通过引入专业化监管公司，在保证动产质押融资业务活动正常进行的同时，达到了企业（出质人）-银行（质权人）-物流企业（监管人）三方共赢的局面。

浦发银行临沂分行给予毕升公司综合授信额度 3 000 万元，授信有效期限至 2014 年 2 月 5 日，授信品种为流动资金贷款或敞口银行承兑汇票、国内信用证、保理、商票保贴，其中流动资金贷款不超过 1 000 万元。担保方面，1 500 万元由临沂市伟力贸易有限公司提供保证担保，1 500 万元由授信企业提供存货（主要包括白板纸、白卡、牛卡、静电复印纸、双胶纸、牛皮纸、铜版纸、铜卡、无碳复写纸等）质押担保，质押率不超过 50%。

在质押期间内，若公司对质押物有需求，可以通过新的质押物和保证金来置换，不会影响企业的正常运营。因此对毕升公司来讲，这无疑在短期内盘活了企业动产，实现了资源的有效配置，同时也解决了公司在扩张生产中遇到的融资难问题。

资料来源：山东毕升印刷物资有限公司动产质押融资案例分析.（2018－06－25）. https://www.doc88.com/p-2733872943650.html.

案例思考：

山东毕升印刷物资有限公司动产质押融资过程中可能存在的风险有哪些？

第 4 节　标准仓单质押授信

一、标准仓单质押授信的内涵

仓单是指仓储公司为货物储存人或者货物所有权人签发的，记载仓储货物所有权的唯一合法物权凭证，是一种有价证券。持有仓单的人可以凭此向仓储方提取仓储货物。仓单质押授信，指的就是金融服务提供商与融资企业、仓储公司签订合作协议，仓储公司签发仓单，融资企业自持或者由第三方持有作为质押物，为融资企业贷款的业务。仓单质押授信业务的期限不得超过仓储物的储存期限，一般在一年以内。仓单质押最早可以追溯到公元前 2400 年美索不达米亚的谷物仓单和英国历史上出现的银矿仓单，它也是目前国内运用较为成熟的一种供应链融资方式。

作为现代金融与物流共同创新的一种新型业务，中储发展股份有限公司 1999 年开始作仓单质押，2000 年交通银行首次推出仓单质押贷款业务。仓单质押业务为相关现货企业解决了在交割回款时的资金周转难题，为中小企业、金融机构的融资业务提供了新的思路。合法、有效地利用仓单质押业务，可以实现货主、物流企业和银行的三方共赢。自 2007 年《物权法》① 生效以来，仓单等权利质押担保方式再次获得了市场的青睐，被视为银企合作的新途径。近年来，随着私人物流业务的异军突起，国内仓单业务越来越受到关注，并为金融界所青睐，逐步形成了业界公认的规范。

仓单质押授信可以划分为标准仓单质押授信和普通仓单质押授信两种形式，其区别就在于质押物是否为期货交割仓单。其中，标准仓单是指符合交易所统一要求的，由指定交割仓库在完成入库商品验收、确认合格后签发给货主用于提取商品的，并经交易所注册生效的标准化提货凭证。而标准仓单质押授信，是指客户以自有或第三方合法拥有

① 2021 年 1 月 1 日《民法典》施行，同时《物权法》废止。

的标准仓单为质押的授信融资业务。

标准仓单质押授信适用于通过期货交易市场进行采购或销售的客户以及通过期货交易市场套利保值、规避经营风险的客户。

二、标准仓单质押授信的业务流程

如图6-4所示，标准仓单质押授信的一般业务流程如下：

（1）客户在符合银行要求的期货公司开立期货交易账户，向银行提出融资申请，提交质押标准仓单相关证明材料、客户基本证明材料等；

（2）银行审核同意后，银行、客户、期货公司签署贷款合同、质押合同、合作协议等相关法律性文件，共同在期货交易所办理标准仓单质押登记手续，确保质押生效；

（3）银行向客户发放信贷资金，用于客户正常生产经营；

（4）客户补交保证金或归还银行授信；

（5）银行释放标准仓单；

（6）在需要客户以标准仓单参与实物交割偿还银行授信的情况下，银行将标准仓单直接交给期货经纪公司，授权其代理参与实物交割；

（7）交割款项首先用于偿还银行授信。

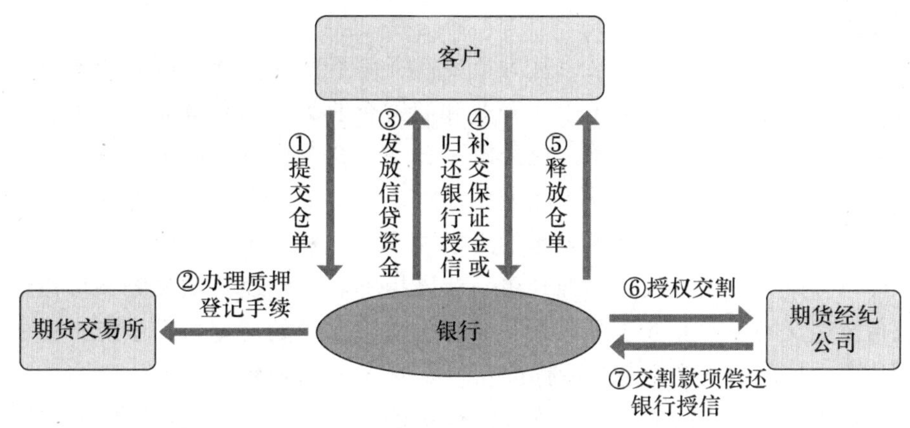

图6-4　标准仓单质押授信业务流程

三、业务价值与风险

（一）标准仓单质押授信的价值

仓单质押融资已有多年的历史，是企业融资的手段之一。在生产和流通环节，仓单质押融资可以缓解企业因持有存货而造成的短期流动资金不足问题，促进商品贸易，加快物资流通，扩大企业销售。仓储企业可以通过提供仓单质押服务，提高收益，改善经营。金融机构则可以根据借款企业经营灵活、高效、货物周转快的特点，安排短期借款，分散信贷资金风险，提高收益率。当前，资金短缺几乎是我国中小企业发展过程中都会遇到的问题。一般来说，中小企业的注册资本较少，尤其在商贸企业中，自有资金几乎都投入到购销环节，可用于抵押的固定资产有限，又缺少担保，所以常常因库存商品而造成短期流动资金不足，在不规则需求的波峰阶段尤其如此。

标准仓单可以很方便地在期货市场交易，具有良好的变现能力。同时，国家对其管理极为严格和规范，和普通仓单质押融资相比，标准仓单质押融资具有较强的风险规避能力。具体而言，标准仓单质押融资方式的优势在于：对于融资企业而言，相比动产抵质押授信，标准仓单质押手续简便、成本较低；对银行等金融机构而言，成本和风险都较低，而且，由于标准仓单的流动性很强，也有利于银行在客户违约情况下对质押物的处置。

（二）风险管理要点

1. 期货市场价格波动

标准仓单质押可以参照期货价格与现货价格办理。但是期货价格具有很强的波动性，受许多复杂因素影响，其走势未必能完全与现货市场的实际情况一致，由于期货价格包含一定持仓成本，往往高于现货价格。若以期货价格办理质押，则在确定质押比率或调整质押额度时，应考虑这个影响因素。若以现货价格办理质押，则应考虑现货市场的标的物与期货市场是否一致。若不一致，要依据现货市场的等级差对质押比率进行调整。

2. 缺乏相应惩罚措施

借款人的资信状况在借贷关系中甚为重要，资信不良的借款人可能会给银行带来严重的后果。因为大部分客户以中小生产企业和商贸企业为主，其资质、信用状况直接影响贷款是否能顺利回收。如果借款人已经资不抵债、仓单作重复质押、假借别人的仓单或伪造仓单、伪造财务报表、贷款不按期归还等，就要十分谨慎。银行开展标准仓单质押贷款业务的风险最终表现为标准仓单的无法兑现。这种情况是：出质人的标准仓单无法变现，即当借款人与出质人、标准仓单受让人拒不履行偿还贷款义务又信用很差，此时贷款银行按照交易所的业务规则以及我国相关法律法规的规定，又不能直接成为标准仓单的受让人，风险由此产生。控制标准仓单质押贷款风险的对策如下：

（1）严格审查借款人的资格。借款人要有良好的经营业绩，有健全的内部管理制度，各项指标符合贷款要求，资产流动性强，高管人员和主要业务人员无重大不良记录和违规行为，无欠债不还记录。

（2）认真分析贷款项目的可行性。贷款人要审查借款人的资金用途，确定其是用于期货套保、套利、投机，还是用于其他经营业务，根据资金投向判断贷款风险大小。

（3）借贷双方要取得期货经纪公司的协助。借款人作为期货市场投资者，在期货经纪公司开有专门的保证金账户，其交易行为完全在期货经纪公司的掌控之下，尤其在贷款资金流入期货市场后，贷款人很难实时了解借款人的资金使用状况。借款人是否拿贷款资金去做投机，是否有操纵市场的行为，是否有大盈大亏，等等，贷款人都需要与期货经纪公司保持联系和沟通，以便提前作出对策。一是借款人在资金不能按期归还时，需要期货经纪公司协助对仓单进行处理。由于法律上对银行等金融机构进入期货市场是限制的，贷款人不论是银行还是其他金融机构一般在期货市场没有交易席位或特别席位。

二是当仓单价值出现变化，超过贷款合同约定的警戒线时，需要期货经纪公司及时告知贷款人，立即通知贷款人补足质押物的价值缺口或提前偿还部分贷款。三是质押期间，仓单的仓储费用需要期货经纪公司向借款人代扣。

(4) 无纸化仓单质押贷款应取得期货交易所的支持。有纸化仓单，借款人可以随时拿去办理仓单质押贷款业务，质押后借款人就无法再转让、交割、提货或在交易所办理质押保证金业务。但是无纸化仓单在质押贷款后，若银行等贷款人不通知交易所予以冻结，借款人还可以照常进行转让、交割、提货或在交易所办理质押保证金业务。这就为贷款人增加了许多不确定因素。因此，对于电子化仓单管理方式，标准仓单质押贷款需要交易所的支持。

案例分析 6-3

A 棉花公司的标准仓单质押授信业务

中小企业贷款难一直是社会普遍关心的问题之一，A 棉花公司是主营棉花收购业务的企业，规模属中小型，长期在新疆库尔勒租场收购棉花，直接供应石家庄周边各县市的纺织厂，为棉纺织行业提供货源。随着经营规模的不断扩大，该公司面临收购棉花缺少短期流动资金的困难。于是，该公司将所有资信材料备齐，向几家银行申请短期贷款，但因为没有符合银行要求的担保被拒之门外。这些银行的考虑是：该公司固定资产少，缺乏有效的抵押物和担保措施，信用不足，贷款风险较大。

该公司抱着试试看的态度找到了建行，建行马上组织专业客户经理进行实地考察，经调查分析，该公司是一家棉花贸易公司，棉花原料具有明显的季节性特征，阶段性库存比较多，尤其是棉花存货较多，占压其大部分流动资金，造成资金紧张。但是该公司也有自身的优势，其经营模式比较成熟，经营规模不断扩大，盈利稳定。截至 2007 年底，销售收入比上一年增长 60%，在该市批发行业中处于上游水平，市场前景较好。该公司存货棉花是大宗原材料商品，价格公开透明，价值容易确定，并且依托期货交易所变现力较强，如果采取用棉花的标准仓单来抵押贷款，既有利于缓解企业生产经营过程中流动资金的问题，又有利于银行控制信贷风险。

于是，建行找到了解决该公司融资难题的方案：

A 棉花公司、建行和期货经纪公司签订三方协议，A 棉花公司将其持有的标准仓单质押于建行在期交所的席位下，期货经纪公司监督标准仓单在贷款期间不得交割、挂失和注销，建行向 A 棉花公司贷款，如 A 棉花公司无法还款，建行将通过期货交易所处置仓单。

建行组织人员针对 A 棉花公司已经制作的标准仓单制订了标准仓单质押贷款的服务方案，得到公司的认可。该公司提交了正式的任务申请表和相关的业务申报材料。一个月后建行最终完成了此笔标准仓单质押贷款的发放。贷款 90 万元，期限 6 个月，利率上浮 30%，实现利息收入 3.84 万元。

具体的业务操作流程如下：

(1) A 棉花公司提交标准仓单业务相关办理材料。该公司为中小企业，可办理标准仓单业务来解决融资问题。

(2) 建行受理、审查和贷款审批。主要审查该公司和其拥有的标准仓单是否符合建行要求，确定标准仓单价值和质押率。当时棉花标准仓单价值150万元，建行按照当时标准仓单价值变化情况，确定此笔业务标准仓单价值140万元，质押率67%。

(3) 建行与客户签订相关合同和资金使用监管协议。

(4) 进行标准仓单的质押登记，办理质押手续。

(5) 建行发放贷款。

(6) 贷后风险监控。此笔业务贷款监控市值比处置线是标准仓单市值达到104万元；因为棉花标准仓单涨停板为3%，所以此笔业务贷款监控市值比警戒线是标准仓单市值达到110万元。

(7) 质单处置、质单置换及解除。

(8) A棉花公司偿还贷款。

(9) 建行收回贷款。

资料来源：期货公司标准仓单质押业务及案例分析. (2013-11-24). https://www.docin.com/p-730156375.html.

案例思考：

建行为什么选择为A棉花公司提供融资方案?

第5节 普通仓单质押授信

一、普通仓单质押授信的内涵

普通仓单质押授信是指客户提供由仓库或其他第三方物流企业提供的非期货交割用仓单作为质押物，并对仓单作出质背书，金融服务提供商提供融资的一种产品。由于仓单具备有价证券的性质，因此出具仓单的仓库和第三方物流企业都需要有很高的资质。普通仓单质押授信适用于未通过期货交易市场进行采购或销售，且资信状况良好、现金流量大、供销关系稳定的客户。其中，普通仓单和标准仓单的区别如下：

1. 签发主体资格不同

标准仓单是由期货交易所统一制定，由期货交易所指定交割仓库完成入库商品的验收，确认合格后发给货主并在期货交易所注册生效的提权凭证。普通仓单是由商业银行评估认可的有资质的第三方物流企业开具，以生产、物流领域有较强变现能力的通用产品为表现形式的权益凭证。

2. 资金用途不同

普通仓单质押融资业务下，资金方发放的信贷资金用途为补充融资方的流动资金，资金方不接受以未来可获得仓单为质押物的融资申请。标准仓单质押融资业务下，资金方信贷资金既可以用于满足融资方流动资金需求，也可用于满足融资方标准仓单实物交割资金需求。

3. 执行标准不同

标准仓单的表现形式为《标准仓单持有凭证》，交易所依据《货物存储证明》代为开具。而普通仓单没有过多的标准规定，主要是双方或多方接受即可。

4. 法律效力不同

由于出具人的资质不同、程序标准不同，从而影响到其不同的法律效力，标准仓单具有公开法律意义，而普通仓单容易存在争议。

二、普通仓单质押授信的业务流程

如图 6－5 所示，普通仓单质押授信的一般业务流程如下：

（1）融资企业将仓储货物交给第三方物流企业，申请制作仓单；

（2）第三方物流企业将符合要求的库存开出普通仓单；

（3）融资企业将普通仓单交付银行并作出质背书；

（4）银行根据普通仓单将相应的金额授信给融资企业；

（5）随着市场的波动，仓储货物的价值会相应变化，这时融资企业需要向银行追加保证金；

（6）银行向融资企业释放仓单；

（7）银行通知第三方物流企业释放仓单项下货物；

（8）第三方物流企业向融资企业归还仓储货物。

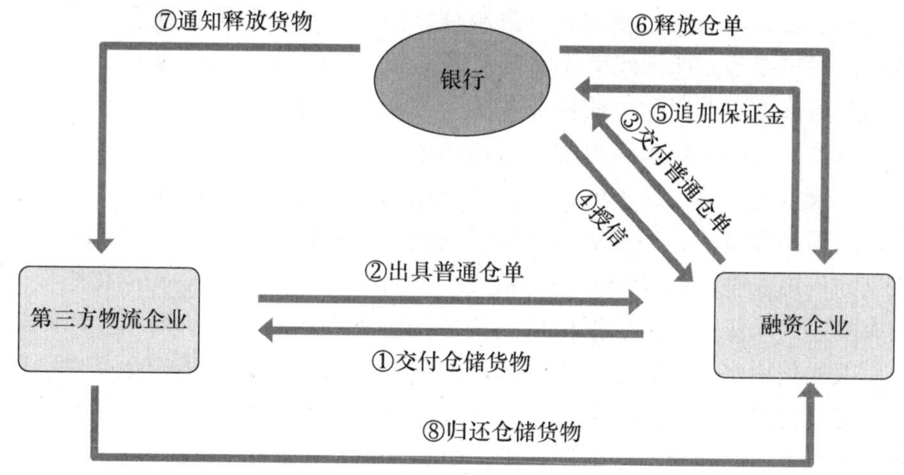

图 6－5 普通仓单质押授信业务流程

三、业务价值与风险

（一）普通仓单质押授信的价值

标准仓单由商品交易所出具，是在指定交割仓库完成入库商品验收、确认合格后签发给货主的、可在交易所流通的实物提货凭证，是一份有商品交易所信誉担保的物权凭证。标准仓单的标准化程度高，交易所对其制单、物品品质、单据流通、仓储管理、信用评级、资产定价、风险预警等全程监管，故标准仓单有较高流动性，其持有者融资能力强。普通仓单的出具方为非商品交易所机构，其流动性与出具方的信誉、货物的品质直接相关，其变现能力弱，融资能力差。然而，普通仓单质押融资需求大。主要表现如下：其一，商品交易所交易商品品种严格受限，标准化仓单仅涵盖大豆、铜、铝等少数品种，多数产品无法做成标准仓单的形式，因而无法通过标准仓单质押方式来融资。其二，普通仓单持有者占据仓单质押融资市场需求的主体地位，且多为中小企业，其融资意愿强烈。因此，开展普通仓单质押业务有利于促进中小物流企业的发展。

（二）风险管理要点

普通仓单质押融资业务主体间关系复杂，不可能效仿标准仓单，参考期货市场价格定价机制，其风险远高于标准仓单质押。影响普通仓单的风险因素主要有系统风险和非系统风险。系统风险是社会、政治、经济大系统内不可控因素造成的，它影响系统内所有企业的运营，个别企业或行业无法控制。非系统风险可细分如下：一为出质人自身特质决定的信用风险；二为质权人特质引起的内部控制风险；三为仓储企业特质决定的受托人风险；四为由质押货物不适宜质押所引致的货物风险。鉴于系统风险在企业层面的不可控特性，应重点关注普通仓单的非系统风险。

1. 出质人信用风险

信用风险是指出质人因经营能力、履约能力低下，或根本上恶意欺诈所导致的违约可能性，主要表现为出质人重复质押、逃废债、资产转移、非法获取仓单质押、伪造财务数据骗取信用额度等，或因经营不善导致现金流短缺，无法按时足额支付仓单质押额本息。信用风险渗透于普通仓单质押业务的全流程，直接决定该仓单可转换的真实现金流价值。出质人的违约动机来自出质人对违约成本与违约收益的判断。若出质人发现可以获取的违约收益高于违约成本的途径，则质权人被迫将不违约期望建立在出质人的道德基础上，因而是危险的。为避免这一情况的发生，质权人需采取三项措施：一是严格考核出质人的信用水平，据以判断该仓单质押可行与否；二是严整规范契约设计，避免激发出质人的违约动机；三是依据信用相关原则给出仓单定价。信用相关原则是指质权人依据出质人的信用水平来确定仓单质押率。质权人可外聘评级机构执行对出质人的信用评价，也可自行组织评价活动。由于普通仓单的风险特性明显，擅长一般信用风险评价模式的外聘评级机构能否胜任值得怀疑，因此，质权人可在初次评价时选择外聘机构，信用复评则可由本企业专业人士在初评基础上完成。质权人可同出质人订立《第三方代理销售授权协议》，以挽回信用风险真实出现后的损失。该协议应包括以下内容：当质押额本息未按时足额支付时，质权人启动本协议，将仓单恢复流通状态，并可由质权人委托第三方代理销售仓单货物；销售收益用于偿还质押额本息；偿还后若有余额，应当如数退还出质人。

2. 内部控制风险

内部控制风险来自质权人内部程序、人员和系统的不完备或失效，或由于外部事件造成损失。内部控制风险主要包括以下内容：第一，机构内部人员参与诈骗、盗用资产的行为。第二，公司外部势力利用公司管理制度漏洞所从事的诈骗、盗用资产的行为。第三，灾难性事件或其他事件引起的有形资产的损坏或损失。第四，电子设备、通信错误导致经营中断、系统出错所带来的损失。第五，涉及执行、交割以及交易过程管理的风险事件。普通仓单质押的非标准特性使得适应常规管理模式的规范管理制度效能锐减，从而扩大质权人管理难度。质权人亟须通过提升员工素养来应对特质化的普通仓单信用管理风险，以员工-项目责任制而非单纯的项目责任制来约束普通仓单质押的非系统风险扩散。

3. 受托管理人风险

物流中心是仓单质押业务中的受托管理人，是出质人、质权人之外最重要的交易参与者。物流中心对仓单质押业务项下的货物安全性、仓单结转的及时性负责。仓单质押业务的运营效率受物流中心运营水平的制约。作为货物与货主的集散中心，物流中心有充分资源负责出质人违约状态下的货物代理销售与清偿业务，利用既有市场网络资源，可确保货物不转场即可迅速转移所有权，确保风险暴露后的质权人资金回收安全。

4. 普通仓单项下货物风险

普通仓单项下货物风险有三层内涵。第一，决策前的货物质押结构设计风险。质权人应根据自身的风险偏好，预设定不同类型货物、不同类型客户的风险敞口比重及风险敞口上限值。非特别许可不得突破各风险敞口指标阈值。第二，质押决策期的定价风险。合理有效评估普通仓单项下货物价格是仓单质押业务的重点与难点。标准仓单质押率可参照期货价格来演算；而普通仓单质押率显然受更多复杂因素影响，货物是否适合质押、质押物市价几何、质押物融资率水平认定等因素直接决定质押契约执行效果，影响质权人收益。因此，质权人需根据普通仓单项下货物的具体特征制定符合契约双方利益的货物市价及质押率。第三，质押监管期的违约变现风险。当出质人违约风险暴露后，质押货物需及时变现以补偿质权人的应得权益。由于有些货物具有用途专业化特征，质权人难以通过自营来实现货物变现的利益最大化，委托交易显然是质权人的次优选择。

案例分析6-4

长久集团的仓单质押融资

长久集团介绍

长久集团创建于1992年，总部在北京。目前已发展成为集乘用车物流、商用车物流、汽车销售、汽车物流金融等领域的多元化综合企业集团，是国内最大的汽车物流民营企业之一。集团的核心产业是乘用车物流，位居全国乘用车物流行业三甲。公司依托长春、北京、芜湖、天津等整车物流基地，环绕周边的物流结点，形成以华北为中心，东北、华东为支撑的全国物流网络，设有多个全资、控股子公司，多个商品车仓储基地，自有车保有量逐年递增，仓库总面积超过120万平方米，年运输能力达100万辆，公司是汽车物流联盟的发起单位，管理调度的车辆达4 000余辆，与包括一汽大众、现代汽车、一汽丰田、长安福特马自达在内的19个主要汽车生产企业建立了稳固的合作关系，形成相对均衡的网络布局。汽车物流金融是长久集团的一项新兴业务，2006年与深圳发展银行总行签署了战略合作协议，全面启动物流金融业务，经过短短几年的发展，已经与多家金融机构开展物流金融合作，监管汽车品牌包括马自达、红旗、大众、奥迪、夏利、本田等，合作经销商数百家，覆盖全国各大中城市，监管车辆达7万辆。

长久集团开展汽车仓单质押的背景

中国社会科学院2011年发布的《社会蓝皮书》指出，有关资料统计，北京每百户家庭私人汽车的拥有量在60辆以上，而2001年北京私人汽车才32.1万辆，随着中国加入世界贸易组织，北京人均GDP突破3 000美元，北京市私人汽车增长速度明显加快，2009年起北京汽车消费进入井喷式增长状态，当年北京汽车销售量达到了115万辆，2010年北京累计新车交易92万辆，同比增长了36.45%。虽然汽车价格有所上升，北京也出台了一系列政策来控制汽车销售增长速度，但北京汽车市场依然持续火热。

目前汽车经销商多为私营或民营企业，主要采取分布开设集汽车销售、售后服务、配件和信息服务为一体的销售店的经营模式，由于这类汽车4S店的经营场地基本是廉价租用，主要资产集中在存货等流动资产上，而厂房、仓库等固定资产在总资产中所占的份额相对较少。汽车销售方面，在火热的汽车销售行情下，消费者多以现金交易，按揭的销售款也基本可以在一周之内打到经销商的账户，因此，汽车经销商的现金流量相对充裕，偿还贷款能力有一定保障。

但一方面由于汽车占用资金量大，面对火热的汽车销售市场，汽车经销商有十分强烈的融资需求，另一方面大部分汽车经销商属于民营或私营企业，且企业规模较小，固定资产有限，缺少可抵押的不动产，在担保方面十分薄弱，很难参与到抵押贷款业务中，长期以来很难得到传统的银行产品的融资支持。针对这一融资难问题，各大银行相继推出了一系列金融产品来满足汽车经销商的需求，汽车仓单质押贷款就是其中的一种。

对于在汽车物流行业有着丰富经验和经营实力的长久集团来说，参与这一业务也能更好地促进企业物流金融项目的发展，为企业今后开拓更广泛的市场奠定基础。长久集团开展的汽车仓单质押业务主要经营模式为：由2006年新成立的物流监管部门接受商业银行的委托，协助银行对质押车辆进行到库监管，从中收取监管费用，这种业务模式更加符合长久集团的业务需要，也更加适应汽车行业的特殊销售模式，即经销店与仓储相结合的销售方式。

长久集团开展汽车仓单质押业务流程

长久集团主要采用的业务流程在实际操作中可称为厂商银，业务流程如图6-6所示：

(1) 由汽车生产企业（主机厂）、汽车销售方（4S店）、商业银行经过协商谈判后，签订三方协议，商业银行通过严格审核评估4S店的资质、经营情况、还贷能力等，同意在以4S店作不动产担保或交付一定比例的保证金的情况下，向其提供贷款，开具以主机厂为收款人的银行承兑汇票交付给主机厂，主机厂可在约定期限内到商业银行进行承兑。

(2) 由汽车销售方（4S店）、商业银行、长久集团（物流监管部门）经过接触、沟通和谈判后，签订三方协议，即汽车仓单质押委托监管协议，商业银行委托监管方对汽车销售方的质押货物进行24小时严格监管，并代银行对4S店的经营情况、贷款去向等进行监管，而此时汽车销售方必须尽力配合，接受监管。由于这种模式下，银行将风险几乎全部转嫁给了长久集团，在操作中为了扩大业务量和迫于与经销商合作，长久集团不得不启用一些缺乏物流经验、操作不规范的内部人员。

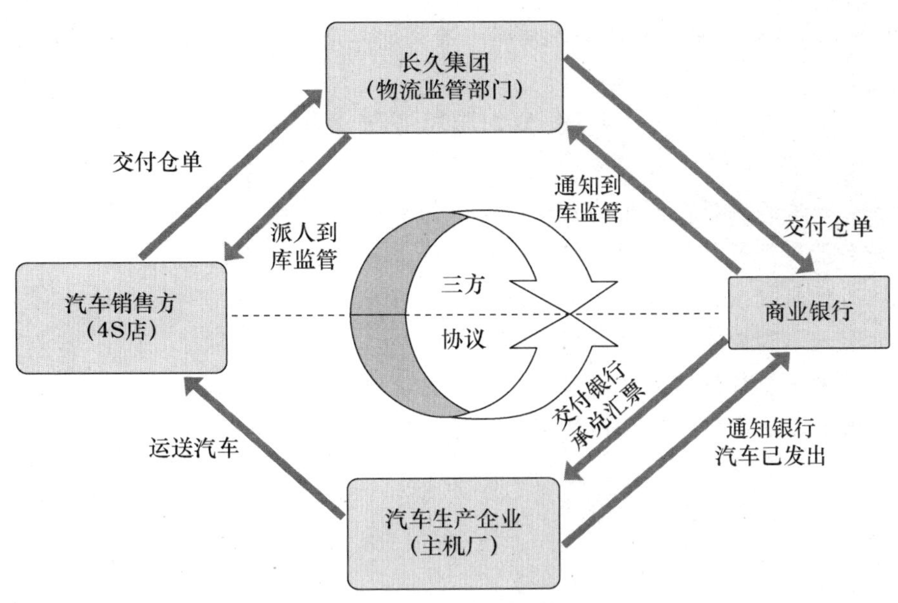

图 6-6 长久集团汽车仓单质押业务流程

(3) 主机厂在收到银行承兑汇票以及 4S 店发出的货物需求信息后，将车运送到 4S 店，同时通知银行，汽车已发出，并向银行提供所发出汽车详细的信息，包括品牌、型号、数量、金额、预计到店时间等。

(4) 银行通知并将所发出汽车的相关信息及时交付给物流监管方，要求物流监管方及时对货物进行监管。监管方及时派出相关人员到指定的 4S 店进行监管，对到店汽车进行核查、验收，在核对货物信息准确无误后，确认接收货物并开始监管。在此期间，商业银行、4S 店、长久集团之间除货物信息外没有过多的信息交流。

(5) 监管方根据接收的货物开具专用仓单，确认仓单信息真实可靠后，交付给银行，此时 4S 店与银行的质押关系成立。

(6) 在质押监管期间，监管方应密切关注 4S 店的动向，以及质押车辆的储存情况，当 4S 店卖出汽车，收到货款后，可将贷款和利息直接汇入银行指定账户，银行在确认收到款项后，通知监管方释放指定车辆。由于进行的是动态异地监管且业务量大，为了减少成本，监管人员储备有限，长久集团对质押物的监管以及仓单的开具都由一位监管人员完成。

(7) 一旦出现 4S 店违约情况，监管方应立即控制仓库内剩余的质押车辆并通知银行，银行可要求主机厂回购车辆，以便及时收回贷款。

资料来源：孙铭悦．我国普通仓单质押贷款业务的流程与风险分析．北京：北京物资学院，2012.

案例思考：

在厂商银这种业务模式中，长久集团所存在的问题主要有哪些？

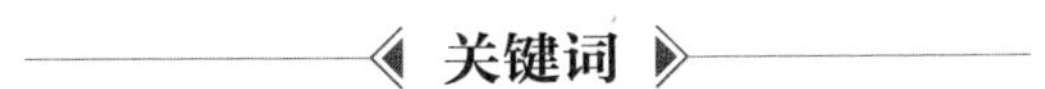

关键词

库存　库存融资　静态抵质押　特定化库存模式　动态抵质押　核定库存模式　仓

单　标准仓单　普通仓单　标准仓单质押　普通仓单质押　期货经纪公司　期货交易所

复习与思考题

1. 什么是库存融资？产生的背景是怎样的？
2. 静态抵质押授信的适用情境、流程、价值与风险是什么？
3. 动态抵质押授信的适用情境、流程、价值与风险是什么？
4. 标准仓单和普通仓单的区别有哪些？
5. 标准仓单质押授信的适用情境、流程、价值与风险是什么？
6. 普通仓单质押授信的适用情境、流程、价值与风险是什么？

第7章

预付账款融资

学习目标

- 了解预付账款的内涵。
- 理解预付账款融资的概念及其作用。
- 理解不同预付账款融资模式的内涵与适用情境。
- 掌握不同预付账款融资模式的流程、价值与风险。

第1节　预付账款融资概述

一、预付账款

预付账款是指企业为取得生产经营所需要的原材料、物品或接受劳务等，而按照购货合同规定预付给供应单位的货款。预付账款是商业信用的一种形式，它所代表的是买卖双方以协议规定，由购买货物一方在得到货物前，需要预先支付一部分货款给供应货物一方而发生的一项债权。预付账款一般包括对货物预付的货款、购货预付的定金。因为预付账款是预先付给供货方客户的款项，所以也是公司债权的组成部分。从这个意义上讲，它与应收账款具有类似的性质，但预付账款与应收账款毕竟产生于两种完全不同的交易行为，前者产生于企业的供货业务，后者产生于企业的销货业务。而且，二者在将来收回债权的形式也不相同，因此企业应分别核算这两种债权，在资产负债表上分别列示。

从供应链视角来看，由于供应链中核心企业的出现，供应链中的企业在交易过程中的地位和话语权是不同的。一般来讲，如果供应链中供应商是核心企业，则供应链下游企业进行采购时，需要向上游核心供应商预付账款，从而获得正常运营所需的原材料、半成品或者成品。这样一来，下游企业的资金就被上游的供应商长时间占用，如果是价值较高的产品交易，下游企业的资金有限，流动资金很有可能无法抵偿购买的商品。此时，基于预付账款的融资便成为解决企业融资困境的重要手段。

二、预付账款融资的概念

在供应链中，一方面，处于下游的中小企业由于资金短缺，在向上游大型供应商采购原材料或产成品时，往往无法获得维持企业生产经营所需的原材料、产成品；另一方面，因为中小企业规模偏小，也没有高的信誉度，所以在采购时往往会被要求提前支付货款，从而面临资金困境，对融资的需求也就随之产生。为了解决供应链中企业预付账款的问题，下游的企业就需要考虑预付账款融资，以一笔或者多笔预付账款进行融资，从而获得金融机构或其他金融服务提供商的短期信贷支持。

预付账款融资是指以买方与卖方签订真实贸易合同产生的预付账款为基础，金融服务提供商为买方提供的，以买方销售收入作为第一还款来源的短期融资业务。这种模式是金融服务提供商向处于供应链下游，经常需要向上游的核心企业预付账款才能获得持续生产经营所需的原材料的中小企业所提供的一种融资模式。预付账款融资可以理解为"未来存货的融资"，其担保基础是预付账款下客户对供应商的提货权，或提货权实现后通过发货、运输等环节形成的在途存货和库存存货。

根据已有研究以及相关企业实践，预付账款融资的类型主要包括先票/款后货授信、担保提货授信、进口信用证项下未来货权质押授信、国内信用证融资、附保贴函的商业承兑汇票等。

三、预付账款融资的作用

第一，预付账款融资模式为供应链节点上的中小企业提供了融资便利。

在传统的贷款融资方式中，企业往往需要以不动产抵押、货物质押等方式进行融资。而在预付账款融资模式中，可以就中小企业债权中的预付账款一项进行融资，对中小企业的预付账款进行较大程度的利用。而站在中小企业的视角上，与传统的贷款模式不同，预付账款融资模式将会为供应链上的中小企业提供较大程度的融资便利，让企业资金运转不足、应对风险能力不足等问题得到较大程度的改善。

第二，预付账款融资业务缓解了中小企业全额购货带来的短期资金压力。

要注意在不同的供应链下，核心企业的权力是不同的，因此虽然普遍要求下游购货的中小企业以全额预付账款的方式进行采购，但是核心企业自身的发货形式是由其在供应链中具体地位所决定的。在全额购货的条件下，预付账款会给下游中小企业带来一段时间的流动资金紧张问题。而在预付账款融资中，金融服务提供商会在核心企业与中小企业之间担当资金供给者的角色，这样的介入与业务开展，将会在较大程度上为中小企业缓解全额购货带来的一定时期内的资金紧张问题。

第三，预付账款融资模式实现了中小企业的杠杆采购和核心大企业的批量销售。

在预付账款融资模式产生前会出现这样的现象：中小企业由于担心自身资金的有效运转而被迫停止或减少关键、核心货物的采购，核心大企业因为自身在供应链中处于核心位置而要求供应链下游企业以预付账款的方式对货物进行购买，这样的情况就导致中小企业由于担忧资金而减少了对供应链的核心企业的采购行为，因此核心企业无法实现批量销售。因为预付账款融资模式的出现，让很多处于供应链下游、担心预付账款过多而不能保证自身流动资金运转的中小企业能够对货物进行及时的批量采购。同时让处于供应链核心地位的大企业能够基于此实现批量销售。

第四，中小企业通过预付账款融资业务获得了分批付货款并分批提货的权利。

在传统的预付账款模式下，中小企业需要提前一段时间进行货款的支付，然后延后一段时间按照合同规定一批提货或者分批提货，这样就给中小企业现金周转带来了一定的运转时期，不利于中小企业进行资金与货物的周转。而在预付账款融资模式下，金融服务提供商的介入能够帮助中小企业缓解预付账款大量资金的一次性支付。在具体模式中，将由金融服务提供商进行货款的支付，而中小企业以保证金＋分批货款等形式分批次支付给金融服务提供商。相应地，在预付账款融资模式中，由于支付方式的分批次进行，核心企业也将与货款匹配进行分批次的供货。因此对于中小企业而言，预付账款融资模式将使中小企业能够实现分批次付货款、分批次提货两项权利。

第五，预付账款融资模式降低了金融服务提供商的信贷风险，同时带来了收益，实现了多赢。

对于金融服务提供商而言，预付账款融资模式是以供应链中的上游核心企业承诺回购为前提条件，承诺为中小企业承担责任，简而言之就是会由核心企业为中小企业融资承担连带担保责任，并以金融服务提供商指定仓库的既定仓单为质押。这样的运作模式将会大大降低金融服务提供商的信贷风险，同时也给金融服务提供商带来收益，实现多赢的目的。

第 2 节　先票/款后货授信

一、先票/款后货授信的内涵

先票/款后货授信指的是动产及货权质押授信业务的一种，随着存货融资的进一步发展，客户从金融服务提供商那里申请融资获得贷款，在缴纳一定比例保证金的基础上，向供应商议付全额货款，然后供应商按照合同规定发运货物，以金融服务提供商作为收货人。货物到达后，再设定抵质押作为金融服务提供商授信的担保，客户追加保证金之后，取走一部分货物。简而言之，客户从金融服务提供商那里取得资金，在缴纳一定比例保证金的前提下，向卖方支付全额货款；卖方按照购销合同以及合作协议书的约定发运货物，货物到达后设定抵质押，作为金融服务提供商授信融资的担保。

在企业现实采购过程中一些热销产品的库存往往会比较少，因此企业的大部分资金需求集中在预付账款领域。同时，该类产品因为涉及卖家及时发货、发货不足的退款、到货通知以及在途风险控制等环节，因此客户对卖家的谈判地位也是操作该产品的条件之一。先票/款后货授信适用于需要向上游企业采购商品的贸易型和生产型企业。

二、先票/款后货授信的业务流程

如图 7-1 所示，先票/款后货授信的一般业务流程如下：

(1) 买卖双方签订相关的贸易合同，融资企业向银行缴纳一定比例的保证金；

(2) 银行向客户提供授信出账，并直接用于向制造商的采购付款；

(3) 第三方物流企业发货，直接进入监管方制造商的监管仓库；

(4) 融资企业根据经营需要，向银行进行保证金的补充；

(5) 银行根据补充保证金的额度，通知监管方向客户释放部分抵质押物；

(6) 融资企业向监管方释放部分抵质押物。

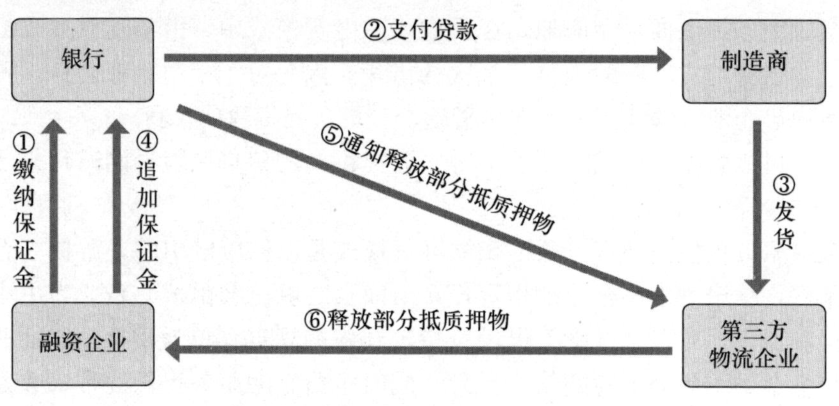

图 7-1 先票/款后货授信业务流程

三、业务价值与风险

(一) 先票/款后货授信的价值

1. 对于融资企业而言

(1) 有效缓解融资企业的流动资金需求压力。在具体融资业务实现过程中，金融服务提供商进行授信，授信时间不仅覆盖上游的排产周期和在途时间，缩短融资企业从采购到收货的整个时间周期，而且到货后可以转为库存融资，因此，先票/款后货授信对客户流动资金需求压力的缓解作用要高于库存融资。

(2) 帮助融资企业获得较高的商业折扣。在现实中，中小企业由于采购批量较小，在与供应链中核心供应商进行谈判议价时，往往不具有话语权。因此，在传统的谈判中都是以核心供应商为主导确定价格，中小企业更多的是价格的被动接受者。而在先票/款后货授信融资模式下，融资企业可以在金融服务提供商的资金支持下进行大批量采购，这样有助于增强融资企业在交易中的谈判权力，帮助融资企业在采购的过程中从卖方争取较高的商业折扣。

(3) 规避商品涨价的风险。在金融服务提供商的资金支持下，融资企业的大批量采购行为将有可能提前锁定商品采购的价格，有效防范商品未来涨价的风险。

2. 对金融服务提供商而言

（1）进一步开发上游企业业务资源。在先票/款后货授信融资模式中，融资企业作为供应链中的下游企业，金融服务提供商可以利用贸易链条的延伸，进一步开发供应链中上游企业的业务资源，实现目标客户资源和业务范围的进一步延伸和扩展。

（2）有利于化解融资企业违约情况下的变现风险。在整个预付账款融资模式中，都是以卖方也就是供应商承诺回购作为担保依据，所以金融服务提供商可以通过争取卖方对其销售货物的回购或调剂销售条款，将整个风险锁定在业务模式的内部闭环运作过程中，有效化解融资企业违约情况下的存货变现风险。

（3）货物直接从卖方发给客户，因此货物的权属要比库存融资模式更为直观和清晰。在整个先票/款后货授信融资模式中，金融服务提供商只是以资金支持与提供的角色介入，而对买卖双方货物权属没有过多的干涉与影响。而且，货物直接从卖方发给融资企业，这样会避免因货物权属不清而产生的不必要纠纷。

（二）风险管理要点

1. 对上游客户的发货、退款和回购等履约能力要进行考察

金融服务提供商在开展融资业务前，需要对融资企业能力进行考察，同时，对上游供应商的能力进行衡量也是非常重要的。由于授信发生在供应链发货之前，同时在先票/款后货授信融资模式中，上游供应商需要通过承诺回购等对下游买方的风险进行分担。因此，金融服务提供商需要就上游供应商的及时发货能力，出现问题时的退款能力，风险转移时的回购、生产与加工等多方面履约能力进行相应的考察后再予以授信。

2. 在途风险的防范、损失责任的认定

货物在途风险的防范与控制是另一个关键风险问题，因为这关系到承运货物是否能够准时安全送达融资企业手中，从而完成融资过程。因此，这些风险的防范与控制需要从源头着手：一是对第三方物流企业等监管方的运输、监管等能力要进行严格考量；二是要基于合同，在签订相关合作协议时，充分考虑到运营过程中可能发生的损失风险，确定相关合作方的责任与义务，一旦发生货物损失，依据合同的相关条款进行损失责任的认定。

3. 到货后入库环节的控制

到货后入库交接验收不仅是严格控制入库商品质量的关键，还是决定入库作业效率的重要环节。在先票/款后货融资模式中，当货物入库环节结束后，需要对货物入库进行严格的控制，避免偷换货物等行为，规避潜在风险。

案例分析7-1

M公司的供应链融资案例

公司概况

M公司于2007年成立，其主营业务是手机批发销售，兼营相关电子设备的零配件销售和维修生产，是华为在河南省签约的经销商。其主要客户是河南省内的一些手机批发商和零售商。M 公司的上游是核心企业华为，华为是一家集研发与生产为一体、创新实力强的高新技术型企业，具有很强的竞争力，M 公司同华为有十年的合作关系，合作基础牢固。M 公司处于整条供应链体系的中间环节，上游有知名企业华为，下游有多家手机批发商和稳定的大客户，可以说 M 公司与核心企业已经形成了一条比较完整稳定的供应链。

公司困境

近几年国内手机市场飞速发展，特别是智能手机已经被社会各界普遍接受，且下游企业发展比较迅速，销售收入、利润水平、资产规模都得到了飞速发展。M 公司的资产总额从成立之初的 2 000 多万元发展到 2017 年年底的近 3 亿元。M 公司的销售收入也有了大幅度增长，从成立之初的 1 亿多元增加到 2017 年年末的 3 亿多元。根据市场的占有率和公司的规模，M 公司仍然属于实力不强的中小企业。

随着 M 公司的快速扩张，企业的经营困境也逐渐浮出水面，主要体现在资金流的支持上，公司资金周转困难。虽然 M 公司发展势头强劲，但其在业务的整个供应链中是处于劣势地位的，对上下游企业过度依赖，经营过程中缺少话语权。通过分析 M 公司的资产负债表会发现，M 公司的预付账款和应收账款比较多，其主要原因是 M 公司通常被要求先支付一定的款项，供应商才能发货。而与下游企业签订合同时，因为对下游企业有很强的依赖性，下游企业往往要求 M 公司给予宽松的信用政策，造成 M 公司在发出商品之后，需要很长一段时间才能收回资金，这种现象造成了 M 公司大量的应收账款，很容易使 M 公司的资金链更加吃紧甚至中断。因此，从表面来看，M 公司销售水平在不断提高，企业资产在不断增加，企业利润也在逐年增长。但经过深入研究后发现，M 公司的收入质量并不是很高，企业虽然流动资产比较多，但大多是以存货、应收账款或者预付账款的形式存在，企业并没有大量的货币资金，如果出现紧急状况需要支付大量的现金，企业很可能因无法及时支付而面临破产的危险。

另外，由于技术的进步，大多数企业研发电子设备零配件周期逐渐缩短，而 M 公司很多生产设备只有经过更新改造后才能投入使用，而生产设备的更新改造同样需要大量的资金。M 公司发展的瓶颈就在上述两个方面对资金流的影响上。M 公司急需找到一种合适的方式解决公司的资金压力问题。

传统融资方式对 M 公司的局限

M 公司的管理者也意识到如果不解决公司资金链出现的危机，公司随时都有破产倒闭的危险。公司考虑过直接融资，通过发行股票或债券，以解决公司的资金紧张问题。但证监会对企业上市要求较高，而 M 公司的财务制度尚不健全，且产品的销售收入虽然每年都在提高，但是主营业务的收入质量并不是很高，很多收入靠企业的赊销来实现，可见企业的竞争力并不是很强，并且待上市的企业比较多，排队较久，企业想在短时间内通过上市进行融资是十分困难的。

M 公司的管理层为了使企业能够筹集到资金，整理了很多资料，为了提高募集到资金的概率，公司管理层同时向多家大银行提出贷款申请，可最终的审批结果都不理想。从银行拒绝发放贷款的观点分析，公司根本无法满足银行为企业发放贷款的要求：首先，对通过抵押进行贷款而言，M 公司的总资产虽然很多，但是存货、应收账款、预付账款占企业总资产的比重很大，由于企业没有太多合适的抵押物，公司想通过固定资产抵押来募集资金也是十分困难的，以其现状，即便募集到部分资金也无法满足企业研发和生产设备升级所产生的资金缺口。其次，M 公司的销售大多通过应收账款来完成，并没有产生太多的现金流，不利于企业后期归还贷款。因此，这条路也被堵死。最后，M 公司如果选择寻找第三方担保中介机构为其提供担保，中介机构会收取很大一部分担保费用，需要付出的成本也不低，无形中增加了企业的负担，所以这种方法对本来资金就紧张的 M 公司来说也不太适合。

基于预付账款的融资过程

M 公司为解决资金流问题，多次向银行提出贷款申请，光大银行也是其中之一。光大银行对 M 公司进行综合考察之后发现，企业的应收账款、存货和预付账款占企业总资产的很大一部分，并且 M 公司的预付账款占比最大，达到 26.8%。虽然 M 公司没有太多可以抵押的固定资产，但 M 企业的上游供应商是华为。M 公司与华为已经有近十年的合作关系，并且这种合作关系受到政府的支持，关系比较牢固。华为是世界 500 强企业，手机销量及芯片销量在国内甚至世界范围内一直名列前茅，2017 年总资产 5 000 多亿元，经营现金流高达 1 000 亿元，符合供应链金融融资中核心企业竞争力较强、规模较大和信用较好的要求。

因此，光大银行在深层次调研之后，根据 M 公司以及其上游公司华为的具体情况，制定出一套可以通过供应链融资中预付账款的方式对 M 公司提供贷款服务的模式。这种模式主要是通过利用华为公司规模大、资产实力强以及信用良好的情况，对 M 公司的采购业务提供融资服务，以解决融资难的问题。具体而言，光大银行分别与 M 公司、华为以及物流仓储企业签订协议，M 公司在向光大银行缴纳一定保证金后，光大银行开具一定金额的银行汇票交给华为，华为根据光大银行的规定把货物交给第三方物流仓储企业进行监管，然后 M 公司根据缴纳的保证金为限提出货物，如果 M 公司到期不能偿还光大银行资金，则由华为回购货物。一般而言，第三方物流企业是光大银行信得过的企业，在交易过程中起到监督作用。

光大银行通过审查 M 公司的财务状况以及华为的财务状况和回购能力等，确定向 M 公司发放 5 000 万元的贷款额度。为了规避风险，光大银行对资金的用途给出了较为严格的限制，必须专款专用，即只能向华为采购原材料时使用。由此，实现了 M 公司、光大银行、华为以及第三方物流企业的供应链金融融资模式。在此模式下，光大银行需要确定 M 公司与华为之间采购合同的真实性，在 M 公司缴纳完 20%的保证金 1 000 万元后，光大银行再开具 5 000 万元的银行承兑汇票。在此期间，M 公司可以重复缴纳保证金来获取华为所提供的原材料。由此，M 公司仅仅通过缴纳 1 000 万元的保证金，就获取了 5 000 万元的贷款额度，在一定程度上解决了融资难、融资金额少的问题。

资料来源：郑为晶. 中小企业供应链金融融资研究：以 M 公司为例. 郑州：中原工学院，2019.

案例思考：

光大银行提供的融资方案分别为 M 公司和华为带来了哪些效益?

第3节　担保提货授信

一、担保提货授信的内涵

担保提货授信也叫保兑仓授信，是先票/款后货授信产品的变种，在这种融资模式下，融资企业（买方）需要提前缴纳一定保证金，金融服务提供商将会提供全额的资金供客户向焦点企业（卖方）进行采购，卖方需要出具全额提单作为金融服务提供商授信的抵质押物。随后，融资企业需要分批次向金融服务提供商提交一定量的提货保证金，得到保证金后，金融服务提供商再分批次通知卖方向客户发货，卖方就发货不足部分的价值承担向金融服务提供商的退款责任。该融资模式又常被称为“卖方担保买方信贷模式”。担保提货授信同样主要是针对采购阶段的资金短缺问题。

理论上所有的行业都可以开展担保提货授信业务，只要处于此行业供应链核心地位的核心供应商愿意承担期末回购剩余存货的义务。具体而言，这种融资模式适用于以下一些特殊的贸易背景：

（1）融资企业为了取得大批量采购的折扣，采用一次性付款方式，而上游供应商因为产能或排产等问题无法进行一次性发货。

（2）融资企业在淡季向上游供应商打款，支持上游供应商的生产所需的流动资金，并锁定优惠价格，然后在旺季分批次提货用于下游的销售业务。

（3）融资企业和上游供应商都在不同地方，金融服务提供商对在途物流和到货后的库存监控缺乏有效手段。

二、担保提货授信的业务流程

如图7-2所示，担保提货授信的一般业务流程如下：

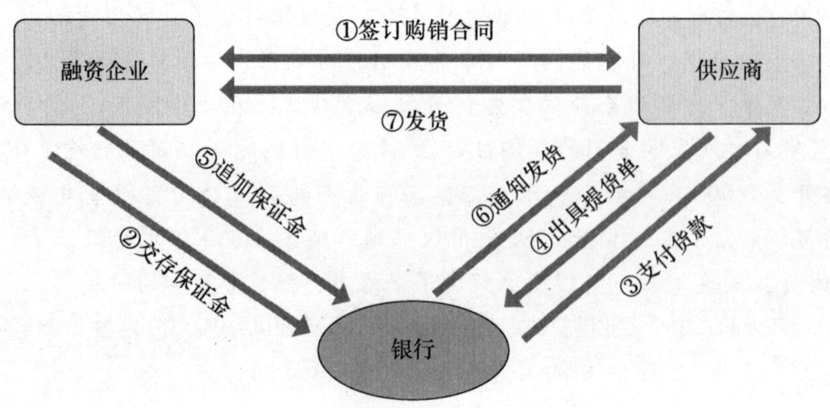

图7-2　担保提货授信业务流程

（1）融资企业与供应商之间签订商品购销合同；

（2）融资企业向银行申请开立以供应商为收款人的承兑汇票，按照比例交存保证金；

（3）银行根据融资企业的授信额度，直接向供应链进行采购付款；

（4）供应商向银行出具提货单用于质押；

（5）融资企业根据自身经营需要向银行追加保证金；

（6）银行通知供应商根据追加保证金的金额向融资企业发货；

（7）供应商向融资企业发货，如此进行循环操作。

三、业务价值与风险

（一）担保提货授信的价值

1. 对融资企业而言

（1）通过大批量采购可以获得价格优惠。在担保提货授信融资模式中，融资企业作为供应链中的下游中小企业，往往有大批量订货采购的需求，但是由于自身流动资金短缺而难以实现。在担保提货授信融资业务中，客户有了金融服务提供商的资金支持，得到融资后，中小企业获得足够的资金，可从核心供应商处购买大量的货物，当订购数量达到一定程度时，核心供应商会提供大宗购买优惠，从而使中小企业的单位订货成本下降。

（2）“淡季打款、旺季销售”的业务模式有利于降低价格风险。在淡季一次性付款将会对上游核心企业的未来生产提供资金援助，足够的商品生产还能够保证融资企业商品供应的畅通。这样做不仅可以保证上游企业在旺季能够准时发货，避免销售旺季断货情况的发生，还可以提前锁定商品价格。最后，长期大量且稳定地从核心供应商处订购商品，还有助于加强两者之间合作的紧密性。

（3）由于不需要对采购货物采取第三方仓储监管，减少了操作成本。在担保提货授信融资业务运行过程中，是由上游供应商提供第三方物流以及仓储监管服务，从而可以降低因为货物由第三方委托监管而额外支出的操作成本，对降低融资企业融资成本也会有一定的帮助。

2. 对供应商而言

（1）供应商可以一次性获得大批预收款，缓解流动资金瓶颈问题。在担保提货授信融资业务中，对于上游供应商而言，将可以一次性获得预收账款的流入，然后再分批次交货，从而缓解流动资金瓶颈问题。

（2）供应商锁定了未来销售，销售稳定性增强。在淡季时收到下游客户的预付账款，将会对上游供应商的未来生产运作安排进行提前锁定，也就是在淡季就锁定了未来销售，使其销售稳定性得以增强。而且，融资企业为了能够享受大宗购买优惠折扣，会从供应商处订购大量商品，从而增加了核心供应商的销量。

3. 对金融服务提供商而言

（1）将卖方和物流监管两个变量合二为一，简化了风险控制维度。金融服务提供商在担保提货授信融资模式中扮演的是中间交货批次把握的角色，而供应商则是同时提供货物和物流监管，对于金融服务提供商而言，可以大大降低其风险管理的复杂度。同时，在担保提货授信融资业务中，引入卖方就发货不足部分的价值承担向金融服务提供商退款的责任，实际上解决了抵质押物的变现问题，较大程度规避了风险控制的难度。

(2) 核心供应商的介入较深，有利于金融服务提供商对核心供应商自身资源的直接开发。通过开展担保提货授信融资业务，金融服务提供商融入到供应链中，积极参与产、供、销各环节，有利于拓展并营销其他业务产品；同时还可以培育自己稳定的客户，并实现更多的存款沉淀，获得更多的中间业务收入。

（二）风险管理要点

1. 核心供应商的资信和实力评估

对核心供应商企业能力与信用水平的评估将会直接影响到金融服务提供商后续风险的大小。因此，在开展业务前，需要严格审查核心供应商的企业背景、贸易背景、信用交易背景等多方面背景资料，对提货担保授信的必要性及风险进行分析，评估核心供应商有无后续货物回购能力。另外，金融服务提供商应该对上游核心企业的基础交易合同进行严格审查，确保没有针对提货担保且对金融服务提供商本身不利的条款，同时金融服务提供商应该核实贸易买卖双方是否有其他协议可能影响到金融服务提供商本身在提货担保项下的权利义务。同时，资信实力评估方面，金融服务提供商应该仔细审核上游核心企业的其他业务信用状况。对于上游核心企业相关业务信用单据应该从严进行审查，必要时金融服务提供商还应该通过各种途径跟踪上游核心企业单据去向与后续结果，确保贸易背景及相关单据的真实性。

2. 金融服务提供商与核心供应商之间操作的有效对接

在金融服务提供商就买卖双方货物交接履行责任时，强化与上游核心供应商之间关于货物交接、货物监管等操作的有效连接，严格防止出现操作的空档期。因为一旦核心供应商也就是卖方对货物进行了单独的处理，就有可能出现货物偷换等违规操作行为，从而影响金融服务提供商的利益。

3. 防止核心供应商过度占用客户的预付账款，并挪作他用

一方面，金融服务提供商应该对于上游核心企业的其他预付账款进行一些延伸询问与审查。另一方面，金融服务提供商应该对于融资企业支付的这笔预付账款进行长时间的跟踪审查，要落实这笔预付账款的使用方向，避免出现上游核心企业过度占用客户的预付账款、挪作他用的行为出现，从而影响后续的交易，导致融资风险的产生。

案例分析 7-2

华夏银行的保兑仓业务

唐山松汀钢铁有限公司（以下简称“唐山松汀”）为了争夺市场份额，稳定自己的销售渠道，准备对经销商进行融资支持，但是直接对经销商融资存在较大的困难。直接融资可以采用赊销的形式，但赊销会造成下游企业对核心企业资金的占用，而且下游企业的信用等级较低，如果到期不能还款，会造成唐山松汀大量的应收账款坏账，使财务报表恶化。而且在目前的供应链结构中，唐山松汀与下游企业的合作大都采取部分预付账款的形式，占用下游企业资金进行生产经营，由于钢铁行业利润的下滑，唐山松汀的流动资金也日趋紧张，对下游企业的直接融资更加不现实。若是以担保方式提供支持，则不占用唐山松汀自有资金，在经销商产品可以顺利销售给终端客户获取回款的前提下，为下游企业提供担保的风险较低，承担回购担保为经销商获取银行资金，既能改善唐山松汀的财务状况，又可以实现壮大销售网络的目标。

迁安联钢九江钢铁有限公司（以下简称“迁安联钢”）是唐山松汀合作最稳定也是最大的经销商，迁安联钢目前面临的主要问题是企业流动资金不足。迁安联钢想达到2013年实现销售收入63亿元、净利润13 000万元的目标，该企业自有流动资金已不能满足其正常经营的需求。但是，迁安联钢的资金周转速度高于行业内平均水平，如果能获得融资支持，迁安联钢可以较快地创造出利润还款，如果是可以循环使用的贷款，迁安联钢可以在一年内创造出较高的收益。迁安联钢虽然利润可观，但从公司人员规模（300人左右）上看仍属于中型企业，并且没有可以提供足额担保的不动产，加上钢铁行业近几年不良贷款率较高，以传统的业务形式从银行获得贷款较为困难。

迁安联钢与唐山松汀有稳定的上下游合作关系，二者合作年限长，彼此之间贸易占比高。按照银行供应链融资的营销策略，迁安联钢在上游对唐山松汀供应原材料形成的应收账款可以用应收类业务进行融资，在下游销售唐山松汀产品可以用预付类业务进行融资。经调查，迁安联钢对唐山松汀的应收账款在迁安建行首钢支行申请办理保理业务已质押，保理金额15 000万元。迁安联钢目前存在的资金缺口主要是用于从上游供货商唐山松汀购买钢坯、带钢的预付账款。

鉴于迁安联钢存在的资金缺口，华夏银行为迁安联钢提供的授信金额将主要用于采购唐山松汀的钢坯、带钢，融资方案选取为保兑仓融资业务，融资模式采用流动资金贷款、银行承兑汇票承兑或商票贴现承兑人授信，用于弥补其向供货商唐山松汀购买钢坯、带钢存在的短期资金缺口。迁安联钢可以通过保兑仓融资业务获得融资支持，而唐山松汀只需要提供担保，而不需要直接的信用融资就可以实现扶持经销商、稳定销售渠道的目的。

华夏银行经授信审批委员会审议，给予迁安联钢3亿元的组合额度。组合额度是指在保兑仓授信模式下授予迁安联钢一个可以使用的最高额度，授信期内，在总信用额不超过这个额度的前提下可以根据实际需要采用不同的融资具体形式。此次授予迁安联钢的组合额度包含的融资形式有三种。第一，流动资金贷款1.5亿元，贷款期限不超过6个月，配套自有资金比例不低于30%。第二，银行承兑汇票承兑3亿元，首笔保证金比例不低于50%。第三，商票贴现承兑人授信1.5亿元，配套自有资金比例不低于50%。以上组合额度专项用于采购唐山松汀生产的钢坯、带钢，由唐山松汀承担未售出货物差额连带清偿责任（差额回购义务），同时由迁安联钢实际控制人刘某个人承担连带责任保证担保。

截至目前，迁安联钢已领用6 000万元的额度，采取银行承兑汇票的借款形式。迁安联钢履行贸易合同，从唐山松汀获取订单，用银行承兑汇票方式预付货款，华夏银行为迁安联钢承兑以唐山松汀为收款人的银行承兑汇票，以解决迁安联钢的资金缺口。

具体业务流程如图 7-3 所示：

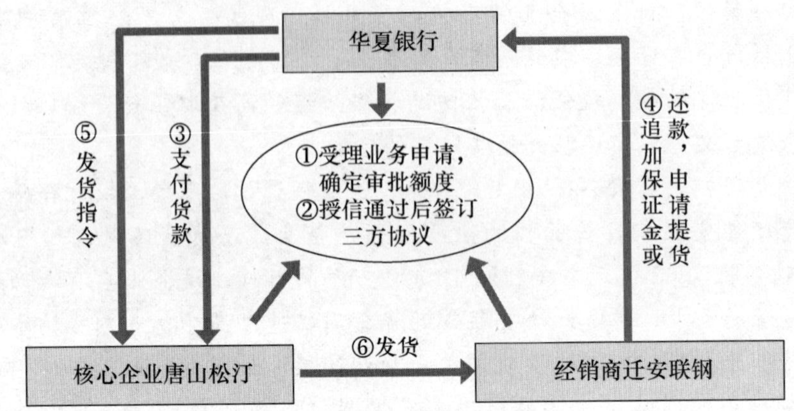

图 7-3　华夏银行保兑仓融资图示

迁安联钢与华夏银行签订最高额融资合同，协定授信的最高额度、授信期限、额度的具体领用形式、担保方式，并由唐山松汀与华夏银行签订最高额保证合同，为迁安联钢提供担保。之后，迁安联钢、唐山松汀与华夏银行三方共同签订未来提货权融资业务合作协议书，协议书项下签订银行承兑协议。

迁安联钢在华夏银行开立保证金账户，存入 50%的保证金，华夏银行发放以唐山松汀为收款人的银行承兑汇票，唐山松汀在华夏银行办理银行承兑汇票贴现业务，贴现的利息由迁安联钢支付，同时银行向迁安联钢收取 0.05%的手续费。唐山松汀在收到贴现资金后，视同迁安联钢支付了预付账款，安排生产并将融资对应的货物标记物权转移，等待银行指令发货。

迁安联钢首次申请提货时，可以使用之前存入的保证金，第二次提货起，需要在提货前追加相应的保证金或偿还相应债务本息，提交提货申请书，华夏银行核实保证金转入后向唐山松汀出具发货通知书，唐山松汀按照通知书中的数额发货，迁安联钢收到货物后再反馈给华夏银行货物收到告知函。

融资到期前 10 个工作日，如果银行承兑汇票等对应的保证金金额不足 100%或融资债务本息尚未清偿完毕，华夏银行向唐山松汀发出退款通知书，要求其将差额款项汇入银行指定的银行账户。

资料来源：商业银行供应链票据产品：保兑仓融资案例分析！https://www.sohu.com/a/195627176_367052.

案例思考：

华夏银行在保兑仓融资业务的过程中可能面临的风险有哪些？

第4节 进口信用证项下未来货权质押授信

一、进口信用证项下未来货权质押授信的内涵

信用证是银行根据其存款客户的请求，并按其指示向第三方发出，在一定期限内凭符合规定的单据付款的书面保证文件。信用证是银行有条件保证付款的证书，是国际贸易活动中常见的结算方式。在国际贸易活动中，买卖双方可能并不信任，买方担心预付账款后卖方不按合同要求发货；卖方担心在发货或提交货运单据后买方不付款。信用证很好地解决了这种矛盾。按照这种结算方式的一般规定，买方先将货款交存银行，由银行开立信用证，通知异地卖方开户银行转告卖方，卖方按照合同和信用证规定的条款发货，银行代买方付款。

信用证结算方式有三个特点：一是信用证是一项自足文件（self-sufficient file），信用证不依附于买卖合同，银行在审单时强调的是信用证与基础贸易相分离的书面形式上的认证。二是信用证方式是纯单据业务（pure documentary transaction），信用证是凭单付款，不以货物为准。只要单据相符，开证行就应无条件付款。三是开证银行负首要付款责任（primary liabilities for payment）。信用证是一种银行信用，它是银行的一种担保文件，开证银行对支付有首要付款责任。

信用证运作的过程中，涉及多个参与主体，主要包括：

（1）开证人，指向银行申请开立信用证的人，在信用证中又称开证人。主要义务有：根据合同开证，向银行交付比例押金，及时付款赎单等。主要权利有验、退、赎单，验、退货（均以信用证为依据）等。开证申请书有两部分，即对开证行的开证申请和对开证行的声明和保证；申明赎单付款前货物所有权归银行；开证行及其代理行只负单据表面是否合格之责；开证行对单据传递中的差错不负责、对“不可抗力”不负责，保证到期付款赎单，保证支付各项费用；开证行有权随时追加押金，有权决定货物代办保险和提高保险级别而费用由开证申请人负担。

（2）受益人，指信用证上所指定的有权使用该证的人，即出口人或实际供货人。主要义务有：收到信用证后应及时与合同核对，若不符合，尽早要求开证行修改或拒绝接受或要求开证申请人指示开证行修改信用证；如接受则发货并通知收货人，备齐单据在规定时间向议付行交单议付；对单据的正确性负责，不符时应执行开证行改单指示并仍在信用证规定期限交单。主要权利有：被拒绝修改或修改后仍不符，有权在通知对方后单方面撤销合同并拒绝信用证；交单后若开证行倒闭或无理拒付可直接要求开证申请人付款；收款前若开证申请人破产可停止货物装运并自行处理；若开证行倒闭时信用证还未使用可要求开证申请人另开。

（3）开证行，指接受开证申请人的委托开立信用证的银行，它承担保证付款的责任。主要义务有：正确、及时开证，承担第一付款责任。主要权利有：收取手续费和押金，拒绝受益人或议付行的不符单据，付款后开证申请人无力付款赎单时可处理单、货，货

不足款可向开证申请人追索余额。

(4) 通知行，指受开证行的委托，将信用证转交出口人的银行，它只证明信用证的真实性，不承担其他义务，是出口人所在地银行。需要证明信用证的真实性；通知行只负责照转。

(5) 议付银行，指愿意买入受益人交来跟单汇票的银行。根据信用证开证行的付款保证和受益人的请求，按信用证规定对受益人交付的跟单汇票垫款或贴现，并向信用证规定的付款索偿的银行（又称购票行、押汇行和贴现行；一般就是通知行；有限定议付和自由议付）。主要义务有：严格审单；垫付或贴现跟单汇票；背批信用证。主要权利有：可议付也可不议付；议付后可处理（货运）单据；议付后开证行倒闭或借口拒付可向受益人追回垫款。

(6) 付款银行，指信用证上指定付款的银行，在多数情况下，付款行就是开证行。即对符合信用证的单据向受益人付款的银行（可以是开证行也可以是受其委托的另家银行），有权付款或不付款；一经付款，无权向受益人或汇票持有人追索。

(7) 保兑行，受开证行委托对信用证以自己名义保证的银行。主要义务有：加批"保证兑付"；不可撤销的确定承诺；独立对信用证负责，凭单付款；付款后只能向开证行索偿；若开证行拒付或倒闭，则无权向受益人和议付行追索。

(8) 承兑行，指对受益人提交的汇票进行承兑的银行，亦是付款银行。

(9) 偿付行，指受开证行在信用证上的委托，代开证行向议付银行或付款银行清偿垫款的银行（又称清算行）。主要义务有：只付款不审单；只管偿付不管退款；不偿付时开证行偿付。

进口信用证项下未来货权质押授信是指进口商根据授信审批缴纳一定比例的保证金，金融服务提供商为其开信用证，并控制信用证项下的单据所代表的货权来控制还款来源的一种融资方式。具体说来，金融服务提供商根据进口商的申请，在进口商根据授信审批规定缴纳一定比例的保证金后，对减免保证金部分以信用证下的未来货权作为质押而开立信用证，通过控制信用证项下的货权，监控进口的买卖行为并采取必要风险控制手段而开展的一种封闭式的短期融资授信业务。货物到港后可以转化为存货抵质押授信。

进口信用证项下未来货权质押授信适合的融资对象主要包括：进口购买大宗商品的企业，拥有稳定购销渠道的专业进口外贸公司，以及需要扩大财务杠杆效应、降低担保抵押成本的进口企业。

二、进口信用证项下未来货权质押授信的业务流程

如图 7-4 所示，进口信用证项下未来货权质押授信的一般业务流程如下：

(1) 融资企业与供应商签订商品进口合同，并向银行交存一定比例的保证金。

(2) 银行为融资企业提供授信，开出信用证。

(3) 供应商按照合同约定装运货物，并向银行提交合格单据。

(4) 融资企业向银行补足保证金，银行放单。

(5) 融资企业申请办理进口押汇。银行指定报关行报关，并将货物置于指定监管方监管之下，办理动产质押手续。

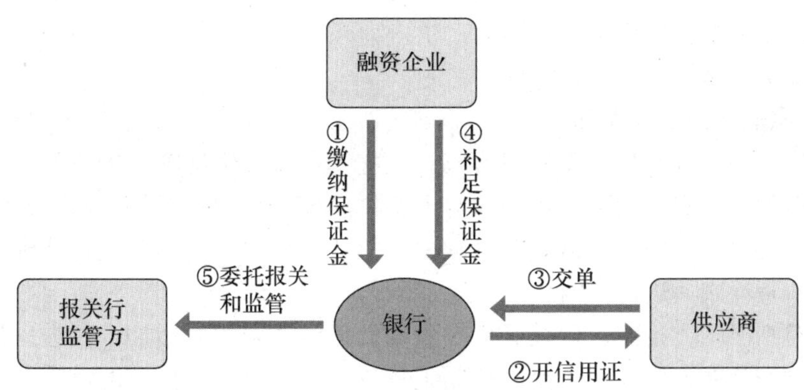

图7-4 进口信用证项下未来货权质押授信业务流程

三、业务价值与风险

（一）进口信用证项下未来货权质押授信的价值

1. 对融资企业而言

（1）在没有其他抵质押物品或担保的情况下，从金融服务提供商处获得授信。当没有其他不动产或者货物可以进行抵质押时，只需要缴纳一定的保证金，便可以基于此向金融服务提供商进行授信需求的申请，在获得金融服务提供商给予的授信后，便可对外开证采购，因此，可以有效解决进口企业的资金约束问题，促进其采购业务的顺利进行。

（2）缴纳少量保证金就可以一次性进行大规模采购，从而有利于获得优惠的商业折扣。在进口信用证项下未来货权质押授信融资模式中，融资企业可利用少量保证金扩大单次采购规模，从而保证大额采购货物量的实现，这将有助于融资企业获得较大程度的价格折扣。

（3）利用少量保证金扩大采购规模，在商品价格上涨的情况下获得杠杆收益。进口信用证项下未来货权质押授信融资模式的运作会提高融资企业的采购规模，而在采购规模建立的基础上，当商品价格由于市场需求变动需要涨价时，融资企业可以在价格上涨的情况下获得杠杆收益。

（4）提前锁定价格，防范商品价格上涨的风险。在进口信用证项下未来货权质押授信融资模式下，与其他预付账款融资模式相同的是，由于一次性大规模订货时间与收货时间的错开，将会帮助融资企业更早更快地锁定未来价格，避免在旺季销售需求增加带来的采购涨价风险。

2. 对上游供应商而言

（1）实现大额销售。对于上游供应商而言，在进口信用证项下未来货权质押授信融资模式中，最直观的价值与好处在于能够帮助融资企业实现一次大规模订货采购行为，反过来可以帮助上游供应商实现大额销售。

（2）采用信用证方式结算，避免企业的信用风险。在进口信用证项下未来货权质押授信融资模式中，采用信用证的方式进行具体业务的结算，可避免供应商由于下游企业信用缺失而产生的信用风险损失。同时，供应商还可以利用收到的信用证在国外金融服务提供商处融资，缓解资金紧张状况。

3. 对金融服务提供商而言

(1) 扩大客户范围而且易于控制货权。在整个进口信用证项下未来货权质押授信融资模式下，金融服务提供商可以更多地与上游供应商进行业务对接，从而扩大客户范围更加容易，而且在整个协议授信签订过程中，能够就货权责任问题进行清晰规定，从而能够更好地对货物权属进行控制。

(2) 在整个融资过程中，金融服务提供商的风险并未明显增加。在进口信用证项下未来货权质押授信融资模式下，由于控制了货权，金融服务提供商的风险并没有显著增加，而且还可以较好地对其予以及时控制。

（二）风险管理要点

1. 关注不同类型的单证对货权控制的有效性

在进口信用证项下未来货权质押授信融资模式下，下游企业因为流动资金有限，往往不能在货物进口后一次性付款提货，而是在一定期限内分批次提货，因此金融服务提供商的约定时间往往较长，进而导致金融服务提供商在控制货权方面容易发生风险和损失。所以金融服务提供商需要在进口信用证项下未来货权质押授信融资模式下进行不同类型单证对货物权属控制的监督，保证有效性。

2. 根据不同情况，为在途货物购买以金融服务提供商为受益人的保险

在货物交接与运输过程中，考虑到具体签署协议款项，需要对金融服务提供商的风险进行控制，所以需要在不同情况下去考量金融服务提供商的风险。有必要时，要为在途货物购买保险并以金融服务提供商为受益人。这也是对金融服务提供商在整个货物运输中潜在风险的一种规避。

3. 需做押汇的情况下，关注从到货到入仓监管之间衔接环节的货权控制

进口信用证项下未来货权质押授信融资模式运作过程中，入仓监管与其他预付账款融资模式相近，都会出现货物权属的变化。为了后续抵质押业务的顺利进行，金融服务提供商需要关注货物到达、入库、仓库监管这一个流程间的相互衔接，最重要的是要就金融服务提供商负责的部分做好货物权属的严格规定与控制。

4. 做好融资企业弃货情况下的应急预案

因为在进口信用证项下未来货权质押授信融资模式下，融资企业以少量保证金作为保证授信条件，金融服务提供商负责货物的分批次提货到达等事宜。在这个过程中，需要金融服务提供商提前对客户未来弃货可能性进行考量与控制，更为重要的是，为防范融资企业弃货给金融服务提供商带来的损失与风险，金融服务提供商需要做好一系列的紧急预案，并将这一未来预期纳入整体的客户授信条款，对融资企业弃货情况进行早期控制与避免。

案例分析 7-3

中小企业进口融资“新干线”：全程货权质押授信业务

融资本来就难，对于那些自身资本实力弱、贸易量却很大的企业，想获得银行授信就更困难。裕力化学有限公司的王总认为，国内银行业针对大宗商品进口的授信，大多按照传统的授信审核尺度与流程把握，需要足值的担保、抵押，门槛高，要么贷不到款，要么贷不够款，融资金额根本无法与商品货值匹配。

“也有朋友介绍我们找担保公司贷款，但是涉及合作方太多、作业链太长、时效性太差。”一年前从国内知名石化企业贸易部经理职位上辞职单干的王总大倒苦水，“好不容易拿到资金已是时过境迁，我们一再错失机会。”凭着自己多年从事化工产品进出口的工作经验和积累的丰富人脉关系，短短一年，裕力公司已取得国际知名催化剂和助燃剂品牌中国地区唯一代理权，并与中石化、中石油下属数十家企业建立了供货关系。

近期，王总与中石化、中石油老客户签订了常年供货协议，本该高兴的他心里却怎么也轻松不起来，合同约定的付款方式为买方在合同签订后预付 30%货款，货到验收合格后 3 个月内才付余款。上游也是国际知名大公司，要求开立即期信用证付款，全靠裕力公司自有资金难以应付。“万一付款供货不及时，得罪了两头大客户，今后的业务不就黄了?”王总诉苦：“银行的朋友说，他们看好我们公司的结算记录和发展前景，但是按照授信条件，怎么算也达不到审批标准。”

“后来物流公司的朋友向我推荐了深圳发展银行进口全程货押授信业务，解决了难题。真是太适合我们了!”王总兴奋地介绍，“深发展供应链金融提出了全流程融资的理念，该系列产品项下的未来货权质押开证业务正适合我们这类公司——规模不大，自有资金紧缺，无法提供足额担保抵押。深发展告诉我们，凭借稳定的购销渠道、适销的商品，我们就能取得融资，而且从进口开证到货物销售全过程，我们都可自主使用这部分融资。”

王总所说的深发展未来货权质押开证服务，是深圳发展银行近日推出的进口全程货权质押授信业务的一种，该行可以对减免保证金部分以信用证项下未来货权作为质押为进口商开立信用证。而且，到单后进口商还可以选择直接付款赎单，或者根据需要办理现货押汇，正好满足了王总的要求。下游付款及时，公司即可直接赎单，节约融资成本。下游迟付，公司又可立刻申请办理现货押汇，解决自有资金占用问题。国家积极扩大进口，进口企业面临大好发展机遇。深发展进口全程货权质押授信业务无疑为进口企业，特别是中小进口企业提供了加快发展的助推器。借此业务，无论是生产型企业，还是贸易型企业，在传统的抵押、担保信贷之外，都可以分享到一种创新的、更容易从银行获取授信支持的融资路径。

资料来源：申华．中小企业进口融资“新干线”：全程货权质押授信业务．进出口经理人，2007(9)：64.

案例思考：

为什么王总兴奋地说“真是太适合我们了”?

第 5 节　国内信用证融资

一、国内信用证融资的内涵

国内信用证是适用于国内贸易的一种支付结算方式，是开证银行依照申请人（购货方）的申请向受益人（销货方）开出的有一定金额、在一定期限内凭信用证规定的单据支付款项的书面承诺，是国内贸易往来通用的信用支付结算工具，具有不可撤销、以人民币计价、基于真实贸易背景等特征。国内信用证是一种与现金、票据等方式并列的结算工具，源自国际信用证，是企业之间进行贸易的支付结算方式；同时它也是一种融资工具，由于商业银行作出了付款承诺，商业信用转换为银行信用，大幅增加了信用证业务的安全性，并衍生出其他融资产品。

国内信用证分为即期信用证和远期信用证。即期信用证是指开证行应在收到并核验单据的 5 个工作日内完成付款；远期信用证是指开证行应在收到并核验单据的 5 个工作日内确认到期付款，并在到期日完成付款，远期信用证可在二级市场流通，目前我国的国内电子信用证付款最长期限不超过 1 年。

国内信用证具有结算及融资的功能，在结算的功能的基础上赋予了国内信用证贸易融资的功能，这是创新之处。国内信用证融资功能是各商业银行在国际信用证贸易融资的基础上的引申变通。目前，国内信用证在国内贸易中发挥了至关重要的作用，具有融资方便、结算灵活、信用支持等优势，这些年取得了突飞猛进的发展。

国内信用证结算产品包括国内信用证项下开证、通知、委托收款等产品；国内信用证融资产品包括针对买方提供的国内信用证项下买方押汇、买方代付，以及针对卖方提供的国内信用证打包贷款、卖方押汇、议付及福费廷等产品。国内信用证融资模式比较适用于：与国内陌生交易者进行交易的企业；卖方流动资金有限，需要依靠快速的资金周转开展业务的企业；卖方在获得开证银行付款确认后，收款前遇到临时资金周转困难的企业；卖方在获得开证银行付款确认后、收款前遇到新的投资机会，且预期收益率高于押汇利率的企业等客户。

二、国内信用证融资的业务流程

如图 7－5 所示，国内信用证融资的一般业务流程如下：

（1）买卖双方基于真实贸易背景签订商品购销合同，双方约定以国内信用证为结算方式，买方（融资企业）向当地开证行提出开证申请，并提交相应单据；

（2）开证行应买方申请，在审核买方资信后，向通知行（卖方开户银行）开立以卖方（供应商）为受益人的国内信用证；

（3）通知行收到国内信用证后通知卖方，并将信用证交给卖方；

（4）卖方在收到国内信用证后，按照国内信用证条款规定发货；

（5）卖方发货后备齐单据，向委托行（通常是通知行）交单；

（6）延期付款信用证项下，卖方可向议付行（通常是通知行）申请议付；

（7）委托收款行或议付行将全套单据邮寄开证行，办理委托收款；

（8）开证行收到全套单据、审查单证相符后，向委托收款行或议付行付款或者发出到期付款确认书；

（9）开证行通知买方付款，并将单据交予对方；

（10）买方凭符合信用证条款的单据向开证行付款；

（11）买方办理提货事宜。

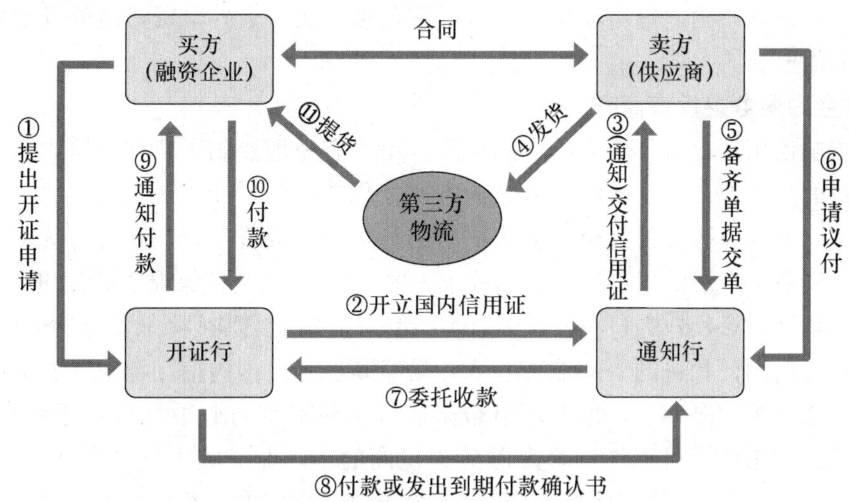

图 7－5　国内信用证融资业务流程

三、业务价值与风险

（一）国内信用证融资的价值

1. 对于融资企业而言

（1）解决企业与陌生交易者之间的信用风险问题。国内信用证融资以银行信用弥补了商业信用的不足，规避了传统人民币结算业务中的诸多风险。对买方而言，国内信用证下的支付更加安全，国内信用证凭单据支付，卖方如不能提交单证相符的单据，买方有权拒付；可以通过信用证条款的规定来把握整个贸易流程，比如可以通过信用证条款规定提交相应的检查单据来控制货物质量和数量，通过信用证条款规定最迟装运日，制约卖方按时交货，避免卖方延误给买方造成的损失。对卖方而言，银行信用替代商业信用可以有效降低卖方的收款风险，保障交易安全，有效防止买方因市场原因拒绝提货或要求降价；可以防止买方凭借其优势地位提出修改或撤销合同，促进合同的履行。

（2）促进了交易的有效开展，提高了资金使用效率。国内信用证没有签发银行承兑汇票时所设的金额限制，使交易量更具弹性，手续更加简便。此外，买方企业还可以利用在开证银行的授信额度来开立延期付款信用证提取货物，用销售收入来支付国内信用证款项，不占用自有资金，提高了资金使用效率。

（3）提供灵活多样的融资方式，满足企业改善财务报表的需要。国内信用证可以在发货前后的多个贸易环节为买卖双方提供多种融资方式，可以灵活地通过利息支付方式的变化满足交易双方的需求，可以为企业提供灵活便利的融资渠道，可以争取相对低的融资条件，满足企业降低运营成本的需求。如买方可以通过买方押汇、买方代付、减免保证金交易等方式获得融资，缓解企业资金周转的压力；而卖方除了可以通过打包贷款获得银行的融资来组织信用证项下的货物的生产，还可以通过提交单证相符的单据向银行申请议付，通过办理卖方押汇、福费廷等方式获得融资，提前变现应收账款，减少企业资金占用。另外，国内信用证作为一种或有负债，属于表外融资，能够满足客户改善财务报表的需要。

2. 对金融服务提供商而言

（1）国内信用证规避了卖方的信用风险，更为有力地控制了货权。国内信用证更注重贸易背景的真实性，开证流程可有效规避票据伪造风险，能有效增加买方、卖方和银行三方福利，不仅保障交易安全，便于支付结算，更是融资工具，其自身优势是国内信用证业务得到快速发展的根本保证。相较于先票/款后货以及担保提货等预付账款融资模式，国内信用证融资模式通过对货权的有力控制，能够更大程度降低卖方的信用风险。

（2）获得信用证相关的中间业务收入，培育新客户。国内信用证业务具有开证、通知、议付、修改等较多环节，每个环节金融服务提供商都可收取相应的手续费。因此，通过结算业务的拓展，可以增加金融服务提供商的中间业务收入，增强其市场竞争力。此外，可以通过国内信用证对贸易中的上下游客户进行拓展，尤其可以通过核心企业带动其上下游客户的业务，为客户提供一揽子贸易结算和融资服务，在有效地稳定和维护现有客户关系的同时，为金融服务提供商带来新的客户。

（二）风险管理要点

1. 货权单据选择的法律有效性

国内信用证融资抵押的货权凭证很多都不受法律保护，因此，金融服务提供商在货权抵押凭证的选择上要谨慎，同时不能因为有国内信用证抵押而放松了对其他担保物的风险审查。此外，要加强合同文本审核与管理，确保手续完备与合规，审慎开立“软条款”，特别是单证不符且开证申请人同意付款的情况下，银行的付款责任问题应予谨慎处理。

2. 跨行操作关注不同银行间国内信用证管理办法的差别

在处理国内信用证融资时，需要关注不同金融服务提供商关于国内信用证的管理办法上存在的差异性，尤其是在进行跨行操作时要更加关注，避免因为不同银行管理办法的差异化给企业带来不必要的损失。

3. 与交易双方明确争端解决的参考制度和办法

对国内信用证业务开证申请、单证审查、卖方融资等各个环节进行明确的职责界定，强化营销人员对贸易背景真实性及单证审查人员对单证表面真实性的审查责任落实。通过强化责任落实，建立严格的责任追究机制，杜绝风险发生后互相推诿扯皮的现象发生。同时制定具体的实施细则和管理规定，理顺业务办理流程，严格按流程要求操作，防范风险。

案例分析 7-4

国内信用证在医院融资理财中的运用

（一）行业背景介绍

目前医院的资金主要有三个来源：一是政府的财政补助；二是药品的差价收入；三

是医疗服务收入。随着国家财政状况和医院分配关系的变化，医院资金的来源也发生了深刻的变化。国家财政对医院的补助占医院总支出的比例逐年下降；药品销售的差价收入也随着药品价格大幅度下降而萎缩；政府出于保持社会稳定等原因对医疗服务收费价格调整进行控制，医疗服务收入被控制在成本以内，这三个方面使医院资金来源严重不足，合理筹措医院建设发展资金已成为医院财务管理的重要内容。博爱医院也面临上述问题，它在与福临制药有限责任公司合作时就采取了国内信用证结算方式。

（二）国内信用证交易过程

博爱医院与福临公司产生购销关系，每月交易额均大于等于1 200 万元，博爱医院原采用延期支付药品款方式，收到福临公司药品 3 个月以后再付款。博爱医院所欠福临公司药品款为 1 月份 1 300 万元、2 月份 1 200 万元、3 月份 1 400 万元。博爱医院在银行获得了 6 000 万元的授信额度，从 4 月份起博爱医院约定部分货款采用国内信用证结算方式，每月开出 1 000 万元国内信用证购买福临公司的药品。付款方式为延期付款，即该笔国内信用证延期 6 个月至 10 月付款，双方建立战略同盟并且约定采用国内信用证结算方式。

通过建立战略同盟稳定双方的关系后，购销双方可以协商按一年期利率 5.31%与 1.7%贴现率估算，医院与卖方协商截留金额以信用证总额 1 000 万元中各占 40%、60%为宜，即博爱医院每月可少付福临公司到期货款 400 万元。福临公司每月可多得 600 万元，应小于 3 个月到期应付账款合计数/延期付款期限＝（1 300＋1 200＋1 400）/6＝650 万元。4 月份博爱医院只需偿付 1 月份药品款 900 万元（1 300－400），同时缴纳 10%的信用证保证金 100 万元，获得银行半年期定期存款利息 1.13 万元，获得 300 万元（400 万元截留金额－100 万元保证金）资金无息使用 6 个月，按一年期利率 5.31%计算节约了利息 7.97 万元。

福临公司取回博爱医院支付的 900 万元，同时将国内信用证 1 000 万元带到银行办理贴现率极低的贴现业务，获得近 1 000 万元，共约 1 900 万元，比原有的 3 个月延期支付方式得到的 1 月份药品款 1 300 万元多 600 万元，使用期限 6 个月，其中 1 000 万元的贴现利息按 1.7%估算，约为 300 万元流动资金的贷款利息，福临公司同样获得 300 万元（600－300）资金无息使用 6 个月。对于目前绝大部分企业经济效益低下、资信状况恶劣的现实，同样追逐利润最大化的银行，从其自身经营安全性角度考虑，往往对企业申请流动资金贷款设置许多门槛。福临公司借用博爱医院的 AAA 信用，可以方便快捷地获取低成本资金。

依此类推，博爱医院每月开出 1 000 万元国内信用证，6 个月未超过银行批准的 6 000 万元授信额度。第 6 个月时偿还到期的信用证 1 000 万元，再滚存每月开出信用证，经过半年可获得 1 800 万元（300×6）资金无息使用 6 个月，可节约利息 47.79 万元。福临公司可获得 3 600 万元（600×6）资金低息使用 6 个月。

博爱医院应特别防范财务风险，其每月开出的信用证总额 1 000 万元的 60%，即让福临公司额外获得低息资金 6 个月，累计为 3 600 万元（600×6），应小于等于福临公司的任意累计 3 个月应付账款最小值，才能避免库存价值低于对方额外获得资金的风险。同时关注福临公司的财务状况、经营情况，一旦出现恶化迹象，立即停止开出国内信用证。同时博爱医院应保持良好的财务信誉，合理地安排资金，保证有足够的资金偿还到期信用证。采用此种国内信用证结算方式，博爱医院财务风险略高于福临公司，建议开证手续费按开证金额的0.05%计算，由福临公司承担。

资料来源：郑颖．浅谈国内信用证在医院融资理财中的运用．财会通讯，2011（5）：23-24.

案例思考：

国内信用证在医院融资理财中的优势有哪些？

第6节　附保贴函的商业承兑汇票

一、附保贴函的商业承兑汇票的内涵

附保贴函的商业承兑汇票也称为商业承兑汇票保贴，是指金融服务提供商对商业承兑汇票承兑人、背书人或持有人核定授信额度，并在授信额度内对其商业承兑汇票提供贴现的一种授信行为。通过对商业承兑汇票承诺保证给予贴现，商业承兑汇票就具备了金融服务提供商信用，从而提升了商业承兑汇票的信用，加速其流通，实际上是一种授信的使用方式。但是在实践中，由于票据当事人在法律上票据责任的存在，构成了贸易结算双方简约而有效的连带担保关系，因此可以作为独立的融资形态存在。

附保贴函的商业承兑汇票可以从两个层面来理解其产品特性：

（1）当银行授信给出票人时，是一种预付账款融资；

（2）当银行授信给收票人时，即给予一个贴现额度，是应收账款融资，即票据化保理。

二、附保贴函的商业承兑汇票的价值

对交易双方的好处在于：

（1）免除了手续费，且贴现利率一般而言低于贷款，因此融资成本较低；

（2）由于金融服务提供商信用支持，出票人的信用等级得到提高；

（3）不用签署担保合同等其他文件，使用简便。

对金融服务提供商的好处在于：

（1）金融服务提供商可以控制资金流向；

（2）票据责任形成的隐性连带担保降低了操作风险和操作成本。

关键词

预付账款　预付账款融资　先票/款后货授信　回购　担保提货授信　保兑仓授信　卖方担保买方信贷模式　信用证　进口信用证　未来货权质押　押汇　国内信用证　即

期信用证　远期信用证　开证行　通知行

复习与思考题

1. 什么是预付账款融资？作用有哪些？
2. 先票/款后货授信的适用情境、流程、价值与风险是什么？
3. 担保提货授信的适用情境、流程、价值与风险是什么？
4. 进口信用证项下未来货权质押授信的适用情境、流程、价值与风险是什么？
5. 国内信用证融资的适用情境、流程、价值与风险是什么？

第8章

供应链金融运作的进化阶段

学习目标

- 理解供应链金融的进化阶段。
- 理解供应链金融不同进化阶段的内涵。
- 掌握供应链金融不同进化阶段的模式特征。
- 理解供应链金融不同进化阶段的优势与局限。
- 了解供应链金融不同进化阶段的典型实践。

第1节　金融机构推动的供应链金融

一、概述

金融机构推动的供应链金融通常被称为供应链金融1.0阶段。

（一）内涵——金融机构依托“M+1+N”提供金融服务

金融机构推动的供应链金融是指金融机构在对供应链内部主体间的交易结构进行分析的基础上，运用自偿性贸易融资的信贷模型，同时引入供应链上核心企业、物流监管公司、资金流引导工具等新的风险控制变量，对供应链不同节点的企业或组织提供封闭的融资授信支持及其他结算、理财等综合金融服务。

深圳发展银行将其概括为“M+1+N”的供应链融资体系，即抓住产业供应链中的核心企业“1”，依托其供应链，向其上游M个供应商及下游N个客户提供综合性的融资等解决方案。金融机构推动的供应链金融主要在于突出核心企业的作用，通过评估核心企业的信用来确定是否向上游供应商和下游企业客户授信，将核心企业的信用评估应用于供应链上的其他企业。

在这一阶段，由于商业银行并不掌握商流与流动的“物”的状态，不能对“物”流与整个供应链的运营产生影响，因此，商业银行只能根据自己对于核心企业的信任向资金需求者（如供应链上的供应商）提供金融服务，即只是将自己的“金融服务”作为一项额外的产品提供给资金需求者。

（二）前提——业务整合、物流优化、信息系统建设

为了使该产品能较好地服务于供应链中的核心企业（“1”）或上下游（“M”和“N”），这一阶段供应链金融业务的开展需要注意以下几个方面：

（1）在业务能力方面，需要核心企业实现跨职能之间的协同。

（2）在物流方面，企业强调产品物流的优化，通过作业成本法，清晰地刻画各个环节和运转流程，以便能够有效地反映和计量特定物流服务或活动的费用和绩效，最终达到优化物流活动的目的。

（3）在信息系统的建设方面，为了实现商流和物流信息在企业内部的有效传递，企业需要整合、协同整个业务流程的系统架构，即企业级的 ERP 系统。通过 ERP 系统，企业各个职能模块能够无缝对接，优化业务网络中内部和外部的沟通流程，通过整合企业价值链活动的所有信息达到强化决策的目的。

（三）目标——缩短企业的现金流量周期

这一模式的目标追求是缩短企业现金流量周期，该目标的实现不仅取决于通过企业内部系统化的业务整合和信息化能力，降低可能的库存，而且还需减少企业的应收账款，增加应付账款。但是单纯地减少应收和增加应付势必会损害供应链上其他成员的相关利益，而借助供应链金融就可以消除这一弊端，例如企业通过与金融机构合作，将应收进行转让。整合化的企业信息系统能够使金融服务提供商（如商业银行）清楚地了解企业的经营运作情况并获取相关的辅助评价信息，这为商业银行控制风险提供了基础，也支撑了供应链金融 1.0 阶段的运营。

二、模式特征

（一）服务提供主体——金融机构

金融机构推动的供应链金融模式中的服务提供主体主要是金融机构，诸如商业银行、保理商等。金融机构借助核心企业的信用，将综合性的金融业务延伸至核心企业的上下游。

（二）网络结构——点对链的交易关系、序列依存关系

在金融机构推动的供应链金融模式中，其网络结构形态是点（金融机构）对线（核心企业链条上下游）的交易关系、序列依存关系，以商业银行作为供应链金融的主体，产业供应链的参与各方与银行之间呈现资金的借贷关系。商业银行希望通过依托核心企业的信用将银行自身业务扩展到核心企业的上下游。传统借贷方式是点对点的关系，即银行与借款人之间的关系，而金融机构推动的供应链金融阶段的网络结构如图 8－1 所

示，变为了点对线的关系，即银行与供应链参与各方之间的关系。

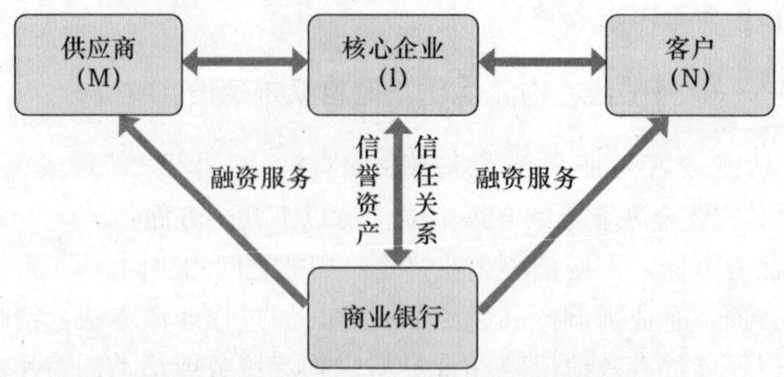

图 8-1 金融机构推动的供应链金融阶段的网络结构

（三）流程管理——资金流

金融机构推动的供应链金融的流程管理是对资金流进行管理，只强调对供应链中资金流状况的监控，关注融资企业的资金使用目的、使用过程和效果，确保资金能准时收回。对于供应链中的其他流程，诸如供应链能力的管理、需求管理、客户关系管理、采购与供应商管理、服务传递管理等均缺乏关注，因为商业银行只是利用焦点企业的信用为其上下游进行融资。

（四）控制要素——基于静态的“物”的信息

金融机构推动的供应链金融的控制要素是有形的实体要素，即为了控制和降低供应链金融运营中的风险，资金提供方强调对于静态的“物”（货物等）的控制，例如对与“物”交易相关的应收账款、库存和预付账款的把控。这些业务的管理核心是保证“物”的真实性、保全性和价值性。

三、优势与局限

（一）金融机构推动的供应链金融优势

（1）商业银行等金融机构可以通过依托供应链核心企业的信誉资产和信任关系，向其上下游延伸金融服务，最终使服务范围得到扩展。

（2）金融机构推动的供应链金融中，整个运作链条中每个成员都可以拥有自己的供应链金融解决方案。由于核心企业的实力强，掌握众多资源，运营前景可观，风险不大，金融机构一般对其非常欢迎。

（3）金融机构推动的供应链金融改变了传统金融机构以往的贷款模式，将偏好大型企业和不动产抵押贷款转变为与核心企业展开合作，根据供应链闭环中的交易信息，为链上各成员提供金融解决方案，将物流、信息流和资金流高度统一，实现效益最大化。

（二）金融机构推动的供应链金融局限

（1）金融机构推动的供应链金融中的商业银行和供应链参与者分别作为资金的投入

者和资金的消耗者，两者是点对点的对接关系，没有考虑供应链的整个运作流程。

（2）金融机构推动的供应链金融中，由于整个流程都发生在线下，效率较低，信息不对称的情况时有发生，不利于供应链金融的发展壮大。

（3）金融机构推动的供应链金融由于商业银行对供应链资金流的管理难以渗透到供应链整体业务运行的过程中，因此该阶段中金融机构并未实际切入产业运营之中，其所能辐射的服务主体和服务类型极其有限。从供应链运营的角度看，作为供应链金融推进者或者服务商的金融机构并没有真正参与到供应链业务运作过程中，或者说它们没有介入实际的供应链交易、供应链物流，因此，没有直接获取、监控和掌握供应链信息。该阶段的供应链金融服务提供商对于信息流的掌握不够深入，只是强调通过信息化手段去及时掌握“物”的状态以及企业资金运用和偿还的情况。

四、供应链金融典型实践

（一）企业背景

平安银行作为国内最早提出并践行供应链金融的银行，在供应链金融领域进行了一些有益的探索，在这一探索的过程中，平安银行的角色和地位逐步从原来传统的银行借贷，通过平台和生态的打造，向供应链金融演化。平安银行的新型平台化模式为其他的商业银行创新供应链金融业务提供了新思路，平安银行通过“橙 e 网”平台实现供应链全流程大数据积累，并且与其他平台合作，开创各种商业银行供应链金融新业务，实现了由传统银行借贷业务向基于组织生态的供应链金融的转变。

从平安银行的实践历程看，平安银行经历了几次业务上的转型与变革：

第一次是 2000—2008 年，当时的深圳发展银行（2012 年更名平安银行）开始了“M＋1＋N”的金融活动，通过抓住 1 个核心企业，去开发经营核心企业供应链上下游的 M 和 N，为核心企业及其供应链上下游提供融资、支付结算、财富管理等在内的金融服务。这一阶段是深圳发展银行供应链金融的早期尝试，但这种模式是一种不稳定的供应链金融形态，这是因为深圳发展银行并没有真正把握产业企业的具体运营管理，本身既没有打造产业生态，甚至也没有真正进入到产业生态链中。

第二次是 2009—2012 年，这一阶段的平安银行将原来线下的供应链金融业务搬到线上，试图利用互联网和 IT 技术构建平台，连接供应链的上下游及各参与方，实现资金流、信息流的归集和整合，提供适应供应链全链条的在线融资、结算、投资理财等综合金融与增值服务。这一时期平安银行试图从原来单一的流动性提供者逐步向风险管理者转变，通过互联网技术减少人工操作的成本和隐含的风险，可是，尽管这一时期平安银行开始发生实质性的转型，但是严格意义上讲，仍然不是供应链金融的稳定状态，这是因为这一时期的平安银行并没有真正把握商流、物流的信息以及供应链全流程管理，因此，很难作为平台提供者出现，同时风险管理也变得非常艰巨。

第三次是 2013 年以来，平安银行提出了平台和供应链金融相结合的模式，即在组织架构上单独设立公司网络金融事业部——全行唯一的平台事业部，专职于供应链金融产品的创新与推广，在平台建设上搭建了跨条线、跨部门的银行公共平台——橙 e 网平台，与政府、企业、行业协会等广结联盟，通过综合平台的建设，突破传统金融的边界。

（二）运作模式

目前平安银行所提供的供应链金融业务从传统的银行借贷业务转向了基于组织生态的供应链金融，如图 8－2 所示。

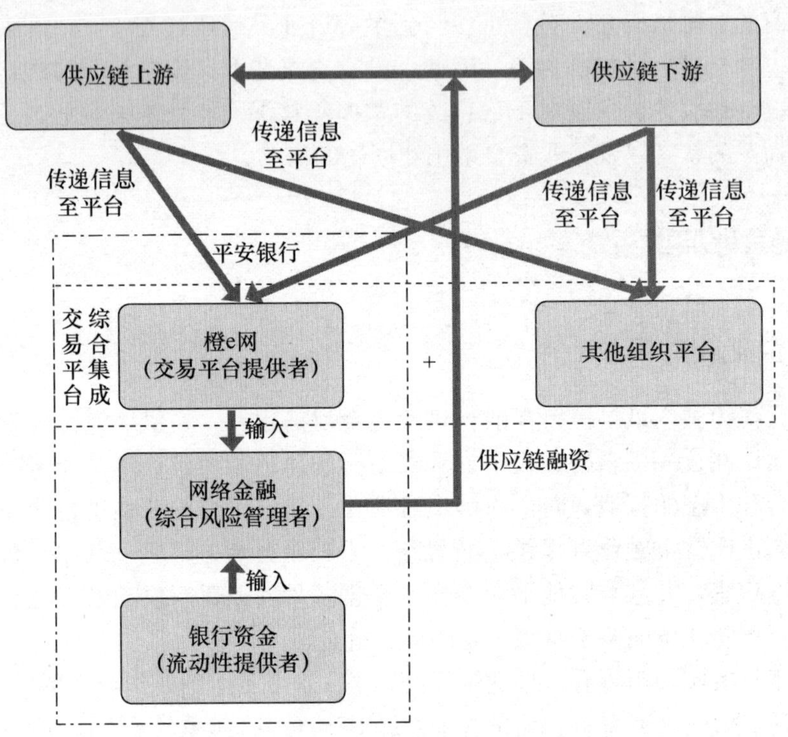

图 8－2　平安银行的供应链金融网络结构

从模式结构上看，平安银行通过橙 e 网平台的建设和运营，实现了供应链全流程的交易信息和数据的沉淀和管理，并且为了保证这些信息数据的完整性和真实性，同时与外部合作者，包括第三方支付、电商、物流、海关等平台对接，发挥了交易平台提供者的作用。与此同时，根据橙 e 网平台的信息数据，结合银行原有的征信体系，针对供应链上的主体提供定制化的融资解决方案，同时，资金的来源也是来自平安银行自身的运营资金，因此，它又同时起到了综合风险管理者和流动性提供者的作用。

（三）供应链金融业务运作

1. 与供应链协同平台合作推出“商超供应贷”

C 公司是国内领先的供应链电子商务解决方案和行业信息化服务提供商，总部位于北京，设有上海分公司，并在深圳、苏州、宁波等多地设有分支机构。C 公司服务 20 余家核心企业，为其提供财务供应链平台，以期提高结算效率和费用可视度，降低发票退票率，加快资金周转。2013 年，平安银行与 C 公司签署了《供应链金融战略合作协议》，双方在供应链金融领域全面合作，同年 11 月，双方系统实现对接，首个产品“商超供应贷”投产上线。

“商超供应贷”是由平安银行和C公司合作开发，专为国内商场百货、超市供应商定制的一款应收类融资产品。产品基于平安银行线上供应链金融系统与C公司的财务供应链平台对接，及时了解和掌握商超企业（核心企业）与上游供应商之间的订单、收货、发票、付款等信息，并以一定的融资比例将认可的资产入池，为客户提供全流程线上融资服务和应收账款管理服务。

对银行而言，将C平台上沉淀的商流、物流、资金流等相关信息用于额度审批、出账、预警等操作，能实现贷前、贷中流程的简化与优化及贷后管理的智能化和自动化，降低银行风险和操作成本。同时，由于应收账款界定从收货阶段开始，供应商的授信额度比传统保理从发票开始的情形更高。最后，“商超供应贷”是基于商超供应商的日常经营信息和应收账款信息进行授信，无须企业提供额外的抵押物和担保，较好适应了中小企业普遍轻资产的局面。

2. 与海关支付平台合作推出“货代运费贷”

D电子支付有限公司是国内企业公共电子支付行业的领先品牌，在B2B（企业对企业）和B2G（企业对政府）的电子支付领域拥有强大的技术力量和丰富的行业经验。D公司是目前国内唯一一家海关税费电子支付平台，为广大进出口企业提供海关税费电子支付服务，各家银行的“银关通”系统均需对接D公司的系统。2014 年，平安银行与D公司合作推出的“货代运费贷”产品是基于货代企业（从事货运代理的企业，如提供货物清关、转关服务）应收账款的“池”融资模式。

“货代运费贷”产品通过分析税务和海关的大数据判断企业经营资质及业务真实性，为银行授信发放过程中的额度审批、出账、贷后预警等操作提供支撑，货代企业无须额外增加抵押和担保，就可通过平安银行橙e网平台在线申请融资，平安银行凭借发票数据和交易信息，为其提供发展所急需的资金支持。办理“货代运费贷”产品，货代企业只需在线向银行提供尚未付款的发票及对应的货运提单信息，平安银行即与D公司进行交互验证，通过后向货代企业发放贷款。

全流程线上操作，多部门配合联动，简单快捷环保，降低了货代企业贷款的准入门槛。平安银行橙e网平台通过与D公司线上系统的对接，实现各方数据共享、贸易背景真实性和连续性的线上交叉核查，有效解决了中小企业融资中银企间信息不对称的难题，开创了货代企业“一揽子”在线金融服务解决方案的规模化实践。

3. 与大型企业B2B平台合作推出“采购自由贷”

H集团是全球大型家电的第一品牌，其名下拥有26 000多家经销商，在全国建立了90余个物流配送中心、2 000多个二级配送站。G公司是H集团的全资子公司，核心业务是四网，即虚网、营销网、物流网、服务网的融合，通过虚实融合战略，为用户提供全流程一体化的解决方案融合的平台型业务。

H集团紧随产业互联网化的步伐，启动G公司下的B2B电商平台的建设。G公司的B2B平台定位为集信息流、物流、现金流为一体的大型开放式服务平台。H集团的两万多家经销商可在平台上在线下单，发起在线融资申请，实现对订单、物流、资金等信息的跟踪。

平安银行橙e网平台与G公司的B2B平台实现无缝对接，双方共享订单、物流、资金等信息，合作推出“采购自由贷”。“采购自由贷”极大降低了经销商的准入门槛，大幅度简化了经销商的授信资料，对业务进行批量授信、批量开发。经销商无须抵押，免担保，只要和H集团生意往来超过一年时间，不论自身规模大小都可以向银行申请融资。平安银行允许经销商随借随还，大大降低了中小企业的融资成本。借还款等操作都是线上完成。经销商从G公司的B2B网站在线发起订单，到平安银行橙e网平台完成贷款交易，最快只要6分钟。

第2节　产业企业推动的供应链金融

一、概述

产业企业推动的供应链金融阶段称为供应链金融2.0阶段。在这一阶段，对供应链金融的理解开始从银行走向产业，与此同时，供应链金融开展的基础也逐渐从要素走向结构和流程。其原因主要在于1.0阶段提出的“M+1+N”模式有其内在的缺陷和问题：

一方面，商业银行难以真正把控产业运营风险。金融活动实施的主体是商业银行，而传统的商业银行由于不参与供应链运营较难知晓真实的贸易过程和物流过程，而综合完整信息的缺失会产生巨大的金融风险，为了有效地控制因为信息缺失产生的融资风险，商业银行只能依托产业链中的核心企业，以其强大的信用作为基础，延伸金融服务，产生银行所谓的“中间业务”。然而，这种模式具有内在的不稳定性，作为金融活动主体的传统商业银行并没有真正起到综合风险管理者的作用，加之不是所有的“1”都具有良好的契约精神，很容易造成商业银行最终需承担因为违约甚至欺诈产生的巨大损失。

另一方面，缺乏有效的供应链整合与协作。从供应链管理角度看，供应链金融是一种基于供应链运营而产生的综合金融业务，它依托整个供应链参与者之间的协同与合作，企业与企业之间如果缺乏合作的基础，或者说合作的平等性和交互性一旦丧失，供应链金融就会名存实亡，所以不能说谁是供应链的唯一核心或主导，而其他企业或组织是依附在“1”基础上的“M”或“N”。

（一）内涵——多流整合、焦点企业主导、线上化

正是基于这样一种状况，随着实践发展，人们逐渐拓展了供应链金融的内涵，在由产业企业推动的供应链金融阶段，供应链金融的基础不仅包括供应链内部的要素与流程，整个供应链的结构也起着非常重要的作用。中小企业的信用基础不一定来自所谓的核心企业，企业真正的信用来源是供应链金融中业务闭合化、收入自偿化、管理垂直化、交易信息化和风险结构化。具体而言：

（1）产业企业推动的多流整合。产业企业推动的供应链金融是一种在焦点企业主导的企业生态圈中，对资金的可得性和成本进行系统性优化的过程，这种优化主要是通过

对供应链内的信息流进行归集、整合、打包和利用的过程中，嵌入成本分析、成本管理和各类融资手段而实现的。在这个过程中，金融机构如何有效地嵌入供应链网络，与供应链经营企业相结合，实现有效的供应链资金运行，同时又能合理地控制风险，成为供应链金融的关键问题。

（2）焦点企业主导模式运营。在这一阶段，供应链金融是基于供应链运行产生的综合性金融业务，其顺利实施与否，取决于供应链成员间是否相互协同、肝胆相照。也就是说，如果要开展供应链金融业务，首先要掌握供应链上的交易和物流。因此，供应链网络中的焦点企业逐渐成为开展供应链金融业务的主导，并且由"链"发展到"网"，第三方物流、监管机构等相关主体也都参与进来。

这里需要明确一下焦点企业与核心企业的区别。在单独一条供应链中，议价能力最强、交易规模最大的企业通常被视为核心企业。但很多时候，一条供应链上的节点企业的上下游往往不止一家客户，加之物流、金融、商贸等相关服务主体，便形成了一个供应链网络，在这个网络中占据最多客户资源的企业，往往被视为焦点企业。也就是说，核心企业背后是"链"，而焦点企业背后是"网"。尽管很多时候核心企业和焦点企业是同一家，但在一些领域中，焦点企业未必就是核心企业，它可能是平台、商贸或者第三方物流这些服务机构。在整个供应链协作体系中，焦点企业可以对供应链中的物流、商流、信息流、资金流进行最有效的掌控。上下游交易方、金融机构、第三方物流这些主体，可以通过它们的焦点位置连成网络。这时候焦点企业开始取代银行，成为开展供应链金融业务的主体，并成为平台提供方和风险管理方，一方面提供合作的平台；另一方面给相关方安排各自的位置，设计一个特色化个性化的融资模式。

（3）线上化协作。产业企业推动的供应链金融将"M＋1＋N"模式由线下转为线上，供应链参与主体通过互联网技术实现对接，授信审查效率大大提高。2012年以来，建设银行、农业银行、中国银行、兴业银行、光大银行、浦发银行陆续将传统线下"M＋1＋N"模式转为线上操作。在此阶段，供应链金融仍较大程度依赖核心企业提供增信支持，而商业银行和核心企业的数据已完成对接，能够获取核心企业和产业链上下游企业的订单、生产、销售、付款、仓储等经营信息。

（二）前提——各参与者的进一步整合、全物流协作、B2B产业互联

进入产业企业推动的供应链金融阶段，焦点企业开始由产品提供者向服务提供商转变，因此焦点企业需要进行跨组织的协作。

（1）在业务能力上，使各个参与者就产品、生产过程、计划和能力等方面进行充分的信息沟通，形成一致的战略目标，从而提升供应链整体绩效，并且为服务价值创造增加机会。

（2）在物流管理上，焦点企业为了降低整个供应链的库存水平，促进参与者合作管理库存，实行供应商管理库存，以进一步进行资源整合，提高供应链的整体价值。

（3）为了实现这种能力，焦点企业在信息系统建设能力上，需要建构B2B产业互联的信息系统，保证各个参与者之间的企业级ERP系统能够无缝对接，由此打造跨组织集成供应链信息系统，打通供应链运营的信息（包括一定程度的交易信息、物流信息）传

递渠道，以实现主数据流程、采购订单流程、销售订单流程、仓储协同流程、关务协同流程和运输协同流程的一体化。

（三）目标——缩短拓展的供应链现金流量周期

产业企业推动的供应链金融的目标追求是缩短拓展的现金流量周期，即焦点企业的服务价值在于帮助供应链整体缩短供应链现金流量周期，以增强供应链整体的竞争优势。供应链现金流量周期的缩短不仅依赖于供应链整体的作业协同和信息协同，而且强调资金在整个供应链中的合理配置，对供应链资金整体配置的需求推动了产业企业推动的供应链金融的发展。而产业企业推动的供应链金融进一步增强了供应链之间的合作关系，它借助供应链协同化的交易、整合的物流和信息流，能够及时、有效地为参与者提供资金。而服务提供者又能通过结构化的交易信息以及对整个产业运营的把握来控制融资风险。

在供应链金融 2.0 阶段，供应链金融服务提供商并不强调利用该项业务获取盈利，而是强调利用金融杠杆夯实产业供应链，同时通过产业运营，产生良好的现金流，实现金融增值。此阶段的供应链金融是焦点企业进行产业整体布局规划的服务工具。

二、模式特征

（一）服务主体——焦点企业

产业企业推动的供应链金融的服务主体是焦点企业，由于焦点企业本身就是嵌入在供应链的运营网络中，因此对于供应链的运作流程和信息能够全面把握。为了全面掌握供应链参与者，特别是资金需求方的状况和能力，焦点企业需要全方位地管理供应链各个流程，包括参与企业的能力、供应链计划、供应链采购、供应链生产、供应链分销、供应链退货以及各种保障流程和措施，因此，其管理的流程呈现出多维的特点。另外，为了确保融资能够获利并且能够最大限度地控制融资风险，焦点企业还会促进流程间的频繁互动，由此产生更多的结构化信息，并能够在反复的交互中发现运营中的问题。

（二）网络结构——点对面、圆锥形的序列依存关系

产业企业推动的供应链金融的网络结构形态是点（焦点企业）对面（上下游、金融机构、第三方服务机构）、圆锥形的序列依存关系、相互依存关系，如图 8-3 所示，以焦点企业作为供应链金融的主体，供应链金融服务的提供者逐渐从单一的商业银行转向供应链中各个参与者，如供应链中的生产企业、流通企业、第三方物流企业等，甚至其他金融机构（如保理、信托、担保等）也可能成为供应链金融服务的提供方。

在这一阶段将出现生态主体的分工，供应链直接参与方（即特定的供应链参与者，或称焦点企业）成为供应链金融交易服务提供商（供应链运营信息的聚合）和综合风险管理者（供应链金融业务的设计和提供），而传统的商业银行则成为流动性提供者（提供资金方）。由于焦点企业不仅与上下游企业、物流服务提供商、商业银行产生关联，而且整个交易过程、物流过程和资金流过程是由焦点企业设计和组织的，因此焦点企业处于供应

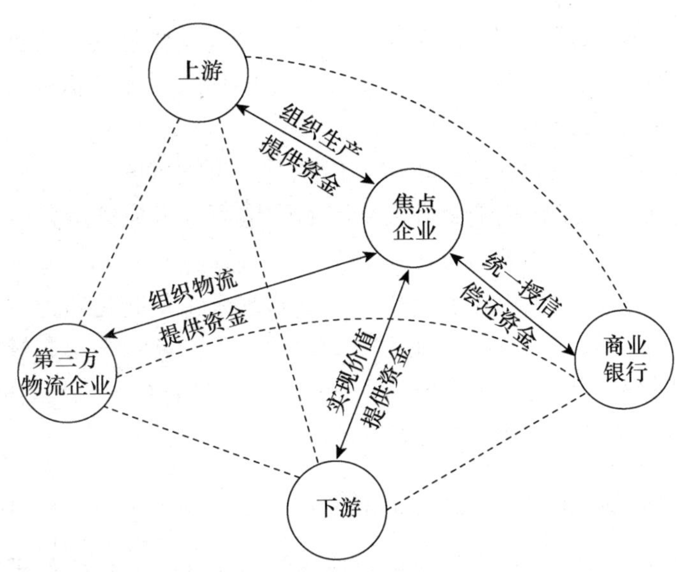

图 8-3 产业企业推动的供应链金融阶段的网络结构

链网络结构洞的位置，占据结构洞的企业能够作为第三方中介将无法相互联系的桥连接起来，这样占据结构洞的企业就获得了信息优势和控制优势，并且能从中获益。

（三）流程管理——资金流、交易流、物流、信息流

产业企业推动的供应链金融流程管理是对资金流、信息流、商流以及物流进行全局管理，通过把握交易流和物流来带动资金流，原因是焦点企业能有效介入和管理买卖双方的交易和物流运作等过程。

（四）控制要素——基于动态的“物”的商流和信息流

产业企业推动的供应链金融也强调对于“物”的控制，但该阶段强调的是实时流动中的“物”，而不是某个时点下绝对的“物”。由于焦点企业参与了供应链的运作，不仅能够通过结构化的运营信息来为融资服务提供决策支持，还有丰富的社会化关系信息为决策提供辅助支撑。因为该阶段的供应链金融强调流动中的“物”的状态，即基于真正贸易的商流和物流，因此，服务提供商非常重视无形的信息流，强调及时、准确地掌握供应链运营的物流以及商流信息。

三、优势与局限

（一）产业企业推动的供应链金融优势

（1）由占据产业供应链结构洞位置的焦点企业成为供应链金融服务的推动者，并基于自身供应链体系，连接金融机构和第三方服务机构为其上下游提供资金融通服务，扩大了金融服务提供商的服务范围，且能够控制金融风险。

（2）在产业企业推动的供应链金融中，由于服务企业不仅与上下游企业、物流服务

提供商、商业银行产生关联，而且整个交易过程、物流过程和资金流过程是由服务企业设计和组织，供应链其他各参与主体与服务企业之间形成了序列依存关系，因此，其在网络中具有很好的信息资源。

（3）在从事供应链金融业务的过程中，出现了生态主体的分工，即供应链直接参与方（尤其是焦点企业）成了供应链金融交易服务提供商（供应链运营信息的聚合）和综合风险管理者（供应链金融业务的设计和提供）。

（4）在产业企业推动的供应链金融中，流程管理开始复杂化，为了全面掌握供应链参与者，特别是资金需求方的状况和能力，管理的流程开始呈现出多维的特点。不仅如此，各个流程之间的互动也是非常频繁的，也就是说，通过各个流程之间的互动和衔接，能保障供应链运行顺利，从而使得融资行为收益确定、风险可控。

（二）产业企业推动的供应链金融局限

（1）产业企业推动的供应链金融难以适应逐渐复杂化、网络化的供应链情景，尤其是随着参与对象更加广泛，如更多级的供应链主体的参与，依托核心企业的金融服务无法直接介入所有的（特别是跨链条的）交易环节和运营流程，传统的风险控制手段失效。

（2）到了产业企业推动的供应链金融阶段，非常强调流动中的“物”，而不是绝对的“物”的状态，即通过把握供应链中的交易结构和运营，来更好地判断资金需求和可能的风险，为供应链融资决策提供支撑。但正因为如此，该模式的运行对把握无形的供应链信息流提出了较高的要求，服务方需要及时、准确地掌握商流和物流产生的信息。

四、供应链金融典型实践

（一）企业背景

海尔集团是一家全球领先的美好生活解决方案服务商。在持续创业创新过程中，海尔集团始终坚持“人的价值第一”的发展主线。海尔集团董事局主席、首席执行官张瑞敏提出“人单合一”模式，以其时代性、普适性和社会性实现了跨行业、跨文化的融合与复制。2014 年，海尔集团开始着手产业升级，全面部署“三化”战略。

互联网对企业的影响很多，一方面就是企业平台化，提出建立线上高效的产业生态平台，另一方面是实现用户个性化，改变传统的产销分离模式。随着产业发展效率的提升，市场需求的不断加强，用户产品的个性化给制造企业提出了更高的要求，这使得企业必须降低同质化库存，根据定制计划按需生产。平台化战略给海尔在经营过程中提出了两项要求，从整体到局部细化企业职能分工：一是由海尔电器作为公司的渠道和管理核心，提供生态圈整体规划方案以及服务升级标准；二是由青岛海尔作为产品制造中心，打造智慧家居生活平台。

“企业平台化”和“用户个性化”的两项条件，决定了海尔集团改变原本的商业运作模式，转而采用互联网供应链金融模式。然而，在此新模式下，下游经销商的资金问题成为影响整个供应链运作的掣肘。根据以往海尔与经销商的交易习惯，经销商在提出采购计划时要向海尔支付一定比例的预付账款，经销商支付款项后，海尔会组织生产，完工后经销商打尾款赎货。

在传统的经销模式下，由于多级经销商的存在，中间规模较大的经销商有充足的资金补偿货品生产期的资金空白，但是当海尔提出去中间化的整改要求后，海尔直接面向最终端流动资金不足的小规模经销商，小规模经销商难以承受这种模式下的资金压力，加之这些企业多数没有充足的资金或是抵押物作为担保，很难从银行获得资金或者融资成本高昂，这便给小规模经销商带来了不便，也给整个供应链的运行带来麻烦。

为解决终端小型经销商资金不足的问题，2014 年 4 月，海尔与中信银行、平安银行签订合作协议，以海尔集团为信用中心，为下游小规模经销商提供供应链融资支持。随后，海尔金控旗下“海融易”平台正式加入海尔供应链生态圈，海尔将自己的部分资金也投入到供应链资金流中，将核心企业的作用范围扩大、控制力度增强。

（二）运作模式

1. 海尔财务公司的传统供应链金融服务

在以往的供应链服务中，一些周期性阶段（如春季采购）内，海尔可利用自身财务公司的自有资金为上下游的供应商和经销商提供期限为一年以上的担保贷款支持。可以说，在海尔的供应链融资服务体系中，海尔财务公司一直以来都是一个不可忽视的利益相关方。作为产业链中的核心企业，海尔财务公司能够利用内部资金为上下游供销关联方提供资金支持解决其资金短缺难题。在这种模式下，核心企业可利用在供应链流程管理上的优势，将其多年经营累积的有关产业发展和产品生产特性的经验知识储备用来合理规避风险，与银行等外部资金提供方相比，核心企业拥有产业中的信息储备优势。特别是当财务公司针对其对上游供应商的应收账款给予供应商应收账款融资时，海尔本身是客户，应该按照合约准时付款给供应商，从而极大限度地保证其供应链金融的风险可控。

虽然财务公司依靠内部资源对上下游企业开展放贷业务具有先天优势，其在供应链服务中扮演的角色和金融服务能力与第三方金融服务提供方相比依然存在差异和短板：

（1）作为家电行业的老牌核心企业，海尔利用上下游谈判中的优势地位，寻求企业本身的最优财务绩效，将物流、资金等成本转移给上下游的中小微企业，最终造成了供应链中上下游伙伴的资金缺口。尽管从核心企业个体角度看，企业提高了财务绩效，但由于加大了供应商及经销商的负担而导致整个产业链竞争力的下降。当海尔财务公司贷款给贸易伙伴时，它们会感觉海尔首先利用自己的权力压榨伙伴，造成了它们的资金短缺，同时又从供应链金融中获利，这对弱小的供应链伙伴不公平。

（2）供应链融资业务最迫切的需求者其实是供应链中的中小微企业，而海尔财务公司提供的传统融资服务范围往往不会覆盖这一类规模较小且融资能力较弱的企业。当面对上万家遍布在全国各地规模不等的海尔经销商的融资需求时，财务公司金融服务能力不足的劣势便尤为明显。

财务公司在实践中的这些问题为供应链金融平台面向中小微企业业务的发展提供了

考验和新的机会。为匹配集团平台化的发展战略，公司认为平台亟须引入第三方金融机构来解决下游经销商的资金缺口问题。但是方案提出伊始便遭到了海尔财务公司的反对，反对者认为此举将有损海尔财务公司的利益。就在引入合作受阻的关键时刻，集团总裁周云杰和董事局主席张瑞敏的果断决策提供了巨大的推力。

2014 年 4 月 25 日，海尔与平安银行的战略合作项目签订协议。双方得以通过平安银行橙 e 网平台和海尔日日顺 B2B 平台的交易数据记录，将金融与产业通过互联网整合在一起，共同解决中小微经销商的融资难题。

2. 与平安银行的合作及供应链金融创新方案——“货押模式”和“信用模式”

得益于移动互联和大数据技术的发展，作为交互用户体验引领下的开放平台，日日顺 B2B 平台可以将其拥有的客户群体和规模庞大的经销商数据与平安银行平台对接，成为银行授信的重要依据。海尔与银行的合作，整合了银行的资金、业务以及技术的专业优势和海尔集团分销渠道网络、交易数据和物流业务等要素的雄厚积淀，通过日日顺 B2B 平台的交易记录，将产业与金融通过互联网的方式集合在一起，开拓了针对经销商的货押模式和信用模式两种供应链金融业务。货押模式是针对经销商为了应对节假日（如春节等）消费高峰，或者抢购紧俏产品/品种，或者每月底、每季度末为了完成当月或者季度计划获得批量采购折让而进行的大额采购实施的金融解决方案；信用模式则是针对经销商当月实际销售而产生的小额采购实施的金融解决方案。

（1）货押模式。与平安银行合作的货押模式主要针对海尔的经销商，向其提供预付账款代付、融资及存货融资等金融服务。在该模式中，海尔承担“担保提货、调剂销售”的责任，海尔经销商从海尔日日顺 B2B 平台下订单，通过平安银行线上供应链金融系统发起融资申请，银行根据订单在线审核给予经销商融资。海尔财务公司收到银行款项后，通知海尔智慧工厂生产并将订单货物发送到日日顺物流监管仓，客户需要赎货时，通过线上供应链金融系统发起申请并打入相应保证金，由银行向物流公司发送提货通知书，海尔中心仓将相应货物发送给经销商。如经销商未能按期赎货，日日顺 B2B 平台承担调剂销售责任。模式流程示例如图 8－4 所示。

1）经销商申请货押融资（流程 1、2、3）：经销商通过日日顺 B2B 平台向海尔智慧工厂下达采购订单，之后经销商须先将 30%的预付账款付至银行，经销商随后向海尔供应链金融平台申请货押融资。

2）银行授信（流程 4、5）：海尔供应链金融平台将经销商的数据传递给银行，并提出建议额度，银行审核后付款至经销商监管账户。

3）海尔组织生产（流程 6、7、8）：海尔供应链金融平台将资金（70%敞口）定向付至海尔财务公司，财务公司通知智慧工厂安排生产，工厂生产出产成品后，发货至日日顺物流仓库，货物进入质押状态。

4）经销商赎货（流程 9、10、11、12）：当经销商实际需要产品时，向海尔供应链金融平台申请赎货（假设价值 50 万元），然后将剩余货款（35 万元）归还银行，海尔供应链金融平台在获取全额资金支付信息后，通知日日顺物流仓库解除货物质押，最后由日日顺物流配送到经销商，并通知经销商提货。

5）调剂销售订单：如经销商在银行授信到期，有 20 万元订单货物未能赎货，海尔将进行调剂销售，14 万元订单用于归还银行授信，其余部分退还给经销商。

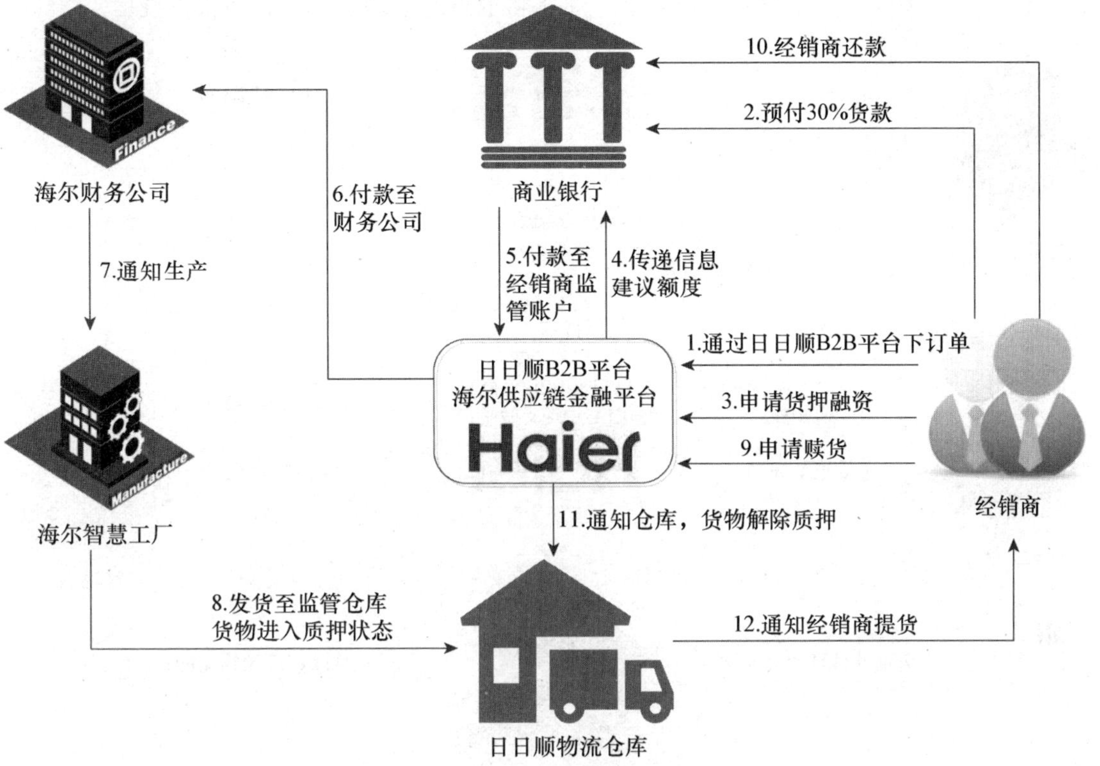

图 8－4　海尔货押模式流程图

（2）信用模式。海尔与平安银行还合作开发出另一种以供应链价值为判断依据的纯信用模式融资。对于销售规模 5 000 万元以上的优质经销商使用信用额度融资，免去了货物监管和赎货环节后，客户可以直接从海尔日日顺物流仓库提取货物。由于该模式下的风险控制不再依赖于保证金和货物质押，平安银行和日日顺 B2B 平台更加重视经销商的资质和对交易流程数据的控制。日日顺 B2B 平台利用自身平台特性在业务数据化的基础上产品化，平台在渠道业务、物流业务、服务业务和其他辅助渠道业务中深入中小微经销商经营的各个关键环节，采集最真实全面的交易信息和数据并定期向平安银行推送。银行则可以主要依据交易数据中体现的中小微经销商与海尔的历史交易习惯和交易稳定性提供融资服务。信用模式融资的业务流程如图 8－5 所示。

1）计划订单（流程 1、2）：经销商通过日日顺 B2B 平台下达当月的预订单（即当月的意向订单），并向商业银行提出信用融资申请。

2）信用授信（流程 3、4）：海尔供应链金融平台将经销商的预订单信息传递给银行，银行根据经销商的信用情况向海尔供应链金融平台提供信用授信。

3）订单交付（流程 5、6）：海尔供应链金融平台向海尔财务公司定向支付全额资金，并根据预订单，通知海尔智慧工厂进行产品生产。

4）提货（流程 7、8、9）：经销商通过日日顺 B2B 平台下达具体提单，日日顺 B2B 平台通知工厂发货，工厂通过日日顺物流将货物配送到经销商处。

5）还款（流程 10）：经销商到期向银行还款。在经销商未能按期还款的情况下，如经销商在海尔仍有货物，海尔将对经销商剩余货物调剂销售，并将相关款项优先归还银行授信。如经销商在海尔仍有返点额度，海尔将返点对应款项优先归还银行授信。

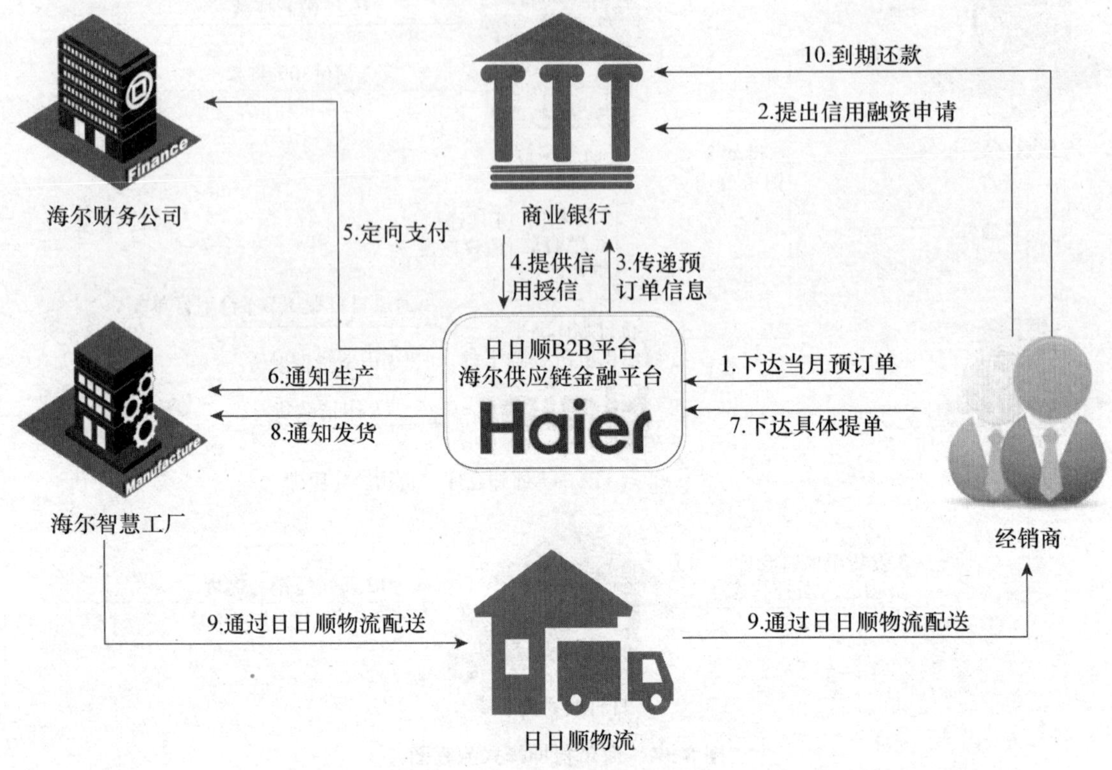

图 8-5　海尔信用模式流程图

海尔供应链金融平台上线后，日日顺 B2B 平台上的经销商不用抵押，不用担保，不用跑银行办手续，通过平台上的“在线融资”窗口，即可实现资金即时到账，不仅方便快捷、效率高，还能享受与大企业一样的优惠利率，大大减少了利息支出。海尔供应链金融的货押模式利率为年化 5.7%左右，而信用模式则为年化 8%左右，其中，海尔供应链金融通过银行代收 1%的服务费。

（三）业务效果

1. 在线融资方便快捷

海尔供应链金融主要的目的是解决下游经销商的资金需求，这也成为日日顺 B2B 平台的一个重点发展方向。海尔先与平安银行、中信银行合作推出线上供应链金融模式，之后又有广发银行、青岛银行等加入合作，目前已经为下游企业融资上百亿元，解决了海尔专卖店的资金困难问题。从操作来看，海尔供应链金融已有了一些成果：一是经销商远程开户有了一定的突破；二是放款全流程打通，放款时间达到秒级，即客户发起融资申请到出款，能在几秒之内完成。

2. 银行承兑汇票模式减少融资成本

海尔供应链金融还与中信银行协同创新，充分利用银行票据管理的优势，开发了银行承兑汇票模式，从而使经销商能零成本获得资金。例如，在货押模式下，经销商支付

30%的首付后，可以向海尔供应链金融和中信银行开票，在支付开票费后，银行在线开具承兑汇票，并付至海尔财务公司，之后经销商上账从海尔开货。中信银行对所有过程不收取任何融资费，经销商只需承担千分之五的开票费，而与此同时经销商还能享受30%首付款的存款利息。该金融产品推出后，得到了经销商的高度认同和赞许。四川西充县的经销商开始了解该产品时表示怀疑，用电脑在平台上试着发出了一元钱的开票申请，而中信银行青岛分行劲松路支行开具了目前中国最小金额的银行承兑汇票，成为海尔供应链金融的一个标志性样本。

第 3 节　平台企业推动的供应链金融

一、概述

2014 年，供应链金融与互联网的结合再次将供应链金融的内涵进行了拓展，供应链金融进入第三个阶段——平台企业推动的供应链金融。由于互联网技术极大缓解了网络中各参与方的信息不对称问题，并大幅度降低了信息获取与处理的成本，因此，基于互联网的供应链金融能够批量化处理供应链中企业的融资或其他金融服务需求，相比传统信贷供给模式，基于互联网、大数据的供应链金融能够从更多维度动态衡量企业真实经营状况和其他各种行为，评估融资风险，带来更多可能性。

（一）内涵——互联网技术应用，平台生态搭建

平台企业推动的供应链金融是供应链金融 3.0 阶段，又称互联网供应链金融，是通过融合互联网、物联网等信息技术手段，搭建跨链条、跨部门、跨区域的，与政府、企业、行业协会等广结联盟的产业生态圈和金融生态平台，同时考虑到商流、物流、信息流、知识流、沟通流及资金流，计划、执行和控制金融资源在组织间的流动，解决产业供应链中的中小企业融资难、融资贵、融资乱的问题，共同创造价值，最终实现推动金融资源优化产业供应链，同时又通过产业供应链运营实现金融增值的过程。

（二）前提——打造共生、互生和再生的生态系统

在 3.0 阶段，焦点企业不再满足于打造服务供应链，而是要拓展价值创造空间，着手打造服务生态系统。从业务能力看，这一阶段需要产业供应链参与各方真正形成一致的目标，以打造共生、互生和再生的生态系统。

(1) 共生的核心在于打造一个价值平台，生态圈中的各个行动主体能够利用平台进行资源汇集、资源分享、资源搜寻，整合的产业资源通过平台进行系统化的组织配置，进而创造价值，例如平台参与者通过联合库存管理、协同预测/规划等活动降低产业整体的运营成本，提高产业的运作效率，由此实现整体价值的提升。

(2) 互生强调的是平台参与者的利益彼此相连，并且各成员的利益也与平台生态

的健康息息相关，不仅如此，平台参与所创造的价值不能独占，需要在整个平台进行共享。如果缺乏这种分享机制，生态圈的发展就会受到威胁，利益分配机制的缺失可能会导致成员的退出，因此，生态平台维系的基础在于建立一套可低成本分享价值的机制。

（3）再生是生态平台发展的最高目标，通过增强平台的产业感知能力，发掘市场的新机会，并通过整合的资源配置能力，分配资源对新的领域进行探索，以挖掘新的价值点，而基础就在于平台促进行动主体的交互。要实现共生、互生和再生的目标，在信息系统方面，就需要平台能够打造出一个开放式的互联网信息架构。

（三）目标——缩短产业生态的现金流量周期

平台企业推动的供应链金融的目标是缩短产业的现金流量周期，通过服务交互创造价值，即通过促进产业成员、客户之间的互动，不仅要高效地完成客户的订单，还要在互动中发现客户的需求，进而为整个生态创造订单，并且通过平台整合资金管理能力和融通能力并辅之以合理的利润分配机制，实现金融与产业活动的循环迭代。最终的目的不仅是加快资金在各个主体之间的流转速度，还要通过金融作为产业发展的催化剂和润滑剂，促进产业的迭代发展，同时通过产业的发展创造出更多的金融服务价值，以实现产业与金融真正融合。

二、模式特征

（一）服务主体——平台企业

3.0 阶段的服务主体是平台企业，由于其网络结构呈现出平台化、高度关联化的特征，因而管理流程也呈现出既高度复杂又互动化的特点。焦点企业需要进行横向价值链流程、纵向价值链流程以及空间价值链流程的全方位流程管理。

横向价值链是所有在一组相互平行的纵向价值链上处于同等地位的企业间的内在有机联系，如果能够有机集聚横向价值链，就会形成良好的产业内部分工，形成有序集群。纵向价值链将企业、供应商和顾客都分别视为一个整体，它们之间通过上述各种联系构成一种链条关系，这种链条关系可以向上延伸至原材料的最初生产者（或供应者），也可以向下延伸到产品的最终用户，纵向强化上下游之间的协同和互动。空间价值链跨越了单一地区，不仅在行业内部以及上下游之间形成有机结合，而且能与其他地区形成有机整合，真正实现生态圈横向、纵向以及空间价值链之间的交互，形成价值网，不但拓宽了焦点企业的信息来源渠道，而且增加了焦点企业提供额外服务的空间，为供应链金融业务的发展开辟了市场。

（二）网络结构——网络生态系统、生态系统的复杂互依关系

平台企业推动的供应链金融的网络结构形态是网络生态系统以及生态系统的复杂互依关系（如图 8－6 所示）。进入平台企业推动的供应链金融阶段，焦点企业利用互联网

技术打造了一个产业生态系统，系统中的参与主体范围得到了极大扩展，不仅供应链各环节都形成了复杂的群落（如不再是单一的上游或下游，上游或下游本身就形成相互作用、相互影响的网络），而且供应链的参与方从直接利益相关方延伸到各种间接利益相关方（如一些政府管理部门、行业协会等），产业生态系统中的角色极为丰富。焦点企业标准化了各种信息系统的接入界面，因此能够掌握整个供应运营的信息流、商流、资金流以及物流，使自己成为系统中的神经中枢，并且还能根据运营需要及时调配其他参与者的资源，从而使得焦点企业的结构洞更加丰富。与此同时，由于焦点企业掌握了整个供应链的运作信息，更能够发掘供应链运营中的痛点，能够由此衍生提供更多、更完善的配套服务，使生态圈中的参与者更加关注自己的核心竞争力的发展，这进一步促进了产业分工，生态圈参与者之间形成了更加松散耦合的结构。

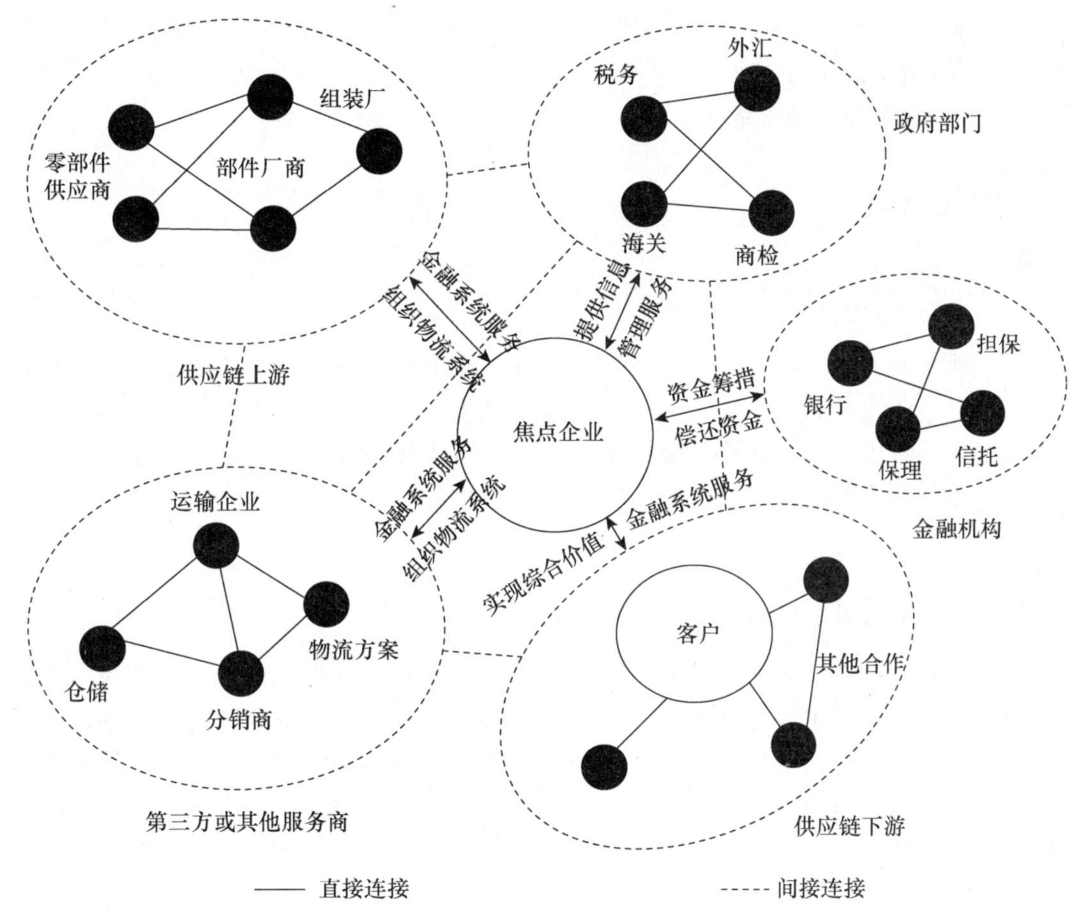

图 8－6 平台企业推动的供应链金融的网络结构

在这一阶段，焦点企业与所有的供应链参与者之间不仅存在序列依存和相互依存，而且存在池依存。池依存指的是群体中的个体都能为既定的任务做出细微的积极贡献，也就是说，这种贡献是由松耦合的组织做出，从某种意义上讲，组织之间的关系趋向于相对独立。正因为如此，池依存中的企业能够更好地获得多样化的知识，并且相互之间通过产品和服务直接或间接交换知识。另外，由于组织间关系趋向于松耦合，较容易通过采用新的技术和模式来寻求利益和发展，从而带来更多的网络外部性。

（三）流程管理——横向、纵向以及空间价值链整合管理

平台企业推动的供应链金融的流程管理是横向、纵向以及空间价值链整合管理。由于网络生态的复杂性与多样性，供应链金融服务的提供者无法直接介入所有的交易环节和物流运作过程，平台方需要进行横向、纵向以及空间的全流程管理，尽可能多地掌握各参与主体、各业务流程的状态。

（四）控制要素——生态圈交易沉淀的大数据（基于平台的多维数据）

不同于前两个阶段强调对于"物"的控制，平台企业推动的供应链金融更强调的阶段要素为生态圈交易沉淀的大数据，即基于平台的多维数据。在这一阶段，金融服务提供者并不直接介入所有的供应链运营活动，需要基于平台的数据收集和沉淀，刻画融资方的真实信用状况来应对贷前信息不对称。同样，贷中、贷后的管理也需要平台充分掌握融资方的行为数据、业务数据。

三、优势与局限

（一）平台企业推动的供应链金融优势

除了具有金融机构推动的供应链金融以及产业企业推动的供应链金融所具有的优势外，平台企业推动的供应链金融通过结合互联网、物联网等技术，打造松耦合的产业生态平台以替代链条式结构的供应链，使得参与主体范围和信息来源渠道得到极大的扩展，相应的业务痛点与服务需求得到深度挖掘，从而衍生出更丰富、更完善的服务内容。

（二）平台企业推动的供应链金融局限

（1）网络结构管理难。这种网络平台化的供应链金融模式可以触及多链条、跨行业的产业生态群，但相应也带来管理上的巨大挑战，多主体、多业务流程会涉及各种更复杂的营运活动和金融行为，松耦合的网络结构会增加刻画融资方真实信用和呈现业务状态的难度。因此，传统的管理和技术手段难以全方位获取更客观、更广泛的信息数据，难以把握整个供应链网络生态的状况，这无疑给金融服务的开展带来巨大风险。

（2）流程管理难。平台企业推动的供应链金融由于其网络结构呈现出平台化、高度关联化的特征，因而管理流程既高度复杂又呈现出互动化的特征。具体讲，这一阶段的流程管理需要管理好横向价值链流程、纵向价值链流程以及斜向价值链流程。

（3）信息管理难。进入平台企业推动的供应链金融阶段，不仅要求整个网络有清晰的交易结构和交易关系，而且要在信息流的维度上实现高度的融合，这表现为一方面信息的来源呈现出高度的复杂性，即信息不仅要来自人与人的互联（如交易），也要来自人与物的互联以及物与物的互联，另一方面，信息的形态也极大复杂化。

四、供应链金融典型实践

（一）企业背景

深圳市创捷供应链有限公司成立于 2007 年，前身为创捷科技进出口事业部，是一家以信息化技术为核心，以电子商务和供应链服务为依托的国家级高新技术企业。公司在北京、上海、重庆、香港、福田保税区及前海深港合作区设有分公司及办事机构，并与多家国内外大企业长期保持战略合作关系，年业务总额以 80%的增长率高速增长。

创捷供应链员工以 80 后、90 后人员为主，代表着年轻和活力，能创新，在创捷肩负承上启下的重要作用。创捷以“不断创新，持续提升客户效益”为使命，开放共赢，打造互联网金融生态平台；专业专注，高效执行，帮助客户成功；以“成为最受尊敬的服务品牌领导者”为愿景，让员工具有企业荣誉感，赢得员工的尊敬；不断满足客户需求，赢得客户与行业的尊敬；承担企业责任，知恩报恩，赢得社会的尊敬；坚持“廉洁自律，以人为本，追求卓越”的核心价值观，“公生明，廉生威”，公正无私，光明磊落；尊重人的需求，为人才的发展创造条件，创造奇迹；追求极致，追求完美，汇聚智慧，实现企业基业长青。在“责任、规范、务实、创新”的经营理念下，创捷建立了完善的股权激励机制，使企业能够保持稳定、持续的发展。

创捷供应链构建了“灵活前台，刚性后台”的平台式运营体系，拥有进出口关务、财务、电子商务、资金、物流等运营平台，形成便捷高效的物流、资金流、信息流、商务流整合型一体化运作平台。公司专注于“垂直电商加供应链金融”的新模式，并与国际知名的管理顾问公司以及软件供应商形成战略联盟，开发出具有国际一流、国内领先水平的创捷供应链 E-SCM 平台，并以该平台为基础搭建了大型跨国商贸综合服务平台，将供应链管理全面推向信息化、电子商务化。经过多年的发展，创捷由初期从事单一的进出口贸易业务，发展成为一家集供应链管理、进出口贸易、电子设备器材购销、供应链系统研发于一体的综合性供应链运营商，涉及的产品类型包括 IT 及周边产品、通信产品、电子元器件、快速消费品、医疗器械、新材料新能源、消费类电子产品等。

（二）运作模式

1. 创捷供应链平台的多种信息管理系统

从功能上看，创捷供应链 E-SCM 平台的信息管理系统从前端实现了供应链所有生态系统中参与者的协同，包括与供应商协同、银企之间的直连、第三方物流的管理、快速报关通关系统（QP）、金税直连、客户关系及业务管理。从中端看，通过该系统实现了供应链生产运营中的各项功能，包括关务、仓储物流、商务、保税、虚拟生产管理、全球贸易，尤其是供应链融资。从系统的后端看，实现了各种供应链控制活动，包括财税管理、供应链风控、计费与结算以及基础功能模块。

创捷供应链开发的 E-SCM 平台数据交换系统（如图 8－7 所示），除了包括企业资源计划（ERP）系统、办公自动化（OA）系统以及客户关系管理（CRM）系统外，还包括支撑供应链活动的供应链关系管理（SRM）系统、仓库管理系统（WMS）、货物运输管理系统（TMS）、E-Bank 系统、快速报关通关（QP）系统和金税系统等。

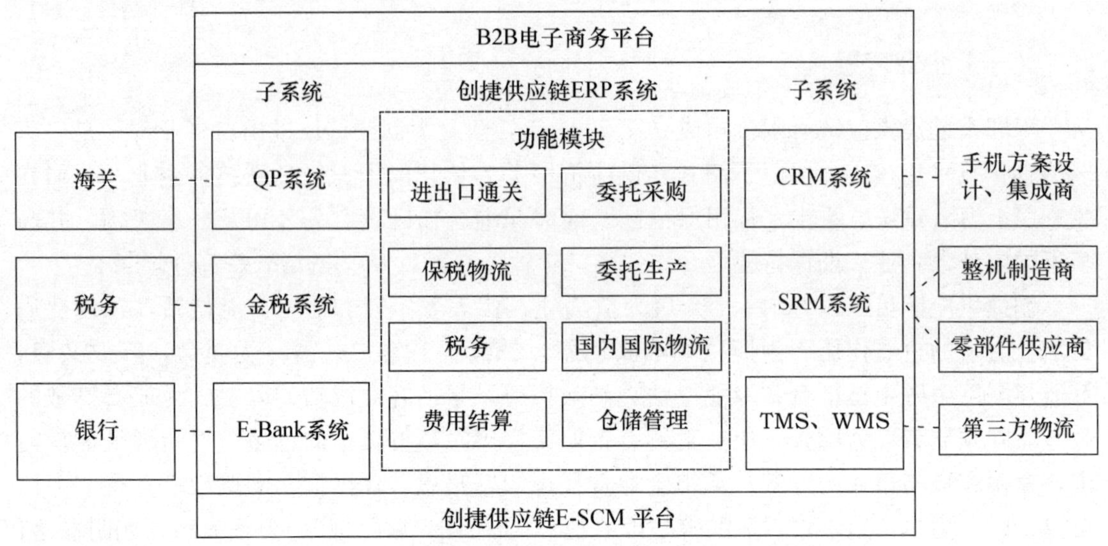

图 8－7 创捷供应链 E-SCM 平台数据交换系统

供应链关系管理（SRM）系统是用来改善与供应链上游供应商的关系的。它是一种致力于实现与供应商建立和维持长久、紧密伙伴关系的管理思想和软件技术的解决方案。它是旨在改善企业与供应商之间关系的新型管理机制，实施于企业采购业务相关的领域，目标是通过与供应商建立长期、紧密的业务关系，并通过对双方资源和竞争优势的整合来共同开拓市场，扩大市场需求和份额，降低产品前期的高额成本，实现双赢的企业管理模式。

仓库管理系统（WMS）是通过入库业务、出库业务、仓库调拨、库存调拨和虚仓管理等功能，综合运用批次管理、物料对应、库存盘点、质检管理、虚仓管理和即时库存管理等管理系统，有效控制并跟踪仓库业务的物流和成本管理全过程，实现完善的企业仓储信息管理。

货物运输管理系统（TMS）能够满足货物运输的整个业务流程，提供总站、各个线路站点从接货、开托运单、管理发货库存、运输、车辆、司机、客户、货品管理、到站确认、货损货差管理、配送、自提、中转、管理提货库存、财务交款等各个环节，支持短信发送、邮件发送、日志查询、GPS 车辆定位管理、条形码管理等，同时提供详细的统计分析汇总功能。

银企直联的 E-Bank 系统是网上银行或银行渠道服务中的一种高级接入方式，主要的服务对象是业务量大、财务管理制度完善、具有一定 IT 开发和运用能力的大型企事业单位。银企直联实现了银行系统和创捷供应链公司财务系统的有机融合和平滑对接，用户通过登录自身的财务系统即可完成信息查询、转账支付、代发代扣、电子票据、电子商务等业务操作。

快速报关通关（QP）系统能让创捷供应链的数据与报关行以及海关三者之间有效地连接起来，减少二次人工录入的差错，降低报关单退单率，提高客户通关的工作效率，提高与海关的协调能力。

金税系统实现 ERP 系统数据自动开具发票等功能，开票人员彻底摆脱了手工二次录入，提高了工作效率，是疏通 ERP 与开票系统之间业务流程的完美解决方案。在企业内部管理中，财务、销售和税务三个业务之间彼此紧密联系，承前启后。销售系统管理企业的销售业务并记录完整的销售数据，税控开票系统根据销售系统的销售记录开具增值税（专用）发票，财务系统根据已开发票再形成财务凭证，供统计和查询使用。由于防伪开票系统是专机专用，和企业 ERP 系统完全相互独立，直接导致财务人员开具增值税发票时仍需手工再次录入大量的销售数据，开票后发票数据不能自动更新到 ERP 系统中。这不仅浪费了企业的人力及数据资源，更使得两套系统数据经常不一致、对账困难。创捷的金税系统实现了与企业 ERP 系统和防伪开票系统的完美对接，可直接调用 ERP 系统中销售数据开具发票并回写到 ERP 系统，从根本上解决上述问题。该系统的推出彻底减轻了开票过程中重复录入工作的负担，大大简化了企业开票流程，完美实现防伪税控系统和企业 ERP 系统的数据共享，大幅提高了工作效率和企业信息资源整合效率。

创捷供应链 E-SCM 信息管理系统基于上述数据交换和管理流程，直接服务于 B2B 标准用户（B2B 标准门户是为众多中小客户提供线下服务的线上电子化、模块化功能，使客户足不出户完成常规标准的供应链服务操作）、VIP 用户（VIP 门户针对创捷供应链的大客户提供个性化定制服务，满足客户相关业务的线上处理，帮助大客户实现通过 VIP 系统处理合同订单、收发货信息、库存查询、费用明细等）、供应商/集成商/工厂、物料/仓库以及税务/海关/商检。创捷供应链 E-SCM 平台，结合完善的供应链管理流程，形成便捷高效的物流、资金流、信息流、商务流整合型一体化运作模式，为企业提供专业的电子商务供应链管理服务。

平台中的供应链体系是模块化的网络结构，是通过一个个区块组合而成的，相互之间采用分布式协同运作。既能实现物流、信息流、资金流和商流之间的高度结合，又能随时适应外部环境的变化，快速实现平台资源的动态匹配，具有很强的灵活性和弹性。产业供应链上所有的交易活动都在平台上发生，所以平台可以充分、实时地获取这些企业的信息。这为供应链金融的顺利开展奠定了基础。

2. 创捷的产业互联网平台

基于虚拟供应链运作，创捷通过产业互联网的共享平台搭建了通信产业的生态模式。在创捷的共享平台中，由于通信产业中存在大量创客，它们往往具有全球接单能力，以强大的研发能力作为其核心竞争力，但同时缺乏专业的供应链管理能力，需要建立一个适合其自身需求的具备敏捷性（agility）、适应性（adaptability）、协作性（alignment）的供应链管理体系，因此，创客与创捷供应链签订框架协议，提供生产计划物料清单（BOM）表。基于此，创捷通过产业互联网将众多的国外零部件原材料供应商、国内零部件供应商和加工厂等相关企业与组织整合起来，形成虚拟产业集群。然后，创捷根据物料清单（BOM）向国内外供应商采购原材料并集货于创捷合作性策略模式（VMI）仓库进行分拣，齐备后送到加工厂进行生产，生产过程中由客户进行质量管控，之后创捷将成品出口并交货给创客的海外客户。通过搭建轻生产平台，虚拟产业集群中各企业之间的交易流程与交易结构更加清晰，并且能够利用平台进行资源汇集与互补，从而使得平台参与者之间利益彼此相连，并且每个参与者所创造的价值在平台之中可以实现共享。创捷基于产业互联网的平台具有强大的供应链整合与集成能力，在链式专业化上整合了多环节与多流程，包括从接单、采购、设计、制造，一直到交付结算等全流程的整合，从而在横向一体化的基础上实现了分布式协同。

具体而言，创捷的产业互联网平台运作流程如图 8-8 所示，终端下游客户找到创捷的项目管理员即产业互联网平台上的创客，创客针对客户要求设计出产品，并与终端下游客户进行协商，在确定所有的技术参数后，形成该产品的买卖协议；然后平台创客通过创捷供应链做协调员，通过创捷虚拟生产平台组织生产，通过创捷香港平台进行融资，自此平台创客与创捷之间形成合作关系，并由创捷代创客组织管理产品的生产。

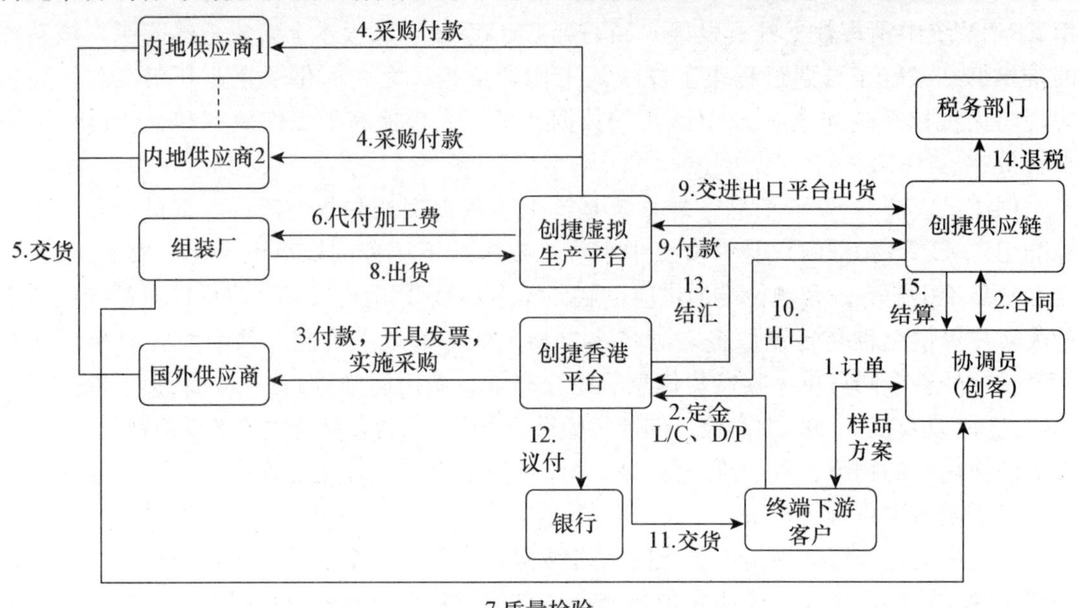

图 8-8　产业互联网平台运作流程图

具体而言，当平台创客将样品制好，同时接下海外下游客户的相应订单，终端下游客户将其信用证传给创捷香港公司，L/C、D/P 等形式均可。平台创客根据产品设计的要求以及与终端海外客户协商的情况，可以指定关键零部件（诸如芯片等）以及相应的供应商，然后对于创客指定的零部件和供应商，创捷会对平台创客进行融资，支持其向供应商付款，开具发票，实施采购（境外供应商采购由香港平台操作，内地供应商由其主管生产管理的虚拟生产平台操作）。而对于平台客户没有指定的零部件，由创捷虚拟生产平台寻求供应商，并在认证资质合格的基础上，付款开票进行采购。采购完成后，由创捷组织物流将所有零部件运至资质合格的通信产品组装厂。同时由创捷代为支付加工费后，开具发票，组装厂按照工艺流程要求组装生产产品。组装厂生产出产成品之后，创捷会同平台创客联合进行质量检验，直至查验合格。然后，组装厂出货给创捷，由创捷组织操作把货运到香港，并且将产品分销至终端下游客户。由创捷根据结汇政策结汇，同时到税务部门办理退税。至此，基于上述流程，创捷所有的融资支出均得到收回，从而形成业务闭环。最后，创捷与平台创客进行结算，分别获取各自的利益。

3. 创捷的供应链金融创新

通过虚拟供应链，创捷在通信领域虚拟产业集群中实现了有效组织生产，并在充分发挥企业自身优势的同时，实现了供应链协调一致，搭建了产业互联网平台。由于创捷具有强大的供应链管理能力，其产业互联网平台中的创客都能够基于真实有效的订单，通过创捷组织生产，从而保证在自身缺少现金流的情况下也能够实现业务的正常开展。但是，在创捷通过虚拟供应链所整合的虚拟产业集群中，存在众多从事手机产业的中小企业。这些企业有着良好的技术、稳定的订单，并且极具想法与抱负，但是规模小、发展不完善等使其在良好信用、优质资产以及充足资金等方面表现欠佳，进而使其在发展中面临严重的资金约束。因此，快速回款成为虚拟产业集群中众多中小企业的主要价值诉求。基于此，创捷通过虚拟生产平台，依托虚拟供应链网络中形成的交易结构和信息流，通过与银行等金融机构合作实施了互联网供应链金融业务。

基于虚拟供应链网络中不同参与主体的竞争力差异，创捷设计了不同的供应链金融服务方案。创捷的金融服务主要包括两大类：一类是通过与银行等金融机构合作获取资金提供的代垫代付服务，另一类是其供应链金融平台直接开展的应收账款保理以及融资租赁等业务。具体包括以下四种。

第一，在创捷通过虚拟供应链整合虚拟产业集群成员为平台创客组织生产的过程中，鉴于快速回款是虚拟产业集群中大多数中小企业的主要价值诉求，创捷基于虚拟供应链运作提供代垫代付服务。基本业务流程如图 8－9 所示。

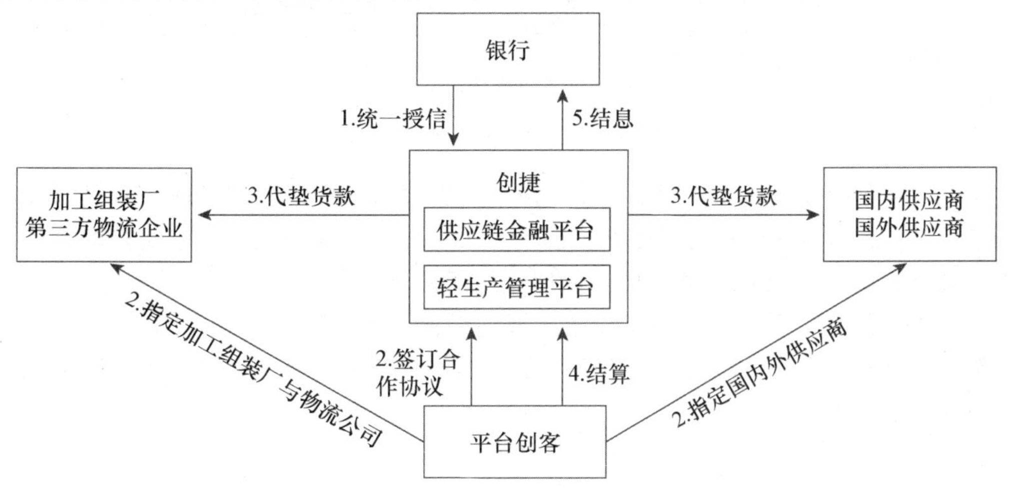

图 8－9　创捷代垫代付服务模式

首先，基于强大的供应链管理能力以及较好的商业信用，创捷能够较为容易地从银行等金融机构获得授信；其次，在平台创客与创捷轻生产管理平台签订合作协议后，对于平台创客所指定的国内外供应商、加工厂以及第三方物流等企业，创捷会通过其供应链金融平台代垫货款进行采购、组装以及配送等；最后，在完成产品生产并交付后，平台创客与创捷进行结算，最终创捷与银行结息，银行获得利息收入。在这个过程中，创捷有力地解决了组装厂、第三方物流企业以及供应商等资金短缺问题，通过提供代垫代付服务提升了交易效率，保证了虚拟生产的有效开展。同时，创捷一方面提供了全程的物流服务和产品管理，融入到平台创客的产品虚拟生产的供应链运营中，另一方面获得了代理的服务费和资金融通费，扩展了经营效益。

第二，如图 8-10 所示，创捷还针对其产业互联网平台中 2 500 多家原材料或零部件供应商以及 70 余家加工组装厂家提供了应收账款保理服务。在虚拟供应链网络运作的过程中，创捷的轻生产管理平台与原材料以及零部件供应商、组装厂等签订协议，从而形成应收账款；之后供应商与组装厂可以将应收账款转让给创捷供应链金融平台中的保理公司，在此基础上，创捷的保理公司可以提前为供应商以及组装厂进行出账，最后由创捷供应链金融平台上的保理公司与轻生产管理平台之间进行结算。通过应收账款保理，使供应商与组装厂能够提前获得资金，从而在很大程度上解决回款问题。此外，在传统金融机构的保理业务中，应收账款转让给保理商后，应收账款真实性无人知晓，但在创捷所提供的应收账款保理业务中，由于供应商与组装厂等都位于创捷的虚拟供应链网络中，从而保证了应收账款的真实性以及可靠性。

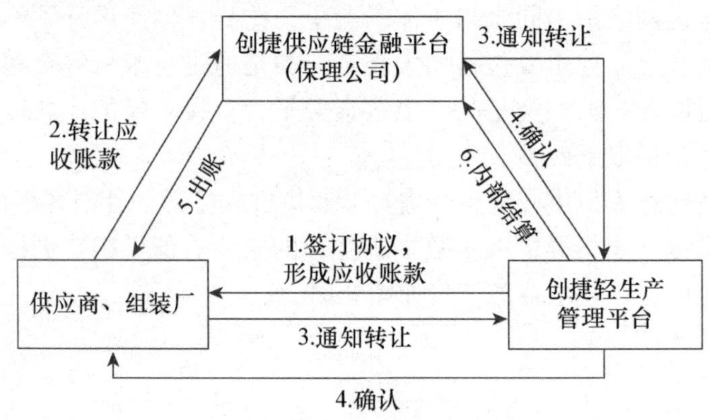

图 8-10　应收账款保理模式

第三，在创捷的产业互联网平台中，由于购置设备的资产专用性成本较高，许多中小组装厂都是通过设备租赁进行生产。但生产设备往往涉及较大金额，使得组装厂没有足够资金支持一次性支付。基于此，创捷针对组装厂家提供加工设备的融资租赁服务（如图 8-11 所示）。首先，由创捷轻生产管理平台与组装厂签订融资租赁协议；然后，创捷轻生产管理平台直接向设备供应商下单采购并且由供应链金融平台中的融资租赁公

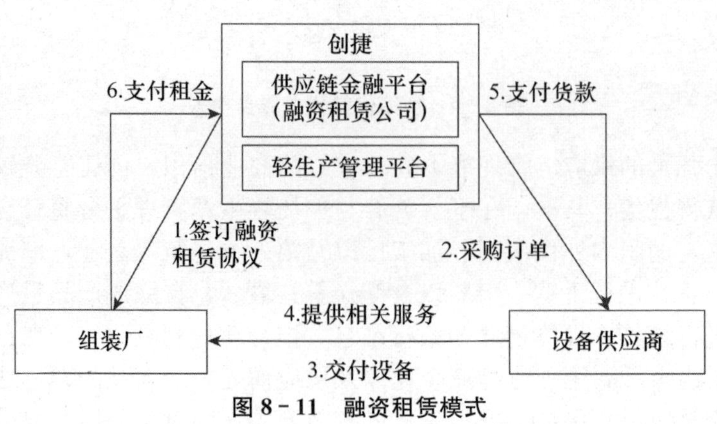

图 8-11　融资租赁模式

司支付租赁货款，而设备供应商在提供设备之后负责相关服务支持；最后，组装厂以运营收入向创捷融资租赁公司支付租金。基于此，降低了组装厂的财务压力，使其能够提前使用租赁设备开展生产，从而保证了虚拟供应链的有效运转。

第四，如图 8-12 所示，创捷除针对虚拟产业集群中的中小企业提供供应链金融服务缓解其资金约束外，对于产业互联网平台中的大型企业，也提供了相应的资金优化方案。其中，对于国外关键强势零部件供应商，为有效保证供货的及时性，创捷在采取预付账款的形式保证供货稳定性的同时，还对其提供付汇交易服务，以及正常贸易和物流流程基础上产生的套利套汇交易；针对国外用户提供出口信保融资；同时，创捷在为大量中小企业提供供应链关务税务服务的过程中，形成了退税融资池。创捷与银行合作开展了福费廷业务，并与其他非银行金融机构合作提供出口信保融资等服务。因此，在解决了所有中小企业参与者的资金约束问题的同时，创捷也获得了相应的报酬，从而创造了多赢的局面。

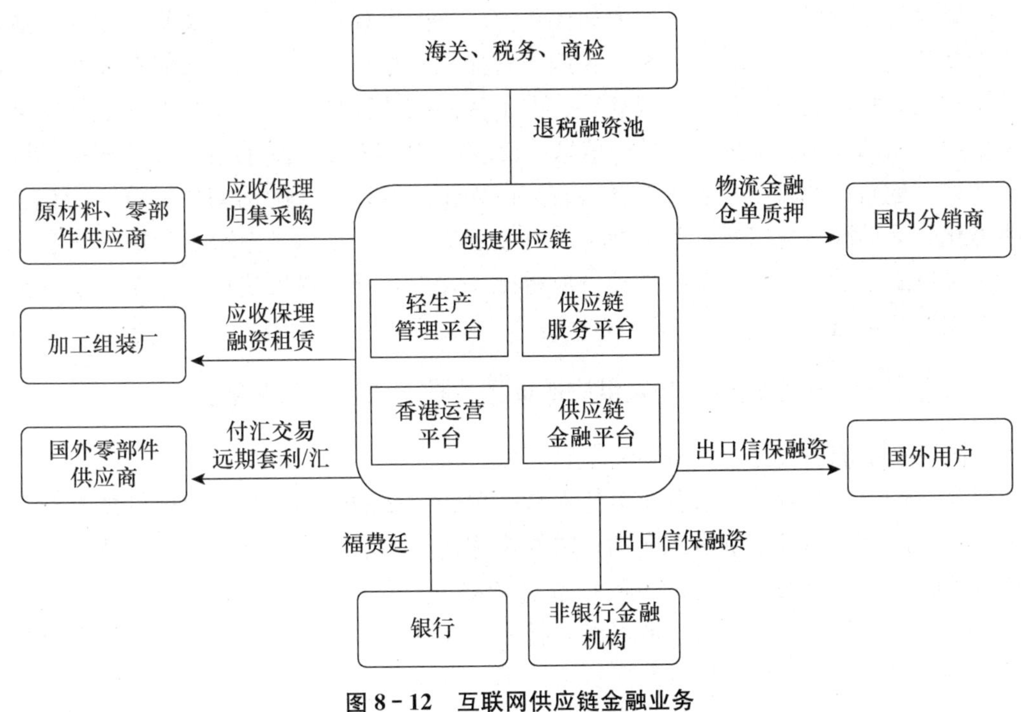

图 8-12　互联网供应链金融业务

第 4 节　金融科技推动的供应链金融

一、概述

金融科技（现代信息通信技术在金融领域的创新）推动的供应链金融是供应链金融 4.0 阶段，又称智慧供应链金融，第四阶段与第三阶段严格意义上不是明确的断带划分，而是一种递进关系，或者说随着生态平台推动供应链金融的深化，人们自然越来越关注和强调金融科技在其中的关键作用。

（一）内涵——智慧供应链与金融科技融合的新形态

在金融科技推动的供应链金融阶段，科技是一种解决方案，多种类型的科技手段组织成有机化的基础设施，并且在统一的技术服务平台上多家机构协作互动，形成一个稳固的多边生态系统，以保障金融服务的高效和安全。因此，金融科技推动的供应链金融是智慧供应链与金融科技结合下催生的新形态，也是融合性现代信息通信技术（ICT）在供应链金融中全面应用的形态——各种 ICT 在不同的业务流程中发挥独特作用，通过系统性整合，为供应链金融全面赋能。伴随着供应链的智慧化，特别是信息通信技术对供应链运营的变革推动，供应链金融活动开始呈现出与信息通信技术高度融合的趋势，并且使得供应链运营基础上的金融活动变得日益高效、智慧。

金融科技之所以在供应链金融中如此重要，是因为现代信息通信技术对业务再造而产生的高效过程。具有工具性、相互关联、智能化、自动化、整合性和创新性的信息通信技术，诸如物联网、大数据、云计算、人工智能以及区块链等，同时推动了供应链运营和金融运营的变革，借助综合性的信息、信息技术（IT）、流程自动化、分析技术以及活动的整合创新，使得两个领域高度融合，产生供应链以及金融活动的决策智能化、主体生态化、活动服务化以及管理可视化，有效解决产业活动以及金融活动中的信息不对称和道德风险问题，实现以金融推动供应链生态发展，同时借助供应链运营，实现金融生态的拓展和增值。

（二）前提——金融科技嵌入供应链场景、技术的差异化赋能

金融科技赋能供应链金融需要关注如下几点：

（1）在供应链金融中，信息通信技术是一种融合性的体系。为使各种科技手段真正服务于供应链金融的各个阶段或活动，需要合理建构功能各异、相互关联的技术体系并且能与各类经营主体产生良好的交互，这意味着智慧化科技需要嵌入供应链金融场景。脱离供应链运营活动和金融活动的场景，技术是无法实现赋能过程的。因此，没有数据源的大数据建模，没有应用场景的区块链技术，没有解决方案的云计算平台等都是无价值的努力。

（2）科技对供应链金融的赋能过程具有差异性，不存在同质性的赋能。换言之，信息通信技术对供应链金融的赋能是根据不同的业务差别化产生作用，这是因为不同的业务往往涉及不同的主体、不同的活动，解决的问题和供应链金融试图实现的目标可能不尽一致。例如，战略融资买卖双方并没有发生真正的购销行为，融资方为未来的战略关系可能提前锁定技术产品，而向合作方提供资金，用以支持对方的战略性投资行为，他们更关注的是合作方的潜在能力以及在行业或市场中的竞争力。相反，仓单质押则需要关注仓单对应的产品是否真实存在、是否具有价值、价值的稳定性是否很强等。正是因为这种差别化的供应链金融特点，需要运用不同的技术手段和方法来获取相应的信息、作出相应的分析和决策。

二、模式特征

（一）服务主体——金融科技企业

金融科技推动的供应链金融的服务主体是金融科技企业，专业技术平台通过融合性的技术手段，如人工智能、区块链、云计算以及大数据来推动供应链金融服务。科技服务的提供者不是产业信用的创造者，而是产业信用的传递者，即产业信用的媒介。信用是依附在经济主体之间、交易行为之间和商品物流之间的一种相互信任的生产关系和社会关系，信用的创造者是供应链运营的参与者，他们之间产生价值互动（即所需价值的产生、生产和传递）、相应的交易过程、物流活动以及资金往来，形成各自所需承担的责任义务。而科技服务提供者只是通过融合性、系统化的科技手段让信用更为透明，从而有效地在产业主体之间以及产业与金融机构之间传递信用。

（二）网络结构——网络生态进一步延伸，内部联结清晰可视

金融科技推动的供应链金融的网络结构形态是网络生态的进一步延伸，内部联结清晰可视。焦点企业依然处于网络中心位置，但整体结构趋于松耦合，从而实现上下游不同环节的垂直合作、同类环节间的横向合作以及跨地区、跨行业的斜向合作。如前所述，互联网供应链金融模式下参与主体和相应业务的深度和广度都得到了拓展，但也为供应链管理和风险控制带来巨大挑战，因此，供应链金融的发展亟须 ICT 的赋能与支撑以实现智慧化。新形态下供应链网络生态会继续向外拓展延伸，而内部的联结脉络也会更加清晰。

这个阶段的供应链金融将是智能化的、数字化的、效率极高的。上下游交易方、金融机构、焦点企业等构筑的供应链金融生态圈将相互打通，让交易完全透明，资金流动清晰可见，大大提高融资便利性与风控水平。这一阶段的供应链金融无论是风控水平还是融资效率都将是超高的，也最接近供应链金融发展的理想状态，让中小微企业随时可以获得金融“活水”，让民营经济高效发展，激发实体经济的活力。

（三）流程管理——全方位把握网络流程和状态

金融科技推动的供应链金融的流程管理是借助综合性的 ICT，全方位把握整个供应链网络生态中的状况，主要基于数字化技术开展金融服务创新。由于网络生态的复杂与多样，供应链金融服务的提供者无法直接介入所有的交易环节和物流运作过程，平台方需进行横向、纵向以及空间的全流程管理，尽可能多地掌握各参与主体、各业务流程的状态。但互联网技术手段对上述全流程管理的作用有限，无法有效降低网络生态化供应链金融中的巨大风险，必须借助综合性的现代 ICT，在供应链能力管理、需求管理、客户关系管理、采购与供应商关系管理、服务与分销管理以及资金管理等方面形成强大能力，全方位把握整个供应链网络生态中的状况。

（四）控制要素——整体网络中更客观、广泛的多维数据

金融科技推动的供应链金融的控制要素是整体网络中更客观、广泛的多维数据。传统的技术手段并不足以保障信息的真实性和可获得性，所以在金融科技推动的供应链金融阶段，服务方需要基于科技和数字化，借助各类现代信息通信技术手段及时获取包括各参与方行为、业务以及相应资产数据在内的更客观、广泛的信息，并对其加以整合、分析，为管理决策提供有力支撑。

三、优势与局限

（一）金融科技推动的供应链金融优势

（1）金融科技的深入应用将重构供应链上企业的内在关系，这也就决定了供应链金融的最终目标是提升供应链的管理效率。

（2）金融科技的引入为供应链产业生态的重构优化注入了新的“活水”。运用大数据、云计算、区块链、物联网等新兴技术，能够重新勾勒产业链上下游企业间的真实贸易关系，将中小微企业真正纳入供应链的网络体系中，使中小微企业在整个产业链生态中的经营行为数据变成可评价的信用和可流通的资产。这样可以摆脱核心企业的控制，比如要求核心企业硬性担保，更为重要的是，将中小微企业纳入产业链网络体系，能够真正建立公平高效的交易规则和信用体系，营造良好的供应链生态，这对于净化供应链金融的发展环境起着至关重要的作用。

（3）去核心化和核心化模式在竞争中趋于融合。众所周知，供应链金融是一块巨大的蛋糕，这使得越来越多的核心企业亦希望身体力行，将产融结合的主动权继续掌握在自己手中，所谓的核心化供应链金融模式也随之出现。但值得注意的是，这种核心化并不是依靠核心企业在供应链上的垄断地位（比如对资金、物流和信息流的控制来争夺中小企业的利润空间），而是需要基于核心企业运用金融科技建立更加高效的供应链生态圈，简而言之，就是核心企业利用金融科技把供应链上下游各环节的主体连接起来，打造一个高效运转的平台，这才是核心化模式可能走得通的路子。去核心化模式是指不再完全依赖于核心企业的信用支撑，而是利用大数据、区块链等技术，显著降低供应链交易中的验证成本和信息不对称风险。所谓去核心化并不是意味着核心企业不再参与供应链金融产品的交易，而是核心企业不再作为构建生态的控制者，甚至某些环节的确权，可以抛开核心企业，它将只是作为一个信息提供者和资产管理者出现。

（二）金融科技推动的供应链金融局限

在应用 ICT 建设智慧供应链金融时也面临着诸多挑战：

（1）面临业务数据的分散和隔离、信息化体系未能明确引导一线业务以及数据的收集、分析、整合缺乏明确导向等问题，这在很大程度上制约着智慧供应链金融的创新发展。

（2）主体间缺乏有效的信息协调与整合。

（3）数据的相互关联是信息化的首要条件，但保护数据隐私、防范数据垄断与数据欺诈等问题还亟须解决。

四、供应链金融典型实践

（一）企业背景

感融物联网科技（上海）有限公司（以下简称“感融科技”）总部及运营服务中心设在黄浦区，入驻原上海世博会澳门案例馆德成楼。公司是一家物联网科技创新服务公司，核心研发团队具有超过十年物联网行业工作经验，并参与提出物联网核心架构标准。公司业务定位于物联网动产管理运营服务与相关物联网金融业务，从技术上推动动产质押登记业务由现有的自发自主描述化登记的模式向标准化结构化登记模式转变。

目前，感融科技已经与中国人民银行征信中心达成战略合作，将物联网监管技术与服务纳入人民银行征信中心管理体系，在推动基于客观信用且具备公信力的物联网动产质押融资登记服务的同时，逐步推动中国金融行业客观信用体系的建立。公司业务模式是利用物联网技术管理动产，为金融机构、仓储物流企业、第三方监管公司、生产与贸易企业等提供运营服务，建设物联网金融共赢生态圈。

物联网实质就是将物的互联网和人的互联网结合在一起，最后形成了一个包含所有要素的拓展的互联网。其核心就是把原来人的管理对象拉入到信息系统当中来，让它在人工智能的技术支持下和原来主宰整个过程的人一起介入这个系统来进行管理。鉴于此，就感融科技的核心技术与产品架构而言（如图 8－13 所示），在后端，公司基于互联网、大数据、云计算以及区块链等新兴信息通信技术搭建开展数据管理与数据服务的智链云，

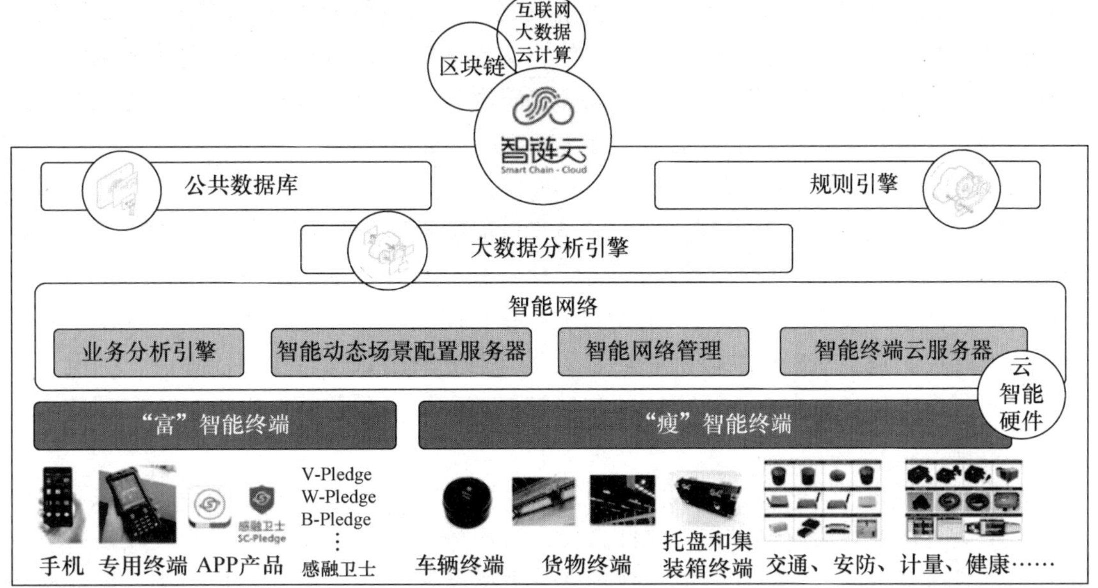

图 8－13　感融科技的核心技术与产品架构

将公共数据库、规则引擎以及大数据分析引擎等作为公司内部分析服务工具；在前端，在互联网化内容驱动的逻辑下，作为已有互联网业务的有效补充，将网络与业务相结合，通过业务分析引擎、智能动态场景配置服务器、智能网络管理以及智能终端云服务器等为客户提供服务。具体的智能终端服务器包括“富”智能终端与“瘦”智能终端两大类，其中“富”智能终端是面向人的终端，既是人的一个强处理单元，又可以作为计算机成为连接原系统的窗口；而“瘦”智能终端则是面向物的终端，具有简单、便宜、面向大众的特点，其成本低廉，使用、投放与维护等便捷，一次投放不需要回收管理。

（二）运作模式

感融科技通过运用不同的物联网终端，将不同的物纳入到相应的管理中，从而实现供应链中的“四流合一”，实现端到端全业务支持、货物流程动态管控、动产的份额化逐件管理，往上对接金融服务，往下对接业务操作，以此来支持核心厂商、供应链金融服务商、供应链服务商、银行等金融机构以及平台服务商等相关业务的有效开展。具体而言，感融科技目前的主打服务产品主要有以下三种：

1. 大宗商品质押服务——W-Pledge

W-Pledge 主要是指面向仓库的大宗货物和仓单的精准监管与技术服务。通过在仓库现场建设物联网感知系统，实时感知货物的物理状态与货值变化情况，并生成唯一性保证的物联网仓单。通过在中国人民银行征信中心形成动态仓单登记，确保货物的客观存在与唯一登记。通过 W-Pledge APP 约束仓储操作员的合法合规操作，同时向银行、监管方、仓储方第一时间进行报警及异常行为的预警。

具体而言，在对银行大宗商品质押业务系统的支持方面，感融科技通过完全配合银行和信贷机构的管理要求，实现了线上线下和系统对接几个层面的集成。主要针对的质押业务类型是目前流行的静态货押监管和动态货押监管模式，其中动态货押监管模式中包括定额控货和核定库存模式的动产质押融资支持。感融科技利用物联网支持整个监管货物的入库、出库、置换和质押、解押操作，实现对货值、物理状态和仓储环境的动态管理，从而达到动态风险管理的目的。此外，感融科技还实现了对担保物权统一登记方式下的确定性或者一般性公示方式的支持，来支撑融资业务。

2. 基于车辆监管的质押服务——V-Pledge

V-Pledge 是指感融科技所提供的汽车整车供应链管理与质押监管数据服务。通过 V-Pledge 终端实现对整车供应链的端到端智慧化管理，弥补传统人工管理模式下信息传递不及时，无法掌握业务最新状态，业务真实性背景缺乏，业务过程无法自主发现、自主跟踪等不足，实现了对整车供应链的动态闭环与业务的场景化自主智能驱动，实现了供应链全过程的人机自主高效智慧化协同与动态校核和风险预警，大幅提高了管理效率和业务服务能力。

感融科技利用 V-Pledge 车辆监管终端装备与管理汽车进行结合，不需要在汽车上附加什么装备，前装化后就可以作为软件直接进行服务。V-Pledge 车辆监管终端装备具有车辆真实性容量分配（CA）、智能工作模式、业务交互操作、超低功耗控制、拆除检测算法、独立电池供电、安装拆卸简单等技术优势。感融科技的 V-Pledge 报表大数据服务平台可以查看绑定车辆的当前状态与历史状态，包括位置和轨迹；查看在库监管、运输监管、移库监管的业务状态；查看操作员、审核员、司机的所有任务状态；查看消息与预警；可根据车辆、经销商、单据、任务等字段进行索引查询；系统生成报表的查询、导出、打印；可提供数据接口给客户集成进 ERP 或其他信息管理系统等。因此，可以提供作业导引和数据服务，其中作业导引在全面的管理下可以精确产生出下一链条的作业指示、作业推送和任务推送，可以推送给相关的作业人员，对他的作业同时进行校核，也就是物、车和人的双向校核和确认。同样，V-Pledge 移动端 APP 也可以实现绑定解绑、交付签收、告警消息、申请审核以及状态查看等功能。

3. 供应链全过程管理与风控服务——B-Pledge

B-Pledge 是指感融科技所提供的供应链全程无缝实时感知服务，为供应链服务商、仓储物流企业、金融机构、商品生产商与经销商构建开放联合研发与体验计划，提供基于标准化托盘和集装箱的集约化管理商品在库、在途、跨境以及最后一公里的全供应链自主发现、自主跟踪服务能力，实现了对供应链的动态闭环与业务的场景化自主智能驱动，实现了供应链全过程的人机自主高效智慧化协同与动态校核和风险预警，大幅提高管理效率和业务衍生服务能力，同时确保对商品在物流运输环节的保存环境、安全情况、野蛮装卸情况的全状态感知。

感融科技将汽车管理作业延伸到其他供应链全程管理当中，实际上就是管理的对象从汽车整车扩展到细粒度的托盘、集装箱、中转箱等即可以集约化管理的物流体系，包括部分原材料、快消品、电子元器件、配件。这些货物的全链信息跟整车性质一样是实时的，同时需要跟踪跨地域的业务，包括国内的多地域和海外。在供应链全程管理中包括风险和作业关系的实现，更多的是强调货物的有效性，即货损的管理。感融科技供应链全程管理的对象也包括生产贸易企业，支持其供应链、仓储管理以及金融服务，其中金融服务是最核心的。金融服务不是以实物存货质押为主，而是保障以订单和应收账款为基础的融资中订单执行情况的全程作业贸易真实性和交易真实性，在此基础上实现风险测量和预警，降低供应链融资风险。

感融科技的供应链全过程管理将产品的装箱、入库、出库，再运输、海外仓储库，一直到开箱即开托盘分解等全部纳入监管范围之内，大幅度提高了供应链运营的效率和准确度，更重要的是对差错及时校正、自主校正。这对于融资企业来讲，是一个典型的业务真实性背景下的供应链金融的全过程，从而使得供应链金融风险管理所需要的业务闭环和精细化管理在这个背景下全都能够实现。

关键词

M＋1＋N　序列依存关系　商超供应贷　货代运费贷　采购自由贷　企业平台化　用户个性化　货押模式　信用模式　在线融资　平台生态　共生　互生　再生　复杂互依关系　池依存　网络外部性　金融科技　科技赋能　去核心化　核心化　互联网供应链金融　智慧供应链金融

复习与思考题

1. 供应链金融的发展经过哪几个阶段?
2. 什么是金融机构推动的供应链金融? 其目标是什么?
3. 金融机构推动的供应链金融的模式特征有哪些?
4. 金融机构推动的供应链金融的优势和局限是什么?
5. 什么是产业企业推动的供应链金融? 其目标是什么?
6. 产业企业推动的供应链金融的模式特征有哪些?
7. 产业企业推动的供应链金融的优势和局限是什么?
8. 什么是平台企业推动的供应链金融? 其目标是什么?
9. 平台企业推动的供应链金融的模式特征有哪些?
10. 平台企业推动的供应链金融的优势和局限是什么?
11. 什么是金融科技推动的供应链金融?
12. 金融科技推动的供应链金融的模式特征有哪些?
13. 金融科技推动的供应链金融的优势和局限是什么?

第 3 篇

风险管控篇

第9章

供应链金融的风险管理

学习目标

- 了解风险和供应链风险的内涵。
- 掌握供应链金融风险的来源。
- 了解供应链金融风险的识别方法。
- 掌握供应链金融的风险评估指标体系。
- 理解供应链金融风险管理的原则。
- 了解供应链金融风险管理的体系。

供应链金融的产生是为了解决链上中小企业的资金需求难题，然而，作为一种新兴事物，供应链金融在实际操作中尚处于摸索阶段，特别是在风险的管理和控制方面，还存在很多需要进一步探索的问题。从目前国内供应链金融活动实践看，出现了一些欺诈和套取资金的行为，其中最典型的是“三套行为”“重复或虚假仓单”“自保自融”等，这严重影响了供应链金融的有效开展。因此，对供应链金融风险进行识别与分析，同时对其进行有效管理，对于供应链金融的健康发展具有重要意义。

第1节　供应链金融风险的内涵

一、风险

20世纪初，美国企业就很重视运营中的风险，并采用科学的方法开展风险管理运作，逐步积累了丰富的经验。1950年风险管理成为管理学科之一，1970年风险管理在全球受到关注，1983年的风险和保险管理国际协会年会上各国专家学者共同讨论并通过了《101条风险管理准则》，它标志着风险管理的发展进入一个新的阶段。

一般人对于风险的观念及定义到现在仍然相当模糊，因为它表达的其实是一个抽象笼统的概念，风险的特征是在强调未来的可能性以及事件发生的不确定性，如果一个事件或活动没有不确定性，风险也就不会存在。根据《韦氏词典》对风险的解释“损失的可能性或危害的结果”，风险有两层含义：一是易变化的特性和状态，缺乏肯定性，也就是不确定性；二是具有无偿的、含糊的或未知性质的事物。许多学者都尝试着去定义风险，目前公认度比较高的对风险的定义出自米切尔（Mitchell，1995），他认为风险是组织或个人发生损失的概率以及损失的严重性两者的组合；任一事件的风险为事件的可能发生的概率以及事件发生后结果之组合乘积。我国国家标准《供应链风险管理指南》（GB/T 24420—2009）对风险的定义为：不确定性对目标实现的影响。综合而言，关于风险的研究主要有两种视角：一是不确定性视角，二是损失性视角。从更切合实际的角度看，应该将不确定性视角和损失性视角综合起来，这样更能反映风险的本来面目。

二、供应链风险

（一）供应链风险的含义

供应链所面临的市场竞争环境存在大量的不确定性。只要存在不确定性，就存在一定的风险。所谓不确定性是指当引入时间因素后，事物的特征和状态不可充分地、准确地加以观察、测定和预见。在供应链企业之间的合作过程中，存在着各种产生内在不确定性和外在不确定性的因素，因此需要进行风险管理。

供应链系统是一个复杂的系统，其风险是很难界定的，不同学者从不同的角度来定义。国外学者对供应链风险的研究是从研究供应风险开始的，米切尔（Mitchell，1995）认为，它是由各成员企业中员工的教育层次、国别等因素的不同及供应市场的特征（如市场结构的稳定性、市场利率的变化等）影响供应上的不足而带来的风险。斯迪森等人（Zsidisin et al.，2003）将供应风险定义为“供应的不及时而导致的货物和服务质量的降低”。也有的学者按照风险的一般方法，将供应链风险分为可控制和不可控制的风险：不可控制的风险如恐怖主义行为、自然灾害等；可控制的风险如供应商资格、来源方的产品和服务等，但是并没有给供应链风险一个确切的定义，也没有具体分析其区别的依据。

根据德勤咨询公司2004年发布的一份供应链研究报告，供应链风险是指对一个或多个供应链成员产生不利影响或破坏供应链运行环境，而使得供应链管理达不到预期目标甚至导致失败的不确定性因素或意外事件。英国克兰菲尔德大学管理学院把供应链风险定义为供应链的脆弱性，供应链风险因素的发生通常导致供应链运行效率降低，成本增加，甚至导致供应链的破裂和失败。有效的供应链风险管理将有利于供应链的运行安全，降低运行成本，提高供应链的运行绩效。

由此可以看出，供应链风险包括所有影响和破坏供应链安全运行，使之不能达到供应链管理预期目标，造成供应链效率下降、成本增加，导致供应链合作失败或解体的各项不确定性因素和意外事件，既包括自然灾害带来的风险事件，也包括人为因素产生的风险事件。为了提高供应链的竞争力，获取竞争优势，企业需要高度重视供应链的风险管理，它不仅是供应链管理理论体系的核心内容之一，而且是供应链管理的内在要求。企业必须采取措施使供应链防范可能对其产生破坏的风险，尽量降低风险给供应链带来的损失，使供应链能够在受到风险事件冲击后迅速恢复到正常的运行状态。这些目标只有通过合理的风险管理与控制措施才能够达成。

（二）供应链风险存在的客观性

无论是自然界中的各种自然灾害，还是社会领域中的冲突、意外事故或者战争，都不以人们的主观意志为转移而客观存在，它们的存在和发生从整体而言是一种必然的现象。因此，像许多风险一样，供应链风险的发生也是客观和必然的，其本身是不可避免的，主要表现在以下几个方面：

第一，供应链本身结构的复杂性导致了风险客观存在。供应链从组织结构来看是一个复杂的网络，由具有不同目标且相互独立的经营体组成。因此供应链的运作相比单个企业的运作更加复杂。物资从供应源进入供应链到最后变成商品到达最终用户手中，经过了原材料供应体系、制造体系和分销体系中众多节点企业，包括运输、储存、装卸、搬运、包装、流通加工、配送、信息处理等诸多环节，期间伴随着商流、物流、信息流和资金流的发生。虽然整个供应链是一个利益共同体，但各节点企业有各自的经营战略、目标市场、技术水平、管理制度以及企业文化等，甚至同一个企业可能同时属于多个相互竞争的供应链，这些都增加了供应链管理的复杂性和难度，从而导致了风险。

第二，供应链所处内外部环境的不确定性导致风险客观存在。把供应链当作一个系统来看，其环境不确定性包括两个方面，即系统外部环境的不确定性和系统内部环境的不确定性。系统外部的不确定性主要是指自然环境、市场需求环境、经济环境、政策环境、竞争环境以及资源环境等因素，这些都是客观存在的，并且是不能改变的，只能调整自身去适应；系统内部的不确定性主要是供应链上各节点企业运作的不确定性，如原材料供应商方面的运输问题、货源问题造成的不确定性，制造商方面由于生产系统的可靠性、计划执行的偏差、关键人员的临时短缺导致的不确定性，以及分销企业在配送、渠道设置方面的不确定性等，这些内部不确定性也是不能完全避免的。因此，系统内外部这些不确定性因素的客观存在也决定了供应链风险必然客观存在。

第三，供应链全球化趋势增加了风险。过去盛行的本地化生产和营销策略转向全球化生产和营销是一大趋势。现在通过远程采购、全球生产和装配，供应链可以从地球的一端延伸至另一端，如一些电子产品，可在中国采购零部件，在新加坡组装，然后在美国总装，最后卖到全球市场。全球化的采购和生产可能减少采购成本和劳动力成本，但也可能带来更长的提前期、更多的安全库存和更高的报废率，增加了风险。

供应链风险的发生，其范围、程度、频率以及形式、时间等都有可能表现各异，但它总会以独特的方式表现自己的存在，是一种必然会出现的事件。人们收集的有关供应链风险的资料越多，对供应链风险的认识程度越高，供应链风险的规律性就越容易发现。

三、供应链金融风险及其来源

供应链金融作为供应链参与者之间依托金融资源实现商流、物流结合的一种创新行为，必然会受到各种影响供应链运营因素的影响，并且对融资量、融资周期和融资费率产生作用。具体而言，供应链金融风险是指在一定的经济环境中，上下游企业和所有其他参与方预期的物流、资金流、信息流的运行情况和实际状况不一样，最终使从事供应链金融的企业或其他组织蒙受损失的不确定性。不确定性有三个来源，即供应链外部、组织外部（供应链内部）和组织内部，从而形成供应链金融运行过程中的三种风险来源：外部环境风险、供应链网络风险和供应链企业风险。

（一）外部环境风险

外部环境中不能被供应链企业决定和控制的且会产生不利影响的因素，被称为供应链外生风险。在供应链金融活动中，宏观层面的金融制度、经济周期、产业政策，甚至自然、文化环境等变化，都有可能通过影响供应链活动改变企业的融资情境与要素。除了灾难等不可抗拒的因素，大部分与产业等相关的外生风险实际上是可以被感知并能应对的，会直接影响到供应链融资绩效。举例来说，经济的周期性波动是应该重点关注的外生不确定性，当经济下行或者衰退时，市场需求开始出现萎缩，实力较弱的企业可能出现破产倒闭的情况，进而达不到应有的投资回报水平，这类企业多从属于建筑、工业原材料等行业，例如需求低迷、价格持续回落是造成前几年的钢贸供应链金融风险的主要因素之一。针对这类企业开展供应链金融活动务必要密切关注经济形势，波动较大时融资的期限会缩短，额度也会缩减，而利率则有可能上升。另外，企业受到的最直接的外部环境影响还包括监管和政策环境，如果行业发展受到法律和政策的限制，则会对企业的盈利产生不利影响，因此，应该避免将贷款投放到监管不健全或发展受到政策限制的行业或领域。同时，对于从事农业生产的企业来说，技术的更新、自然灾害和市场需求变化会对农产品供应链中的生产和分销有所冲击。在这种外部不确定性特别大的情况下，开展供应链金融活动时，融资利率会被提高以增加融资方的回报，或通过融资周期缩短、融资额度缩减以减少融资方的损失。

（二）供应链网络风险

供应链金融是在焦点企业主导的企业生态圈中，对资金可得性和成本进行系统优化的过程。在供应链金融中，焦点企业及其直接上下游企业是构成网络的最小单元，从核心网络向外扩散还包含支持性机构，如第三方服务提供商以及金融机构、政府等主体。各网络成员之间相互依存，在风险方面也相互联结。供应链网络中内生风险的成因包括三个方面：一是在外包趋势下，企业逐渐依赖外部生产、分销和物流资源，如此不仅使所有权界限模糊，也令缺货等风险概率增大；二是供应链中企业的过度反应、不信任和信息扭曲等复杂行为造成混乱效应；三是供应链结构惯性和必要反应能力的缺失，对环境和市场变化带来更大冲击。供应链体系运行的状态会影响供应链中中小企业即融资对象的信用评估。供应链的运营状况好，则交易中出现的不确定概率小，可以降低链内企业的综合信用风险；反之，则会使链内信用风险增加，使融资的代价增大，融资量减少，融资周期缩短。此外，如果供应链网络内部治理机制不清晰，由不确定性以及网络的扩散机制造成的采购风险、分销风险和需求风险就增大，同时焦点企业作为融资组织者也会承担高额的管理成本与控制成本，这就不得不通过提高对中小企业的融资利率、缩短融资周期以及减少融资额度来弥补。

（三）供应链企业风险

在供应链中，交易伙伴之间存在着对环境和交易本身的有限理性，加上潜在的机会主义行为，这些使得经济活动变得更加复杂，可能对从事供应链金融的企业及供应链整体运营产生不利影响，这就成为供应链金融活动中主体风险的来源。具体而言，供应链金融活动中融资需求方在行业或市场中的地位、自身的资源能力、运营效率方面的实力以及资产流通性等，都是可能存在的风险点。在传统的财务性资质审核基础上，供应链金融活动中对主体风险的评估还会考虑更全面的内容，例如，首先应该分析融资主体的资源和能力，及其在行业或领域中的地位，主要是该企业在市场开拓性方面是否具有潜力、技术和创新能力是否欠缺等。如果融资对象欠缺这种市场和成长方面的资源与能力，不仅无法抵抗来自环境和网络层面的风险，而且会产生新的不利影响，使资金无法回收。另外，融资对象的财务状况和信用历史也是企业风险的考察点，例如考察企业的盈利率和资金运作效率，以确定各项资产的流动性状况。如果资产的流动性不能满足企业正常运营的需求，或者财务表现大大超过了行业平均水平，出现虚假信息，就可能存在风险。此外，我国供应链中中小企业的信用历史不完善，本身就是风险的一大来源，这给资金提供者进行有效评估造成了阻碍，信用较差的小企业因此必须付出较高的融资代价，即资金提供者必然通过提高融资利率或者缩短融资周期以及减少融资额度等手段来减少风险造成的冲击。

第 2 节　供应链金融风险的识别

一、风险识别概述

风险识别可定义为系统地、持续地鉴别、归类和评估风险重要性的过程。风险如果不能被识别，就不能被控制、转移或者管理，因而风险识别是风险分析和采取措施前的一个必需步骤。风险识别集中注意力于风险的探测和控制上，是一个有益的过程，它会找出需要作深入设计和开发的领域。风险识别是一项困难的任务，因为没有一个一成不变的程序可供利用，它严重依赖关键项目人员的经验和洞察力。风险识别的基础是历史数据、经验和洞察力。然而，每一个建设项目不同，即使在类似的项目上，类似的风险也不一定重复发生。为了帮助识别风险，许多公司编辑了检查表，这些表只是一些简单的目录以防止风险被忽略。如果这些数据想有用的话，必须足够详细。关键风险必须被识别，否则整个过程便是资源的浪费。如果非关键风险被识别、分析和处理，但是关键风险没有被考虑，将对整个供应链运作有更大的影响。风险能够用许多方法来识别，大多数的风险识别方法依赖过去类似的经验。如果没有人有类似的经验，就有必要组织有经验的人来一次头脑风暴。有一些风险是单独属于某个特定项目的。历史数据并不能自动地包含新的风险领域。这时，后察力没有多大用处，而需要有前察力。为了精确地分析，识别过程非常重要，实际上，风险管理的益处来自识别而不是分析阶段。风险识别是项持续性、制度性的工作。这个世界是变幻莫测的，任何事物都在变，如新科技、新产品、新道德观均可能改变原来的风险的性质，也可能增加前所未有的风险。如非持续性的工作，实难发现所面临的风险。任何管理均讲究科学管理，也就是要有组织，要有制度，风险管理是一种科学管理方法，当然要讲求制度化。

供应链风险识别是有效进行供应链风险管理的首要阶段，它是指供应链风险管理主体在各类风险事件发生之前，运用各种方法系统地认识所面临的各种风险以及分析风险事件发生的潜在原因。分析和调查识别风险，从而确定供应链所面临风险的性质，然后才能对症下药，找到解决办法。

风险识别主要包括以下几个方面的内容：

（1）识别潜在风险及其特征。这是风险识别的第一个目标。因为只有首先确定可能会遇到哪些风险，才能够进一步分析这些风险的性质和后果。所以在供应链金融风险识别工作中，首先要全面分析各种影响因素，从中找出可能存在的各种风险，并整理汇总成风险清单。

（2）识别风险的主要来源。只有识别清楚各个风险的主要影响因素，才能够把握风险发展变化的规律，才能够度量风险的可能性与后果，才有可能对风险进行应对和控制。

（3）预测风险可能会引起的后果。风险识别的根本目的就是要减小和消除风险可能带来的不利后果。在识别出风险和风险的主要来源之后，必须全面分析风险可能带来的后果及后果的严重程度。

二、风险识别方法与技术

（一）风险识别的方法

风险的范围、种类和严重程度经常容易被夸大或缩小，使风险评估分析和处置发生差错，造成不必要的损失。风险识别的方法有很多，任何有助于发现风险信息的方法都可以作为风险识别的工具。以下是一些常用方法：

1. 从主观信息源出发的方法

（1）头脑风暴法（brainstorming）也称集体思考法，是以专家的创造性思维来索取未来信息的一种直观预测和识别的方法。此法由美国人奥斯本于 1939 年首创，从 20 世纪 50 年代起就得到了广泛应用。头脑风暴法一般在一个专家小组内进行。以“宏观智能结构”为基础，通过专家会议，发挥专家的创造性思维来获取未来信息。这就要求主持专家会议的人在会议开始时的发言中能激起专家的思维灵感，促使专家感到急需回答会议提出的问题，通过专家之间的信息交流和相互启发，从而诱发专家产生思维共振，互相补充并产生组合效应，获取更多的未来信息，使预测和识别的结果更准确。我国 70 年代末开始引入头脑风暴法，此后该方法受到广泛的重视和采用。

（2）德尔菲法（Delphi method）又称专家调查法，是依靠专家的直观能力对风险进行识别的方法，其应用已遍及经济、社会、工程技术等各领域。用德尔菲法进行项目风险识别的过程是由项目风险小组选定项目相关领域的专家，并与这些适当数量的专家建立直接的函询联系，通过函询收集专家意见，然后加以综合整理，再匿名反馈给各位专家，再次征询意见。这样反复经过四至五轮，逐步使专家的意见趋向一致，作为最后识别的根据。此法已在许多项目管理活动中进行了应用，并取得了比较满意的结果。

（3）情景分析法（scenario analysis）是由科研人员皮埃尔·沃克（Pierr Wark）于1972年提出的。它根据发展趋势的多样性，通过对系统内外相关问题的系统分析，设计出多种可能的 未来前景，然后用类似于撰写电影剧本的手法，对系统发展态势作出自始至终的情景和画面的描述。当一个项目持续的时间较长时，往往要考虑各种技术、经济和社会因素的影响，可用情景分析法来预测和识别其关键风险因素及影响程度。情景分析法对以下情况特别有用：提醒决策者注意某种措施或政策可能引起的风险或危机性的后果；建议需要进行监控的风险范围；研究某些关键性因素对未来过程的影响；提醒人们注意某种技术的发展会给人们带来哪些风险。情景分析法是一种适用于对可变因素较多的项目进行风险预测和识别的系统技术，它在假定关键影响因素有可能发生的基础上，构造出多重情景，提出多种未来的可能结果，以便采取适当措施防患于未然。情景分析法从20世纪70年代中期以来在国外得到了广泛应用，并发展出了目标展开法、空隙填补法、未来分析法等具体应用方法。一些大型跨国公司在对大项目进行风险预测和识别时都采用了情景分析法。因其操作过程比较复杂，目前此法在我国的具体应用还不多见。

2. 从客观信息源出发的方法

（1）流程分析图法。流程分析图法指企业风险管理部门将整条供应链的生产过程的所有环节系统化、顺序化，制成流程图，从而便于发现企业面临的风险。这种方法强调根据不同的流程，对每一阶段和环节逐个进行调查分析，找出风险存在的原因，从中发现潜在风险的威胁，分析风险发生后可能造成的损失和对全部生产过程造成的影响。

（2）流程控制法。在生产过程中，原料、交通、天气、设备、员工、情绪、时间、压力等一系列细节的波动是不可避免的。这些波动有的是微小的，但始终存在，这就是交货提前期总会有变动的原因。有观点认为来自供应链计划的变动会产生风险，因此，要识别主要的风险，就要监督运作活动，找到最容易出现波动的运作领域。

（3）财务报表法。通过分析资产负债表、营业报表，以及财务记录，风险管理部门就能识别本企业当前的所有财产、责任和人身损失风险。将这些报表和财务预测、经费预算联系起来，就能发现未来的风险。

（二）风险识别的技术

1. 风险识别技术概述

（1）风险识别内容。风险识别包含两个方面：一方面是感知风险，即对普遍出现的各种风险进行认识，是风险识别的基础；另一方面是分析风险，即分析导致风险事故发生的条件因素，是风险识别的关键。从经济角度来说，风险识别需要了解国家经济政策的调整有没有可能给企业经济环境带来风险，以及宏观经济周期、利率价格的变化等因素。

（2）技术和财务角度分析。从技术角度来说，风险识别需要了解企业技术工艺的改进失败会给企业产品的顺利生产带来的风险，以及是否外部有新兴技术或产品即将取代企业的技术或产品、一项技术的创新能不能商业化等。从财务角度来说，风险识别需要了解目前企业内部的财务管理方式有没有隐患，以及企业收支状况意外变动、人员腐败问题等。

（3）风险识别原则。风险识别需要把握科学的基本原则。基本原则包括四个部分：一是全面周详原则。需要进行系统排查，了解不同的风险事故发生的概率，以及事故会对企业造成什么程度的损失。二是综合考察原则。风险系统非常复杂，有直接损失、间接损失、责任损失等类型，又有个人风险、家庭风险、单位风险等考虑，需要综合各种方法进行考察。三是量力而行原则。企业需要结合自身实际，以保证用较小的支出得到最大的安全保障。四是科学计算原则。例如准确地运用数学理论，科学地估计、统计以及计算风险数据。

（4）风险识别应对措施。风险识别评估完成之后，要制定相应的应对措施。一是规避风险，消除或通过调整相应政策避开风险；二是接受风险，对于造成的后果非常轻的风险，如果需要花费较大代价才能消除，那么可以选择接受风险，并从其他方面补偿风险成本；三是降低风险，对于造成严重后果而又不能消除或规避的风险，可以果断采取措施将风险最大限度地降低至企业可接受的水平；四是分担风险，对于企业自身难以承受而几家企业共同分担可以承受的风险，可以加强合作，一起应对风险。

2. 风险识别技术现状

（1）经济技术指标、财务指标是结果指标，而结果就是确定的。风险事件是导致未来不确定性收益变化的事情，结果指标是对过去一段时期内的成果总结。过去的发展趋势与未来有一定的联系，但是目前许多企业只是用结果指标来进行风险识别分析，并没有分析未来变化趋势与过去结果的联系，导致风险识别不准确。

（2）企业内部控制系统不完善，影响风险控制体系，进而影响风险识别。企业内部管理要求企业能够建立系统的内部控制管理体系，提高企业经营管理水平，进而保证企业可持续发展。当前企业内部控制和风险管理相辅相成，密不可分，风险评估是内部控制管理的重要因素。内部控制存在问题的企业，风险意识不是特别强烈，员工工作状态不是特别积极，从而会影响风险识别的效率和精确度。

（3）用存量指标来反映一定时期经济和财务状况，可以表明某一时间节点企业存在的风险，但是未来是否会发生风险，不能确定。例如许多企业都有现金流量表，对于了解编表时现金的存量和流动量有一定的意义，但是对于预知未来现金存量和流动量没有实质性的帮助，因为现金流出流入会发生支付风险，编好的现金流量表不能反映出来。

3. 风险识别技术继续研究

（1）资产状况分析技术。资产状况分析技术指用与财务相关的分析方法，如风险管理人员通过分析资产负债表、利润表等材料，经过对企业实际情况的调查、研究，分析企业发展中经济、财务方面存在的风险或将来可能发生的风险。这项技术应用想要取得成效，应该保证各项材料的实时性与细节性，比如利润表，应该有实时的表格而不是某个时间节点的利润表，应该显示各项损益细节而不单单是损失和收益这一总结性的数据。

（2）生产分析技术。生产分析技术是指在企业生产运行过程当中，从采集原料到产品销售的每一个环节和阶段，对每个部分逐一进行排查和分析，将可能存在的风险或已知的风险记录下来，制作流程图，在流程图上详细标识出来，再进一步分析补充的方法。这种方法可以细分为内部流程分析和外部流程分析。外部流程如企业采购、产品销售、成品储存等，外部流程分析能够有效地识别营业中断风险。内部流程如产品制造、产品服务等，内部流程分析能够有效地识别产品中断风险。

三、风险识别的意义

（1）正确的风险识别是十分必要的。首先，由于项目具有不确定性和发展环境动态性的要求，所以其风险比较大是不言而喻的。此时正确的风险识别能提供安全的经营环境，确保供应链金融的有效开展。其次，风险识别成果将会直接影响以后阶段的风险管理工作，否则即使估计、评价做得再好，也会因为主要风险识别错误（误列、漏列）而前功尽弃。最后，正确的风险识别有利于资源的最优配置，执行人员根据风险识别选择最优的实现方式，用最高的效率组织人员和物品的投入，可避免不必要的浪费。这将大大提高项目完成的效率，节省大量时间、人力及不可再生资源。

风险识别具有系统性、动态性、全员性、信息性和综合性。对其实施的要求是做到及时客观、准确全面地分析项目的潜在风险。在分析中不可漏列和误列。因为风险识别是环环相扣的，任一步骤出现问题都会导致不可挽回的损失。

（2）无论是生活还是工作中，只有充分识别风险，才能有效地控制风险。某一种风险，尤其是重大风险，如果没有被识别出来将会导致灭顶之灾。项目执行首先要加强风险管理，而风险识别在风险管理中占有举足轻重的地位，它是最重要也是最困难的部分。项目管理人员若是不能准确地识别项目面临的所有潜在风险，就失去了处理这些风险的最佳时机，将无意识地被动地自留这些风险。项目风险识别并非一蹴而就的事情，应当在项目实施的全过程中自始至终反复进行。一旦风险被识别，就可以制定甚至实施简单有效的风险应对措施。

由此可见风险识别在各行各业甚至在我们的日常生活中都发挥着无可替代的作用。只有全面了解各种风险，才能预测可能造成的损失，从而选择处理风险的有效手段。我们要做到的就是安全生产，防患于未然。

第 3 节　供应链金融风险的评估

一、供应链金融风险评估指标体系设计原则及标准

（一）供应链金融风险评估指标体系设计原则

在供应链金融风险评估中，除了要遵守评估的一般性原则，如全面性原则，层次性

原则和可操作性原则，还需要遵守一些与供应链金融相关的特殊原则：系统性评估原则、主体加债项评估原则以及强调过程性和动态性的评估原则。

1. 全面性原则

为了保证准确、客观地评价供应链金融业务的风险水平，评估指标体系应尽可能全面地考虑影响业务风险的各种因素。既要关注融资企业的自身素质、经营情况，还要针对具体业务进行分析和考察。

2. 层次性原则

供应链金融风险评估指标体系要注重指标体系的层次性，高层次的指标应有明确的经济意义和分类效果，应与供应链金融业务的潜在风险点传导过程相对应；低层次的指标应对上一级的指标有良好的解释效果，同时应能够便于分析和计量。

3. 可操作性原则

供应链金融风险评估指标体系应具有良好的可操作性。定性的指标应有客观的、清晰的描述，便于对样本的优劣程度进行评价；定量指标应有准确的、可行的数据采集途径，保证样本数据的真实性。同时，所有指标均应有明确的评价标准，以便于对指标的优劣进行区分，从而有效地对供应链金融业务的风险水平进行评价。

4. 系统性评估原则

供应链金融的风险来源不仅和具体的企业运营相关，而且和所在的区域、所在的供应链以及所处的经济周期等密切相关。因此，构建供应链金融的风险评估体系，不仅要考虑企业的信用风险、担保品的变现风险以及具体的操作风险等非系统性的评估指标，而且要考虑能够有效衡量宏观、行业、区域以及供应链系统风险的评估指标。只有从整个系统综合考虑，才能构建一个完整的评估指标体系。

5. 主体加债项评估原则

典型的风险评级过程一般分为九个步骤。第一步是对借款企业的财务状况进行评估，设定债务人评级的基础。然后，第二步到第五步中的每一步都可能下调第一步所设定的评级。第二步是分析借款人的管理能力。第三步是调查借款人在行业中的绝对与相对位置，其基本步骤是行业评级综合—层次评估—行业/层次的位置，即先分析整个行业的状况，确定行业在整个经济中的水平，再确定借款企业在行业内的层次。第四步是评估借款企业财务信息的质量。第五步是评估国家风险。之后，对具体债务进行分析，通过具体债务的评估，对基准评级进行微调。对债务的评估包括第六步到第九步。第六步是检验第三方的支持，第七步是分解交易的期限，第八步是评估交易结构的强度，第九步是评定担保物的数量。

这种典型的评级方法，是以主体评级为基础、债项评级为辅助的方法，对于信贷比较适合，但无法准确地评估供应链金融风险的大小。在实践中，这种评级方法常常过高地估计供应链金融的风险，因而阻碍了业务创新的拓展。

一般而言，供应链金融具有明显的自偿性特点，借款企业还款的第一来源是基于存货的销售所得现金流。因此在其风险评估中，应该综合考虑借款企业主体和债项的风险，并应该更加侧重于债项指标，赋予债项评价更大的权重。

“主体加债项，并侧重于债项”是供应链金融风险评估中很重要的原则。在具体设置评估指标体系时，应该将主体评价指标和债项结构评价指标分别赋予不同的权重，而不是在主体评级的基础上再考虑债项因素进行微调。

6. 强调过程性和动态性的评估原则

供应链金融不同于传统的信贷服务，它不仅关注贷款的准入问题，而且注重运营过程的控制，因此在构建融资风险评估指标体系时，需要考虑业务运营的过程来设置相应的指标，对与过程相关的指标应该更加重视，例如在供应链金融中，操作过程的风险是一个考虑的重点，在评估指标体系中就应该给衡量操作过程风险的指标赋予更大的权重。

（二）供应链金融风险评估指标体系设计标准

供应链金融风险评估过程的关键是构建评估指标体系和评判标准以及确定指标权重并进行一致性检验。

通过对供应链金融风险的识别，可以系统地构建融资风险评估体系。这一体系包括系统风险与非系统风险，其中系统风险包括宏观与行业系统风险和供应链系统风险，而非系统风险包括信用风险、担保物变现风险以及操作风险。

在进行供应链金融风险评估时，一线的评估人员应该综合现场调查、历史资料和数据，尽量采用一些定量的分析工具来进行综合系统的评估。在评估时，一些可以用定量公式衡量的指标，尽量采用定量评估。在利用数据对这些定量指标进行计算后，就可以设置一定的规则确定不同评分对应的范围，然后将指标的定量值映射到具体评分上。而不能定量的则采取 5 级或 7 级评分的方法。在这里我们采用 7 级的评分方法，即对每一个需要衡量的评估指标，根据其风险的大小划分为 7 个等级：风险很大（1 分）、风险大（2 分）、风险较大（3 分）、风险一般（4 分）、风险较小（5 分）、风险小（6 分）、风险很小（7 分）。然后，根据事先确定的每一指标的权重对分值进行加权，得出具体业务最终的评分结果，这一结果甚至可映射到标准的评级上，例如标准普尔的评级。由于供应链金融具有过程性和动态性的典型特征，对融资的风险评估也应该是动态的。这就要求监管方和评估人员在贷款期间，要根据业务的动态变化相应地调整评估分值，以准确灵敏地警示风险。

二、供应链金融不同风险的评估指标体系举例

与传统金融服务不同，供应链金融服务将管理作为基础，将商流、物流、信息流紧密结合，市场上参与主体更多，业务流程也更为复杂，融资服务的主体更为广泛。

（一）信用风险

信用风险是指与企业信用相关的风险。企业良好的运营情况可以减小信用风险发生的可能性，企业也将获得优质的贷款，当企业信用风险增大时，企业的融资情况不容乐观。供应链上的企业一旦出现信用风险问题，整个供应链都会受到影响。

1. 融资企业信用风险

在供应链中融资企业一旦出现信用风险，该风险将被无限放大，直接导致整个供

应链金融出现风险，供应链上的节点企业也会受到波及，因为供应链上融资企业担保是由物流企业共同承担的。当融资企业出现信用风险时，物流企业也会受到由于担保造成的赔偿损失，因此对融资企业进行信用风险评估，是减少融资企业信用风险发生的重要环节。

2. 融资企业道德风险

企业的道德风险体现在多个领域，如融资企业对于质押物以次充好、以多充少，应收账款没有及时回流，或者将贷款用于非交易性投资等。

3. 诚信历史与现状

诚信是企业立足之本，良好的信誉状况能为企业带来更多的收益。受到诚信体系不完善影响，诚信违约风险不足以抵消违约行为所获得的利益。企业的诚信历史和现状都是考察企业诚信的重要内容，考察企业诚信的主要指标包括企业运营状况、盈利能力以及企业的信用记录等，综合评价供应链企业的信用状况能有效降低企业风险发生概率。

企业信用评价指标体系是信用评价机构和评价人员进行信用评价工作的依据，也是衡量信用评价结果的标尺。因此，制定一套科学完善的信用评价指标体系是评价结果客观公正的重要保证。

表 9－1 为供应链金融信用风险的部分指标：

表 9－1 信用风险的部分指标

信用风险	融资企业信用风险	规模与发展前景	综合考虑融资企业的规模大小、发展建设和运营周期，划分为七个等级，给予相应评估分值
		财务状况	考虑盈利能力和资金周转能力、资产价值、流动性及杠杆、财务历史记录等方面的定量和定性指标。定量指标直接计算，最后根据一定的规则映射到具体评分上，定性指标划分为七个等级，给予相应评估分值
		管理水平	综合考虑管理团队的稳定性和行业经验，划分为七个等级，给予相应评估分值
	物流企业信用风险	企业规模	综合考虑物流企业的行业地位、资金规模和专业化程度，划分为七个等级，给予相应评估分值
		历史信用	考察物流企业在物流与供应链金融业务上的历史信用记录，划分为七个等级，给予相应评估分值
		监管水平	考察物流企业在业务上配套的制度和设施情况以及专业监管水平，划分为七个等级，给予相应评估分值

（二）市场风险

市场风险是指质押货物或企业资产的市场价格波动的风险。供应链金融融资中，质押货物和企业资产为贷款收回的最后防线，若其市场价格下降，将给借贷业务带来风险。

此处以质押物产生的风险作分析。物流企业开展供应链金融业务的模式，常常伴随着货物质押等形式，所以质押物风险也是供应链金融的一部分，物流企业质押物风险主要有质押物选择风险、质押物价格波动风险和质押物所有权风险，下面分别进行阐述。

1. 质押物选择风险

质押物选择的合理性可能会对供应链金融业务造成一定风险，主要有以下两个方面：首先是质押物的合法性。质押物的所有权必须明晰，并且需要融资的企业应该符合法律对质押物的要求。其次，质押物的变现能力一定要强，受到质押物市场价格影响，质押物选择一定要以易卖、容易储存、投机性小作为原则，利用专业知识对于质押物进行考量，并且作出相应评估，减少由于质押物选择造成的风险。

2. 质押物价格波动风险

质押物价格波动风险也是供应链金融风险的一部分。质押物的种类主要分为库存商品、半成品以及原材料等，这些商品都会受到市场价格变动的影响，市场价格变动导致质押物价格的波动。针对这种风险，企业管理者要根据质押贷款模式对不同质押物设定不同质押率。

3. 质押物所有权风险

质押物通常在不同主体之间流动，可能会出现质押物所有权不明晰的问题。在进行质押物抵押时，物流企业需要充分考察质押物所有权归属，辨别质押物所有权是否合法，避免由质押物所有权不明晰造成的风险，降低供应链金融法律风险发生的概率。

供应链金融市场风险的评估指标有很多。以质押物变现风险为例。质押物的变现是金融机构在发生违约事件后挽回损失的重要保证，应该具备非易损性、保值性、流动性和产权的明晰性，一旦某个要素不能满足或遇到异常的市场波动，会给金融机构带来巨大冲击。表 9－2 是担保存货变现风险的详细评估方法和解释。

表 9－2　担保存货变现风险

<table>
<tr><th>一级指标</th><th>二级指标</th><th>三级指标</th><th>评估方法和解释</th></tr>
<tr><td rowspan="11">担保存货变现风险</td><td>价格风险</td><td></td><td>根据不同存货的特点，采取相应方法考虑价格波动的稳定性程度，划分为七个等级，给予相应评估分值</td></tr>
<tr><td rowspan="4">质物形态风险</td><td>变现能力</td><td>考虑存货的流动性水平，划分为七个等级，给予相应评估分值</td></tr>
<tr><td>标准化水平</td><td>考虑存货的标准化程度，划分为七个等级，给予相应评估分值</td></tr>
<tr><td>易损易腐度</td><td>考虑存货是否容易损坏和腐烂，划分为七个等级，给予相应评估分值</td></tr>
<tr><td>配套保管条件</td><td>考虑保管存货的条件，划分为七个等级，给予相应评估分值</td></tr>
<tr><td rowspan="5">销售风险</td><td>销售渠道稳定性</td><td>考虑存货销售渠道的稳定性和数量多少，划分为七个等级，给予相应评估分值</td></tr>
<tr><td>销售客户稳定性</td><td>考虑存货销售客户的稳定性和数量多少，划分为七个等级，给予相应评估分值</td></tr>
<tr><td>销售范围</td><td>考虑存货销售涉及的范围，划分为七个等级，给予相应评估分值</td></tr>
<tr><td>市场容量</td><td>考虑存货销售市场的容量大小，也就是潜在需求大小，划分为七个等级，给予相应评估分值</td></tr>
<tr><td>销售账期合理性</td><td>考虑存货销售账期的合理性，划分为七个等级，给予相应评估分值</td></tr>
</table>

（三）法律风险

法律风险是指因法律法规和政策的变化和调整引发的风险。主要包括：

1. 动产担保制度存在的风险

我国在长期的实践中多以不动产作为担保物。《物权法》曾明确规定了有关动产抵押的登记原则，抵押效力、浮动抵押和权利抵押等内容，对我国发展供应链金融业务起到了较强的促进作用。随着整体的法治环境不断优化，金融机构在开展供应链金融业务时还需要很好地应对各种法律法规调整，才能保障其良好运营。新颁布的《民法典》对担保制度作出了系统的完善，特别是针对动产与权利担保，结合《民法典担保制度解释》以及《国务院关于实施动产和权利担保统一登记的决定》，初步实现了动产与权利担保的统一登记与统一规则，这一立法改进大大地消除了以往动产担保制度的缺陷与风险。我国动产担保领域存在的风险主要如下：一是尽管有了动产和权利担保统一登记系统，但具体的登记规则以及登记效力还有待进一步明确，担保权人登记后将获得何种程度的保护有待进一步解释。二是由于我国金融生态环境不够成熟，金融机构为了降低由此造成的风险，需要引入非常严格的资信评价机制和质押监管方式，但会导致其工作任务加大、工作难度加大、业务成本增加。这对金融机构开展供应链金融业务产生了一定的阻碍作用。

2. 质权保障制度不健全产生的风险

在签订有关供应链金融动产质押合同时，必须明确界定动产质押的出质人、质权人和监管人之间的法律关系，但操作起来非常难。质权保障不完善导致的法律风险主要有三种情况：第一种情况，一般质权人以质量为关注点，需要明确约定和确认质押物的质量。在实践中，一般由第三方物流监管企业接受质权人的委托，承担检验质押物质量的任务，形成了通常所说的委托-代理关系，银行委托第三方物流企业来监管质押物。通常认为基于这种委托-代理关系，有关质量检验和监管的费用应该由质权人支付，但实际上主要由资金需求方支付，主要是因为供应链金融是供方市场，银行占据主导地位，贷款企业即出质人为了顺利贷到款项而不增加银行的业务成本，只好支付质押监管费给物流企业，这就使得出质人与监管人之间形成了实际上的甲方乙方关系，出质人作为支付服务费的一方自然处于主导地位，而监管人作为收款方就不得不考虑出质人的利益，从而有可能放松对出质人的质押物监管，导致法律风险。第二种情况，对于有效的质权与第三方权利哪个优先，还没有形成共识。正常情况是质权优先于一般的第三方权利，但是一旦法院判决，一般的第三方权利人应该优先受偿，银行则可能丧失优先权，法律风险随之产生。第三种情况，供应链金融有可能导致信用放大，使得动产质权不真实，商业银行难以收回贷款，产生法律风险。假设某一企业 8 亿元的总资产中有 7 亿元为固定资产，该企业利用固定资产抵押贷款 5 亿元，用贷到的 5 亿元购买的原材料到银行质押贷款，如果借到 3 亿元，则该企业用 7 亿元固定资产贷到 8 亿元，负债大于资产，银行面临的风险就逐步放大。

3. 仓单质押制度不清晰产生的风险

根据《民法典》，仓单和提单质押属于权利质押，且仓单质押应该遵守“仓单质押所担保的债权范围，除仓单质押合同另有约定外，应包括主债权及利息、违约金、损害赔偿金、质物保管费用和实现质权的费用”的规定。

仓单是一种法律文书，是保管人在收到货物之后签发的一种可以作为财产权利凭证的单据，一般情况下该单据交由存货人保管，它是持单人提取仓储货物的单据。但是由于对仓单的内容和格式没有统一的规定，也没有规定实际操作中存货人应怎样合并或者分割仓单，因此，在许多种情况下仓单仅仅作为一种存货凭证。对于我国期货市场的仓单流通管理制度等问题，法律也没有具体的规定，有关仓单的制度不清晰可能导致供应链金融产生法律风险，不利于其快速健康发展。

4. 动产浮动抵押制度不明确产生的风险

动产浮动抵押相对于原有动产抵押制度的最大不同点是动产浮动抵押中的抵押财产具有流动性。动产浮动抵押具有以下特征：一是抵押财产范围十分广泛，不仅可以将企业现有财产设定抵押权，还可以将未来财产设定抵押权；二是抵押财产具有浮动性；三是抵押权人不影响抵押人对抵押财产的自主经营；四是出现法定或约定的情况时，浮动抵押会转化为固定抵押。在实际操作中，如果抵押物因抵押人的原因分离一部分出去，导致抵押物总价值低于规定要求，供应链金融风险随即产生。

在供应链金融实践中，我国的动产浮动抵押制度不明确带来了以下风险：第一，法律没有将知识产权及各种票据等安全性和流动性较高的资产列为抵押物，这不利于债权人选择优质抵押物，以更好地发挥担保物权的融资功能和降低债权人的风险。第二，在浮动抵押制度中，抵押人可在正常经营过程中自由处理抵押物，且《民法典》第四百零四条规定了动产抵押权无追及效力，该规则如何适用仍有争议，该规定的适用边界决定了抵押权人的风险大小。

供应链金融法律风险主要偏于政策方向，例如行业政策导向的变化和产业环境的兴衰都在宏观层面制约着供应链的运营绩效甚至存续情况，国家在制度上和政策上对行业的调整指导必然对处于行业内部的企业带来影响，而行业的周期性变化和生命周期无疑也对供应链金融的成本和成效发挥着巨大的影响力。

（四）操作风险

操作风险主要是由于人为失误或者欺诈、业务流程不合理、信息不对称、管理不规范引起。供应链金融的操作风险主要有：

1. 人员因素操作风险

人员因素操作风险是供应链金融的主要操作风险，操作人员素质的高低直接对供应链主体造成影响。首先，操作人员容易产生道德风险，如进行内部欺诈和内外勾结，对于质押物的评估以次充好、以少充多；其次，操作人员在没有得到上级管理人员允许的情况下，私自办理某些业务，违反公司有关制度；再次，关键人员缺失形成的风险，由于某些原因造成人员空缺，供应链金融业务无法及时有效开展；最后，操作失误的风险，指由于操作人员自身失误对企业造成的损失。

2. 信息系统风险

信息不对称也会对供应链金融造成风险。有效的信息系统能促进企业业务开展，一旦出现信息不对称问题，就可能对供应链上的企业产生影响。信息系统主要包括交易、资金、物流等信息的传递，直接影响企业经营。在信息传递过程中，质押物价值出现剧烈波动，但是信息系统没有提示，将会对企业造成风险。

3. 管理制度风险

管理制度风险主要体现在管理水平、监管机制、业务流程等方面，质押物管理制度、操作人员管理都是管理制度规范性的体现，管理制度不健全将导致决策主体出现失误，会对供应链金融造成风险。

操作风险不只是人员的失误，还有技术安全风险等。供应链金融本身就需要通过专业化的结构设计对物流、资金流、信息流和商流进行有效整合以满足自偿性的要求，而且随着供应链金融逐渐线上化和智能化，越来越多业务流程转向网络，这就对操作环节提出了极高的要求，能否确保及时的信息传递和保密以及抵御外部入侵，是供应链流畅运转的重要因素。表 9-3 列出了其他一些操作风险。

表 9-3 其他一些操作风险

操作风险	合规风险	法律风险	主要考察质押存货的产权问题和合同法律问题，划分为七个等级，给予相应评估分值
		规则与政策风险	主要考察相关政策和规则条款的不足，划分为七个等级，给予相应评估分值
		执行状态	主要考察法律、政策和规则在执行方面的保障措施和历史记录，划分为七个等级，给予相应评估分值
	模式风险	商业模式	主要考察选择的商业模式是否合理，划分为七个等级，给予相应评估分值
		质押方式	主要考察业务选择的质押方式是否合理，划分为七个等级，给予相应评估分值
		监管方控制方式	主要考察监管方的控制方式和监控的强度是否合理，划分为七个等级，给予相应评估分值
		财务评估报告模式	主要考察业务的财务评估报告模式是否合理，分为七个等级，给予相应评估分值
	流程风险	流程标准化程度	主要考察业务流程标准化程度，划分为七个等级，给予相应评估分值
		流程信息化程度	主要考察业务流程信息化和可视化程度，划分为七个等级，给予相应评估分值
	具体操作风险	银行的具体操作风险	主要考察银行方面的操作人员素质、相关的业务经验等，综合评估银行的具体操作风险大小，划分为七个等级，给予相应评估分值
		物流企业的具体操作风险	主要考察物流企业的业务操作人员素质、相关的业务经验等，综合评估物流企业的具体操作风险大小，分为七个等级，给予相应评估分值

（五）经营风险

在供应链金融模式中，经营风险是指各个企业在经营过程中产生的风险。供应链上参与的主体主要有供应链金融的组织者、需要融资的企业、供应链上的核心企业和在运营中的客户企业。针对这些供应链上的主体进行分析，主要从运营情况、盈利能力和财务指标等方面展开。对于营运过程中商流、物流和信息流的变化要特别关注，在企业运营中加强监管，当某一方面出现问题时，及时采取相应措施，予以解决。

第 4 节　供应链金融风险管理及趋势

一、供应链金融风险管理的原则

（一）业务闭合化

业务闭合是指首尾相接，形成环路，最大化地提高效率，减少成本，这是供应链金融运行的首要条件。供应链的整体活动应该是有机相连、有序运行的，包括发现价值、生产价值、传递价值和实现价值等环节，这些环节形成了完整的循环。

供应链运营是供应链金融的核心和前提，一旦供应链运营无法实现闭合，价值生产和实现出现偏差，潜在的问题和风险就会出现。

这里我们要重点区分一下封闭化和闭合化。所谓封闭化是指所有的价值活动以及运营活动都在企业内部实现。比如，某企业为中小企业融资，但要求中小企业使用自身提供的生产资源，定点供给自身提供的渠道。封闭化虽能控制风险，但将其他企业绑定在自己的体系中，必然会产生利益冲突。闭合化则充分利用开放性的社会资源来实现价值，可以使平台和风险管理者进行充分的协调和管理，更利于打造供应链生态，也容易被其他合作者接受。

在设计和运作供应链金融时，还要考虑所有可能会影响业务闭合的因素，这些因素主要分为宏观层面的因素与微观层面的因素。

1. 宏观层面

宏观层面的因素主要是指宏观系统风险。供应链运营可能会由于经济、政治、法律等环境的不确定性而出现中断，无法实现可循环的闭合运营。在全球化市场背景下，供应链金融活动更容易产生这一问题。

没有完美无缺的市场，在一个全球化组织和各国法规并存的世界中，贸易摩擦不可避免，生产运营会出现各种障碍。因此，企业要设计一种快速灵活的供应链体系，以此来应对各因素对供应链闭合性的影响。

2. 微观层面

微观层面的因素是指行业或者区域性系统风险。供应链金融的开展一定是基于某一特定行业或者某一区域进行的。供应链金融服务的行业和区域特征一定会对供应链的运行产生影响。

在行业影响方面，供应链金融应该在持续稳定发展的行业中进行，而对于那些限制性的行业或者衰败的行业，供应链金融会有巨大的风险。

在区域性因素上，地区的经济发展前景、市场透明度、政府服务水平和区域环境的稳定性都可能对业务闭合化产生重要影响。

（二）交易信息化

交易信息化是影响供应链金融风险的重要因素，主要表现在企业或组织间的信息化与供应链运营过程管理的信息化。

1. 企业或组织间的信息化

企业或组织间的信息化分为两个方面。

一是企业跨职能信息沟通，比如销售部门及时提供项目执行情况反馈表，生产部门及时反馈项目运行情况等。如果企业内部不能做到信息化和数字化，无法形成有效传递，就必然会产生风险。

二是供应链上下游企业之间或者金融服务组织者之间的信息沟通，比如核心企业与相关企业进行信息互换，金融机构与企业之间有效协调等，一旦相异产业之间没有进行信息的标准化和交换，供应链运行就是一个空壳，金融机构的收益也会受到影响，进而使整个供应链受到波及。

2. 供应链运营过程管理的信息化

供应链运营过程管理的信息化涉及能否及时掌握供应链运行状况的正确信息。这一点包括很多方面，比如金融业务网上审批和联网管理，使用物流金融业务现场操作软件系统等互联网技术。

（三）收入自偿化

收入自偿化是自偿性贸易融资的特征，指根据企业真实的贸易背景、供应链流程和上下游综合经营资信实力，向链上企业提供短期融资，并把企业未来的稳定现金流作为直接的还款来源。虽然与流动资金贷款同属短期融资，但自偿性贸易融资在授信理念、授信管理方式上区别明显。

在授信理念上，自偿性贸易融资注重贸易背景的真实性，会对企业物流和资金流进行有效的锁定，期限严格与贸易周期匹配，自偿性特征明显。在授信管理方式上，自偿性贸易融资注重客户的债项评级结果，结合特定产品授权控制，相对来说，授权控制宽松很多。另外，从授信结果来看，流动资金贷款多为单笔授信，而自偿性贸易融资则为额度授信，满足了贸易的批量性和周转性。

自偿性贸易融资产品在设计之初就有较强的风险控制，主要风险控制措施包括以下几点：

（1）根据货物状况、同行业同品质货物的价格以及市场行情等因素谨慎衡量货物价值，建立严格的货物或品种准入制度。

（2）发放贷款不能一般化对待，而要根据货物的变现难易程度和价格稳定程度划分货物的价值，并以此来发放贷款，同时约定货物价值下降时的防范措施，比如追加货物或者担保等。

（3）使客户企业的股东或者主要管理层增加个人连带保证和资产担保责任，使其在管理过程中更加谨慎小心，防止出现个人主义行为或者懈怠行为。

（4）根据归还贷款的情况释放控制的货物。

（5）通过贸易关系中有实力的一方对融资对象进行担保，实现对其责任捆绑，从而有效控制风险。

（四）管理垂直化

管理垂直化也就是管理专业化，是指对供应链活动实施专业化管理，目的是明确责任，控制供应链流程，并且使各个管理部门互不重复、相互制约。因此，管理体系要达到“四个分离”。

1. 业务审批与操作分离

业务审批与操作分离能够有效避免急功近利和盲目扩张所带来的风险。

2. 交易运作和物流监管分离

交易运作和物流监管分离是指从事供应链交易的主体不能同时从事物流管理工作，尤其是不能对交易中的商品实施物流监管。

3. “三权分立”

金融业务的开拓、实施和监管分离即“三权分立”，在经营单位组织结构的设置上采取开发、操作和巡查三分开的原则，并对各部门的工作作明确分工。

4. 经营单位和企业总部审议分离

经营单位和企业总部审议分离指的是对供应链金融业务的审批要实行经营单位和总部两级集体评审制度。通过设立评审委员会来评审具体项目，而对某些特定业务要指定专门评审员或者管理部门负责人进行评审，最后根据风险等级报请领导审批，由领导集体决策。通过层层审批，最大限度了解供应链运行情况，规避金融风险。

（五）风险结构化

在开展供应链金融业务过程中要实现风险结构化，指的是合理设计业务结构，并运用各种手段化解可能存在的风险。风险结构化需要考虑以下几个方面的因素：

1. 保险

要想将业务风险分散，保险是一个不错的方案。完善的金融保险风险分散方案应该将各种险种有效组合在一起，比如客户信用险、财产保险、第三方监管责任险以及员工真诚险等。这样的组合方式在市场经济较为发达的国家比较常见。

2. 担保与承诺

在供应链金融业务中，各类不同的参与方或主体所能起到的担保和承诺都应该考虑在内，包括融资需求方、连带保证方、一般保证方以及其他利益相关者的担保承诺。

3. 协议约定

供应链金融业务要想顺利持续地开展，各参与方应该公平公正地承担业务责任，因此必须客观地界定各方的权利和义务以及承担风险的范围和方式。

4. 建立风险准备金

供应链金融业务具有风险高的特点，这使得金融服务提供商以及监管方都有不小的压力。要想有效避免风险带来的损失，不妨向期货市场的风险准备金制度学习，计提一定比例的风险准备金。在这种情况下，即使出现一定的损失也在可控范围内，对经营带来的影响不大。

（六）声誉资产化

声誉资产是企业留给社会公众的综合印象，是企业无形资产的总和，即口碑、形象、美誉、表现、行业地位、舆论反应以及社会责任等名声指标的统称。企业的声誉资产需要企业一点一滴地积累，长期不断地努力才能获得。可以说，声誉资产是企业最强大的软性竞争力，用声誉管理大师凯文·杰克逊的话来说，声誉资产是企业最宝贵的资产。

二、供应链金融风险管理的体系

供应链中上下游之间的交易需要通过一定的控制手段进行约束才能达到最初的交易目标。一般存在两种控制方式：正式控制和非正式控制。正式控制是基于测量的外部控制，非正式控制则是基于价值的内部控制。

正式控制也称为客观控制（objective control），强调正式法规、流程和政策的建立和利用以对预期绩效的实现进行监控，从交易成本经济学角度来看，则是采用契约和科层的机制对合作进行控制。非正式控制又称为小团体控制、社会控制（social control）或规范控制（normative control），强调通过社会规范、价值、文化及内在化目标的建立来鼓励所期望的行为和结果，依靠承诺、名誉和信任等因素从协作角度出发对合作关系进行管理。

（一）正式控制体系

1. 形式

（1）结果控制也叫绩效控制，指采取绩效测量的方法对行为所产生的结果进行监控。基于结果的控制手段，可以直接实现委托方的目标需求。要使结果控制切实发挥作用，必须将其建立在融资方行为的结果可以准确测量的基础上。由于结果控制能够在双方利益一致的基础上把交易双方的偏好统一起来，提高目标一致性，因此能够减少双方自利的冲突，从而更好地限制交易中的机会主义行为。

（2）行为控制也叫过程控制，关注的是把合适的行为转变成预期结果的过程。基于行为的控制手段，可以使融资方的活动在预设的规程内进行。而要使行为控制切实发挥作用，必须将其建立在融资方的行为信息可以有效监控的基础上。有效的行为控制可减少流动性提供者面临的道德风险，因此紧密的关系、信息分享、行为监控都是行为控制的一部分。

2. 正式控制系统的风险控制

基于上述两种控制的特点，在供应链金融的运营过程中，可以按照流程分析风险的关键控制点（结果控制）进行供应链金融运营前期、中期和后期的全程管理（行为控制）。具体讲，首先将供应链金融的运营信息绘制在三维解析图中，如图 9－1 所示，三维坐标分别代表供应链流程、主体和要素。供应链流程是供应链金融运营的所有相关环节和步骤；供应链主体是执行流程中的某一环节或活动时可能涉及的经济主体；供应链要素是分析在执行某一环节活动涉及某一主体时，可能出现的管理行为和风控的前提和基础。

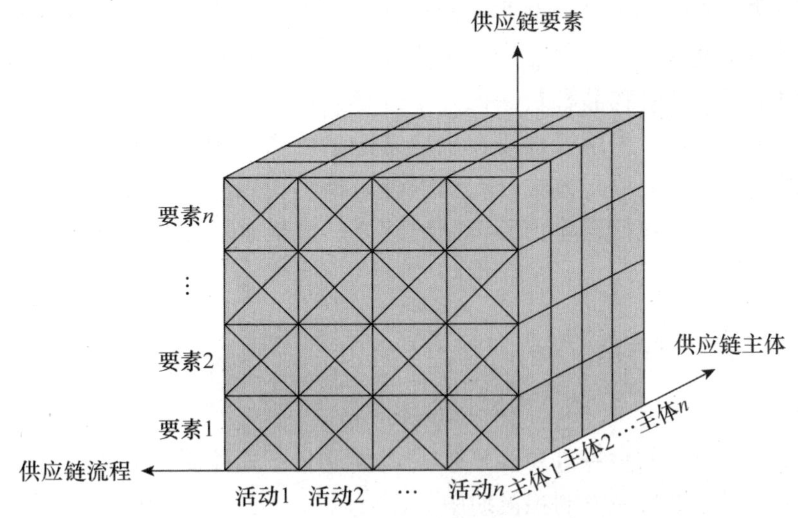

图 9-1　供应链金融风险正式控制三维图

例如在应收账款保理融资业务中（见图 9-2），供应链流程是操作该项业务的所有活动，包括供需双方签约、供货、融资需求方向融资方申请保理融资、对融资需求方的征信调查、转让应收账款、贴现融资等。供应链主体指的是在执行某一环节，例如征信调查时会涉及买卖的供方、融资需求方、第三方物流、信息平台服务商等。供应链要素是征信调查中平台服务商需要提供的信息，如买卖合约的真实性信息、物权的情况、融资需求方历史绩效以及其他各类信息。这时可以分析判断，假如平台服务商不能提供上述信息或者信息不全面、甚至不真实时，能否从其他渠道获得相应信息，或者补充、证实平台服务商提供的信息，如果这些难以实现，那么该环节就成为风险控制的关键节点。基于上述风险控制点，可确立供应链金融运营前期、中期和后期管理体系。前期管理一般指的是供应链金融业务运作前规范体系的建立和前提条件确立的状态，包括制度体系

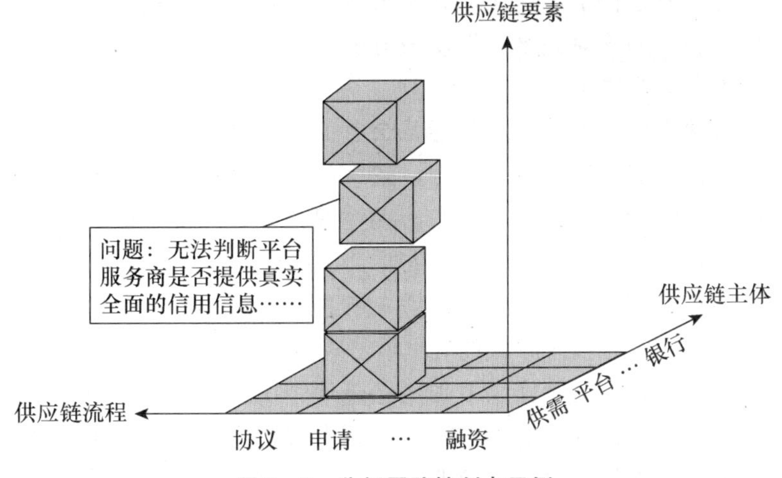

图 9-2　分析风险控制点示例

建设、管理运作的组织结构以及品种准入体系等。制度体系建设是从业务管理、额度及经营授权、业务评审、品种准入、协议文本管理、风险管理、机构及人员管理等方面作出严格规定，在此基础上订立金融业务操作规范。组织结构指执行关键控制点的参与人员和权限配置。品种准入指建立监管物风险评估制度和品种目录制度，对监管物品种实行准入制，对未进入监管物品种目录的，不进行操作，进入目录的严格按照风险等级对应的配套流程进行操作。中期管理是在供应链金融运营过程中的管理体系，包括标准化现场操作的规范、核查流程与方式。后期管理是指出现风险时实现高效稳定的应对和处理，将损失降到最小，包括风险预警机制的建立、危机事件应急预案以及替代或互补的操作方式等。

（二）非正式控制体系

1. 信任

信任是关系规范中的一种重要表现形式，也是非正式控制中的重要方式。信任指的是在风险状态下一方对另一方的积极期望，也可以指一方在风险状态下对另一方的信赖。信任有信任行为结果和积极期望的主观状态之分，也有信任信念（trusting belief）和信任意向（trusting intention）之分，总之，信任是一个多维度、多层级的概念。信任是对期望可以实现的信心。根据不同的研究角度，信任的分类也各有不同，萨科将信任分为商誉信任（goodwill trust）、契约信任（contractual trust）、能力信任（competence trust）。努特布姆把契约信任合并到能力信任中，并将信任分为根据协议执行任务能力的计算型信任和如此做的自身意图的认知型信任。扎克尔从特征型、规范型、过程型三个方面建立信任的形成机制对其进行划分。特征型信任机制，是在具有相同或相似的文化背景、价值观念的主体之间建立信任，是一种认知型信任；规范型信任机制，是通过激励与惩罚使协议规定得以有效遵守，是一种计算型信任；过程型信任机制，结合了巴尼和汉森关于信任是从低度，经过中度，向高度发展的观点，通过长期合作，从以计算为基础的信任演变为以认同为基础的信任。

在供应链金融运营过程中，信任来源于金融主导者与所有相关参与者之间的互动和合作，特别是明确各方的法律关系，提供服务的企业只承担自己可以承担和能够承担的责任，超出范围的业务坚决不做。

总的来讲，战略合作关系的建立包括几个方面：一是与金融机构或流动性提供者之间的合作。没有长期稳定的战略合作关系，较容易发生金融机构或流动性提供者转嫁风险的现象，因此，如何确立与金融机构或流动性提供者之间的战略合作，并且强化操作管理部门与金融区域风控之间的沟通非常重要。二是与关键客户建立起稳定的合作关系。供应链金融服务提供者需要对客户生产经营（侧重行业成熟度、企业成长性）、财务状况（侧重现金流）、业务扩张、出入库管理（侧重货物流）、管理层变动、工资发放、其他监管公司入驻、配合程度、控货措施以及费用结算等情况进行分析评价，作为客户管理与服务改进的依据。此外，还需要对客户进行等级考核评定，考核结果与项目风险等级挂钩，作为对客户进行分类管理以及后续业务合作的依据。三是与合格子服务供应商之间的合作。包括与货运代理人、第三方物流企业以及其他合作者之间的沟通和管理等，对上述合作主体评定等级，考核等级评定结果与项目风险等级挂钩，作为经营单位对相关供方进行管理以及后续业务合作的依据，这样也可以有效地降低风险，建立起稳定、长期的合作和信任机制。

2. 资产专用性

资产专用性是指资源一旦用作特定投资，很难再移作他用的性质。相应地，专用性资产就是用作支持某些特定交易的资产，一旦终止该资产所指向的交易，该资产无法全部或部分挪作他用，就成为沉没成本。

资产专用性包括场地专用性、物质资产专用性、人力资产专用性以及专项资产专用性，顾名思义，分别与场地、物质资产、人力资产和累积资产相关，其共同特征就是一旦形成便很难转作其他用途。资产专用性程度越高，交易双方具有越强的依赖性，任何一方违约都会给另一方造成巨大损失。基于资产专用性的非正式控制表明通过专用性资产的投资将合作双方的利益紧紧捆绑在一起，无论是供应商更换买方，还是买方更换供应商，都受到制约。在高度动态化和异质化的市场中，资产专用性会损害合作的柔性，但是有利于双方建立长期合作的伙伴关系，从而规避关系风险。因此，高水平的资产专用性导致长期的合作关系以及科层和集成特性的治理形式。资产专用性由于可能导致沉没成本，也会产生交易成本，因此，从节约成本的角度出发，资产专用性会促使双方组织内部化。但当保持独立的合同关系时，相对于外部市场成本而言，资产专用性会通过形成长期的合作关系降低搜寻和选择成本，从而降低交易双方内部的交易成本。在供应链金融中，资产专用性既可以体现为质押物、担保的存在，也可以体现为为了维系特定的关系或者业务而投入的资产，例如信息系统、协同管理系统（实现金融业务网上审批和联网管理）、金融业务现场操作软件系统（实现监管点账目的无纸化、监管物网上仓库数码化、监管报表的自动化和银行查询端口的实用化等）、互联网远程监控技术（实现异地可视化监控），以及 GPS、物联网技术在供应链金融领域的应用。

三、供应链金融风险管理的措施与趋势

（一）风险管理措施

任何风险的存在都有可能使企业蒙受经济和资信损失。要降低风险，企业应该针对不同的风险采取不同的防范措施，将损失降到最低。

1. 信用风险方面

（1）信用的建立与整合。客户资信风险、仓单风险、商品的监管风险都与信用有联系。所以，在开展供应链金融业务时需要物流企业建立和整合这些信用。物流企业是联结客户与银行的服务平台，在仓单质押业务关系中，物流企业、银行和客户之间存在着委托-代理关系，而物流企业是两种委托-代理关系的联结点，一种是作为银行的代理人，监管客户在仓库中的商品，另一种是作为客户的代理人管理仓库中的商品。它不仅要建立信用，还要具备信用的整合功能。物流企业要与客户、银行建立起信用关系，客户能放心地把商品存放在仓库中，这是最基本的信用；银行质押贷款业务的开展则是建立在

仓单的真实有效性和对仓库监管的信任之上。仓库可以利用双方都信任的关系开展仓单质押业务，完成信用的整合。

（2）加强对客户信用管理。通过建立客户资信调查核实制度、客户资信档案制度、客户信用动态分级制度、财务管理制度等一系列制度，对客户进行全方位信用管理。首先，应调查客户偿还债务的历史状况；其次，分析客户在以往的履约中所表现的履约能力；最后，应调查客户履约是出于自愿，还是被采取法律诉讼或其他行动的结果。凡有不良信用记录的，应杜绝与其合作，同时充分发挥与银行的合作关系在风险管理中的作用。物流企业应借鉴银行对信用评估和风险控制的方法，利用自己掌握客户及质押物第一手资料的优势，在双方信息共享的情况下，与银行联系开展融资项目的信用和风险评估。在业务开展过程中，形成互动的监管和控制机制，这样既能更加有效地控制风险，又能加强与银行的信用关系。

2. 市场风险方面

在开展仓单质押业务时，货主企业希望质押商品品种、数量和标准化程度能不受限制，而且不同品种之间具有可替代性，即只要总价值能满足银行的要求即可。但是，目前仓单质押作为一项动产质押，银行要求该动产能在一定时间内保值且易于处理，而物流企业出于自身保管的需要，要求商品易于保管、不易变质，所以，在从事仓单质押业务过程中，应严格控制质押品的品种。目前能用于仓单质押的商品多局限于适应广泛、易于处置、价格波动幅度较小且不易变质的商品，比如黑色金属、有色金属、大豆等。

为正确选择质押商品，要求物流企业建立灵活快速的市场商品信息收集和反馈体系。这样有利于物流企业把握市场行情的脉络，掌握商品的市场价值和销售情况变化规律，及时获得真实的资料，以利于质押货物的正确评估和选择，避免信息不对称的情况下对质押物的评估失真。随着仓单质押业务的不断开展、管理经验的不断积累和技术手段的进一步提高，可用于仓单质押的商品的种类会不断增加。

3. 法律风险方面

为避免法律法规不完善对仓单质押业务的开展造成影响，物流企业应仔细研究涉及仓单质押的各项法律，以协议的形式对各方权责作出规定。

另外，要对仓单进行规范和科学的管理。根据《民法典》的规定，仓单可以作为权利凭证进行质押，以仓单质押的应该在合同约定的期限内将权利凭证交给质权人，质权自权利凭证交付时设立。因此，仓单是仓单质押业务的重要法律依据和凭证，应对其进行规范和科学的管理。

《民法典》第九百零九条规定，仓单包括下列事项：存货人的姓名或者名称和住所；仓储物的品种、数量、质量、包装及其件数和标记；仓储物的损耗标准；储存场所；储存期限；仓储费；仓储物已经办理保险的，其保险金额、期间以及保险人的名称；填发人、填发地和填发日期。但目前我国使用的仓单多是由各家仓库自己设计的，形式很不统一，因此，要对仓单进行规范化，使用固定的格式，按规定的方式印刷；同时应派专人对仓单进行管理，保证仓单的真实性、唯一性和有效性。

对仓单进行科学的管理，需要制定严密的仓单操作规程：对仓单提货、换单及解除质押的仓单认真审核；以文件的形式规定质押仓单签发、确认程序；仓单管理员在与银行联系确认后方可办理提货出库，并严格遵守发货下限；对于同一仓单项下的货物在不同时间提取的情况，依据货主和银行共同签署的专用仓单分提单释放，同时按照仓单编号、日期、金额等要素登记明细台账，每释放一笔，在相应仓单下作销账记录，直至销售完成为止。

4. 操作风险方面

仓库作为银行和客户双方信任的第三方，在商品的监管和处置环节扮演着特殊的角色，负有特殊的责任。所以，在开展仓单质押业务时，应尽量使各项手续完备，严格按合同行使权利。

在商品监管环节，首先要和客户企业签订仓储协议，明确商品的入库验收和养护要求，开具明确表明商品已抵押给银行的专用仓单，并向指定的保险公司申请办理仓储物的保险。其次，要与银行签订不可撤销的协助银行行使质押权保证书，承诺银行：保证仓单与商品储存情况相符，手续完备；质押期间无银行同意不得向借款人或任意第三人发货；不以存货方未付有关保管费为由阻挠、干涉、妨碍银行行使质押权等；客户提货要在银行的监管下采取仓单提货。

在商品处置环节，物流企业应本着为银行服务、为货主企业服务的观念，严格按照事先签订的协议内容处置质押品。物流企业要尽职尽责地做好工作，降低银行的风险，也要尽可能降低货主企业的质押成本，做到三方共赢。

当物流企业从传统的仓储物流服务向现代的物流金融服务延伸和拓展时，信息化管理就成了物流企业开展物流金融服务的必要条件和保障。仓储信息化的过程中会不断地优化管理和业务过程。物流企业开展物流金融服务，使其与客户的关系多向化，服务的内容多样化，服务的地域扩大化，物流企业要收集和处理的信息也大量增加，这些信息既隐藏着商机，也存在着危机和风险，既关系到服务效率和质量的保障与提高，也关系到经营风险的防范与控制。

企业的信息化，首先是企业信息系统的建立和信息技术的应用，其次是信息的收集和处理，最后是信息的管理和反馈。对物流企业来说，信息化分为两个部分，一是其内部管理流程的信息化，二是和其合作伙伴、客户以及监管机构协同作业的信息化。内部的信息化能协调各个部门和环节的工作，优化操作流程的系统，提高工作效率，防范和减少内部操作的失误。而与银行、客户等合作伙伴的协同作业信息化，使物流企业高效地同它们进行信息的沟通与共享，减少信息不对称所产生的风险，方便银行对业务的监管和客户对服务过程的跟踪，为客户提供更完善、更高效的物流及其增值服务。

（二）风险管理趋势

1. 建立供应链金融风险管理的全面系统架构和分析架构

风险识别需要找出供应链金融中既有和潜在的风险因素及其形成原因。供应链融资对象包括众多中小企业，因此信用风险是供应链金融中的风险来源之一。同时，操作风险也是重要的风险来源。此外，不同融资方案还会涉及其他风险，如存货质押融资可能由于商品价格波动形成市场风险等。因此，在进行全面风险管理时需要分析各种融资产品的风险来源，特别是采取面板数据建立风险指标体系，这是值得考虑的问题。风险度量是量化供应链金融中的各种风险事件出现的概率以及各种风险事件可能造成的损失程度。在风险度量的基础上，风险评估主要是对银行的风险承受能力进行压力测试，寻求合适的风险控制措施。由于供应链各节点企业随着环境变化而不断发展，对不同风险进行定量分析具有一定的难度。可见，如何建立供应链金融的风险预警机制，为银行、第三方以及供应链各节点企业的风险防控提供科学的依据，是值得探讨的问题。风险控制在供应链融资中的创新是对核心企业的信用捆绑技术以及通过合作方式引入其他风险承担者。然而，其前提是对风险承担者进行合理补偿，目前对这方面的研究甚少。如何在供应链金融的诸多风险中进行风险补偿的风险类别确定，并在此基础上进行利益分配的技术方法的选择和分析，是值得思考的问题。

2. 建立供应链物流与资金流的协调运作机制

供应链融资的重要手段之一是利用节点企业存货进行质押融资，对供应链物流与资金流的协调运作机制的研究不仅是供应链运营的需要，也是供应链金融风险管理的需要。然而，在不同的监管模式下，物流与资金流的运作协调有不同的特征。有必要分析和比较在委托简单监管模式、统一授信模式和委托严密监管模式下的质押率，以及研究在银行和物流企业信息不对称情况下物流企业和借款企业在监管业务时的共谋风险及相关防范机制。

3. 使用结构方程建模技术

使用结构方程建模技术探索并检验银行、第三方和供应链节点企业三者之间的相互关系和作用机制，也是供应链金融风险管理需要讨论的问题。

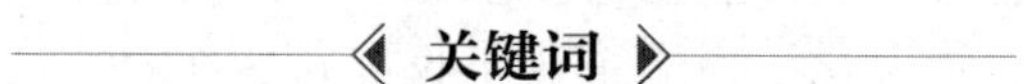

关键词

风险　供应链风险　自保自融　三套行为　风险识别　头脑风暴法　德尔菲法　情景分析法　流程分析图　流程控制　财务报表法　风险评估　信用风险　市场风险　法律风险　操作风险　业务闭合化　交易信息化　收入自偿化　管理垂直化　风险结构化　声誉资产化　正式控制体系　非正式控制体系　资产专用性

复习与思考题

1. 什么是风险？什么是供应链风险？
2. 为什么说供应链风险是客观存在的？
3. 供应链金融风险的来源有哪些？
4. 供应链金融风险识别的方法有哪些？
5. 供应链金融风险评估的原则是什么？
6. 供应链金融风险评估指标体系包括哪些？
7. 供应链金融风险管理原则有哪些？
8. 供应链金融风险管理体系是什么？措施有哪些？

第10章
供应链金融相关政策法律和监管

学习目标

- 了解供应链金融相关政策法律和监管措施出台的背景。
- 了解国内外供应链金融相关政策法律。
- 理解供应链金融的监管原则与措施。
- 了解供应链金融监管存在的问题。

供应链金融在实践中存在着很多风险与漏洞，出现了不少的问题，这就需要相关的法律法规及政策和监管对供应链金融进行规范，前一章我们已经介绍了供应链金融的风险防控和管理，本章介绍并探讨的内容便是供应链金融的相关政策法律和监管。

第1节　供应链金融相关政策法律和监管的出台背景及意义

一、供应链金融相关政策法律和监管的出台背景

近年来，供应链金融作为一项创新的融资产品在我国得到快速的发展，已成为商业银行和物流供应链企业拓展市场空间，增强盈利能力的重要业务。越来越多的企业投身于供应链金融之中，希望分得一杯羹甚至掌握分蛋糕的大权。

与此同时，供应链金融政策及法律法规的重要性也愈来愈凸显。我国在开展供应链金融以后取得了一系列的成果，但是也暴露出了一些问题。从实践看，供应链金融领域出现了一些不良现象，例如核心企业利用其在供应链中的优势地位，尽可能占用上下游中小企业货款资金，同时成立财务公司向中小企业提供融资，以及应收账款融资暴雷等。光大银行金融市场部分析师指出，导致这些情况的原因多样，例如：供应链金融理念走偏，核心企业利用自身优势对中小企业“盘剥”；核心企业内部管理缺失、上下游企业共谋，出现虚假供应链融资等。

风险防控意识淡薄、产权界定不清、政策法律不完善、执行力差、监管力度缺乏以及行业竞争不规范等问题给我国供应链金融的发展带来了极大的负面影响。其中，政策法律的不完善和监管力度的缺乏，使得供应链金融在实践中存在许多漏洞。因此，出台并完善相关的政策和法律法规，加强对供应链金融的监管就成为供应链金融健康发展的重要基础和保证。

2020 年 9 月，中国人民银行等部门联合发布《关于规范发展供应链金融 支持供应链产业链稳定循环和优化升级的意见》（以下简称《意见》）。此前关于供应链金融的内涵等各方面的认识较为模糊、并不统一，《意见》是我国出台的首份供应链金融指导性文件。《意见》既包括供应链金融的内涵、发展方向、产品创新和规范、基础设施建设、政策支持体系、防范风险等，也包括合同签章、银行 UKEY（对网银安全提供保障）等具体事宜，几乎涵盖了供应链金融业务的方方面面。

《意见》是贯彻落实习近平总书记关于畅通国民经济循环和现代流通体系战略部署的重要举措，是金融全方位支持建立现代流通体系的具体体现，《意见》提出支持提高生产效率、降低融资成本、深化产业分工、推进数字化建设等与建设高效现代流通体系的精神要义完全吻合。

《意见》指出，供应链金融能够精准服务产业链供应链，丰富产融结合的金融产品体系，有针对性和实效性地支持构建“双循环”新发展格局，支持循环畅通有序。随着《意见》具体措施逐步落地，能够增强金融与供应链的整合度和协同性，打通经营主体流通环节的梗阻，提升供应链产业链循环和流通效率。

《意见》作为供应链金融的纲领性文件，既明确了供应链金融的内涵和发展方向，也明确了产品创新和规范、基础设施建设、政策支持体系、防范风险、监管约束等框架性要求，既有体系性、完整性，又有创新性、前瞻性，特别是提出很多契合供应链金融特征和发展需要的政策方向，为推动供应链金融的规范、发展和创新奠定了良好的基础，但具体落地实施还需要相关配套规则和细则。相关部门下一步从政策引导到制定落地配套规则和实施细则，搭建“1＋N”的政策与规则体系，《意见》是“1”，配套规则和实施细则是“N”，通过利用“1＋N”促进供应链金融纲领性文件的落地实施。

二、供应链金融相关政策法律和监管的意义

良好的信贷市场是供应链金融健康发展的重要基石，而完善的法律制度框架对于信贷市场的良好发展影响重大。近年来，法律与金融领域的大量文献表明，在良好的信贷人权利保护和信贷市场发展之间存在明显的正相关关系。因此，出台并完善相关法律法规和监管，对于供应链金融的健康发展具有重要的意义。

首先，出台并完善相关政策法律和监管，有助于保护债权人及债务人的基本权利，有关信贷人权利的法律安排，尤其是涉及动产担保物权的安排，会直接影响金融机构开展此类业务的安全性，进而决定银行开展此项业务的积极性。其次，出台并完善相关政策法律和监管，有助于保护存款人、投资人、债权人的利益，给予各个投资者尽可能充足的知情权，使他们充分意识到当前所从事的金融性活动的内涵及意义，从而更加积极

主动地投入到各种活动中。最后，出台并完善相关法律法规和监管，可以强化商业银行、证券企业及上市公司等主体的法人治理结构，使其能够保证企业的合法经营。同时，加强对各个金融企业的监督，可以最大限度地确保其守法经营，拓宽金融机构的发展空间，保证金融业务的顺利开展。

第 2 节　供应链金融相关政策法律

一、供应链金融相关政策法律的基础

目前，我国供应链金融的相关法律法规主要是以动产与权利担保为基础。动产担保是指以债务人或第三人所有的动产作为担保物而设定的担保。权利担保是指以债务人或第三人的权利作为担保财产而设定的担保。根据担保权人对担保物占有和控制的程度划分，动产担保又可以进一步分为动产质押和动产抵押。在质押关系中，出质人须转移出质物的占有；而在抵押关系中，抵押人不转移抵押物的占有。比较而言，抵押担保能在不转移占有担保物的同时实现担保功能，使交易的安全与效率得以统一。

供应链金融业务主要是资产支持型信贷业务，因此，有关信贷人权利的法律安排，尤其是涉及动产担保物权的安排，将直接影响金融机构开展此项业务的积极性。

现代高效率的动产担保交易法律应具有以下基本特征：

（1）可供担保的资产范围界定宽泛。

（2）设立简便。

（3）明确而全面的优先权规则。

（4）集中统一的公示系统。

（5）动产担保物权的有效实现。

二、相关的政策法律文件

（一）国际实践

许多国家已经认识到动产担保交易法律对金融市场的益处，纷纷采取改革措施，以实现动产担保交易法律的现代化。

各国促进动产担保交易的措施包括：拓宽借款人可用于担保的动产范围；建立担保等级机构以避免优先权冲突；为担保物权人的债权提供优先权并明确其他债权人的受偿顺序；允许有效、快捷、廉价的庭外实现动产担保物权的程序；等等。

近年来，包括欧洲复兴开发银行、美洲国家组织和联合国国际贸易法委员会等在内的国际性和地区性组织都相继制定了动产担保交易示范法，旨在帮助其成员国制定简便高效的现代动产担保法律制度。这些示范法和指南都接受了通用型担保物权（universal security interest）这一原则性概念，即不再作动产质押、抵押、留置等担保方式的区分。

我们以日本有关供应链金融的法律法规为例。需要注意，以商业信用为基础的日本供应链金融发展模式与以银行信用为基础的中国发展模式具有本质区别，但是，我们可以借鉴其中有益的部分，日本在发展供应链金融和与其相关业务的过程中，为了完善基础设施建设与交易机制等，制定并完善了一系列法律法规。

1. 完善有关供应链金融的基础设施建设

新机制的推进需要完善法律法规，于是日本制定实施了与动产及债权转让的对抗条件相关的民法特例等相关法律和《电子记录债权法》，并建立了登记备案制。据此，日本设立了以主要银行为代表的电子记录债权机构来提供供应链金融服务，同时，日本银行业协会等通过提供平台和服务完善了相关基础设施建设。

2. 完善商业票据交易机制

日本的商业票据在“出票—支付—收款”的形态上与中国的企业承兑商业票据类似，但日本的商业票据通常不接受第三方的承兑和保证，只依靠出票人的信用发行。日本在票据法、支票法及民事诉讼法中对商业票据都有特别的规定，使其作为一种独立于商业交易、结算信用高的支付手段得以推广。日本票据交易机制的特征可以概括为以下几点：

（1）自动兑付制度。通常截至票据结算日次日上午 9:30，如未提出拒付或异议，则票据可自动进行现金兑付。

（2）拒付的处罚制度。由于资金不足支付人无法在期限内结算时，该票据将作为“拒付票据”被通报到所有金融机构。半年内出现两次拒付的话，该支付人与所有金融机构的交易（包括发行票据及活期存款交易等）都将被停止，且被要求即刻返还从所有金融机构获得的融资期限内的全部利益。企业受到交易停止处分被视为“事实上的破产”。

（3）异议申诉与诉讼制度。由于票据支付合同产生纠纷拒绝结算时，支付人必须在票据交换所托管与票据金额等额的异议申诉保证金。如审理过程中产生争议的话，根据日本的票据法（票据为有价证券，切断了人为抗辩，认可受让人的善意取得等），由于限定了争议和证据，能够设定审理时限，法院可通过票据诉讼制度进行快速审理。

3. 通过立法保护卖方中小企业

除了完善交易机制，为了推动商业票据在供应链金融领域的广泛应用，日本还制定了保护卖方中小企业的《分包法》。买方（出包企业）通常处于强势地位，而规模相对较小的卖方（承包企业）不得不接受其不正当要求。为此，《分包法》针对规模较大的买方规定了在商业交易和支付及结算方面的义务及禁止行为，并设立了具有较强独立性的公平交易委员会负责监督实施。在该机制下，签订商业合同时就排除了买方自行或事后操作交易条件的可能性，同时在设定结算与支付条件时，加入了保护弱势承包企业的内容，通过降低结算的不确定性来提高票据和应收账款等的可靠性，从而支持了日本供应链金融体系的稳定运行。

4. 完善电子记录债权制度

日本的供应链金融从纸质票据逐渐向对电子记录债权、库存和应收账款等进行统一管理的动产担保融资（ABL）方式转变。然而，应收债权存在双重转让的风险及人为抗辩未被切断的问题，不可能像票据那样通过背书方式周转流通。为此，日本于 2008 年制定实施了《电子记录债权法》，使电子记录债权与商业票据一样切断了人为抗辩，且认可善意取得（即使转让人是无权利人，受让人也受到保护）。同时，由于电子记录债权是一次性登记，这也回避了双重转让的风险。日本通过制度建设促进了电子记录债权的使用，但其尚未达到票据普及的程度，有待进一步发展。

5. 完善动产及债权转让相关法令

以前，债权转让对抗第三人的条件是通过签有确定日期的证书形式通知债务人（买方）。但从债权人（卖方）的立场来看，如债权用于转让抵押的信息被债务人获知的话，会使债务人怀疑其公司的资金周转或信用方面出现问题，从而影响之后的交易。为此，日本通过立法规定债权转让登记也作为第三人对抗条件。另外，通过集合债权转让登记的制度化推进，规定将来发生的债权也可成为转让登记对象。同时，日本将动产转让登记作为对抗第三人的条件列入了法规，集合动产转让登记的制度化使得随时变化的库存品也能成为转让抵押的对象。

6. 允许成立民营债权回收公司

原本日本的律师制度规定律师或律师事务所以外不能从事债权回收业务。然而，为了推进不良债权的处理，日本制定实施了《债权管理回收业特别措置法（服务商法）》，作为律师制度的特例，允许获得法务大臣许可的民营债权回收管理专业公司从事特定金钱债权的管理和回收业务（包括金融机构或非银机构持有的债权、证券化及流动化相关债权、法律破产手续相关债权、信用担保协会的求偿权等）。

7. 促进征信体系建设

在日本征信体系建设过程中，小型征信公司被逐步整合、淘汰，目前以帝国数据银行（TDB）和东京商工调查公司（TSR）这两家大型征信公司为主。由于征信公司的信用好，且调查员来访被视为受潜在客户或相关金融机构委托进行调查，所以企业往往会主动披露信息，使得被收录的财务数据科目更加充实。大型征信机构通过长期脚踏实地的调研，积累起庞大的企业数据（包括票据拒付和违约、破产等信息以及有关企业结算的信息等），金融机构等通过购买这些数据可以对具体的财务情况、业界动向及违约风险等进行细致分析。

日本是最早建立中小企业信用保证体系的国家，早在 1937 年就建立了地方性的中小企业保证协会，到目前为止，已形成了中央与地方共担风险、担保与再担保相结合的全国性的中小企业信用担保体系。

（二）国内相关法律法规

1. 基于物权的法律法规

供应链金融主要涉及动产与权利质押，涉及的法律法规主要包括《民法典》《动产和权利担保统一登记办法》等。

2007 年以来，中国人民银行质押登记系统运行，《中华人民共和国物权法》（以下简称《物权法》）颁布，《应收账款质押登记办法》与《中国人民银行征信中心应收账款质押登记操作规则》实施，尤其是 2017 年 10 月，国务院办公厅正式发布《关于积极推进供应链创新与应用的指导意见》，首次将加快供应链发展上升为国家战略，这些为金融机构开展基于供应链金融中小企业应收账款质押融资业务提供了法律环境和操作平台。

《中华人民共和国担保法》（以下简称《担保法》）是最早与供应链金融有关联的法律，《担保法》的立法目的是促进资金融通和商品流通，保障债权的实现，发展社会主义市场经济。我国在长期的实践中多以不动产作为担保物，担保行为受《担保法》保护和约束。《担保法》共7章，罗列了有关保证、抵押、质押、留置、定金等相关法律问题，比如，《担保法》明确规定，质押的权利中包括仓单、提单。

但是《物权法》与《担保法》存在着一些不足。其一，仓单质押制度不清晰。《担保法》中的仓单和提单质押属于权利质押，且规定仓单质押应该遵守“仓单质押除合同另有约定外，应包括主债权及利息、违约金、损害赔偿金、质物保管费用和实现质权的费用”的规定。仓单是一种法律文书，是保管人在收到货物之后签发的一种可以作为财产权利凭证的单据，一般情况下该单据由存货人保管，它是持单人提取仓储货物的单据。我国对仓单的内容和格式没有统一的规定，也没有规定实际操作中存货人应怎样合并或者分割仓单。虽然我国的期货市场建立了较为完备的仓单流通管理制度，但是针对供应链金融中有关仓单是否可以转让、流通或者参照期货市场的仓单流通管理制度等问题，法律没有明确规定。有关仓单的制度不清晰，将导致供应链金融产生法律风险，也不利于其快速健康地发展。其二，担保物权竞合顺位规则混乱不统一。担保物权的顺位对债权的实现至关重要，但是《担保法》与《物权法》对这一基础性问题欠缺体系性的安排，并未提供清晰明确且统一的顺位规则体系。其三，动产与权利担保领域的登记机构繁多，不同的权利质押时，其登记机构各异，十分不利于构建统一的动产与权利担保制度。

2021年1月1日施行的《民法典》是我国社会主义法治建设进程中的里程碑事件。《民法典》在动产与权利质押领域作出了体系性的改进与完善，主要体现在：

第一，进一步明确并巩固可以抵押财产范围的开放性。《民法典》第三百九十五条列举了可以抵押的财产，具体包括：(1) 建筑物及其他土地附着物；(2) 建设用地使用权；(3) 海域使用权；(4) 生产设备、原材料、半成品、产品；(5) 正在建造的建筑物、船舶、航空器；(6) 交通运输工具；(7) 法律、行政法规未禁止抵押的其他财产。依据其中的第7款，只要法律、行政法规未禁止抵押的财产，都可以作为抵押财产，此项规定使我国抵押财产的范围开放，尤其是可以抵押的动产范围开放。

第二，进一步拓展可以质押的权利范围。《民法典》第四百四十条规定了质权的权利范围，指出债务人或者第三人有权处分的以下权利可以出质：(1) 汇票、本票、支票；(2) 债券、存款单；(3) 仓单、提单；(4) 可以转让的基金份额、股权；(5) 可以转让的注册商标专用权、专利权、著作权等知识产权中的财产权；(6) 现有的以及将有的应收账款；(7) 法律、行政法规规定可以出质的其他财产权利。其中第六款在《物权法》的基础上增加了“将有的应收账款”，进一步拓展了可以质押的权利范围。

第三，为动产与权利担保的统一登记制度的建构预留制度空间。《物权法》第十七章质权第二节权利质权中规定了各种权利质押的登记机构。《物权法》第二百二十四条规定：汇票、支票、本票、债券、存款单、仓单、提单出质的，当事人应当订立书面合同。质权自权利凭证交付质权人时设立；没有权利凭证的，质权自有关部门办理出质登记时设立。《物权法》第二百二十六条规定：以基金份额、证券登记结算机构登记的股权出质的，质权自证券登记结算机构办理出质登记时设立，以其他股权出质的，质权自工商行政管理部门办理出质登记时设立。《物权法》第二百二十七条规定：以注册商标专用权、专利权、著作权等知识产权中的财产权出质的，当事人应当订立书面合同。质权自有关主管部门办理出质登记时设立。《物权法》第二百二十八条规定：以应收账款出质的，当事人应当订立书面合同。质权自信贷征信机构办理出质登记时设立。《民法典》在权利质权这一节内容中将登记机构的规定尽数删去，为动产与权利担保的统一登记制度的建构预留充足的制度空间。

第四，统一了担保物权竞合时的顺位规则。《担保法》以及《物权法》及其司法解释在担保物权竞合的顺位规则问题上并未作统筹安排，特别是未能明确彻底地消灭隐性担保的问题。《民法典》在担保物权竞合时的顺位规则问题上作了体系性的统筹安排，构建了统一的担保物权竞合时的顺位规则。《民法典》第四百一十四条规定：同一财产向两个以上债权人抵押的，拍卖、变卖抵押财产所得的价款依照下列规定清偿：（1）抵押权已经登记的，按照登记的时间先后确定清偿顺序；（2）抵押权已经登记的先于未登记的受偿；（3）抵押权未登记的，按照债权比例清偿。其他可以登记的担保物权，清偿顺序参照适用前款规定。《民法典》第四百一十五条规定：同一财产既设立抵押权又设立质权的，拍卖、变卖该财产所得的价款按照登记、交付的时间先后确定清偿顺序。《民法典》第四百五十六条规定：同一动产上已经设立抵押权或者质权，该动产又被留置的，留置权人优先受偿。前述条文确立了《民法典》中担保物权竞合顺位规则的框架：其一，法定担保物权（如留置权）优先于意定担保物权（如抵押权、质权）；其二，都公示了的担保物权，先公示的优先于后公示的；其三，部分公示，部分未公示的，已经公示的担保物权优先于未公示的担保物权；其四，都未公示的担保物权，按照债权比例清偿。由此，《民法典》在很大程度上弥补了《物权法》《担保法》中的体系性缺陷，提供了更为清晰、具有操作性且符合交易实践需求的顺位规则体系。

第五，缓和了流押流质禁令。《物权法》第一百八十六条规定：抵押权人在债务履行期届满前，不得与抵押人约定债务人不履行到期债务时抵押财产归债权人所有。《物权法》第二百一十一条规定：质权人在债务履行期届满前，不得与出质人约定债务人不履行到期债务时质押财产归债权人所有。这两条体现出了《物权法》对流押流质的明确禁止立场。《民法典》对待流押流质条款的立场有所缓和。《民法典》第四百零一条规定：抵押权人在债务履行期限届满前，与抵押人约定债务人不履行到期债务时抵押财产归债权人所有的，只能依法就抵押财产优先受偿。《民法典》第四百二十八条规定：质权人在债务履行期限届满前，与出质人约定债务人不履行到期债务时质押财产归债权人所有的，只能依法就质押财产优先受偿。《民法典》适当地放开了流押流质条款的效力，通过引入债权人的清算义务来缓和流押流质禁令的僵化性，此举将为供应链金融领域的交易实践提供更大的自治空间。

2020 年 12 月 29 日，国务院发布《关于实施动产和权利担保统一登记的决定》，明确自 2021 年 1 月 1 日起，在全国范围内实施动产和权利担保统一登记。

2. 基于合同的法律法规

合同是指两人或几人之间、两方或多方当事人之间在办理某事时，为了确定各自的权利和义务而订立的各自遵守的条文，是双方或多方当事人（自然人或法人）关于建立、变更、消灭民事法律关系的协议。

合同具有以下四项法律特征：(1) 合同是双方的法律行为，即需要两个或两个以上的当事人互为意思表示（意思表示就是将能够发生民事法律效果的意思表现于外部的行为）；(2) 双方当事人意思表示须达成协议，即意思表示要一致；(3) 合同系以发生、变更、终止民事法律关系为目的；(4) 合同是当事人在符合法律规范要求条件下达成的协议，故应为合法行为。

在供应链金融中，基于合同的法律主要体现在《民法典》中。

《民法典》不仅规定的内容细、条款的要求宽、违约责任重，而且在救济手段中除了救济权之外，还有针对双务合同的抗辩权制度。根据《民法典》的相关规定，双务合同抗辩权的类型主要包括：(1) 同时履行抗辩权（《民法典》第五百二十五条)；(2) 先履行抗辩权（《民法典》第五百二十六条)；(3) 不安抗辩权（《民法典》第五百二十七条)。简而言之，所谓的"同时履行抗辩权"和"先履行抗辩权"大致对应于日常生活中常说的"一手交钱，一手交货"和"先交货，后付钱"，即如果债权人（卖方）还没有交付货物或提供服务，债务人（买方）自然可以光明正大地拒绝付钱。而所谓的"不安抗辩权"，则可以理解为一种"拒绝预付"的权利，即使买方和卖方在买卖协议项下达成了买方支付预付账款的约定，法律仍然赋予买方在感到"不安"的时候（通常是卖方的经营状况严重恶化）拒绝支付预付账款的权利。在供应链金融中，对于卖方而言，最重要的权利就是请求买方付款的基础债权（请求权)。对于该请求权的对抗的可能，自然成为项目的重要风险，这也成为供应链金融项目中排除性确权的要点。由此，在供应链金融业务中需要通过排除性确权进行排除的抗辩权，即买方对抗卖方行使其请求买方付款的基础债权的对抗权。如上所述，在供应链金融业务中，抗辩权确权的主要目的之一是排除买方的抗辩权。同时，《民法典》第五百四十八条规定：债务人接到债权转让通知后，债务人对让与人的抗辩，可以向受让人主张。也就是说，供应商将基础债权转让给保理公司时，如果存在尚未交货或交付瑕疵的情形导致债务人享有拒绝付款的权利，该等抗辩可直接向保理公司进行主张。

《民法典》还对债权转让作出了明确的规定。《民法典》第五百四十六条规定：债权人转让债权，未通知债务人的，该转让对债务人不发生效力。债权转让的通知不得撤销，但是经受让人同意的除外。根据该条规定以及目前的司法实践，债权转让通知债务人并非债权转让的生效要件，而是债务人是否可以就转让事项进行抗辩的前提。基于上述分析，在供应链金融业务中，关于保理债权可以得出以下结论：(1) 供应商对项目公司的应收账款债权可以进行转让；(2) 应收账款债权转让给保理公司时需向债务人发出债权转让通知（明保理模式)，没有通知的（暗保理模式)，债务人有权向保理公司进行抗辩，如拒绝向其清偿等；(3) 保理公司可基于应收账款债权与加入债权同时要求项目公司与核心企业清偿应收账款到期债务。

《民法典》从法律上确定了仓单的概念及其基本规则，但并未规定仓单的性质，即没有规定仓单的法律地位。例如，对于仓单内容中的绝对必要记载事项，即缺少其中的任何一项是否使仓单无效，现行法律没有明确规定；仓单缺乏统一的格式，不同物流企业的仓单格式差异较大，标准不统一；在提取货物时是否必须是存货人，如何分辨仓单的持有者是合法人，都没有统一的规定，各物流企业的操作标准和方法无法统一；存货人如何将若干仓单合并、分割使用，亦无明确的法律规定。这类问题在实际的司法实践中将会产生较大的分歧。

3. 基于利率的法律法规

（1）借款利率及利息计算的法律规定。此方面涉及的法律法规主要是《人民币利率管理规定》。金融机构对借款人所享有的债权基本上由借款本金及借款利息两部分构成。借款本金的数额是确定的，一般不会发生争议。借款利息的计算则相对复杂，计算利息的前提是确定利率，利率不同则利息数额不同。利息计算问题之所以复杂，原因在于借款利率是不固定的。依据《人民币利率管理规定》，利率分为很多种，金融机构的贷款利率、罚息利率均由中国人民银行规定，利率的高低与借款的种类及借款人的履约行为密切相关。

《人民币利率管理规定》第二十条规定：短期贷款（期限在一年以下，含一年），按贷款合同签定日的相应档次的法定贷款利率计息。贷款合同期内，遇利率调整不分段计息。短期贷款按季结息的，每季度末月的二十日为结息日；按月结息的，每月的二十日为结息日。具体结息方式由借贷双方协商确定。对贷款期内不能按期支付的利息按贷款合同利率按季或按月计收复利，贷款逾期后改按罚息利率计收复利。最后一笔贷款清偿时，利随本清。

《人民币利率管理规定》第二十一条规定：中长期贷款（期限在一年以上）利率实行一年一定。贷款（包括贷款合同生效日起一年内应分笔拨付的所有资金）根据贷款合同确定的期限，按贷款合同生效日相应档次的法定贷款利率计息，每满一年后（分笔拨付的以第一笔贷款的发放日为准），再按当时相应档次的法定贷款利率确定下一年度利率。中长期贷款按季结息，每季度末月二十日为结息日。对贷款期内不能按期支付的利息按合同利率按季计收复利，贷款逾期后改按罚息利率计收复利。

《人民币利率管理规定》第二十五条规定：逾期贷款或挤占挪用贷款，从逾期或挤占挪用之日起，按罚息利率计收罚息，直到清偿本息为止，遇罚息利率调整分段计息。对贷款逾期或挪用期间不能按期支付的利息按罚息利率按季（短期贷款也可按月）计收复利。如同一笔贷款既逾期又挤占挪用，应择其重，不能并处。

（2）民间借贷的利息的法律规定。此方面涉及的法律法规主要为《民法典》与《最高人民法院关于审理民间借贷案件适用法律若干问题的规定》（以下简称《民间借贷规定》）。

依据现行法的规定，借款合同的利息由当事人自行约定，法律不加干涉。不过，《民法典》第六百八十条第二款规定：借款合同对支付利息没有约定的，视为没有利息。《民法典》第六百八十条第三款规定：借款合同对支付利息约定不明确，当事人不能达成补充协议的，按照当地或者当事人的交易方式、交易习惯、市场利率等因素确定利息；自然人之间借款的，视为没有利息。不过，即使是无息借贷，借款人逾期不还款，贷款人也有权要求偿付逾期利息；不定期无息借贷经催讨不还，贷款人要求偿付催后利息的，可参照银行同类贷款利率计息。

尽管借款合同的当事人可以自由地约定利息，但是利息约定也不是毫无限制。《民法典》第六百七十条规定：借款的利息不得预先在本金中扣除。利息预先在本金中扣除的，应当按照实际借款数额返还借款并计算利息。依据该条，借款利息预先在本金中扣除的行为是不允许的。对此《民间借贷规定》第二十七条也有明确的规定：借据、收据、欠条等债权凭证载明的借款金额，一般认定为本金。预先在本金中扣除利息的，人民法院应当将实际出借的金额认定为本金。

与此同时，现行法在借贷合同领域也对复利进行严格控制。《民间借贷规定》第二十八条也有进一步的具体规定：借贷双方对前期借款本息结算后将利息计入后期借款本金并重新出具债权凭证，如果前期利率没有超过合同成立时一年期贷款市场报价利率四倍，重新出具的债权凭证载明的金额可认定为后期借款本金。超过部分的利息，不应认定为后期借款本金。按前款计算，借款人在借款期间届满后应当支付的本息之和，超过以最初借款本金与以最初借款本金为基数、以合同成立时一年期贷款市场报价利率四倍计算的整个借款期间的利息之和的，人民法院不予支持。

此外，现行法不允许借款合同的当事人约定过高的利息，利息过高的话，过高的部分不受法律保护。《民法典》并未对民间借贷的利息作出明确的强制性规定，而是在第六百八十条第一款规定：禁止高利放贷，借款的利率不得违反国家有关规定。针对民间借贷利息控制的具体规则在《民间借贷规定》之中。《民间借贷规定》于2020年修正，改变了此前“两线三区”的利息规则。《民间借贷规定》第二十六条规定：出借人请求借款人按照合同约定利率支付利息的，人民法院应予支持，但是双方约定的利率超过合同成立时一年期贷款市场报价利率四倍的除外。前款所称“一年期贷款市场报价利率”是指中国人民银行授权全国银行间同业拆借中心自2019年8月20日起每月发布的一年期贷款市场报价利率。依据该条，利率超过合同成立时一年期贷款市场报价利率四倍的利息部分是不受法律保护的。

4. 基于平台的法律法规

基于平台的供应链金融法律法规主要是以电子商务平台为基础制定的，涉及B2B（企业与企业之间）电子商务、P2P（个人对个人）网络借贷、第三方支付等。目前，国家层面基于平台的供应链金融法律法规主要体现在：《电子商务法》《网络交易管理办法》《互联网信息服务管理办法》《互联网站管理工作细则》《信息安全等级保护管理办法》《全国人民代表大会常务委员会关于加强网络信息保护的决定》《外国机构在中国境内提供金融信息服务管理规定》《规范互联网信息服务市场秩序若干规定》《电信和互联网用户个人信息保护规定》《国务院办公厅关于推进线上线下互动加快商贸流通创新发展转型升级的意见》《国务院关于积极推进“互联网+”行动的指导意见》等。

（三）国内供应链金融相关政策

供应链金融近年来受到国家全方位多层次的政策鼓励，是我国融资结构改革，资金服务实体经济、服务中小企业的重要抓手。从中央到地方陆续出台了相关政策来鼓励并推动中小微企业健康发展。

1. 国家层面的供应链金融相关政策

近几年，国家高度重视供应链金融工作，围绕供应链金融发展问题，国家各部门制定了一系列政策措施，将供应链金融作为金融领域改革的重要内容。

国家层面有关供应链金融的政策性文件如表 10－1 所示（部分）。

表 10－1　国家层面有关供应链金融的政策性文件（部分）

发布时间	文件名称	主要政策内容
2014 年	《物流业发展中长期规划（2014—2020 年）》	鼓励传统运输、仓储企业向供应链上下游延伸服务，建设第三方供应链管理平台，为制造业企业提供供应链计划、采购物流、入厂物流、交付物流、回收物流、供应链金融以及信息追溯等集成服务
2015 年	《国务院关于大力发展电子商务加快培育经济新动力的意见》	鼓励商业银行、商业保理机构、电子商务企业开展供应链金融、商业保理服务，进一步拓展电子商务企业融资渠道
2015 年	《国务院办公厅关于推进线上线下互动加快商贸流通创新发展转型升级的意见》	支持金融机构和互联网企业依法合规创新金融产品和服务，加快发展互联网支付、移动支付、跨境支付、股权众筹融资、供应链金融等互联网金融业务
2015 年	《就业和信息化部关于贯彻落实〈国务院关于积极推进“互联网+”行动的指导意见〉行动计划（2015—2018 年）》	探索供应链金融、电子商务信用融资等小微企业融资新模式和新渠道
2016 年	《关于金融支持工业稳增长调结构增效益的若干意见》	推动更多供应链加入应收账款质押融资服务平台，支持商业银行进一步扩大应收账款质押融资规模
2016 年	《物流业降本增效专项行动方案（2016—2018 年）》	银行业金融机构要探索适合发展特点的信贷产品和服务方式，在商业可持续、风险可控的前提下，进一步加大信贷支持力度。积极推动供应链金融服务持续健康发展
2016 年	《国内贸易流通“十三五”发展规划》	提高会展业综合带动效应，进一步推动融资租赁、典当、拍卖、直销等行业健康发展，规范发展供应链金融。增强生活性服务业供给能力，提高生活性服务的便利化、精细化、品质化水平
2017 年	《商贸物流发展“十三五”规划》	扩大融资渠道，推广供应链金融。引导金融机构探索适合商贸物流发展特点的信贷产品和服务方式
2017 年	《关于金融支持制造强国建设的指导意见》	鼓励金融机构依托制造业产业链核心企业，积极开展仓单质押贷款、应收账款质押贷款、票据贴现、保理、国际国内信用证等各种形式的产业链金融业务，有效满足产业链上下游企业的融资需求
2017 年	《小微企业应收账款融资专项行动工作方案（2017—2019 年）》	推动供应链核心企业支持小微企业应收账款融资，引导金融机构和其他融资服务机构扩大应收账款融资业务规模，构建供应链上下游企业互信互惠、协同发展的生态环境，优化商业信用环境，促进金融与实体经济良性互动发展

续表

发布时间	文件名称	主要政策内容
2017 年	《国务院办公厅关于进一步推进物流降本增效促进实体经济发展的意见》	鼓励银行业金融机构开发支持物流业发展的供应链金融产品和融资服务方案，通过完善供应链信息系统研发，实现对供应链上下游客户的内外部信用评级、综合金融服务、系统性风险管理
2017 年	《国务院办公厅关于积极推进供应链创新与应用的指导意见》	鼓励商业银行、供应链核心企业等建立供应链金融服务平台，为供应链上下游中小微企业提供高效便捷的融资渠道
2018 年	《商务部等 8 部门关于开展供应链创新与应用试点的通知》	有条件的企业可加强与商业银行、平台企业等合作，创新供应链金融业务模式，优化供应链资金流，积极稳妥、依法依规地开展供应链金融业务
2019 年	《关于加强金融服务民营企业的若干意见》	商业银行要依托产业链核心企业信用、真实交易背景和物流、信息流、资金流闭环，为上下游企业提供无需抵押担保的订单融资、应收应付账款融资
2019 年	《关于促进中小企业健康发展的指导意见》	除落实普惠金融定向降准政策以及发展债券产品外，还特别鼓励企业依托应收账款、供应链金融、特许经营权等渠道进行融资
2019 年	《中国银保监会办公厅关于推动供应链金融服务实体经济的指导意见》	银行保险机构应依托供应链核心企业，基于核心企业与上下游链条企业之间的真实交易，整合物流、信息流、资金流等各类信息，为供应链上下游链条企业提供融资、结算、现金管理等一揽子综合金融服务
2019 年	《中国银保监会关于推动银行业和保险业高质量发展的指导意见》	积极稳妥发展供应链金融服务。探索金融科技在客户信用评价、授信准入、风险管理等环节的应用，有效提升金融服务覆盖面。在风险可控的前提下，发展民营企业和小微企业贷款保证保险。支持银行与国家融资担保基金、国家农业信贷担保联盟开展合作，明确风险分担比例，降低担保费用和企业融资成本
2020 年	《关于完善外贸金融服务的指导意见》	鼓励银行在审慎评估应收账款真实性和稳定性、有效把控应收账款常态余额水平的前提下，开展外贸应收账款融资及相关业务创新，实现授信、放款、还款的灵活安排，适应外贸“单多量小、周转较快”的特点。鼓励银行在有效把控出口退税账户变更情况等基础上开展出口退税账户相关融资，未退税款可视同企业应收账款一并进行质押融资；鼓励银行在有效把控供应链信息流、物流、资金流和完善交易结构的基础上，围绕核心企业开展面向上下游的境内外供应链金融服务

2. 地方层面的供应链金融相关政策

国家多次下发文件向各地区传达供应链金融体系构建和金融风险防范等方面的内容，各地区结合自身所处的地理位置、经济结构和历史条件等情况，积极探索，寻求经济发展的新突破。2019 年，深圳、浙江、广州、成都等地先后出台供应链金融专项文件。与此同时，不少地区相继展开供应链金融地方行业基础设施建设，成立协会、服务中心等服务供应链金融发展。

地方层面有关供应链金融的政策性文件如表 10－2 所示（部分）：

表 10－2　地方层面有关供应链金融的政策性文件（部分）

地区	发布时间	文件名称	主要政策内容
福建	2018 年	《福建省人民政府办公厅关于印发新一轮促进工业和信息化龙头企业改造升级行动计划（2018—2020 年）的通知》	鼓励各类金融机构创新金融产品和金融服务模式，加强金融服务与制造业生产销售流程的融合，大力发展供应链金融，促进大数据在信贷管理中的运用
甘肃	2018 年	《甘肃省人民政府办公厅关于积极推进供应链创新与应用的实施意见》	鼓励商业银行、供应链核心企业等创新金融服务模式，开发兼具标准化和个性化的供应链融资产品。在做好贸易背景真实性调查的基础上，提供供应链融资、贸易融资、仓单质押等金融服务，为供应链上下游中小微企业提供高效便捷的融资渠道
广东	2018 年	《广东省关于积极推进供应链创新与应用的实施意见》	开展供应链金融业务资质研究，支持供应链试点企业依法合规开展供应链金融业务，提高供应链金融风险防控能力
广西	2018 年	《广西壮族自治区人民政府办公厅关于积极推进供应链创新与应用的实施意见（征求意见稿）》	鼓励商业银行、供应链核心企业等创新金融服务模式，开发兼具标准化和个性化的供应链融资产品，在做好贸易背景真实性调查基础上，提供供应链融资、贸易融资、仓单质押等服务，为供应链上下游中小微企业提供高效便捷的融资渠道
贵州	2018 年	《贵州省人民政府办公厅关于积极推进供应链创新与应用的实施意见》	鼓励商业银行、供应链核心企业等建立供应链金融服务平台为供应链上下游中小微企业提供高效便捷的融资渠道。有效防范供应链金融风险
海南	2018 年	《海南省加快推进物流降本增效促进实体经济发展实施方案》	针对多样化金融服务需求，提出物流供应链金融产品和融资服务解决方案，建立物流融资常态机制
河北	2016 年	《河北省普惠金融发展实施方案》	围绕产业集群中小企业，开展针对跨境电子商务的应收账款、应付账款、仓单质押等在线供应链金融服务

续表

地区	发布时间	文件名称	主要政策内容
黑龙江	2018 年	《黑龙江省人民政府办公厅关于积极推进供应链创新与应用的实施意见》	鼓励商业银行、供应链核心企业等建立供应链金融服务平台，为供应链上下游中小微企业提供高效便捷的融资渠道；加强对供应链金融的风险监控，提高金融机构事中事后风险管理水平，确保资金流向实体经济
湖北	2019 年	《湖北省人民政府办公厅关于推进供应链创新与应用推动经济高质量发展的实施意见》	深入推进“互联网＋流通”，构建线上线下资源融合的全渠道供应链。鼓励龙头企业推进供应链数字化改造升级。推动流通新业态的落地发展，构建智慧供应链
吉林	2018 年	《吉林省人民政府办公厅关于推进供应链创新与应用的实施意见》	大力发展供应链金融，加强对供应链金融的风险监控，打击融资性贸易、恶意重复抵押质押、恶意转让质物等违法行为，提高金融机构事中事后风险管理水平，确保资金流向实体经济
江苏	2018 年	《省政府办公厅关于推进供应链创新与应用培育经济增长新动能的实施意见》	鼓励政府采购中心、供应链核心企业以及大型供应链服务企业与人民银行应收账款融资服务平台对接，为供应链上下游中小微企业融资提供便利；推动金融机构、供应链核心企业建立债项评级和主体评级相结合的风险控制体系
江西	2018 年	《江西省人民政府办公厅关于积极推进供应链创新与应用的实施意见》	鼓励在赣金融机构、供应链核心企业等建立供应链金融服务平台，创新供应链融资产品，为供应链上下游中小微企业提供高效便捷的融资渠道。针对供应链不断发展的新技术、新模式、新格局，督促金融机构提高事中事后风险管理水平，确保资金流向实体经济。鼓励依托中国人民银行征信中心建设的动产融资统一登记系统开展应收账款及其他动产融资质押和转让登记
辽宁	2019 年	《辽宁省关于积极推进供应链创新与应用的实施意见》	推动信息开放共享，建立供应链金融服务平台，发展线上应收账款融资等供应链金融模式；建立债项评级和主体评级相结合的风险控制体系，加强供应链金融风险防控，健全供应链金融担保、抵押、质押机制
内蒙古	2018 年	《内蒙古自治区推进供应链创新与应用实施方案》	推动内蒙古自治区和全国信用信息共享平台、商业银行、供应链核心企业等开放共享信息。鼓励商业银行、供应链核心企业等建立供应链金融服务平台，为供应链上下游中小微企业提供高效便捷的融资渠道

续表

地区	发布时间	文件名称	主要政策内容
山东	2018 年	《山东省人民政府办公厅关于推进供应链创新与应用的通知》	建立多层次、多领域应收账款融资服务平台推广机制，支持中国人民银行征信中心建设的应收账款融资服务平台与驻鲁金融机构、供应链核心企业实现系统对接，探索供应链核心企业线上全流程应收账款融资模式。引导省内金融机构、供应链核心企业积极探索预付账款融资模式、动产质押融资模式、订单融资模式、商票保贴融资模式，创新金融支持实体经济发展方式，实现供应链企业物流、信息流、资金流紧密融合
山西	2018 年	《山西省人民政府办公厅关于印发山西省普惠金融发展实施方案的通知》	围绕产业集群中小企业，开展针对跨境电子商务的应收账款、仓单质押等在线供应链金融服务
陕西	2018 年	《陕西省人民政府办公厅关于积极推进供应链创新与应用的实施意见》	在有效防范风险的基础上，加大供应链金融支持力度，为资金进入实体经济提供安全通道。鼓励商业银行、供应链核心企业等建立供应链金融服务平台，为供应链上下游中小微企业提供高效便捷的融资渠道
上海	2018 年	《关于本市积极推进供应链创新与应用的实施意见》	鼓励商业银行、供应链核心企业等建立供应链金融服务平台，为供应链上下游中小微企业提供高效便捷的融资渠道
四川	2018 年	《四川省加快推进供应链创新与应用实施方案》	鼓励在川金融机构全面推广应收账款融资服务新模式，拓宽中小企业融资渠道，构建供应链上下游企业互信互惠、协同发展的生态环境；有效防范供应链金融风险
天津	2018 年	《天津市人民政府办公厅关于深入推进供应链创新与应用的实施意见》	推动金融机构加强与供应链核心企业和应收账款融资服务平台的业务对接，积极稳妥发展供应链金融，推动金融机构等供应链金融资金提供方做好供应链核心企业贸易背景真实性调查、加强贷款管理和现金流监管
云南	2018 年	《云南省人民政府办公厅关于积极推进供应链创新与应用的实施意见》	鼓励商业银行、保险公司、供应链核心企业等建立供应链金融服务平台，积极稳妥开展供应链金融业务，为资金进入实体经济提供安全通道，为符合条件的中小微企业提供高效便捷的金融服务，加强对供应链金融的风险监控，提高金融机构事中事后风险管理水平，推动供应链金融市场规范运行，确保资金流向实体经济

续表

地区	发布时间	文件名称	主要政策内容
浙江	2019 年	《浙江省人民政府办公厅关于积极推动供应链创新与应 用的实施意见》	到 2022 年，基本建成全国领先、具有浙江特色的现代供应链体系，培育 5 个千亿级、20 个百亿级产业供应链，浙江省成为全国现代供应链创新发展的中心。积极参与“一带一路”建设，大力推进“一带一路”捷克站、迪拜站等系列境外站建设，加快推动境外经贸合作区、物流配送中心、分销服务网络、海外仓等布局，构建互联互通的境外供应链网络，打造全球化供应链体系
重庆	2018 年	《重庆市人民政府办公厅关于贯彻落实推进供应链创新与应用指导意见任务分工的通知》	鼓励商业银行、供应链核心企业等建立供应链金融服务平台，为供应链上下游中小微企业提供高效便捷的融资渠道；加强对供应链金融的风险监控，提高金融机构事中事后风险管理水平，确保资金流向实体经济

第 3 节　供应链金融的监管

金融监管当局的监管目标主要有两个：金融安全监管（审慎监管）与金融服务监管（规范监管）。作为一项创新型业务，供应链金融的开展必须符合金融监管当局对商业银行设立的各项监管要求。

一、供应链金融的监管原则及措施

近年来，供应链金融发展十分迅速，不仅银行、保险等金融机构加码供应链金融，不少核心企业、电商也纷纷入场，资本市场上底层资产为应收账款的供应链金融产品也如雨后春笋般冒出，私募、信托、证券等投资机构也在加大投资力度。

而金融机构青睐供应链金融的原因之一，就是其对应的底层资产往往是大型企业的应收账款、票据，还款来源清晰，保障性和稳定性较强。因此，如果可以沿着供应链释放核心企业的信用，帮助链内缺乏不动产的民营企业和小微企业依靠流动资产融资，就可以打破商业银行等传统金融机构的不动产抵押依赖，帮助民营小微企业解决融资问题，符合金融支持实体经济的要求。但多位供应链金融从业者表示，如何辨别应收账款的真伪，是金融机构和投资者需要重点关注的问题。

在供应链金融风控过程中，取得核心企业的“确认”，验证应收账款、票据的真实性至关重要。但在实践中，不少金融机构因为信息不对称等问题，难以把握融资方提供的核心企业应收账款的真实性，以及核心企业“确权”的真实性、有效性等内容，很容易因为信息不对称而陷入合同纠纷，这个问题一直是困扰供应链金融发展的难点与痛点。

虽然我国已颁布并施行了包括《民法典》在内的与供应链金融息息相关的法律法规，中央和地方也出台了有关供应链金融的政策性文件，但是这些法律和政策多少都会存在不完善之处。因此，对供应链金融的监管必不可少。同时，供应链金融相关法律法规和政策的实际执行情况需要追踪与监管，也是加强供应链金融监管的重要原因。

（一）供应链金融的监管原则

2019 年，银保监会向各大银行、保险公司下发了《中国银保监会办公厅关于推动供应链金融服务实体经济的指导意见》（以下简称《意见》），《意见》要求，银行保险机构应依托供应链核心企业，基于核心企业与上下游链条企业之间的真实交易，整合物流、信息流、资金流等各类信息，为供应链上下游链条企业提供融资、结算、现金管理等一揽子综合金融服务。

针对银行、保险机构等金融机构推动供应链金融服务实体经济，《意见》指出，银行保险机构在开展供应链金融业务时应坚持四大基本原则。这四大基本原则在供应链金融能够顺利开展的首要位置：

（1）坚持精准金融服务，以市场需求为导向；

（2）坚持交易背景真实，严防虚假交易、虚构融资、非法获利现象；

（3）坚持交易信息可得；

（4）坚持风险全面管控。

坚持精准金融服务，以市场需求为导向，其重点是支持符合国家产业政策方向，主业集中于实体经济、技术先进、有市场竞争力的产业链链条企业。监管部门出台相关的指导性意见，指导银行、保险机构等金融机构规范开展供应链金融业务。金融机构依托供应链核心企业，基于核心企业与上下游链条企业的真实交易，整合物流、信息流、资金流等各类信息，更好地为供应链上下游链条企业提供融资、结算、现金管理等一揽子或定制化的综合金融服务。

真实的交易背景，严防虚假交易、虚构融资、非法获利现象，是供应链金融的关键要素。

坚持交易信息可得，就要保证能够直接获取第一手的原始交易信息和数据。鼓励银行业金融机构在充分保障客户信息安全的前提下，将金融服务向上游供应前端和下游消费终端延伸，鼓励银行、保险机构成立供应链金融业务管理部门（中心），加强供应链金融业务的集中统一管理，并鼓励银行业金融机构加强与供应链核心企业的合作，运用互联网、物联网、区块链、生物识别、人工智能等技术，与核心企业等合作搭建服务上下游链条企业的供应链金融服务平台，推动核心企业为上下游链条企业增信或向银行提供有效信息，实现全产业链协同健康发展。

坚持风险全面管控，既要关注核心企业的风险变化，也要监测上下游链条企业的风险。比如，应明确核心企业准入名单和名单动态管理机制，加强对核心企业所处行业发展前景的研判，及时开展风险预警、核查与处置。

（二）供应链金融的监管措施

目前大型金融机构如平安银行、中信银行等多选择设立一个电子化在线系统，连接融资方、核心企业和金融机构，或者直接同核心企业建立的供应链金融平台对接，并将区块链等新技术运用于供应链金融行业，来尝试解决信用多级穿透等难题。

与此同时，也有不少核心企业愿意将自身打造的供应链金融平台直接和银行等金融机构对接，还有部分实体企业依托自身数据打造供应链集团，来识别产业链上的优质资产和进行风险评估。不过，目前部分中小型金融机构暂时没有这样的能力，也较难得到核心企业的配合。

针对银行、保险等金融机构具体的供应链金融风控问题，《意见》中提出银行业金融机构要从总体风险管控、核心企业风险管控、真实性审查、合规管理及信息科技系统建设等五方面加强供应链金融风险管控。

1. 加强总体风险管控

银行、保险机构等金融机构应成立专门的供应链金融业务管理部门（中心），并加快培育专业人才队伍。通过建立健全完备的风控体系，提高事前、事中、事后各个环节的风险管理的针对性和有效性，以确保资金流向实体经济。

2. 加强核心企业风险管控

金融机构应加强对核心企业的金融状况、核心企业与上下游链条企业的交易情况的监控，分析供应链历史交易记录，加强对物流、信息流、资金流和第三方数据等信息的跟踪管理。

3. 加强真实性审查

监管部门会要求金融机构在开展供应链金融业务时，加强真实性审查，对交易真实性和合理性进行尽职审核和专业判断。必要时银行、保险机构等金融机构可将物联网、区块链等新技术嵌入交易环节，运用移动感知视频等技术，对物流及库存商品实施远程监测，提升智能风险控制水平。

4. 加强合规管理

银行、保险机构等金融机构应加强供应链金融业务的合规管理，禁止借金融创新之名违法违规开展业务或变相开办未经许可的业务；不得借供应链金融之名搭建提供撮合和报价等中介服务的多边资产交易平台。

5. 加强信息科技系统建设

银行、保险机构应加强信息科技系统建设，鼓励开发供应链金融专项信息科技系统，加强运营维护管理的能力，保障数据安全性，借助信息科技系统提升风控的技术和能力。

二、供应链金融监管的问题与改进

对供应链金融业务的监管，需要充分重视其风险控制手段的特异性，而非仅仅对客户群体本身的孤立特质进行评价进而得出银行信贷经营审慎与否的判断。

对于供应链金融业务监管而言，难点在于如何确定金融机构供应链金融业务资产的风险权重，计算供应链金融业务风险资产总额。目前，由于动产和权利担保对于信用风险的缓释作用并没有一致的认识，在实践上对于这类贷款的风险权重一般是比照传统担保授信来设定，权重取值普遍较高。这意味着对金融机构更高的资本金要求。随着大批金融机构进入供应链金融市场，监管部门应根据经验数据重新评价动产担保物权的风险缓释作用，并作出更为合理的估值。

监管部门对于供应链金融业务的监管思路，与监管部门对金融机构创新的基本态度密切相关。创新是金融业发展的根本动力，供应链金融产品的创新从本质上来看也是风险控制理念和手段的创新。简单固守传统的合规经营必然在竞争中处于劣势，进而可能导致更多风险的发生，最终也无法保障存款人和金融消费者的利益。因此，如何建立激励相容的监管理念，变合规性监管为禁止性监管，引导金融机构赋予新产品更多风险管理创新的内涵，是供应链金融监管上面临的一个重要课题。

对供应链金融监管的改进，应该从以下三个方面入手：其一，建立供应链金融公共服务平台并与征信系统实现对接，制定失信企业惩戒机制，消除缺乏约束和有效监管的现象；其二，推动供应链金融行业自身进行规范运行，制定行业自律准则，形成行业统一惯例和标准；其三，依法治市，尽快完善相关法律法规，为供应链金融提供法律保障，并严厉惩戒合同造假、融资性贸易等违法行为。

关键词

产业链循环　流通效率　动产担保　权利担保　质押关系　通用型担保物权　民营债权回收　监管　审慎监管　规范监管

复习与思考题

1. 供应链金融相关政策法律和监管的出台背景是什么？
2. 供应链金融相关政策法律和监管的意义有哪些？
3. 国内供应链金融相关的法律法规主要包括哪些？
4. 供应链金融的监管原则是什么？措施有哪些？
5. 供应链金融监管存在的问题是什么？应如何改进？

第11章
供应链金融的发展趋势

学习目标

- 理解供应链金融资产证券化的原因、特点与模式。
- 理解绿色可持续供应链金融的概念与特点。
- 了解绿色可持续供应链金融的融合模式。
- 了解供应链金融中新技术应用的现状及趋势。

随着全球数字化经济的发展，供应链金融成为一块巨大的蛋糕，越来越多的企业投身其中，希望分得一杯羹甚至掌握分蛋糕的大权。金融科技的发展，为供应链金融产业生态重构优化注入了“活水”。随着物联网、云计算、大数据、人工智能、区块链等技术的运用和突破，供应链金融未来的发展蓝图有望被重新勾勒。本章将介绍供应链金融的发展趋势。

第1节　供应链金融资产证券化

一、供应链金融资产证券化的背景

资产证券化是指以基础资产未来所产生的现金流为偿付支持，通过结构化设计进行信用增级，在此基础上发行资产支持证券（asset-back securities，ABS）的过程。它是以特定资产组合或者特定现金流为支持，发行可交易证券的一种融资形式。

融资难一直是我国中小企业发展面临的主要困境。传统信贷银行方式下，银行愿意提供的贷款数额远不能满足中小企业的资金需求，并且相应的监管成本较高。现今，我国资产证券化产品基础资产不断丰富，交易结构不断创新，因此供应链金融资产证券化就成了热点。

二、供应链金融资产证券化的原因

供应链金融的核心在于控制供应链，着眼点是贸易的自偿性，即短期内业务和模式的价值对于未来或者当下某单生意是真实的，而且双方能够诚实地完成合同，那么基于此次生意的物流、资金流、信息流都是真实合理的，而且能够有效地可视化。

只有达到基本点，供应链各环节的数据才会被监管、展现，供应链才会被控制，金融机构开展此业务才会有价值。供应链金融均可以通过金融产品的设计和风险定价实现资产证券化。

2016 年 2 月 16 日，中国人民银行、工业和信息化部等八部委联合发布了《关于金融支持工业稳增长调结构增效益的若干意见》（以下简称《意见》），强调稳步推进资产证券化发展的指导思路。《意见》指出，应当加快推进企业资产证券化业务的发展，盘活工业企业存量资产，同时推动企业的融资机制创新。

围绕核心企业信用反向延伸的供应链金融资产证券化，是在以供应商为核心的应收账款资产证券化基础上开展的供应链融资创新模式，在上游供应商回笼应收账款的前提下，实现核心企业应收账款和现金流的有效管理。通过资产证券化这一金融工具，降低供应链两端的综合融资成本，优化企业报表，平衡供应链上下游企业之间的利益，促进闭环产业链的良性发展。

发行供应链金融资产证券化的产品有以下四点优势：第一，供应商受其自身偿债能力的信用影响，直接融资授信额度有限，融资难、融资贵，通过转让核心企业应付账款的融资方式，供应商可盘活资金，提高资金使用效率；第二，通过供应链金融资产证券化安排，核心企业可延迟付款时间，缓解资金压力；第三，储架发行可“一次申报、多期发行”，通过灵活选择每期发行时间和发行规模，核心企业合理安排融资节奏，最大限度降低资金成本，从而优化财务报表；第四，供应链金融资产证券化产品作为标类产品，依托核心企业信用发行，融资成本较低，可以降低核心企业和供应商资金成本，平衡供应链上下游企业之间的利益，促进闭环产业链的良性发展。

三、供应链金融资产证券化的特点

（一）以反向保理为主，通常由核心企业主导，保理商为通道

反向保理通常由债务人（核心企业）主导，依托核心企业的信用，沿着交易链条反方向，向与核心企业（含下属公司，下同）有长期稳定业务往来的供应商提供保理融资服务。通常采取“1＋N”模式，其本质就是供应商基于真实的商业交易，将核心企业的信用转化为自身的信用从而实现较低成本的融资。

理论上，反向保理的保理商可基于对核心企业的了解，选择核心企业确认付款的应付账款债权作为基础资产，发行供应链金融资产证券化产品进行融资。

事实上，发行供应链金融资产证券化产品通常由核心企业主导，保理商虽然是原始权益人，但角色性质相当于通道，并承担归集应收账款等工作，保理商常常通过各种担保形式，不出资金购买应收账款，不承担过桥资金利息和债务风险。

（二）依托核心企业的主体信用发行，投资逻辑类似信用债

以房地产企业为例，房地产企业在项目开发建设阶段，通常设立项目公司负责特定

房地产项目的综合开发管理，因此，应收账款多数为项目公司与供应商的往来款，即直接债务人为项目公司，但是鉴于项目公司本身信用等级较低，核心企业往往通过债务加入作为共同债务人或者提供差额支付承诺等方式将自身信用嵌入产品之中，从而使供应链金融资产证券化产品能够体现核心企业的信用等级。供应链金融资产证券化产品的项目组织方或者最终付款方均为核心企业，可以说，产品的发行是基于核心企业信用，投资人主要关注的也是核心企业资质及还款能力。在投资人看来，供应链金融资产证券化产品是典型的类信用债品种。

（三）以平层结构为主，通常不进行信用增级

供应链金融资产证券化核心企业的准入门槛较高，证券偿付严重依赖核心企业的还款能力和意愿。AAA 主体发行产品，一般无须再通过优先/次级分层结构进行信用增级。除少数优质 AA＋主体项目通过设置较小比例的次级证券等方式增信外，绝大多数采用了平层结构。

（四）通常采用储架发行

储架发行即“一次申报、分期发行”。根据《上海证券交易所资产证券化业务问答（三）》，资产证券化项目“一次申报、分期发行”需满足以下条件：（1）基础资产具备较高同质性，法律界定及业务形态属于相同类型，且风险特征不存在较大差异；（2）分期发行的各期资产支持证券使用相同的交易结构和增信安排，设置相同的基础资产合格标准，且合格标准包括相对清晰明确的基础资产质量控制条款，比如资产池分散度、债务人影子评级分布等；（3）原始权益人能够持续产生与分期发行规模相适应的基础资产规模；（4）原始权益人或专项计划增信主体资质良好，原则上主体信用评级为 AA 级及以上；（5）资产证券化项目的计划管理人和相关参与方具备良好的履约能力和较为丰富的资产证券化业务经验。

根据规定，对于采用“一次申报、分期发行”的产品，原则上各期交易结构应相同，基础资产具有较高同质性。注册文件中应当依据企业发展规划、交易规模、平均账期、资产周转率等因素合理匡算注册额度。

储架发行模式可以提高发行效率，满足核心企业灵活性融资需求，各承销商、保理商也能通过储架发行抢占额度，是目前市场热衷的供应链金融资产证券化产品发行方式。

（五）通常在证券发行过程中两次确定资产池

发行机构向监管机构进行前期审批申请备案时提交模拟资产池，在产品发行时再次确定实际发行的基础资产池。

在基础资产回款快、发行时点不确定的情况下采用这种机制，一方面，在发行准备期间原始权益人可以将申报阶段的资产用于其他融资（比如作为另一个资产证券化产品的循环购买基础资产），提高资产使用效率；另一方面，在市场流动性偏紧，资金成本较高时，专项计划可以推迟至利率合适的时机再实施，既能满足监管要求、保证融资规模，又能灵活控制融资成本。

（六）证券评级难以超越核心企业主体评级

供应链金融资产支持证券偿付严重依赖核心企业的还款能力和意愿，信用债特征明显，这也决定了优先级资产支持证券的评级难以超越核心企业的主体评级。

四、供应链金融资产证券化的模式

（一）供应链金融资产证券化："1＋N"模式

"1＋N"模式即依托核心企业开展的"1＋N"供应链金融资产证券化，"其中 1"是作为基础资产单一重要债务人的核心企业，"N"为处于供应链上游的供应商。

在一个相对闭环的供应链关系中，基于各方良好稳定的贸易合作关系，在贸易自偿性的支持下，分散的、信用情况不一的各供应商可以通过自偿证券化获得应收账款的提前回收。而核心企业又可以在不使用贸易结算工具且不影响自身财务报表的情况下，以其较强偿债能力和较高信用为合作供应商的供应链融资提供支持。

这一模式寻求以核心企业上游供应商增量应收账款债权为基础资产进行常态化、可持续的发行。根据核心企业应付账款规模以及生产周期的特点，可采取储架发行模式，也可以在资产池积蓄到一定规模后按单期申报模式操作。

（二）嫁接保理模式

在嫁接保理模式（见图 11－1）中，保理商先支付保理融资款，构建存量基础资产，且供应商可提前变现应收账款；保理多为反向保理，且以无追索权保理买断应收账款债权，否则供应商融资动力不足。保理商承担不合格基础资产的瑕疵担保责任。

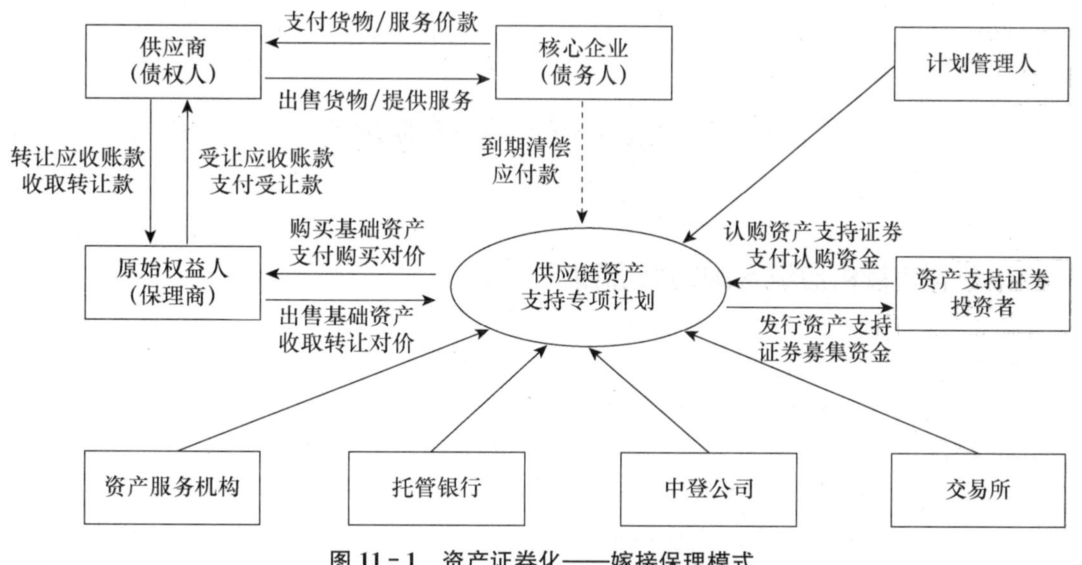

图 11－1　资产证券化——嫁接保理模式

（三）代理转让模式

在代理转让模式（见图11－2）中，因为保理商为各供应商代理出售应收账款，无须支付保理融资款，节省保理商资金占用。但供应商需待专项计划设立方可变现应收账款。供应商/保理商均可承担不合格基础资产的瑕疵担保责任，而且操作便捷，对保理商的资金实力要求较低。

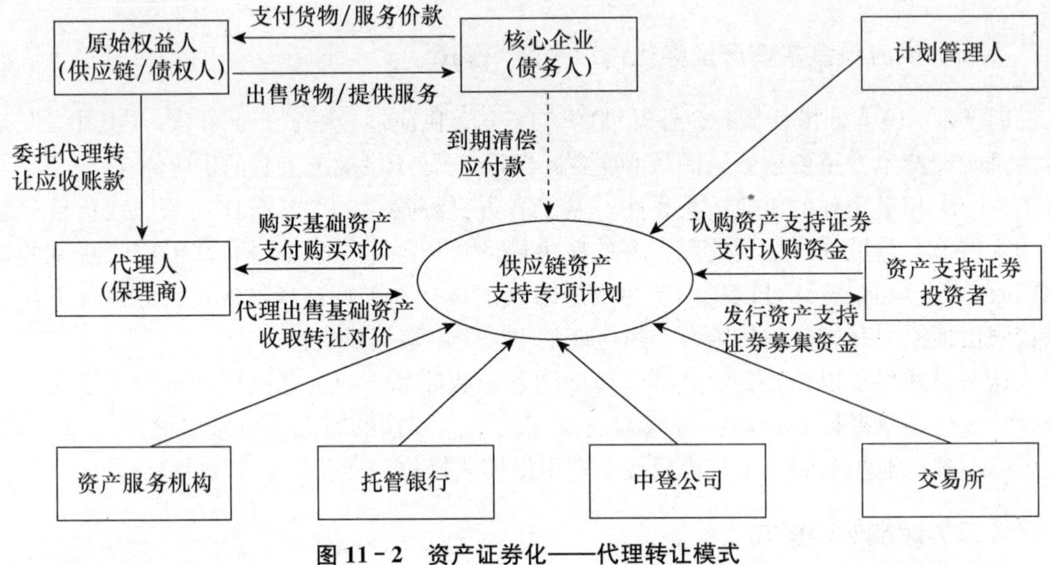

图11－2　资产证券化——代理转让模式

控制供应链后，融资方的货物运输储存、现金变量都要通过供应链金融所掌握的渠道，可以扣留这些货物和资金。由于对产业链条参与的程度高，对上下游渠道比较熟悉，一旦发生风险，如融资方不能还贷，自身也有很多渠道变现资产，这才是供应链金融的优势。

第2节　绿色可持续供应链金融

一、绿色可持续供应链金融的概念和特点

绿色可持续供应链金融是一种支持贸易交易的供应链融资技术。目前，国内外对绿色可持续供应链金融尚未有一个确切的定义，如纳拉西姆汗等（Narasimhan et al.，2015）认为绿色可持续供应链金融是商业银行投资于可持续供应链，从而促进可持续供应链进一步发展的新方法；牟伟明（2016）则认为绿色可持续供应链金融以推动供应链上游中小企业更多地在其生产过程中采取环境管理策略为宗旨，在综合运用核心企业环境管理和信用优势的情况下，金融机构将贷款优先贷给供应链上的中小企业，最终实现节能减排。

与传统供应链金融不同的是，绿色可持续供应链金融同时融合了绿色可持续供应链、供应链金融以及绿色金融的理念，在融资要求上更加注重环境保护，以实现经济生产和环境保护相结合、相协调的目的。

绿色可持续供应链金融在最大限度地减少负面影响的同时，能为利益相关者创造环境、社会和经济效益，具有以下特点：

一是实现了经济效益和环境效益的融合。一方面，绿色可持续供应链金融不仅能够缓解中小企业融资难等问题，还能通过关注供应链融资过程中的环境污染现象，减少供应链上下游企业因环境污染而产生的赔偿或关停等问题，进而减少金融机构不良贷款的形成。另一方面，针对环保的相关要求，鼓励企业节约资源能源投入，减少污染物排放，提高整个社会的资源利用效率和生态效益。

二是绿色理念辐射更广。供应链体系连接了产品设计、原材料采购、生产制造、销售、物流、消费等环节，通过强调供应链的绿色管理，可以将环境绩效因素纳入企业内外部供应链管理的各个环节，与仅针对某一领域的环保要求相比，绿色可持续供应链金融所考虑的环节更加全面。

三是以市场化的方式推动环境保护。绿色可持续供应链金融充分利用了市场配置和激励机制，通过融资约束使得符合条件的企业能获得金融服务。除了激发企业主动担当意识，积极关注环境效益外，作为关联方的核心企业以及提供服务的金融机构也会督促企业不断提高环保水平。

二、绿色可持续供应链金融的融合模式

从国际实践来看，PUMA 公司、法国巴黎银行和国际金融公司于 2016 年推出了绿色供应链融资计划，类似可持续应付账款融资模式，根据 PUMA 公司和供应商自身的信用状况提供短期融资的分层定价，并为 PUMA 供应商（PUMA 公司内部评级系统评定其得分为高可持续性）提供较低成本的融资。两个金融机构对特定细分市场的支持——法国巴黎银行为发达市场的 PUMA 供应商提供资金，国际金融公司为发展中国家的 PUMA 业务合作伙伴提供融资——这种互补使得可以向更多的 PUMA 供应商提供绿色供应链融资。

我国的绿色供应链金融属于起步阶段，可在三个融合模式和方向上发展。

（一）“供应链金融＋绿色金融”融合模式

在这种模式中，通过供应链金融的产品和模式加大对绿色金融领域的绿色产业、绿色项目的金融支持，实现供应链金融与绿色金融的有效融合。

（二）“绿色供应链＋供应链金融”融合模式

在这种模式中，银行依托核心企业（品牌企业），在给其上游供应商提供供应链融资服务的过程中，除了考虑财务、技术和市场等因素，对产业链的中小企业加入了环境绩效的考虑，即实现绿色供应链与供应链金融的融合。实现的方式有以下两种：

一种方式是依托核心企业的绿色供应链管理，对供应商的绿色评级、评价等提供差异化的融资服务。“绿色供应链+供应链金融”融合模式主要围绕核心企业进行，并且主要由核心企业自发主导，核心企业通过设定供应商的绿色准入标准或者绿色认证等级来对供应商提供不同程度的奖励，并将该评估作为商务采购授信的评估内容之一，以此来激励供应商的绿色行为。同时，与金融机构合作，为不同绿色等级的供应商提供差异化的供应链融资，并且由核心企业向银行担保。在该种模式下，供应商得到了融资便利；核心企业降低了自身的环境风险；供应商得到金融机构的支持后，财务成本降低，也可以一定程度上降低核心企业的采购成本；金融机构在不需要进行额外审查工作的前提下降低了自身的环境风险，同时提升了自身的社会责任价值。

另一种方式是银行自己建立针对融资企业的通用性及行业性的环境绩效相关标准和指标，并将其纳入相关的融资标准中，同时积极考虑运用大数据和第三方的力量。这一方式对银行短期及中长期融资工具都可以运用，供应链金融基本属于短期融资工具范畴，银行中长期的融资工具更加需要关注环境与社会风险。

（三）“绿色供应链+绿色金融”融合模式

在这种模式中，银行加大对绿色供应链管理企业的支持，以金融的手段促进我国绿色供应链管理的发展，实现绿色供应链与绿色金融的有机融合。

绿色供应链是将环境保护和资源节约的理念贯穿企业从产品设计到原材料采购、生产、运输、储存、销售、使用和报废处理的全过程，使企业的经济活动与环境保护相协调的上下游供应关系。绿色供应链的核心理念之一就是通过供应链上核心企业对其上游供应商的环境约束及合作来实现整条供应链的环境共赢，而绿色金融一个重要的内涵就是银行要加大对绿色产业与绿色经济的支持。两者的目标具有一致性，因此通过创新绿色金融的产品和服务来支持绿色供应链的管理有其合理性。

“绿色供应链+绿色金融”融合模式下，除了对进行绿色供应链管理的大型企业给予支持外，银行对于中小企业需要创新商业模式和机制来实现金融支持。绿色供应链管理目前在大型企业和中小型企业中均有一定的实践。为了激励更多的行业和更多的企业实施绿色供应链管理，可以借鉴能效融资贷款的方式，以损失分担的商业模式或建立绿色供应链担保基金的方式，激励金融机构将更多资源投入到绿色供应链管理企业中去。

第3节　供应链金融中的新技术应用

一、应用现状

近年来，供应链金融在科技创新支撑下展现了全新的面貌。但是当前金融与科技的结合还略显生硬，供应链金融在科技生产力上的挖掘才刚刚开始，主要体现在以下三个方面：

（一）技术待更新

随着互联网技术和信息技术的发展，供应链金融逐渐线上化，数据风控的运用也逐渐开展起来。但是，与供应链金融相关的数据质量并不理想，数据的真实性、安全性、流动性和价值性无法得到很好的满足。

数据质量的不理想与现有的信息技术、互联网技术、数据存储技术和数据处理技术的限制有直接关系。一是供应链基础数据往往是线下采集，缺乏系统原生数据，例如许多电商平台的刷单现象非常严重，银行往往需要依靠线下尽职调查确保数据真实性，成本高、效率低。二是现有技术无法有效保证数据的安全和正规使用。对数据安全的担心导致数据的生产和存储在私密而中心化的记账中心进行，数据无法共享与流动，更谈不上自动更新，数据孤岛林立。三是数据在金融上的运用集中在对信用风险的辅助判断，基于大数据的风控模型在供应链金融上缺乏实践，对行为数据的分析也还在起步阶段。如何发掘数据的金融价值是供应链金融科技面临的课题。

（二）平台待完善

当前的供应链金融服务平台可分为三类：大型核心企业基于 ERP 延伸构建的单核心供应链平台（如海尔日日顺平台）、产业互联网构建的撮合交易型平台（如宝钢欧冶云商、找钢网等 B2B 平台）以及银行自建的供应链金融生态平台（如平安银行橙 e 网）。这些平台主要运用了“互联网＋”技术，覆盖的是产品及原材料的交易环节，在对物流或资金流的控制上具有明显缺陷，数据价值也因而大打折扣。随着产品智能化和“物联网＋”的发展，信息化的供应链将涵盖产品的生产、交易和使用的整个生命周期，物流、资金流、交易流都可以实现数据化和电子化，供应链金融的服务平台有很大创新空间。

（三）模式待创新

供应链金融模式的核心之一就是风控模式，其模式与数据息息相关。当前金融机构已经认识到数据的重要性，但是对于数据的重视以及挖掘还远远不够。在当前的供应链金融服务中，金融机构通常需要核心企业为上下游企业增信，数据风控尚处于辅助的角色，不能有效实现风险可控。同时，供应链金融如果仅仅依靠核心企业对其上下游中小企业进行信用捆绑，将大大提高因核心企业信用风险而产生的系统性风险，在本质上没有超越传统信贷的范畴。供应链金融的创新最根本的是脱离单一信用主体的风控模式，运用新的技术，通过对交易、货物、资金的封闭管理，实现资金的自循环。

供应链金融发展的科技痛点也是未来发力的增长点。要通过科技支持供应链金融创新发展，为了解决供应链金融发展的科技痛点，供应链金融机构需要加强科技运用，推动供应链金融的创新与应用。

二、新技术应用

（一）物联网

物联网就是物物联通的网络，即万物相连的互联网。它是指通过各种信息传感器、射频识别技术、全球定位系统、红外感应器、激光扫描器等各种装置与技术，实时采集任何需要监控、连接、互动的物体或过程，采集其声、光、热、电、力、生物、位置等各种需要的信息，通过各类可能的网络接入，实现物与物、物与人的泛在连接，实现对物品和过程的智能化感知、识别和管理，是一个基于互联网、传统电信网等的信息承载体。它让所有能够被独立寻址的普通物理对象形成互联互通的网络。

如今，物联网技术正在影响着人们的衣食住行，例如智能家居的应用。智能家居是以住宅为平台，利用综合布线技术、网络通信技术、安全防范技术、自动控制技术、音视频技术将家居生活有关的设施集成，构建高效的住宅设施与家庭日程事务的管理系统，提升家居安全性、便利性、舒适性、艺术性，并实现环保节能的居住环境。智能家居通过物联网技术将家中的各种设备（如音视频设备、照明系统、窗帘控制、空调控制、安防系统、数字影院系统、影音服务器、网络家电等）连接到一起，提供家电控制、照明控制、电话远程控制、室内外遥控、防盗报警、环境监测、暖通控制、红外转发以及可编程定时控制等多种功能和手段。与普通家居相比，智能家居不仅具有传统的居住功能，兼备建筑、网络通信、信息家电、设备自动化，提供全方位的信息交互功能，甚至为各种能源费用节约资金。由此可见，物联网是继互联网之后全球信息产业进步的又一高潮。物联网被视作全球经济增长的新引擎，是新时代信息技术不可或缺的组成部分，也是信息化时代发展的关键阶段。

近年来，物联网在我国发展较快，其便利性也得到了各行业的认同。目前，物联网在金融行业的应用给供应链金融带来了一定的影响和机遇。

物联网技术应用在供应链金融领域可有效推进业务创新，例如，可辅助各类物资实现全流程系统化管理、自动化监控。在政策风险和市场风险防控方面，利用物联网技术可以对供应链各参与方进行动态跟踪，在国家政策发生调整或市场受到冲击时，金融机构可以及时获知供应链各参与方经营变化情况，前瞻性判断政策变化或市场冲击所造成的影响，提前制订风险应对方案。在信用风险防控方面，物联网技术可以帮助金融机构对供应链相关企业实现动态跟踪，及时掌握企业信息，并在某一企业可能发生信用违约时及时处理，避免风险扩散。在改善信息不对称方面，物联网技术可以强化供应链上企业之间的信息交流，提高信息交互的效率，金融机构也可以利用物联网技术与供应链上的相关数据与信息进行高效率、低成本的复核与验证。在供应链关系风险防控方面，物联网技术可以有效地构建供应链上企业间的合作关系，从而降低供应链企业关系不稳定导致的风险。

（二）区块链

工信部发布的《中国区块链技术和应用发展白皮书（2016）》将区块链定义为一种

按照时间顺序将数据区块以顺序相连的方式组合成的一种链式数据结构，并以密码学方式保证的不可篡改和不可伪造的分布式账本。区块链通过 P2P（个人对个人）自组织网络、时间有序的分布式账本、共识机制、加密算法、智能合约等关键技术，降低了信任成本。

区块链主要具有以下特点：一是去中心化。区块链基于分布式系统，建立在大量计算机运算之上，具有非常强的冗余性和容错功能，能够在没有中心化服务器和中心化管理的情况下安全稳定地传输数据，这有利于节省中心化架构成本，降低交易成本。二是基于共识建立的信任。区块链通过计算机算法进行全网记账与公证，不依赖第三方，能够降低信任风险和信任成本，减少第三方公证和对账的成本，降低监管费用。三是链式结构不可篡改。区块链的形成是按照时间先后顺序进行连接，形成时间有序、不可篡改的加密账本，提高了可审计性，透明可追踪，一旦信息经过验证并添加至区块链，将被永久存储，确保了区块链数据的稳定性和可靠性。四是开放性。由于整个系统的运作规则是公开透明的，采用开源方式，有利于鼓励创新和协作，是实现金融共享的有力工具。五是智能合约。区块链的智能合约一旦生成即可自主实施及自主执行，显著提高了交易流程、中后台审批授权的自动化程度，操作风险和人员费用则显著降低。区块链大致可划分为公有链、私有链及联盟链三种模式。早期的区块链研究集中于公有链的模式。金融机构一般采用授权机构才能加入的联盟链模式。私有链的使用范围限于内部。

供应链运营环节众多，主要包含订货、进货、采购、生产、销售、售后服务等，供应链的顺利运营需要上游供应商、中间商、第三方服务商、核心企业、下游销售商等各方参与者的协同运作。但供应链中的大量数据会在环节转换过程中丢失。区块链技术可提供高度安全和不可篡改的数据，帮助供应链各参与方构建一个物流、信息流、价值流协同的体系，促进供应链参与方协调运作，形成生态圈，提高供应链整体运行的效率，提升安全性。例如，在采购阶段，上游供应商需要提供生产证明信息以及相应的标签、生产商生产该原材料的年产量信息等，这些参数可以登记到区块链中以确保信息的真实；在制造阶段，可以利用区块链技术记录制造的企业、制造的时间等关键信息；在销售阶段，可以利用区块链技术为产品生成具有唯一性的标签，通过标签可以了解产品的各类关键信息。

如图 11－3 所示，利用区块链技术的特点和管理机制，可以突破供应链金融因其自身要素特征产生的一系列问题，优化和驱动供应链金融的创新，实现四大目标诉求：(1) 区块链技术支撑供应链金融多元主体间的有效协调；(2) 区块链技术透视供应链金融信息传递轨迹；(3) 区块链技术完善供应链金融监管体系；(4) 区块链技术提高供应链金融风险管控能力。

（三）大数据与云计算

大数据是指无法在一定时间范围内用常规软件工具进行捕捉、管理和处理的数据集合，是需要新处理模式才能具有更强的决策力、洞察发现力和流程优化能力的海量、高增长率和多样化的信息资产。

云计算是分布式计算的一种，指的是通过网络云将巨大的数据计算处理程序分解成

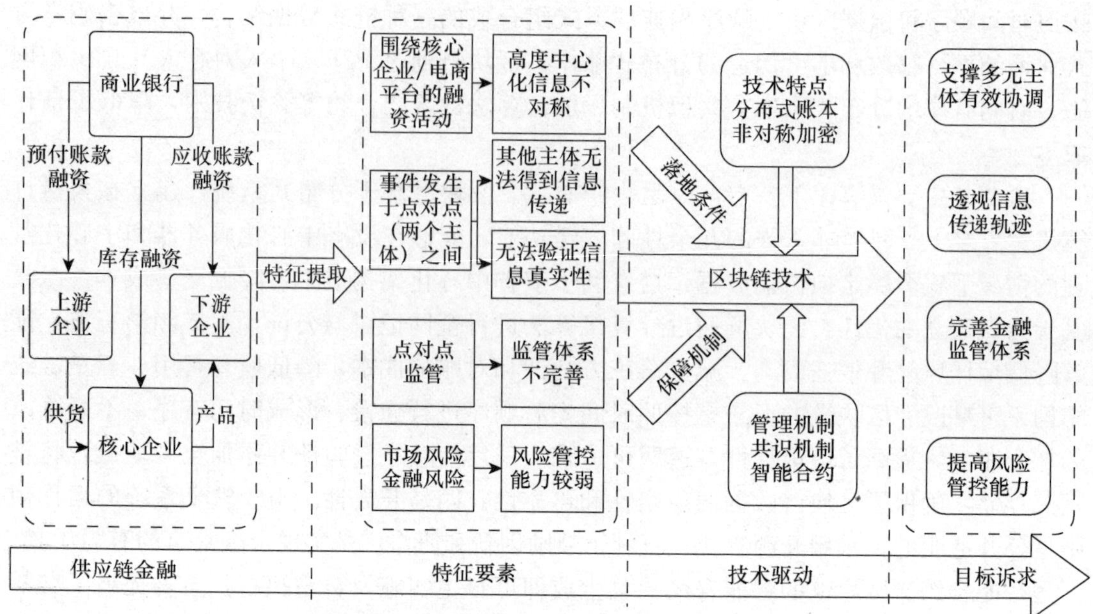

图 11-3　区块链在供应链金融中的应用逻辑

无数个小程序，然后，通过多台服务器组成的系统处理和分析这些小程序得到结果并返回给用户，又称为网格计算。通过这项技术，可以在很短的时间内（几秒钟）完成对海量数据的处理，从而提供强大的网络服务。

大数据技术作为处理数据的有效工具能够帮助金融机构实现有效信息识别，云计算作为动态可伸缩的虚拟化资源能够为数据存储的完整性提供保证。在市场营销方面，金融机构可以利用来自各种服务渠道的大量客户数据，开发新的算法与模型，对客户进行精准营销；在风险防控方面，大数据技术为金融机构风险管理提供了全新的手段，金融机构能够对企业的金融数据、交易数据、工商注册登记数据、纳税数据、社保缴纳数据、海关数据以及企业主个人的信用数据进行综合分析，大大提高了金融机构风险识别的准确性，简化了风险防控流程，提高了风控的有效性；在运营管理方面，金融机构能够利用大数据技术实时对海量信息数据进行收集与分析，提高运营管理水平。

在传统的信贷业务中，金融机构一般会要求融资企业提供抵押或担保，供应链金融在一定程度上放松了对融资企业抵押担保方面的要求，开始更多地依赖供应链上下游企业与核心企业之间的真实交易情况。随着供应链金融的发展，金融机构逐步加强了对需要融资的供应链上下游企业的综合评估，更多地强调通过供应链上的业务闭合来防控金融风险。金融机构对需要融资的供应链上下游企业进行综合风险评估时需要收集大量的企业信息，包括企业的基本情况、所处行业的情况、运营管理能力、盈利能力、债务偿还能力、未来发展潜力、过往信用记录等。利用大数据技术，金融机构能够较为容易地获得融资企业和需要融资的供应链上下游企业的各个方面的信息并运用科学的评估指标体系和适当的评估方法对客户进行画像，实现信息全生命周期的管理与有效的信息治理，进一步降低风险。

关键词

数字化经济 资产证券化 储架发行 证券评级 嫁接保理模式 代理转让模式 绿色可持续供应链金融 绿色金融 绿色供应链 物联网 区块链 云计算 大数据

复习与思考题

1. 供应链金融资产证券化的原因有哪些?
2. 供应链金融资产证券化的特点是什么?
3. 供应链金融资产证券化的模式有哪些?
4. 什么是绿色可持续供应链金融? 特点有哪些?
5. 绿色可持续供应链金融的融合模式有哪些?
6. 供应链金融中的新技术应用存在哪些问题?
7. 供应链金融中的新技术应用的趋势是什么?

参考文献

[1] Ali Z，Gongbing B，Mehreen A. Does supply chain finance improve SMEs performance?. The moderating role of trade digitization. Business process management journal，2020，25(1)：150-167.

[2] Ali Z，Gongbing B，Mehreen A. Predicting supply chain effectiveness through supply chain finance：evidence from small and medium enterprises. The international journal of logistics management，2019，30(2)：488-505.

[3] Caniato F，Gelsomino L M，Perego A，et al. Does finance solve the supply chain financing problem?. Supply chain management，2016，21(5)：534-549.

[4] Carnovale S，Rogers D S，Yeniyurt S. Broadening the perspective of supply chain finance：the performance impacts of network power and cohesion. Journal of purchasing and supply management，2019，25(2)：134-145.

[5] Gelsomino L M，Mangiaracina，R，Perego A，et al. Supply chain finance：a literature review. International journal of physical distribution and logistics management，2016，46(4)：348-366.

[6] Gomm M L. Supply chain finance：applying finance theory to supply chain management to enhance finance in supply chains. International journal of logistics，2010，13(2)：133-142.

[7] Hofmann E，Kotzab H. A supply chain-oriented approach of working capital management. Journal of business logistics，2010，31(2)：305-330.

[8] Lamoureux J，Evans T. Supply chain finance：a new means to support the competitiveness and resilience of global value chains. SSRN electronic journal，2011.

[9] Lekkakos S D，Serrano A. Supply chain finance for small and medium sized enterprises：the case of reverse factoring. International journal of physical distribution & logistics management，2016，46(4)：367-392.

[10] Lu Q，Liu B，Song H. How can SMEs acquire supply chain financing：the capabilities and information perspective? Industrial management & data systems，2020，120(4)：784-809.

[11] More D，Basu P. Challenges of supply chain finance：a detailed study and a

hierarchical model based on the experiences of an Indian firm. Business process management journal, 2013, 19(4): 624-647.

[12] Pellegrino R, Costantino N, Tauro D. Supply chain finance: a supply chain-oriented perspective to mitigate commodity risk and pricing volatility. Journal of purchasing and supply management, 2019, 25(2): 118-133.

[13] Pfohl H C, Gomm, M. Supply chain finance: optimizing financial flows in supply chains. Logistics research, 2009, 1(3): 149-161.

[14] Song H, Yang X, Yu K. How do supply chain network and SMEs' operational capabilities enhance working capital financing? An integrative signalling view. International journal of production economics, 2020, 220: 107447.

[15] Song H, Yu K, Lu Q. Financial service providers and banks' role in helping SMEs to access finance. International journal of physical distribution & logistics management, 2018, 48(1): 69-92.

[16] Carnovale S, Rogers D S, Yeniyurts, et al. Broadening the perspective of supply chain finance: the performance impacts of network power & cohesion. Journal of purchasing and supply management, 2019, 25(2): 134-145.

[17] Tagoe N, Nyarko E, Anuwa-amarh E. Financial challenges facing urban SMEs under financial sector liberalization in Ghana. Journal of small business management, 2005, 43(3): 331-343.

[18] Wandfluh M, Hofmann E, Schoensleben P. Financing buyer-supplier dyads: an empirical analysis on financial collaboration in the supply chain. International journal of logistics research and applications, 2016, 19(3): 200-217.

[19] Wang Z, Wang Q, Lai Y, et al. Drivers and outcomes of supply chain finance adoption: an empirical investigation in China. International journal of production economics, 2020, 220: 107453.

[20] Wetzel P, Hofmann E. Supply chain finance, financial constraints and corporate performance: an explorative network analysis and future research agenda. International journal of production economics, 2019, 216: 364-383.

[21] Williamson O E. Transaction cost economics: the natural progression. American economic review, 2010, 100: 673-690.

[22] Wuttke D A, Blome C, Henke M. Focusing the financial flow of supply chains: an empirical investigation of financial supply chain management. International journal of production economics, 2013, 145(2): 773-789.

[23] Wuttke D A, Blome C, Heese H S, et al. Supply chain finance: optimal introduction and adoption decisions. International journal of production economics, 2016, 178: 72-81.

[24] Xu X, Chen X, Jia F, et al. Supply chain finance: a systematic literature review and bibliometric analysis. International journal of production economics, 2018,

204：160-173.

[25] Zhao X，Yeung K H，Huang Q，et al. Improving the predictability of business failure of supply chain finance clients by using external big dataset. Industrial management & data systems，2015，115(9)：1683-1703.

[26] Zhu Y，Zhou L，Xie C，et al. Forecasting SMEs' credit risk in supply chain finance with an enhanced hybrid ensemble machine learning approach. International journal of production economics，2019，211：22-33.

[27] 储雪俭，谢天豪，庞瑞琪. 电商供应链金融的特点、风险及防控对策. 南方金融，2018(9)：94-98.

[28] 黄达，张杰. 金融学. 4版. 北京：中国人民大学出版社，2017.

[29] 黄明田，储雪俭. 我国供应链金融业务运作模式梳理与发展对策建议. 金融理论与实践，2019(2)：25-34.

[30] 李金龙，宋作玲，李勇昭，等. 供应链金融理论与实务. 北京：人民交通出版社，2011.

[31] 刘晓红，周利国，耿勇，等. 物流与供应链金融研究趋势分析：基于"主题—理论—方法"的三重视角. 中央财经大学学报，2016(1)：82-91.

[32] 卢强，刘贝妮，宋华. 中小企业能力对供应链融资绩效的影响：基于信息的视角. 南开管理评论，2019，22(3)：122-136.

[33] 卢强，宋华，于亢亢. 供应链金融中网络连接对中小企业融资质量的影响研究. 商业经济与管理，2018(9)：15-26.

[34] 马士华. 供应链管理. 3版. 北京：中国人民大学出版社，2017.

[35] 钱立华，鲁政委，方琦. 绿色供应链金融三大发展模式. 中国银行业，2019(8)：78-79.

[36] 深圳发展银行中欧国际工商学院"供应链金融"课题组. 供应链金融. 上海：上海远东出版社，2009.

[37] 史金召，郭菊娥. 互联网视角下的供应链金融模式发展与国内实践研究. 西安交通大学学报（社会科学版），2015，35(4)：10-16.

[38] 宋华，陈思洁. 供应链金融的演进与互联网供应链金融：一个理论框架. 中国人民大学学报，2016，30(5)：95-104.

[39] 宋华，卢强，喻开. 供应链金融与银行借贷影响中小企业融资绩效的对比研究. 管理学报，2017，14(6)：897-907.

[40] 宋华，卢强. 基于虚拟产业集群的供应链金融模式创新：创捷公司案例分析. 中国工业经济，2017(5)：172-192.

[41] 宋华，卢强. 什么样的中小企业能够从供应链金融中获益？——基于网络和能力的视角. 管理世界，2017(6)：104-121.

[42] 宋华，杨璇. 供应链金融风险来源与系统化管理：一个整合性框架. 中国人民大学学报，2018，32(4)：119-128.

[43] 宋华，杨雨东. 现代ICT赋能的智慧供应链金融创新与发展. 中国流通经济，

2019，33(12)：34-41.

[44] 宋华. 供应链金融. 3版. 北京：中国人民大学出版社，2016.

[45] 宋华. 互联网供应链金融. 北京：中国人民大学出版社，2017.

[46] 宋华. 基于产业生态的供应链金融的创新趋势. 中国流通经济，2016，30(12)：85-91.

[47] 宋华. 智慧供应链金融. 北京：中国人民大学出版社，2019.

[48] 宋华. 中国供应链金融的发展趋势. 中国流通经济，2019，33(3)：3-9.

[49] 夏雨，方磊，魏明侠. 供应链金融：理论演进及其内在逻辑. 管理评论，2019，31(12)：26-39.

[50] 谢世清，何彬. 国际供应链金融三种典型模式分析. 经济理论与经济管理，2013(4)：80-86.

[51] 张飒. 绿色供应链金融的国内外实践与思考. 金融纵横，2019(10)：81-87.

图书在版编目（CIP）数据

供应链金融 / 卢强编著 . -- 北京：中国人民大学出版社，2022.4（2026.4 重印）
新编 21 世纪工商管理系列教材
ISBN 978-7-300-30446-5

Ⅰ.①供… Ⅱ.①卢… Ⅲ.①金融体系-供应链管理-高等学校-教材 Ⅳ.①F830.2

中国版本图书馆 CIP 数据核字（2022）第 046697 号

新编 21 世纪工商管理系列教材
供应链金融
卢　强　编著
Gongyinglian Jinrong

出版发行	中国人民大学出版社		
社　　址	北京中关村大街 31 号	邮政编码	100080
电　　话	010－62511242（总编室）		010－62511770（质管部）
	010－82501766（自营网店）		010－62514148（明德书店）
	010－62511173（销售部）		010－62515275（盗版举报）
网　　址	http://www.crup.com.cn		
经　　销	新华书店		
印　　刷	北京溢漾印刷有限公司		
开　　本	787 mm×1092 mm　1/16	版　　次	2022 年 4 月第 1 版
印　　张	17 插页 1	印　　次	2026 年 4 月第 8 次印刷
字　　数	374 000	定　　价	45.00 元

中国人民大学出版社　管理分社

教师教学服务说明

中国人民大学出版社管理分社以出版工商管理和公共管理类精品图书为宗旨。为更好地服务一线教师，我们着力建设了一批数字化、立体化的网络教学资源。教师可以通过以下方式获得免费下载教学资源的权限：

★ 在中国人民大学出版社网站 www.crup.com.cn 进行注册，注册后进入“会员中心”，在左侧点击“我的教师认证”，填写相关信息，提交后等待审核。我们将在一个工作日内为您开通相关资源的下载权限。

★ 如您急需教学资源或需要其他帮助，请加入教师 QQ 群或在工作时间与我们联络。

中国人民大学出版社　管理分社

教师 QQ 群：648333426(工商管理)　1057207274(财会)　648117133(公共管理)
教师群仅限教师加入，入群请备注（学校＋姓名）

联系电话：010-62515782，82501868，82501048，62514760

电子邮箱：glcbfs@crup.com.cn

通讯地址：北京市海淀区中关村大街甲 59 号文化大厦 1501 室（100872）

管理书社

人大社财会

公共管理与政治学悦读坊